本书为外交学院"高等学校深化教育教学改革项目"基础教学部课题之子课题
基础教学部课题负责人：王立
本课题负责人：宗敏

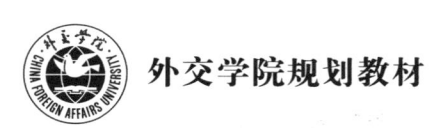

外交学院规划教材

大学生
生涯规划与个人成长

宗 敏 / 著

DAXUESHENG
SHENGYA GUIHUA YU GEREN CHENGZHANG

知识产权出版社
全国百佳图书出版单位

图书在版编目（CIP）数据

大学生生涯规划与个人成长/宗敏著.—北京：知识产权出版社，2018.4
ISBN 978 – 7 – 5130 – 5464 – 5

Ⅰ.①大… Ⅱ.①宗… Ⅲ.①大学生—职业选择 Ⅳ.①G647.38

中国版本图书馆 CIP 数据核字（2018）第 049168 号

责任编辑：常玉轩	责任校对：潘凤越
文字编辑：王小玲	责任出版：刘译文

大学生生涯规划与个人成长

宗 敏 著

出版发行	知识产权出版社 有限责任公司	网　　址	http：//www.ipph.cn
社　　址	北京市海淀区气象路 50 号院	邮　　编	100081
责编电话	010 – 82000860 转 8572	责编邮箱	changyuxuan08@163.com
发行电话	010 – 82000860 转 8101/8102	发行传真	010 – 82000893/82005070/82000270
印　　刷	三河市国英印务有限公司	经　　销	各大网上书店、新华书店及相关专业书店
开　　本	720mm×960mm　1/16	印　　张	25.5
版　　次	2018 年 4 月第 1 版	印　　次	2018 年 4 月第 1 次印刷
字　　数	383 千字	定　　价	68.00 元
ISBN 978-7-5130-5464-5			

出版权专有　　侵权必究
如有印装质量问题，本社负责调换。

前 言

"职业生涯""大学生生涯规划""生涯发展"在十几年前还是时髦的新兴词汇，但到2017年市面上已经有了近百本相关书籍和上万篇相关文献，教育部办公厅2007年印发了《大学生职业发展与就业指导课程教学要求》的文件（教高厅〔2007〕7号），要求各大高校开设生涯规划相关选修课程，在3～5年内过渡到必修课程。但是笔者在大学从事一线相关教学与咨询工作时也遇到了一些具体的困惑：学生虽然掌握了生涯规划技巧，也撰写了合格的生涯规划书，但是在具体实施和找工作的过程中，这个规划书就被束之高阁了。这促使我思考，社会就业压力就在面前，为什么给大学生提供的科学的规划方法却难以长期有效呢？

解决就业难题的良方？

面对日益严峻的就业压力，职业生涯规划是作为解决大学生就业难的一剂良方被广泛推崇的。大量关于大学生职业生涯规划的论文都提到了就业压力不容乐观，所以有必要对大学生加强规划教育。但这里的逻辑是，"你想缓解就业压力吗？你想成功吗？你必须进行职业生涯规划，瞧，方法如下，请照做……"面对陌生的理论，很多学生只是懵懵懂懂地学习了方法和技巧的皮毛，而由外而内的学习就够了吗？

西方的理论对我们都适用吗？

经典的生涯规划理论都强调个人与职业的适配性，而且自我的探索是起点和核心，这其中暗含了西方基于个人主义、内控的一种价值观，这个与中国人的和谐的价值观并不一致。于是我们在实践中发现学生在进行自我探索游戏的时候玩得很开心，但是在进行生涯选择时却把个人的兴趣和价值观放在了后面。

光有技巧还不够

人生不能走捷径，生涯规划和生涯发展是一生的过程，而且需要不断地评估调整。别人成功的秘诀，待人接物的技巧可能会对你产生一时的效果，但是这点效果反而会让你离发现真正的问题越来越远，只掌握规划的技巧，远远不够。你要完成最渴望的目标，战胜最艰巨的挑战，你必须理解并听从你的内心，必须了解机遇和形势，这些都需要和个人的成长相配合。

从内向外的改变

由外而内的改变告诉我们"必须"如此，听到这个声音的大学生，或恐惧，或兴奋，或迷茫，往往糊里糊涂地加快生活的节奏，但是内心却空空如也。

谁也无法说服他人改变，因为我们每个人都守着一扇只能从内开启的改变之门，不论动之以情或说之以理，我们都不能替别人开门。

——弗格森（Marilyn Ferguson）

因此，改变只能由内而外发生，这就是本书想强调的一个很重要的部分——个人成长。充分重视和尊重学生的内心世界，促使大家去发现并接受真正的自我，帮助大家澄清心中关于成功的真正看法，从资源的视角了解我们生活的世界，拥抱变化，最终鼓励大家为自己负责，顺势而为，做出个性化的选择。过去，我的一位学生曾经说过这样的话："现在我认识到了一件以前我从未意识到的事情，那就是如果我想改变我的生活我就能改变。我从不知道我还可以选择。"当一个人真正了解并接纳自我的时候，就拥有了选择的权利，就会更自主地对待自己的生活，规划自己的生活。

此外，埃里克森（Erikson）的心理发展阶段理论告诉我们，大学阶段，正是大家不断整合自我同一性的阶段。这个阶段的学生对自己是谁，该去向何方本来就拥有浓厚的兴趣，内心有一种不断丈量自己与世界关系，最终形成稳定自我概念的动力，而生涯规划正好给这股心理能量提供了一个出口和方向。

本书把个人内心成长和职业生涯规划结合起来考虑，把"了解自我，了解职业，做出生涯决策并实施"的经典规划步骤，与大学生个人成长的过程相结合，帮助大学生在规划的过程中不断思考自己是谁，真正要过什么样的生活，从而带来由内而外的改变，主动做出选择。

在成书的过程中，我们也注意到生涯发展理论在蓬勃地发展，针对社会的快速变化，生涯理论也越来越关注系统和资本的影响，注意到我们对自己、对职业的理解不是一成不变的，而是建构的，注意到隐喻、机遇在一个人生涯发展中的重要意义。因此，书中也会呈现生涯发展理论的研究进展，特别是生涯规划的系统理论、建构主义理论、社会认知发展理论等。

全书有五篇，分别是概述篇、探索篇、规划篇、实践篇和成长篇，共十二章内容。

一、概述篇

探讨我们对生涯概念的理解，包括一个章节：第一章，重点探讨生涯规划在大学阶段的特殊意义，分享基本的生涯规划过程，在这个过程中带领你思考是否每个人都需要个人成长，个人掌握自己的生活有什么困难，又该如何应对等重要的个人成长问题。

二、探索篇

探讨如何进行自我与职业探索，包括三个章节：第二、三章，主要辅助大家全面地了解自我，并且在内心理解自己和自我肯定；第四章，寻找职业探索之法，讨论安全区与冒险等个人成长话题。

三、规划篇

探讨具体的规划如何做，包括两个章节：第五章，分享生涯决策的方法和技术，帮助你发现掌握决策权的秘密；第六章，讨论生涯计划制订的过程与方法，并思考决策方法、设定目标与灵活应用的关系。

四、实践篇

探讨生涯能力养成，包括五个章节：第七章，探索如何做自己的主人，培养胜任力；第八章，学习如何活用各种资源，提高人际交往能力；第九章，帮助你试着与自己的情绪和解，提高耐挫力；第十、十一章，促使你思考如何做好从大学生到职场新人、创业达人的转换，培养职业态度和开拓精神。

五、成长篇

探讨如何进行思考与整合，包括一个章节：第十二章，带领你探讨成长的快与慢，鼓励你用思考和行动，丈量你与世界的关系。

本书的风格是人性化、个性化的，我们尊重学生的个性和学生成长的自然过程。本书忠实地展现了大多数人走向自我探索、觉察和实践的过程中会经历斗争和挣扎，我们特别强调自己才是做出选择的主人，我们期待你通过阅读此书，能认识并掌握好自己的选择权，形成一个为自己负责、与他人互赖的信念和价值观。

我们在书中推荐了一些网络视频资源，你可以通过链接观看到经典的心理学研究录像和具有启发意义的短视频。我们还在文中通过自我反思练习和自我测评来加深你的体验。因为就算你在头脑中认识到问题，改变也不会自动发生，只有你真正体验到，才能带来真正的改变，所以我们特别鼓励你好好利用书中的工具，尝试体验。

规划生涯和个人成长都很重要，但要经历一个长期的过程才能显现效果，虽然你主观上认为它非常重要，愿意一试，但还是非常容易被日常生活所打扰。所以在此特别邀请你在使用本书的过程中，形成一个学习小组，互相分享和激励，我们的经验和研究都表明，这样的小组对推动你长期的发展有着特别积极的作用。

最后，请对自己保持耐心，因为自我成长是神圣的，同时也是脆弱的，却是人生中最大规模也非常有价值的投资。

美国开国初期政治思想家佩因（Thomas Paine）曾说："得之太易者必不受珍惜。唯有付出代价，万物始有价值，上苍深知道如何为其产品定制合理的价格。"

宗敏于邯郸家中

目 录

第一篇 概述篇 1

第一章 规划与成长
　　——如何看待和度过大学生涯 3

第二篇 探索篇 23

第二章 有效地自我探索
　　——改变始于认识"我是谁" 25

第三章 接纳本来的我
　　——全面地了解自我 42

第四章 踏出自己的安全区
　　——主动地探索职业世界 71

第三篇 规划篇 93

第五章 选择与承担
　　——科学地进行生涯决策 95

第六章 自律与灵活
　　——目标设定和计划实施 121

第四篇　实践篇 ········· 147

第七章　做自己的主人
　　　　　——自我管理 ········· 149

第八章　与人合作 ········· 179

第九章　情绪和压力管理 ········· 217

第十章　启航
　　　　　——从大学生到职场新人 ········· 270

第十一章　起跑
　　　　　——从大学生到创业者 ········· 321

第五篇　成长篇 ········· 361

第十二章　耕耘与平衡
　　　　　——生涯成长快与慢 ········· 363

附录一　生涯发展学者访谈录 ········· 390

附录二　就业中心老师访谈录 ········· 393

附录三　大学生访谈录 ········· 396

第一篇

概述篇

引导案例

今年上大一的张静，晚上第一次失眠了，因为辅导员在新生教育周上的话让她回味很久。辅导员说："大学绝不像你们在高中时想的那样，逃逃课、看看书、谈谈恋爱这么简单。你们需要对自己的大学生活有所设计，做好自己的生涯规划……"生涯规划对张静来说既熟悉又陌生，熟悉是因为网络上有关的信息很多，陌生的是自己好像从来没有认真想过自己想过怎样的生活。

从本章开始，我们将与张静一同走上生涯探索和个人成长之旅。一起思考到底有规划与没有规划的大学生活有什么不同？澄清有关生涯的基本概念，了解什么是成功，了解大学阶段的独特发展任务。本篇共包含一章，我们会介绍几个重要的生涯理论，并和你一起讨论该如何度过大学生涯。

第一章　规划与成长
——如何看待和度过大学生涯

引言：某电视求职节目中的大学生身影。

A 一腔热诚，不喜欢自己的专业，想寻找一份与自己专业无关的工作，但是对于该工作具体做什么却知之甚少；

B 执着，为了爱情来找一份工作，但是对于自己能做什么并不清楚，只要是工作就行；

C 优秀，校园里各种大型活动中的焦点人物，但是因自己的专业知识不足与自己心仪的职业失之交臂。

这些即将毕业的大学学子，是怎么度过他们的大学生涯的呢？他们的大学生涯是否成功？又在其中获得了怎样的成长？

一、什么是生涯和生涯规划

（一）什么是生涯

1. 西方生涯概念

职业（vocation），是指参与社会分工，利用专门知识技能，创造物质或精神财富，获取合理报酬，满足物质和精神需求的活动。而生涯（career），在希腊语里有竞赛的意思，隐含着未知、冒险的内涵。美国生涯理论专家舒伯（Super，1976）考虑了职业与其他生活如休闲、退休等发展的统一，将生涯定义为"生活中各种事件的演变方向和历程，包括人一生中的各种职业和生活角色，及由此表现出个人独特的自我发展类型"。从生涯的角度看自己的职业发展，职业生涯是有意义的相关工作经验的系列组合，包括职业、职位的变动及工作理想实现的整个过程。

2. 中国文化下的生涯概念

"生"是指生命或人生，"涯"就是边际，古代中国人把生涯看作人生的极限，指向未来，具有持续性，庄子云："吾生也有涯，而知无涯。"此外，中国文人又把生涯视为一种生活方式，刘长卿有诗云："杜门成百首，湖上寄生涯。"台湾生涯咨询专家金树人（2011）认为，如果从"career"的本意出发，生涯比较贴近中国文化中"志业"的概念，致力于某种事业的意思。"志"字上面是"士"，下面是"心"，这个"心"包含着致力于此的决心和憧憬，但是在古代，中国"士"阶层的人，普遍向往"学而优则仕"，主要的生涯目标就是出仕成为官吏，成为君子。钱穆认为，与西方的专业化、职业化不同，中国人强调一种通才取向的生涯观，既强调谋得一官半职，光宗耀祖，又强调这个职位对个人的职能要求是术德兼修，内圣外王。

（二）生涯的特点

不管是在西方还是中国文化的语境里，生涯都包含了与工作、职业相关的所有生命历程，金树人总结了生涯的特点如下：

（1）方向性：一个人的生涯发展，犹如茫茫大海中航行轮船的航道，虽不可见，但是却有方向可循。

（2）时间性：生涯的发展是一生当中连续不断的过程。

（3）空间性：生涯以事业的角色为主轴，也包含了其他与工作有关的角色。

（4）独特性：每个人的生涯都是独一无二的，我们要寻找的不是唯一正确的、普世的生涯规划，而是适合你的那一份。

（5）现象性：生涯是对客观"位置"的主观觉知。人生的意义在生涯发展过程得以彰显和完成。

（6）主动性：人是生涯的主动塑造者，透过生涯转换过程中的生涯决定来完成。

生涯是动态发展的，在这个过程中，你在不断地成长，规划也会不断变化。所以生涯发展与个人成长息息相关。开始进行生涯规划就是从生涯的角度来考虑自己的职业发展，看到我现在的生活与将来就业的关系。本章开篇例子中的 A 和 B 想找的只是一个"工作"，他们对自己没有经过实质的思考，而开始思考也就意味着把握自己的开始。

（三）生涯规划

黄中天教授（2015）认为，生涯规划是有目的、有计划地设计规划不同人生阶段，在考虑个人的智力、性格、价值，以及阻力和助力的前提下，做出合理安排，并且借此调整和摆正自己人生中的位置，以期自己能适得其所，获得最佳发展和自我实现。

1. 从安置到规划

传统的职业规划是以协助个人选择职业、准备就业与就业后的适应为主，是由外而内的安置，而主动的生涯规划则是由内而外的规划和选择，需要我们建立并发展一个整合而适当的自我概念（包括职业自我），同时将此概念转化为实际的生涯选择与生活方式，达到个人的生涯发展目标，同时满足社会的需要。所以生涯规划就需要你制订一生或阶段发展的计划，对未来进行系统的安排。

2. 探索生涯类型

很多人认为职业生涯是一个旅程，选择什么样的路径，取决于我们对方向和目的地的理解。中国古代认为的目的地只有一个，那就是出仕做官，不断攀登，这个想法在现在社会显然有些过时，而且大部分组织一般采用金字塔的组织结构，组织高层只有少数职位，所以一定还有其他的目的地，以下是四个主要的生涯类型。

（1）职业型职业生涯。

专业性较强的职业发展路径，例如：医学、法律与教育等专业，准入门槛较高，拥有专业资格的人可能在不同的组织间流动，但是往往一直保持在同一行业或职业，人们对进步的感觉往往来源于某种工作的完成，而不是职位的晋升。

（2）组织型职业生涯。

指那些在同一组织内部进行的生涯发展路径，个人可能随着晋升或调动从事不同工作。但是随着组织重组的普遍，在当前竞争性的商业环境中，员工始终面临被取消的威胁。个人要在组织中生存，需要不断提高自己不可替代的能力的培养，保持自己的价值。

（3）创业型职业生涯。

通过新价值与新组织空缺的创造来获得成长，不再受雇于某一组织，而是自我雇佣（第十一章有详细解读），为自己工作。选择这条路径的人往往追求更大的自主性，拥有较高的成就动机，更愿意冒险，也更能忍受不确定性。

（4）无边界职业生涯。

在20世纪早期和中期，边界清晰的职业生涯较为普遍。但到21世纪，跨边界则更为普遍，人们偏离传统职业，寻求更加灵活、流动的生活轨迹，工作地点、身份、边界变得更加模糊，彼此之间的跨越变得更加频繁。

二、为什么要进行生涯规划

大学和高中相比似乎没有什么太大的区别，每天的生活依旧是学习，每次考试后依旧担心考试成绩……不同的只是大学里上网和睡觉的时间多了。

——某专业大学新生

（一）规划是确定方向

1. 目标让我们不同

生涯规划是对自己生活的排列组合，你想去哪里，决定你会如何安排生活中的事件，而这些行动会带我们去到不同的方向。

> **练习1-1　为什么上大学之反思**
>
> 如果你现在对自己开始进行生涯规划还有一些顾虑，如果你也和那名新生一样对该怎样度过大学生活感到迷茫，让我们先从"为什么上大学"开始思考。

有人说：

为了将来找个好工作，

为了有更好的前途，

为了实现自己的理想，

为了更成功等。

也有人对此的思考甚少：

为了父母的期望，

只是随大流……

请写下你上大学的三个理由：

_____

哈佛大学的校长来中国某高校访问，有老师提问："校长先生，请问哈佛大学对旷课的学生是如何进行教育的？"校长惊讶地反问："请问你见过在超市付了款却不拿走商品的人吗？"

可能那些旷课的学生并没有意识到自己已经付费的事实，对生活不加思考很容易觉得大学与高中没有什么不同。但是当我们开始思考时，就是生涯规划的开始。有目标的生活比没有目标的生活更有方向感，有目标的人也倾向于体会到更少焦虑，更多快乐和更多的成就感。对人生进行生涯规划也是一样。都说大学就像一家自助餐厅，你付钱来吃饭，但是如果没有对你想要什么进行过思考，很可能会吃不到你想吃的东西，或者吃坏了肚子。而拥有一份为你量身定做的菜单流程，则会更有方向，也更容易寻找到你的菜。

推荐视频："川大毕业生的悔悟"，用幽默又发人深省的方式讲述一个毕业生的心声。访问路径：http：//v.youku.com/v_show/id_XNDgyNjk0ODQ=.html？spm=a2h0k.8191407.0.0&from=s1.8-1-1.2

2. 目标助你成功

哈佛大学的爱德华·班菲德博士（Edward Banfield）对美国社会进步动力的研究发现，成功的人往往具有长期的时间观念。他们在做每天、每周、每月的规划时，都会用长期的观点去考量。

(1) 主客观的成功。

职业生涯可以分为客观性的职业生涯和主观性的职业生涯两种。

① 客观性职业生涯：主要指从事职业时的工作单位、地点、内容、职务、环境、工资待遇等因素的组合及其变化过程。

② 主观性职业生涯：指从事一项职业时所具备的知识、观念、心理素质、能力、内心感受等因素的组合及其变化过程。

我们在谈到"成功的职业生涯"时，往往指的是客观性职业生涯的部分，但是成功的定义不仅仅是外在的成功，更重要的是"心理上的成功"。每个人可以有着自己对职业生涯成功的定义。

完全依赖外在职业生涯，就等于按照别人的意愿来确定自己是否幸福和成功，标准太过单一，比如本章开头故事中的C，在学校中获得了很多的荣誉和认可，但是却忽略了自己本来该储备的知识，只能与心仪的工作擦肩而过。而重视自己的内心感受，才是实实在在的成长，是每个人最厚重的人生资本。

(2) 个性化的成功标准。

多数成功的案例均与科学的生涯规划有关，但是什么才是成功呢？富翁与渔夫的经典故事诠释了对成功标准的不同看法。

有个富翁到海边散心享受阳光，看到一个渔夫在风光旖旎的海滩上悠闲自在地晒着太阳，便好奇地走过去，于是有了下面这段非常经典的对话。

富翁说："这么好的天气，你为什么不出海打鱼呢？"

渔夫说："我已经出过一次海了，捕到了好几条大鱼。"

富翁说："那你为什么不多捕一些呢？时间还早呀。"

渔夫反问道："我为什么要捕那么多呢？"

富翁说："看来你不懂得规划自己的人生。你每天多花一些时间去捕鱼，有钱了去换一条大船，然后雇一些帮手，这样你就可以捕到更多的鱼、赚更多的钱、买更多的船，拥有船队。到时候，你不必把鱼卖给鱼贩子，而是直接卖给加工厂，你所获得的利润会更多。"

渔夫说："你的设想好像很有意思。但是，我要那么多钱干什么呢?"

富翁说:"有钱还不知道怎么花吗?最起码你可以造一幢豪华的海滨别墅,悠闲自在地享受日光浴了。"

渔夫笑着说道:"你说得很有道理。但是,我现在不是已经在享受日光浴吗?"

真正的成功往往是多元化的,很难说富翁和渔夫哪个更成功。成功可能是你创造了新的财富或技术,可能是你为他人带来了快乐,可能是你在工作岗位上得到了别人的信任,也可能是你找到了回归自我、与世无争的生活方式。每个人的成功都是独一无二的,罗曼·罗兰(Romain Rolland)认为,成功就是发挥了自己所长,尽了自己的努力之后,所感到的一种无愧于心的收获,而不是为了虚荣心和金钱。

富翁和渔夫都过上了自己想要的生活,都可以说很成功,其中的差别在于支持他们做出不同人生选择的动机和需要。

3. 成功背后的需要

马斯洛(Abraham Harold Maslow)提出的需要层次理论认为,人们追求不同生活的动力源自每个人内心深处的需求,从低到高分别是:生理的需求、安全的需求、爱与归属的需求、尊重的需求以及自我实现的需求。只有当低层次的需求得到满足后,人们才会追求更高层次的需求。进行职业生涯规划是内在高层次需求的推动(图1-1),如果基本生存需求得不到满足,你就算天天像渔夫一样享受着海滩和阳光,却只

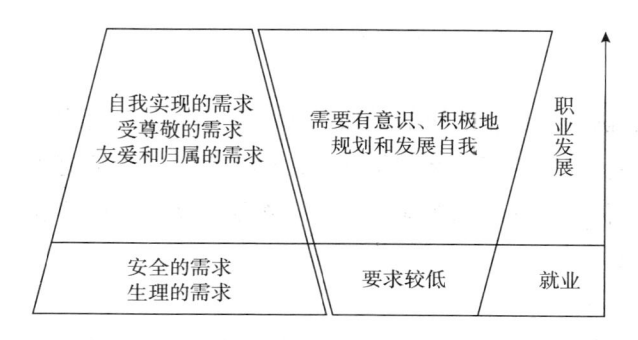

图1-1 需要层次理论和职业发展

是被生活所累,难以体会到美妙和满足;如果只是为了安全,通过机械的工作,你可能像富翁一样挥霍着财富,却感受不到成功的喜悦和幸福。进行生涯规划,是要超越基本生存需求,我们所追求的成功是做你喜欢做的事情,充分发挥你的潜能发展自我,达到自我实现。

(二) 规划是为行程做准备

1. 确定方向

每个人的生涯旅行都是独特的,一些旅行者有明确的目的地,另一些人则是在未知领域中冒险;一些人一直遵循常规的路线,一些人经常改变路线;一些人的旅行不断向前,一些人则在路途中受挫;一些人在行动中调整自己,一些人则需要长时间的休息、反思和规划。你是哪种旅行者取决于你内心中对自己的看法、期望和追求,以及你对生活的理解和应对。探索个人的使命就是确定旅行的方向。

练习1-2 个人使命宣言

请写一段你个人对自己使命的理解宣言。说明自己想成为具有怎样品质的人,成就什么样的事业、贡献和成就,希望满足什么核心需求等。形式和内容可以多样。

_____

请思考这些使命得以实现需要的条件。

_____

当然,随着你人生阅历的增加,你的个人使命宣言也会产生相应的变化和发展。但是有了这么一份宣言,就让当下的生活有了一个暂时的方向,帮助你在生活中随机应变,更坦然地看待和接受变化,增加生活中的安全感。

2. 清点行囊

不管你是有了精确的目的地后上路,还是有了大概的方向就上路,出发之前,都需要清点自己的行囊,对你来说,你希望带什么上路?

（1）本钱。对于我们的生涯旅程来说，本钱就是你自己拥有的能力和社会资源能够提供给你的支持。在本书第二章和第三章有关自我探索部分会进一步探讨。

（2）地图。一份有关职场的地图，帮助我们了解自己到底有哪些选择。比如：职业和行业的清单，职位要求，专业资格，组织结构，发展前景等，以及我们头脑中对职业世界的认识。它可能和真实的情况相同，也可能不同，但是对我们的行程影响深远。我们会在第四章有关职业探索的部分继续探讨。

（3）安全措施。我们在日常旅行的时候，往往会做一些诸如订好返程票，买保险，带常备药品，与家里的亲人保持联系等事情，这些都是旅行中的安全措施，我们的生涯旅程也需要制定属于自己的安全措施，找到一个安全的空间，让我们在暂时遇到挫折时能够回去，得到休整和疗愈，或者能够转向，有新的选择。

（4）同伴。旅行可以一个人上路，在漫长的生涯旅程中，如果有同伴同行将会是一段不错的经历，他可以是你生涯道路上的榜样，你希望追赶的对象；可以是你的伙伴和合作者，带给你资源和机会；可以是玩伴，带给你放松和滋养；可以是心灵的伴侣，与你并肩同行。

3. 装上职业之锚

埃德加·沙因（Edgar Schein，1978）将职业锚定义为"一些持久的自我感知到的，与职业相关的才能、动机和价值观"，就是一种"我知道我是谁，我知道我要去哪里，我能胜任"的确定感，这些有关自己的职业锚，就像船上的锚一样可以帮我们固定在一个地方以免受风暴的影响。在多变生活中，人们可能更需要固定的锚来提供安全感，为生涯提供持续的目的感和方向感（表1-1）。

表1-1 沙因的职业生涯锚（Inkson，2011）

职业生涯锚名称	特征总结	有价值的奖励
技术/功能胜任力	特定工作中的技能使用；关注技术工作，而非管理	对技能的认可
管理胜任力	定位与管理他人，包括责任感和人际能力	晋升，责任

续表

职业生涯锚名称	特征总结	有价值的奖励
自主/独立性	不受组织规则约束，掌控自己的生活	增加自主权
安全/稳定	在工作、行业和地点方面对未来感到放心；可预期的工作	对忠诚的认可
创业能力	个人创新（如在组织、产品方面）；有价值的成就；接触	收入，组织盈利能力
为事业服务/奉献	做符合个人价值观的工作（如服务他人）	帮助他人，组织使命感
纯粹的挑战	不是靠运气得到结果，解决困难的问题	新颖或挑战性的工作
生活方式	将工作需求与其他需求（如家庭责任）相结合，平衡时间的分配	工作灵活性（如弹性时间，育婴假）

三、大学阶段的生涯探索

（一）探索的阶段性

舒伯的生涯发展理论把我们的生涯分为成长（0～14岁）、探索（15～24岁）、建立（25～44岁）、维持（45～64岁）和衰退（65岁以上）五个阶段，每个阶段具有不同的发展任务。大学生正处于职业生涯的探索期，需要在学校、休闲活动甚至一些工作经验中，进行自我探索和职业探索，并做出最初的职业选择。

阿奈特（Jeffrey Jensen Arnett）把18～25岁称为成人初显期，人们将尝试寻找人生中的爱情、工作和世界观。开始承担个人的责任义务、独立做出决定以及经济独立，成为一个自给自足的人类。

埃里克森的人格发展阶段认为，大学时期的人们正式进入青年期，其核心任务就是增加自己的责任感和独立性，形成稳定的自我同一性。研究发现，20～30岁是人们改变其价值观和信仰的时期。动态、丰富、复杂、可变以及流动性正是青年期人们的特征。

探索是心理、生涯发展的必然阶段却带着压力。因为高考等因素的影响，大学生的生涯探索基本是从大学才开始的，在短短四年里要完成

6年甚至7年的任务，我们既需要在幻想和实际尝试中完成一般性选择，即确定职业兴趣和方向，又需要完成特殊性选择，即做出实际的就业抉择，选择一个特定的职业。这对任何人都是一个不小的挑战。对每个人来说，探索过程都是高度个体化的，有时候我们努力奋斗的目标并非我们真心所想，很可能会被他人的标准所影响，或者任由他人为我们做决定。找到自己真正的人生方向，进行规划并付诸实施的过程需要我们更多的努力，需要我们了解进行生涯规划的具体要求，并对自己进行反思，促进自己的个人成长。

（二）生涯规划的具体过程

生涯规划的具体过程与不同生涯理论的发展密切相关。不同的理论有其发展的不同脉络，他们都试图从某个视角来解读生涯规划的过程。

1. 特质因素理论

最初的特质因素理论和类型理论强调人职匹配，即了解你是什么样的人和工作需求是什么，然后将两者进行适当的匹配，强调的是一一对应。

2. 舒伯的职业发展理论

从舒伯开始，生涯规划就更注重自我概念和发展，强调的是你想成为什么样的人。他们承认每种职业虽然需要一些特别的能力、兴趣与人格类型，但是仍然具有很大的弹性，完全可以允许每个人从事许多不同的职业，也允许不同的人从事同样的职业。

3. 信息加工理论

针对如何进行职业指导，彼得森（Peterson），桑普森（Sampson）和里尔登（Reardon）等人把规划的过程当作信息加工的过程，提出信息加工金字塔模型（图1-2）。该模型强调掌握自我知识和职业知识是进行生涯规划的起点，在此基础上进行决策，最后是落实和反思。

4. 生涯建构理论

生涯建构理论强调，我们的生涯过程是自己与社会不断建构的，在这个建构的过程中确定自己的生涯主题，帮助我们理解我们是谁和生命的意义，发展出生涯适应力（具体内容请见第十二章）。

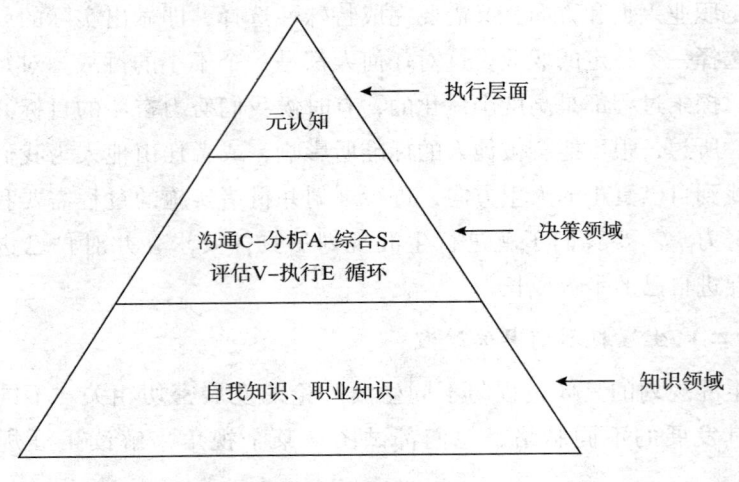

图 1-2 信息加工理论模型（里尔登，2010）

金字塔模型：
- 顶层：元认知 ← 执行层面
- 中层：沟通C-分析A-综合S-评估V-执行E 循环 ← 决策领域
- 底层：自我知识、职业知识 ← 知识领域

5. 社会认知职业理论

社会认知职业理论强调，整个生涯规划的过程是"个人—行动—环境"互动的结果，既看到自我效能感和结果期望在兴趣形成、职业目标设定和职业选择中的作用，也看到情境变量在每个阶段的影响（具体内容请见第十二章）。

（三）职业生涯规划的基本流程

基于信息加工理论的思想，职业规划的基本流程如下。

（1）清晰自己的愿景和理想；（2）分析个人自身情况；（3）考虑眼前机遇和制约因素；（4）为自己确立发展方向/目标；（5）设定发展路径；（6）实施行动方案；（7）进行评估反馈和调整（图1-3）。

需要特别注意的是，这个过程是一个循环的过程，当情况发生变化，或者方案经过评估并不适合自己的需求时，就要重新考虑自己的愿景，再次启动整个规划过程。这提醒我们，生涯规划不是一劳永逸的事情，而是不断调整的过程。

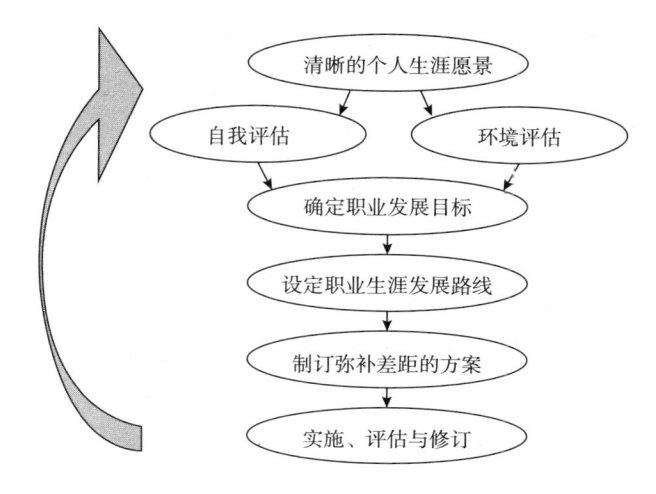

```
        清晰的个人生涯愿景
         ↙        ↘
      自我评估    环境评估
         ↘        ↙
       确定职业发展目标
            ↓
      设定职业生涯发展路线
            ↓
       制订弥补差距的方案
            ↓
        实施、评估与修订
```

图 1-3　生涯规划流程

四、生涯规划与成长

现在你是否准备开始制订你自己的生涯规划了？在开始真正的职业生涯规划之旅之前，你可能还会抱有一些怀疑。

（一）面对规划的自我怀疑

你可能会有"社会发展变化如此之多，未来难以预料，规划还有必要吗"的顾虑。让我们来看看这种想法背后是什么。

1. 你是在说要随遇而安更好吗

没错，能够接纳生活中发生的各种变化本身就是一种智慧，但是生命的本质就是变化，生涯规划不是框定选择，而是提供一系列应对变化方案，帮助你在这个多变的社会中有所锚定。

2. 你是在说工作不重要，生活更重要吗

职业是我们生活的一大部分，如果放弃在这部分实现自己的价值，也很难好好地享受生活的其他方面，好的生涯规划本身也是为了你能更好地享受生活，平衡地生活。

练习1-3 绘制你的彩虹图

(1) 写出你能想到的自己在不同的生命阶段扮演的所有角色（比如孩子，学生，朋友，家人，工作者，休闲者，公民等）。

_____

(2) 绘制一个半圆形图，从外侧的两端标注上从出生到预计死亡的年龄，并根据角色的多少在内部绘制出不同角色的同心半圆（每个角色占一个半圆环）。

(3) 按照时间的先后，投入的多少在图上把各个角色画化成色带。选择你认为最能代表各种角色和反映你情感的颜色。并按照在当时生活中所占的比例确定彩虹的宽度。

(4) 图1-4是某同学的生命彩虹图。

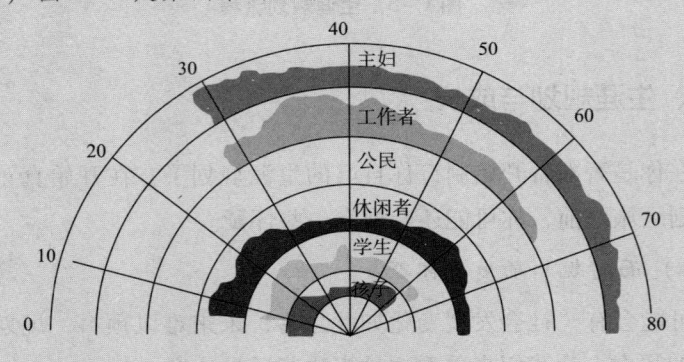

图1-4 生涯彩虹图示例

(5) 请思考后和你的搭档分享：
生命彩虹图给你什么启示？
哪个年龄角色中扮演的角色最多？
你最喜欢的是哪个角色？
现阶段你最想增加的是什么角色？
这个图会对你进行职业规划产生什么具体的影响？

_____

3. 你是在说不要对自己抱什么期望吗

不抱期望的生活，也是一种自我保护策略，看似在保护我们不受挑战的伤害，同时也圈定了我们生活的界限，失去了更多的可能性。

如果你有意地避重就轻，去做比你尽力所能做到的更小的事情，那么我警告你，在你今后的日子里，你将是很不幸的。因为你总是要逃避那些和你的能力相联系的各种机会和可能性。

——人本主义心理学家马斯洛

（二）勇敢选择成长

1. 承担责任

规划是主动地担负起自己的人生的过程，这是一种内在的成长，不容易被人们发现，人们只能看到你外在成功的一面，比如：登山运动员真正登上了高峰，武林高手真正学会了某种武功。成长是个体对自身成长的定义和评估，意味着更加独立，为自己负责，也更能理解别人，与人友好相处。如果不仔细观察，你可能很难判断对面的那个人是否做到了心灵的成长，身材伟岸，西装革履的他心中住着的可能只是一个小孩。但其实每个人心中都有为了成长而努力的动力，所以不用回避，你需要的只是一点勇气。

2. 成功和成长都没有捷径

人们总是渴望成功，但不愿意思考成功对自己意味着什么，不愿意成长为一个为自己负责任的人；人们总是羡慕成功，但不愿意等待，不愿意树立目标，并享受一步步接近和实现目标的过程。正是这种急躁，让人们很积极地向成功人士请教，想知道他们成功背后速成的秘诀，学到能够复制的经验，能够立竿见影地解决自身难题的方法。这些速成办法的本质是你在做"成为别人"的事情，而离成功所需的"成为自己"越来越远。越是求助于特效药，病症拖得越久，病情越恶化。

问题其实不在外，不在别人那里，而是在内，在于发现自己，形成自己的习惯，这正是个人的成长关键。所以，只有不断成长的人才更容易成功，也更将会在成功的路上走得更远。

3. 以终为始

《爱丽丝梦游仙境》里爱丽丝和柴郡猫有一段对话：

"能否请你告诉我，我应该走哪一条路？"爱丽丝问。

"那要看你想到哪儿去。"猫说。

"到哪儿去，我并无所谓……"爱丽丝说。

"那么，你走哪一条路，也就无所谓了。"猫回答。

真正的个人成长，和生涯规划的目的地是一样的，就是去到未来，回到现在。你想成为什么样的人？你要怎样才能成为心中的人？你有决心和信心达成吗？你是走在自己安排的人生计划内，还是走偏了？

回答这些问题，需要我们以始为终，想象未来的愿景，再倒回来想如何抵达终点，走好当下的路。

> **练习1-4 我的墓志铭**
>
> 请你找个僻静的地方，抛开一切杂念，敞开心扉，开始下面的练习。
>
> 假设你正在前往殡仪馆的路上，要去参加一位至亲的葬礼。抵达之后，居然发现亲朋好友齐聚一堂，是为了向你告别。也许这是许久之后的事，但姑且假定这时亲族代表、友人、同事或社团伙伴，即将上台追述你的生平。
>
> 请你认真想一想，你希望人们对你以及你的生活有怎样的评价？你是个称职的丈夫、妻子、父母、子女或亲友吗？你是个令人怀念的同事或伙伴吗？你希望他们怎样评价你的人格？你希望他们回忆起你的哪些成就和贡献？你希望对周围人的生活施加过什么样的影响？
>
> 请记下你的回答和感受：
>
> _____
>
> _____

如果你认真走过上述心灵之旅，那你已经短暂地触及了内心深处的某些基本的价值观，与自己的内在建立了联系。

你可能终于发现原来自己重视的是什么，发现自己在日常生活中可能一再偏离的本真的方向。面对终点，你可能有一些恐惧，对自己也有一些抱怨，但所有面向死亡的修行都是为了更好地活着。想想看有多少人在弥留之际，希望自己花更多的时间工作或者看电视？没有一个人希望这样。盖棺定论时的评价才是你心底渴望的真正成功。如果带着这样的认识洞察生活，你将不会偏离自我成长的核心，也会离自己渴望的成功更近一些。而如果搞不清楚内在的真正需求，就忙于提高效率，制订目标或完整任务，就走入了自我管理的误区。

但是，做出改变，掌控自己的生活是需要付出代价的，你可能会想退缩。但是不论你的现状如何，请你相信，你与你的习惯是两码事，你有能力改变不良旧习，代之以意味着高效、幸福和互信的人际关系的新习惯。这种相信会激发出你的一分力量，改写你的人生脚本，以此为目标在生活中加以实践。

最后，要记住：改变始于对自己的接纳，没有人能因为成为别人而成功，只有成为自己。你本来就是独一无二的存在。

我是我自己。

在这个世界上，没有一个人完全像我。某些人部分像我，但是没有一个人完全像我。因此，从我身上出来的一切——我的身体和它所做的事情；我的大脑和它所想所思；我的眼睛和它所看到的事物；我的感觉，不管它们是愤怒、喜悦、挫折、爱、失望或兴奋；我的嘴巴和它所说的话，不管它们是礼貌的、甜蜜的、粗鲁的、正确或不正确；我的声音，不管大声或者小声；和我所有的行动，不管对别人的或对自己的，都是独一无二的。

我拥有全部的我，因此我能和自己更熟悉、更亲密。由于我能如此，所以我能爱自己并友善地对待自己的每一部分。于是我就能够做我最感兴趣的工作。

我知道某些困惑我的部分。但是只要我友善地爱我自己，我就能够有勇气、有希望地寻求途径来解决这些困惑并发现更多的自己。

然而，任何时刻，我看、我听、我说、我想或我感，那都是我。

那是真实地表现那时刻的我。

这个时候，我再回头看我所看的、听的、做过的、想的、感受的，有些可能变得不合适了。

我能够丢掉一些不适合我的，并且再创造一些新的。

我能看、听、感觉、思考、说和做。我有办法使自己觉得活得有意义、亲近别人，使自己丰富和有创意。

我拥有我自己，因此我能驾驭我自己。

我是我自己，而且我是好的。

——维吉尼亚·萨提亚（Virginia Satir）

思考

1. 如果让你现在为你进行生涯规划的决心和动力打分，10分为满分，你给自己打几分？为什么？
2. 谈谈你对什么是生涯，生涯规划的理解。
3. 结合自己的经验谈谈什么是你心中的成功？
4. 你是怎么看待生涯规划和个人成长之间的关系的？
5. 你做自己的生涯规划，还存在哪些阻力？你又拥有什么资源？

参考文献

[1] 黄天中. 生涯体验——生涯发展与规划 [M]. 3版. 北京：高等教育出版社, 2015.

[2] 金树人. 生涯咨商与辅导 [M]. 台北：台湾东华书局, 2011.

[3] 李开复. 做最好的自己 [M]. 北京：人民出版社, 2005.

[4] 罗伯特·C. 里尔登, 等. 职业生涯发展与规划 [M]. 侯志瑾, 等, 译. 3版. 北京：人民大学出版社, 2010.

[5] 史蒂芬·柯维. 高效能人士的七个习惯 [M]. 高新勇, 等, 译. 北京：中国青年出版社, 2008.

[6] 维吉尼亚·萨提亚. 尊重自己 [M]. 朱立文, 译. 北京：世界图书出版公司, 2015.

[7] Andrew J. Dubrin. 职业心理学——平衡你的工作与生活 [M]. 姚翔, 陆昌勤, 等, 译. 2版. 北京：中国轻工业出版社, 2008.

[8] Gerald Corey, Marianne Schneider Corey. 心理学与个人成长 [M]. 胡佩诚，等，译. 北京：中国轻工业出版社，2007.
[9] Kerr Inkson. 理解职业生涯——九种你必须了解的职业隐喻 [M]. 高中华，译. 北京：中国轻工业出版社，2011.
[10] Schien, E. H.. Career Dynamics: Matching Individual and Organizational Needs [M]. Reading, Mass: Addison-Welsley Publishing Company, 1978.
[11] Super, D. E.. Career Education and the Meaning of Work. Monographs on Career Education [M]. Washington. DC: The Office of Career Education, U. S. Office of Education, 1976.

推荐阅读

Kerr Inkson. 理解职业生涯——九种你必须了解的职业隐喻 [M]. 高中华，译. 北京：中国轻工业出版社，2011.

因克森教授用九个生动形象的比喻，深入浅出地向我们描绘了职业生涯的整个概貌，该书视角独特，采用了隐喻的方式，形象生动地介绍了不同职业生涯理论对生涯过程的解读，同时引用了很多案例，帮助我们对生涯过程形成全面的理解。

推荐电影：《毕业生》

1967年在美国上映。年轻的本刚从大学毕业，虽然他的父母正忙着筹备一场热闹的家庭晚会来为他庆祝，但本自己对未来生活感到十分茫然。影片结尾非常具有20世纪60年代的年轻人的样子：追求自由的本拒绝了与成人世界的妥协，他们选择了逃离，却没有自己的目的地，他们一直都在路上。21世纪的你们，是如何度过大学生活，如何毕业的呢？

第二篇

探索篇

引导案例

张静决定选修学校开设的生涯规划课程，准备跟随老师对自己来一次系统的梳理，在课堂上遇到很多同学，原来大家都对这个主题感兴趣，生涯课程很有意思，老师准备了很多有意思的活动，课堂上总是很欢乐，但是她心中也隐隐有些担心，这些到底能给她带来什么样的帮助呢？

树立了生涯规划的意识之后，我们就要开始探索的行动，主要包含两个部分：一个部分是向内看，了解自己；另一个部分是向外看，了解职业。在了解的基础上，我们才能不断衡量自我与职业的关系，为下一步的生涯规划和选择做准备。本篇具体包括三个章节：第二、三章，主要辅助大家全面地了解自我，并且引导大家思考如何面对有关自我的各种发现；第四章，引导大家不断寻找职业探索之法，并且讨论安全区与冒险等个人成长话题。

第二章 有效地自我探索

——改变始于认识"我是谁"

曾经大热的电视剧《武林外传》中有个片段：姬无命到同福客栈来寻仇，吕秀才用一系列关于我是谁、我从哪里来、要去往何处的问题，让姬无命自己结束了自己的性命。

情节很夸张，但是说明自我探索的重要性和复杂性。你是谁呢？

推荐视频：《武林外传》片段——一段关于"我是谁"的精彩演绎。访问路径：http://v.youku.com/v_show/id_XNjQzMTA4Mzgw.html? spm = a2h0k.8191407.0.0&from = s1.8 - 1 - 1.2

一、自我探索的心理准备

（一）自我妨碍

我是谁？

我来自哪里？

我来干什么？

我想去什么地方？

这些问题往往是每一个人都要面对的，却又绝非容易回答。它们包含的答案太丰富了，越思索越无法准确回答，正如开篇例子中的姬无命，实在忍受不了，干脆自己结束了自己的性命。或许因为复杂，我们总是对看清楚自己设置重重障碍。

1. 难题说

比如，这是个千古难题，哲人都说不清楚，我还想什么？浪费脑细胞。

这一命题确实难解，但是我们需要清楚，你为谁而解？我们的教育对标准化的追求，让我们习惯了唯一正确答案的思考模式，如果是复杂或者无解的命题就容易习惯性地放弃，可是真实的生活本身就是复杂的。请记住，对这一问题的思考只能你做，别人的答案听起来再冠冕堂皇，也难以直接为你所用，你只能亲自而为。

2. 忙碌说

再比如，我们有太多事情要做，作业、社团、交朋友，哪有时间想这么没用的？

"当你不了解自己，又从别人那里随便地索取一些什么的话，可能会变好，也可能会变得很差，就看你的运气了"，这个十三岁小女孩说出的话，道出了问题的关键。忙碌并不等于有效，你在忙于紧急或别人认为重要的事情时，就等于把自己交给了"运气"，可能成功也可能完全搞错了方向。只有回到自己的核心才能使自己的人生更从容。

3. 恐惧担心说

或者比如，我其实不太敢深想，不了解自己时，还可以认为我身上的问题是小毛病，万一真的看清楚了自己发现本质上就不好，我还不如不知道，知道了也改变不了……

对于了解自己，很多人内心既好奇又隐隐的担心，甚至恐惧。想象一下，如果我意识到内心中可能还蕴藏着未知的巨大问题，没有被发现，逃避似乎是唯一的道路。这也是为什么自我探索是"少有人走的路"的原因之一。其实每个人都或多或少有过一些问题，但那都是你成长付出的代价，就算有遗憾，回到当时，你也已经做了能做的最好。比如一个成天面对父母争吵的孩子选择了封闭自己的内心，这个模式可能给他现在面对亲密关系带来压力，但是回到当时，封闭恰恰保护了他的内心。在过去，你已经做到了最好，所有的困境都有解决办法，而你完全可以有新的选择。

现在你是否已经有些放松下来，更多了一些自我发现的动力？当然最后是否冒险，冒多大的险，都需要由你来决定。实际上，当初一直回避深入了解自我的同学，在摆脱了这些思想束缚后都做出了探索的行动，因为我们本身就对那个和我们叫一样名字的人有着充分的好奇，你要做的只是放下包袱，好奇自然会引领你一步步发现真实的自己。

（二）寻找生涯主题

每隔一段时间，都请给自己留一些时间独处，让自己思考任何你愿意思考的问题，并在日记里记录其间的一些想法和感受，为自己的精神和情感提供养分。练习2-1会帮助你对你的过去和现在进行反思，帮助你一起发现属于自己的生命故事和生涯主题。

> **练习2-1 我的生命线**
>
> （1）做这个练习，你需要准备一张大白纸和两支笔（一支自己喜欢的彩笔，一支黑色笔）。
>
> （2）首先，在这张大白纸中部画一条横线，横线左端写上0岁，右端写上自己现在的年龄。
>
> • 在左边0岁的地方画一条竖线与这条横线相交，上面的空间分成10份，记为0~10分，越往上代表分数越高。
>
> • 认真地回忆你已走过的生命历程，从记事起有哪些事情让你高兴，哪些事情值得你骄傲，哪些事情对你有意义，哪些事情让你有成就感。
>
> • 按照时间顺序，在你的生命线上找到这些事情对应的时间点，根据这件事对你影响的程度，在上方标记出来，在旁边写下是什么事情。并用平滑的曲线把这些点连起来。
>
> • 你可以在不同的成长阶段，找出让你印象深刻的积极事件。
>
> （3）在横线下方，事件对应的地方，写下你从这件事情中发现了自己的什么能力。
>
> （4）找一个同小组的伙伴，和他/她一起进行一场生涯诉说，分享你从这些事情中对自己有哪些发现，对你的生涯可能会有什么影响？（图2-1为示例）

图 2-1 生命线生涯故事示例

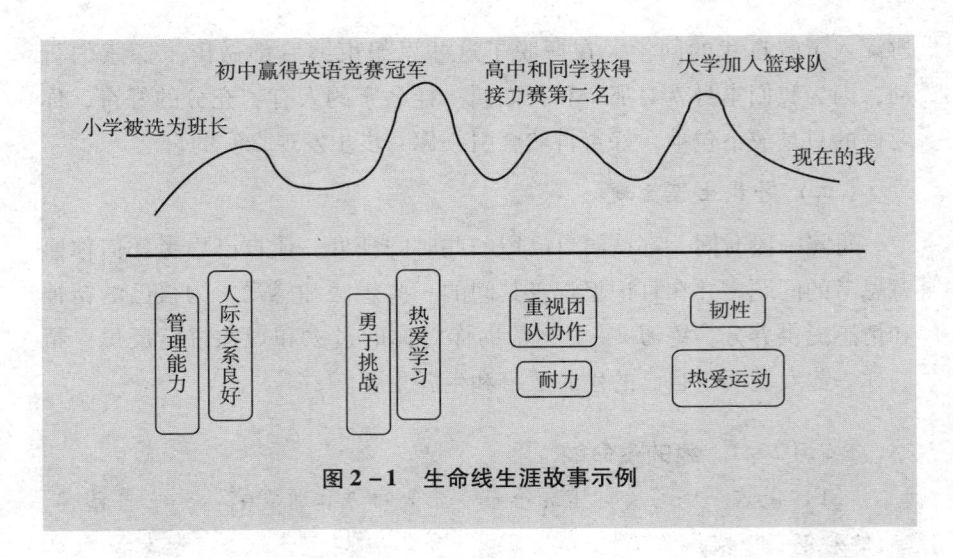

这个练习也可以继续改编使用，比如：在生命线的下方，描绘出那些让你沮丧、让你受伤、感到挫败的事情，同样用平滑的曲线把这些事件连起来，之后在生命线下方，写下从这个挫折事件反映了自己怎样的生涯韧性。不管是成功事件，还是挫折事件，这些事件中都蕴含着你的能力和品质，引导你开启不同的生涯故事，让你成长为今天独特的样子。这些生涯故事通过诉说，展现出不同的生涯主题。你可以与信任的朋友一起分享这个练习，不同的人对待同样的事情会有完全不同的看法，他们的反馈也会给你不同的收获。

二、自我探索的内容

每一个"自我"都是一个复杂多维的世界，对自我的认识判断总是随着情绪变化，现实的、可能的、偏见的、想象的、希望的、幻想的等交织在一起，构成了一个独特而又复杂的自我。

但是自我涵盖的内容太多了，到底该探索哪些方面呢？这是一个实际的问题。可能不只要探索与职业有关的部分，比如兴趣、价值观、性格和能力等，还需要对自我的看法进行有效整合，促使个体自发地实施下一步的规划。

（一）自我概念

自我概念是人格发展的一个重要部分，包括一个个体的核心自我感受和自我态度。我们看待自己的方式决定了我们会去了解哪方面的信息，以及如何应用收集到的信息。有积极自我概念的人通常比较自信，愿意去主动地把握自己的命运，相信自己的掌控力，能够寻找到合适的资源，取得成功。而拥有消极自我概念的人，通常会认为自己不会成功，在潜意识中为了证明自己想的是对的，会比较容易放弃，甚至妨碍自己成功，从而真的导致失败。自我概念主要包括三部分内容（图2-2）。

1. 躯体我

躯体我指对自己身体、生理特征的看法，如何正确对待自己的身体与自我概念息息相关。显然身体的健康会有助于一个积极自我概念的形成，而身体的不适会导致一个消极的自我概念。比如：有的同学特别在意自己的身材和外貌，认为只有自己变得漂亮才能自信起来。

2. 精神我

精神我指对自己精神世界、心理特征的看法。包括对自己兴趣、使命、价值观、性格、情感、能力等方面的内心评价。

3. 社会我

自我概念的另一个重要来源是个人所参与的集体。社会我是指个体对自身与外界客观事物关系的认识、体验和愿望，包括对自己的名望、地位、角色、性别、义务、责任、力量的认识。人们在小集体中获得一定的认同和个性。比如在班级、网络社区、运动队等关系中获得的自我概念。

图2-2 自我概念的三个方面

练习2-2 20个我活动

准备一张白纸、笔。写下我是谁这个问题的答案，至少写出20个。

我是_____

请思考，这20个我可以分成几类？

- 有关体貌和躯体健康的
- 有关心理及健康的
- 有关自己兴趣、智力和能力
- 有关自己身份的
- 有关自己社会资源和人际关系的
- 有关自己价值观和人生目标的
- 有多少是正性的评价，有多少是负性

有关20个我的练习是自我跨文化研究的重要方法（Kuhn & McPartland，1954；Dhawan et al.，1995），从表2-1中可以看到，美国学生更愿意进行自我评价，而印度学生更愿意给出社会身份的说明，说明文化在自我概念中占有重要的影响，我们对自我的看法，也会受到文化的影响。

表2-1 自我概念的跨文化比较（百分比）

类别	举例	印度学生		美国学生	
		男生	女生	男生	女生
社会身份	我是学生 我是女儿	34	28	26	26
思想信念	我相信所有的人都是好人 我信仰上帝	2	2	2	1
兴趣	我喜欢弹琴 我喜欢旅游	7	16	6	5
志向	我想成为一个医生 我想深入学习心理这	11	15	2	2
自我评价	我诚实、努力 我是个高个子	35	33	64	65
其他	我有一个很吵的朋友 我养了一条狗	11	6	1	0

（二）职业与自我

26岁的王雷毕业于机电工程专业，3年的职业生涯中换了6份工作，并且每份工作的时间都呈递减趋势。第一份工作做得最长，在一家日资企业做工程师，工作了一年两个月；第二份工作是一家民营企业的技术员，做了七个月；而2017年的9个月内，他走马灯似地换了4份工作，做过市场推广、程序员、工厂电工。最后一份工作仅一个星期就辞掉了。现在王雷又回到他已非常熟悉的人才市场，重复自己习以为常的动作：投简历、面试、再投简历、再面试……他感到非常苦恼和迷茫，不知道自己究竟适合什么职业。

1. 职业与自我的关系

如果王雷来求助于你，你会给他怎样的建议？你可能会想到问他到底想做什么工作，帮他一起探讨到底适合什么工作，也就是和他一起进行职业自我的探索。从宏观的角度说，我们需要了解与职业有关的自我到底包括什么，以及它们是如何影响我们的职业选择和职业发展的。张进辅老师（2009）把职业自我探索分为三个系统。

（1）职业导向系统。

职业导向系统包括价值观、世界观、职业伦理。这些成分引导个体去选择特定的职业、追求职业目标、接受和内化职业价值，建立正确的职业角色，以及努力正确职业成功，其中职业价值观是关键。

（2）职业动力系统。

职业动力系统包括需要、动机、兴趣、信念、理想。这些成分推动和维持个体努力去实现职业目标，克服各种困难，实现职业成功。其中兴趣是核心。

（3）职业功能系统。

职业功能系统包括气质、性格、能力。保证个体能胜任特定的职业，同时适应职业要求，并实现职业与生活的平衡。其中性格是基础，能力是保证。

职业导向系统引导我们做出职业选择，职业动力系统为我们提供动力，职业功能系统帮我们适应职业需求，三个系统的配合，推动着我们的生涯发展。

2. 职业自我的方面

我们在具体思考与职业相关的问题时，往往会聚焦于以下几个方面：

我喜欢做什么职业？

我想过怎样的生活？

我能做什么样的工作？

我愿意在什么环境下工作？

这分别对应着自我对兴趣、价值观、能力和潜力以及性格偏好的看法，这四个方面涵盖了上面提到的导向、动力和功能系统，是我们进行职业生涯规划时，需要关注的重点。

我的兴趣是最好的动力源泉，帮助我进行职业聚焦，因为这些职业我最可能做长久；我的价值观则是我看中的职业给我的回报，是我对终身追求以及工作与生活平衡的思考；我的能力决定了我适合的职业范围，是否符合职业的要求；我的性格是喜欢与人打交道还是做事，还是其他方面，这决定了我能否适应工作环境，是否感到舒适（图2-3）。

图2-3 职业自我探索分析

3. 职业自我的组合

四个方面都考虑到的职业往往能激发我们更多的潜力，我们也更容易取得成功。但是现实不一定让我们找到非常切合，为我们量身打造的工作（图 2-4 中的五星部分）。实际我们在做出职业选择时每个方面所占的权重并不一样，而且在职业生涯的发展历程中，这些方面的影响也是变化的。比如：一个学生在职业发展初期，喜欢音乐，却找了一份银行的工作，但是经过踏实工作和学习，他越来越能找到工作的价值和意义，他发现真正爱上了自己的工作，而音乐成了他休闲生活的主角。

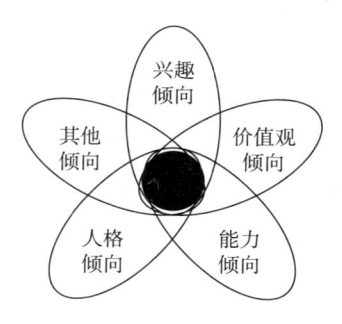

图 2-4　职业自我的组合

因此，在职业探索中更重要的是理解和觉察，并保持开放的态度，至于在职场中职业满足了你自我的哪些方面组合完全可以灵活对待，就算一时并没有完全符合自我的要求，还是可以调整和变化。

三、自我探索的方法和途径

自我探索并不仅仅是一个人的事情，自我评价和他人评价相结合才能更全面地了解自己。具体可以通过自我觉察、寻求别人意见、进行专业的测评和咨询、参与社会活动以及回顾自己的成功等多种途径来实现（图 2-5）。

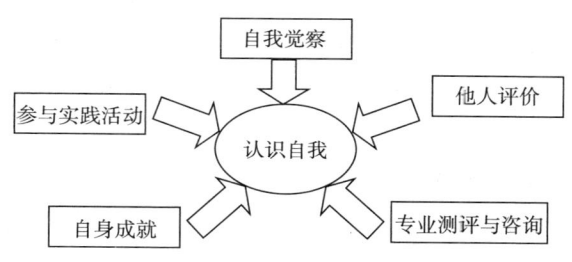

图 2-5　自我探索的途径

（一）自我觉察

觉察是指站在更高的位置审视自己。你成为自己生命的旁观者，跳出自己看自己，换一种视角来发现自己。而其他的途径最后也需要变成你的自我觉察，才能对你产生影响。自我觉察的前提是非评判，只有你对所有的发现不妄下结论才能有更多发现，过早过多的评判都会打扰你的反思，并带来大量的情绪困扰。冥想、瑜伽等活动，都是通过创造独处并与自己对话的形式来提高个人觉察力的有效方法。

（二）他人评价

小王在学生时代一直被称为一个平凡而善良的人，但是在一次工作中主动承担责任完成一项大的工作时表现出了超乎寻常的耐心和毅力，最终促使项目圆满完成，因此被大家称为"耐心王"，他也因此增加了一些对自己的信心。

旁观者清，除了自己作为自己的旁观者之外，我们还不断地接收到来自他人的反馈，有些是他人自发给予的，有些则是你主动寻求的。自我理解中最有价值的信息往往是在生活中那些重要他人如何看你（尤其是童年早期）。虽然这种反馈有时会让你感到不适，却是一条不容忽视的了解自己的途径。你可以通过当面提问，发送邮件、信件，打电话，在线聊天等多种形式来获得来自他人的意见。

> **练习2-3　以人为镜**
>
> （1）你可以写一封邀请函来获得别人对你真诚客观的评价。
>
> "我希望你能帮我完成我生活中一项重要的任务。我希望获得关于他人眼中自我的坦率看法——在你们眼中，我的优点和缺点各是什么，同时我也欢迎你表达对我的其他观察结果。请把你的想法写在所附的纸上，你所提供的关于我的信息将会帮助我制定一份个人提升计划……"
>
> （2）把邀请信发送给你的重要他人（至少3个人），把他们的看法填在下面的表格里。

	我的优点	我的缺点
父亲		
母亲		
兄弟姐妹或亲戚		
好朋友		
恋人		
同学		
老师		

(3) 请反思：

你是用什么方式填好这张表的？

你有哪些新的发现？

你的感受如何？

（三）专业测评和咨询

许多自助的书籍、网络、期刊，包括本书都会提供一些自陈问卷，从这些问卷中获得信息，通常能为你的喜好、价值观和个性特点提供一些线索。但是对待这些测试的结果需要特别小心，它只能是参考，而且能否通过这种方式获得有价值的信息数量取决于你的坦率程度。

另外，市面上还有大量的投射问卷，即通过绘画、笔记、讲故事等间接的形式来反映你的个性和心理的测试。

请看下面的测试：

你在黄昏时分外出散步，发现一间空屋子。你悄悄进入，从一面向西的窗户往里看，你的视线突然被屋内的某样东西给吸引。吸引你的东西是：

A．冰箱

B．微波炉

C．锅

D．砧板

选择 A	你喜欢冰箱
选择 B	你喜欢微波炉
选择 C	你喜欢锅
选择 D	你喜欢砧板

很多的投射测试可能根本没有研究支撑，就如同上面例子一样，测试的内容和结论之间没有关系，要避免采用这类型的测试来指导自己。专业的投射测验必须由经过培训的专业人员来解读。关于星座占卜等测试，更是统计概率效应，对你个人的指导作用更是少之又少。

除此之外，你可以通过求助于职业咨询和心理咨询专业机构来获得专业的测评和咨询来更好地了解自己。比如本书第三章提到的专业测试就来自这些途径。

（四）自身成就

回顾过去能够帮助你很好地理解我们的成长历程，一般人通常关注问题和缺点，其实那些你做的成功的事情，哪怕再小也蕴藏着你的能力，也很有可能是你的兴趣所在，并符合你的价值观和偏好。第三章的撰写成就故事就采用了这样的方法。

（五）参与实践活动

大部分学生的主要活动场所就是家庭和学校，很少接受其他方面的挑战，也很少与学校外的人员接触交流，这样得到的自我信息是非常有限的，只有拓宽自己的活动领域，在更广阔的空间中做事情才能获得更全面的信息。比如社团活动、实习、参观、志愿活动等。在这些新的领域中，你将可能获得不同寻常的对自我的洞见。

四、整合与个人成长

（一）整合

通过不同的渠道，我们会得到有关自我的很多信息，接下来你需要把获得的信息加以整合，才能得出一个尽可能全面具体的关于自己的认识。周哈里窗（Johari Window）技术就是一个很有效的自我信息整合技术。

练习 2-4 周哈里窗

心理学家鲁夫特和英格汉（Joseph Luft & Harrington Ingham, 1970）根据别人和自己，已知和未知的维度，将人的心灵分为四个窗子："已开的窗户"指自己能坦然让别人知道的领域，即公开我；"隐闭的窗户"指自己刻意隐避，不让别人知道的领域，即隐私我；"盲目的窗户"指别人能看得很清楚，自己却全然不知的领域，即盲目我；"黑暗的窗户"指自己和别人都不知道的无意识领域，暗藏未知的可能性，也是人们潜力所在的地方，即未知我（图2-6）。

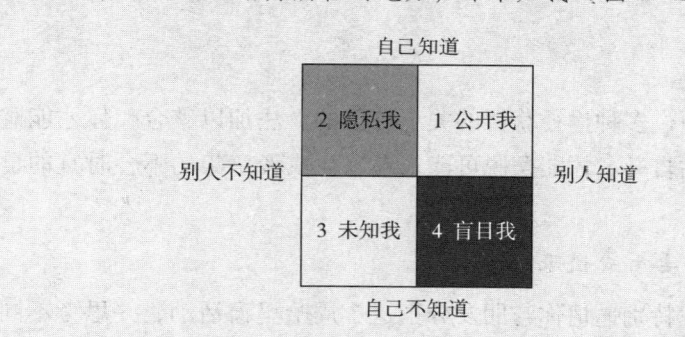

```
              自己知道
         ┌──────┬──────┐
         │2 隐私我│1 公开我│
别人不知道 ├──────┼──────┤ 别人知道
         │3 未知我│4 盲目我│
         └──────┴──────┘
              自己不知道
```

图 2-6　周哈里窗

- 公开我

这是自己知道，别人也知道的领域。此领域越大，其心理能量就能够用于创造发明。

- 隐私我

这是自己知道而他人不知道的领域。一个人的秘密领域越大，则意味他大多精力将消耗于自我防卫，其心理能量用之于创造的便相对越少。

- 盲目我

这是自己不知道而他人知道的领域，往往是一个人不自觉的习惯或缺点所在。此领域越大，我们对自己的了解越少，做事的效率也越容易受损。

- 未知我

这是自己不知道，别人不知道的领域，可能是个人的潜能或潜意识。此领域越大，意味自我开拓越少。往往在现实挑战出现时，我们才容易发现更多未知的自己。

请通过本节提到的各种方法，填写你自己的周哈里窗，并反思：

哪个领域你了解的最多？

哪个特点最让你意外？

你准备分别如何扩大公共我？缩小隐私我？开发盲目我？理解未知的我？

只有把通过多种途径获得的关于自己的看法加以整合，你才能避免高估或者低估自己，才能摆脱可能来自以往或者童年的不合时宜的早期决定。

（二）不要自我设限

此外，我特别邀请你与朋友分享这个周哈里窗活动，并思考不同时期的朋友给你的反馈是否一致，你可能会发现一致性，也有不同，我们对自我的了解是不断发展的。尤其是未知我的发现，往往要我们突破一些过往没有尝试，或者不愿意尝试的领域，而突破特别容易受到自我设限的影响。

张静大学选了文科专业，因为她小的时候，总是喜欢和小伙伴一起到爸爸妈妈单位去玩，总是会有爸妈的同事出一些数学题目考这些小朋友，而她算的不是最快的，出题的叔叔和父母都摇摇头说："这孩子不聪明，学习好就靠努力。"特别是一个教数学的老师说："她这样只能学文科。"虽然张静小学时的数学成绩一直很好，但是后来还是学了文科。一到需要计算时就会本能地放弃，不好意思地和别人说"我数学不好"。直到后来她才开始反思："是我真的不行还是那只是他们的看法？"其实计算只是数学中很小的一部分，还有很多鲜活的内容可以被生活所用，而她却因为不假思索地吸收了这一理念而与体会数学之美失之交臂。

你的经历中是否也有这样自我限制的体验呢？而这样的体验多了就

会形成习得性无助，从而产生放弃的念头。

小男孩抓住了一只跳蚤，将其倒扣在一个瓶子里，开始的时候跳蚤不断地跳起撞击瓶子的底部，可是它怎么也跳不出来，后来小男孩不断给它换更小的瓶子，跳来跳去却难逃瓶子束缚的跳蚤终于放弃了尝试，直到小男孩把瓶子撤走，而跳蚤却再也不会跳了（图2-7）。

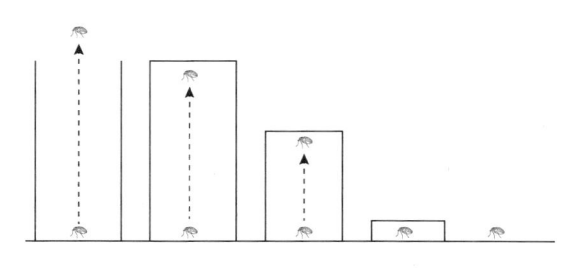

图 2-7　习得性无助的跳蚤

再回过头看我们的限制，是事实如此改变不得，还是受观念所限？这提醒我们，对别人的评价，特别是对自己长久认定已经放弃的领域进行反思，是否可以改变？或者换个角度思考，我在放弃这个的同时，补偿地拓展了其他哪些领域的探索？上帝很公平，有的时候放弃一部分，是让我们得到更多。

在下一章的具体探索中，让我们带着好奇心去看看会有哪些发现。

你可能会发现被你忽视的优势，如果让你欣喜，请善待它，并思考如何更有效地发挥它的效用，为你的整个职业生涯服务；你也可能会发现问题，甚至让你感到不舒服的，请记住这些正是你所要突破之处，它在过去的某些时候帮过你，你可以选择在这个上面学习更多，比如寻求专业的职业或心理咨询，选择可以改变的部分，而接受不能改变的部分，并不被它所控制。

总之，当你不带偏见地去接触自己，就会从中获得更多的启示。

思考

1. 你是否已经做好探索自己的准备？你都做了哪些准备？请为自己的准备情况打分（10分满分）。

2. 你是如何看待别人眼中的自己与真实自己的关系的?
3. 请完成本章提到的练习,并与朋友分享你的收获。
4. 你还需要什么资源促使你更开放?
5. 在你的生涯成就和生涯挫折中你有什么样的发现?请找伙伴分享属于你的生涯故事。

参考文献

［1］理查德·格里格,菲利普·津巴多. 心理学与生活［M］. 王垒,王胜,等,译. 北京:人民邮电大学出版社,2003.
［2］孙瑞雪. 完整的成长——儿童生命的自我创造［M］. 2版. 北京:中国妇女出版社,2014.
［3］张进辅. 青年职业心理发展与测评［M］. 重庆:重庆大学出版社,2009.
［4］钟谷兰,杨开. 大学生职业生涯发展与规划［M］. 上海:华东师范大学出版社,2008.
［5］Andrew J. Dubrin. 职业心理学——平衡你的工作与生活［M］. 姚翔,陆昌勤,等,译. 2版. 北京:中国轻工业出版社,2008.
［6］Dhawan, N., et al.. Coolidge Effect Across Two Cultures: India and the United States［J］. Journal of Vross Cultural Psychology, 1995, 26 (6): 606－621.
［7］Kuhn, M. H., McPartland T. S.. An Empirical Investigation of Self－Attitudes［J］. American Sociological Review, 1954, 19 (1): 68－76.
［8］Luft, J., Ingham, H.. The Johari window, A Graphic Model of Interpersonal Awareness［J］. UCLA, Los Angeles: Proceedings of the Western Training Laboratory in Group Development, 1955.
［9］M. 斯科特·派克. 少有人走的路［M］. 于海生,译. 长春:吉林文史出版社,2007.

推荐阅读

Gerald Corey, Marianne Schneider Corey. 心理学与个人成长［M］. 胡佩诚,等,译. 北京:中国轻工业出版社,2007.

科里(Corey)的经典著作。一个人心理上的成长是持续一生的过程，只要我们愿意，任何时候都有机会重新选择更适合自己的成长道路。本书通过实用的练习，帮助你拓展自我意识，发掘生命中可能的机会。

推荐电影：《跳出我天地》

《跳出我天地》于 2000 年 9 月 29 日在英国上映。该片以 1984 年英国矿业工人大罢工为背景，讲述了 11 岁的矿工之子比利·艾略特（Billy Elliot）冲破重重阻力勇敢追求心中理想的故事，在看电影的同时让我们思考：到底我为我的梦想努力了吗？

第三章 接纳本来的我
——全面地了解自我

我们必不可停止探索，而一切探索的尽头，就是重回起点，并对起点有首次般的了解。

——艾略特（T. S. Eliot）

一、我的职业兴趣

2001年5月，美国内华达州的麦迪逊中学在入学考试时出了这样一道题目：比尔·盖茨（Bill Gates）的办公桌有五只带锁的抽屉，分别贴着财富、兴趣、幸福、荣誉、成功五个标签，盖茨总是只带一把钥匙，而把其他的四把锁在抽屉里，请问盖茨带的是哪一把钥匙？后来学生给盖茨写信请教答案。他的回答是："在你最感兴趣的事物上，隐藏着你人生的秘密。"

（一）我感兴趣的活动

兴趣与职业，甚至兴趣与人生都密切相关，正是兴趣使然，才使爱迪生（Thomas Alva Edison）每天工作十几个小时，说出"我一生中从未做过一天的工作"。

我们在课堂中做过很多次"你对什么感兴趣"的调查，结果发现学生大部分的回答都集中在休闲活动中，比如我喜欢听音乐，我喜欢看电视，我喜欢打羽毛球，我喜欢旅游，我喜欢打游戏等，很少见到有学生回答我喜欢法律，我喜欢我的专业。可见兴趣在大家心中基本等同于爱好，它发挥主要作用的领域是在我们的休闲生活中。

这可能是与我们受的教育有关,"学习是正事,兴趣爱好只能业余做,甚至最好不要做",这种氛围中成长的学生对学习和专业本身的兴趣遭到了破坏。甚至还有一些学生只关注了成绩,连在业余爱好中发展兴趣的机会也被剥夺,他对兴趣的回答只能是"我对什么都不感兴趣",这种想法会导致很多负面的情绪。

其实兴趣对我们来说是基本的动力,我们每天的行为都会受到兴趣的影响,兴趣中蕴含着巨大的潜力,是事业的激情所在。但是需要澄清的是,我们感兴趣的是具体的活动,而不是某一项工作或者学科,比如:一个法律系的学生对法律专业中的实际辩护感兴趣,但对背诵法律条文没兴趣,你能说他对法律没兴趣吗?

兴趣不等于才华和能力,不是你做得好就是兴趣所在,你目前还做不好,或者不了解的领域也可能是你的兴趣所在,不要让"不能""不会""没希望"等思维定式阻碍你寻找真正兴趣的机会。兴趣就蕴藏在我们的生活中,在做让我们感兴趣的事情时,我们会由衷地体验到愉悦,所以让我们先从愉快的生活体验中寻找吧!

> **练习 3-1 愉快的生活体验**
>
> 请回顾最近一段生活的点滴,回味让你感到愉快的经验。请举出三个事件,在事件发生时或完成之后让你感受到相当程度的喜悦和满意,想想这些事件的共同特性。
>
> 第一件:_____
> 第二件:_____
> 第三件:_____
> 共同点:_____
>
> 你有哪些发现呢?
>
> • 你是否能很容易写出这些事情,还是需要搜索很长时间?
> • 对于某件事,你是否十分渴望重复它,是否能愉快地,成功地完成它?
> • 你过去是不是一直向往它?

- 你是否总能很快地学习它？
- 它是否能让你满足？
- 你是否由衷地从心里而不是从脑海里喜欢？
- 你最快乐的事情是不是与它有关？

（二）职业兴趣类型测试

美国著名职业心理学家约翰·霍兰德（John Holland）在1959年提出了具有广泛影响的职业兴趣理论，强调通过兴趣和偏好实现人职匹配。让我们先从一个游戏了解自己。

练习3-2　你想降落到哪个岛上？

恭喜你！你获得了一次免费度假游的机会，有机会去下列六个岛屿中的一个。唯一的条件是你必须要在这个岛上待满至少一年的时间。请不要考虑其他的因素，仅凭自己的兴趣列出你最想前往的三个岛屿。

R岛：自然原始的岛屿。岛上保留有热带的原始植物，自然生态保持得很好，也有相当规模的动物园、植物园、水族馆。岛上居民以手工见长，自己种植花果蔬菜、修缮房屋、打造器物、制作工具。

I岛：深思冥想的岛屿。岛上人迹较少，建筑物多僻处一隅，平畴绿野，适合夜观星象。岛上有多处天文馆、科博馆以及科学图书馆等。岛上居民喜好沉思、追求真知。

A岛：美丽浪漫的岛屿。岛上充满了美术馆、音乐厅，弥漫着浓厚的艺术文化气息。同时，当地的原住民还保留了传统的舞蹈、音乐与绘画。

S岛：温暖友善的岛屿。岛上居民个性温和、十分友善、乐于助人，社区均自成一个密切互动的服务网络，人们多互助合作，重视教育，弦歌不辍，充满人文气息。

E岛：显赫富庶的岛屿。岛上的居民热情豪爽，善于企业经营和贸易。岛上的经济高度发展，处处是高级饭店、俱乐部、高尔夫球场。

第三章 接纳本来的我——全面地了解自我

C岛：现代、井然的岛屿。岛上建筑十分现代化，是进步的都市形态，以完善的户政管理、地政管理、金融管理见长。岛民个性冷静保守，处事有条不紊，善于组织规划。

做完这个游戏，按先后顺序记录下你的选择。

（1）你的选择是_____、_____、_____。

（2）你的感觉如何？

_____

（3）如果你是和许多人一起做这个游戏，你发现哪个岛的人最多？哪个岛的人最少？和你处在同一岛上的人在生活中有哪些相似和不同的地方吗？

_____

另外需要注意，你需要至少待一年的时间，请选择你真正感兴趣的岛屿前往，曾经有同学感兴趣的是E岛，但是选择了S岛，他的回答是S岛的人好控制和管理。

当然这只是一个小游戏，你还可以通过专业的职业兴趣类型测试来进一步了解自己的职业兴趣类型。

霍兰德以职业兴趣为基础编制了自我职业指导问卷（SDS），分别列出了6类职业兴趣类型对应的活动，该问卷以人格类型理论为基础的，认为全世界的人们可以被大致分为6种群体类型：实际型（Realistic）、研究型（Investigative）、艺术型（Artistic）、社会型（Social）、企业型（Enterprising）以及常规型（Conventional）。表3-1中是关于这6种兴趣类型所对应的职业人格特征。

表3-1 霍兰德职业兴趣对应表

兴趣类型	关键特征
实际型（R）	喜欢实践和体育活动，不太喜欢社会交往或者情感表达，任务导向。
研究型（I）	对理念、逻辑、研究和解决问题感兴趣；理性、学究，不太喜欢社会交往。
艺术型（A）	富有创造性；喜欢非结构化的情境、自我表达和自主性，不喜欢约束。

续表

兴趣类型	关键特征
社会型（S）	喜欢和别人一起工作，乐于助人，偏理想主义，擅长人际交往；关心他人，并让人觉得贴心。
企业型（E）	享受与他人一起工作，喜欢通过说服、管理等方式领导他人实现目标，行动导向。
常规型（C）	对结构、计划和组织感兴趣；价值安全感和控制；喜欢细致的工作。

事实上，人们不只会符合一种职业类型的特点，他们会同时与几种职业类型的特点相类似。可以看出，上述6种职业类型相互区别，也具有一定的相似性。研究者将这6种职业类型结合起来，形成一个六边形，就是下面的职业类型六边形（图3-1）。

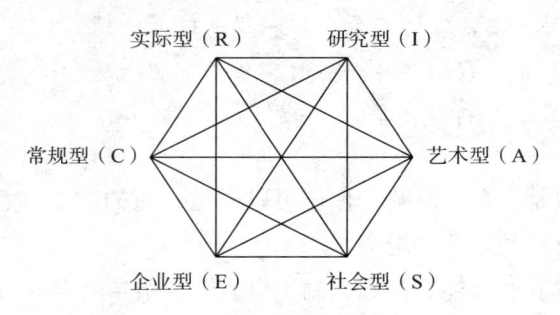

图 3-1 霍兰德 RIASEC 六边形

在六边形中，两种类型之间越相邻，两种类型的特点就越相似。例如：艺术型与研究型的特点比较相似，相似性要大于企业型，与常规型的最不相似。而得分最高的三个代码能够代表你综合的职业兴趣特点，通过查阅3字母职业类型代码对照表能够得出你适合从事的职业群。

比如：某位学生的代码是 IRE，适合的职业类型为：化学家、科学报刊编辑、实验员、科研人员、科技作者、工程师等。当然最终是否选择这些职业还要综合考虑你的专业、价值观等其他因素。

霍兰德的 SDS 量表的意义不仅仅在于帮助我们看到自己的兴趣类型，找到适合的职业群，然后选一个最靠谱的作为职业。它还能帮助我们更深入地了解自己，如果你对结果仔细分析还可以得出一些有意义的结论。

（1）六边形对角线：如果你的代码包括了处于对角线的两种类型，那么你在职业选择时，甚至是日常生活中也会感到比较大的冲突，比如：既有 C，又有 A，就会一方面渴望秩序，另一方面又渴望自由，感受到矛盾。

（2）小三角形：如果你的代码在六边形中是紧邻或者比较接近的，比如 ESA，这样组成的三角形就比较小，因为最相近最容易统一，这样的结果可能意味着你的内心中会较少出现冲突，不过需要提醒你的是，你在职业选择时也可能会因选择范围过小而丧失一些机会。

（3）正三角形：如果你的代码各相隔一个字母，比如 EAR，这样就在六边形中组成一个大的正三角形，这样的结果可能说明你的兴趣类型比较广泛，也可能说明你对职业兴趣的探索并不充分，还需要进一步的分析。

（4）代码一致，分数不同：就算你和别人的代码可能完全一致，但是如果分数上存在差异，你们对于自己兴趣的肯定程度也存在着差异。

（5）各代码分数差别不大。

图 3-2a 折线图表示的是各类型的得分情况，各类型的分数相差不大，而且都很高，这可能说明该同学对自己较自信，兴趣广泛，但也可能说明他存在职业未分化的情况，并不知道自己真正的兴趣，而且深入的探索不足，这种现象在大一的学生中存在得较为普遍。

图 3-2b 所示类型与图 3-2a 正好相反，各分数的差异同样不大，但是各类型的得分都较低，这种现象提示你很可能正处于比较混乱的时期，或者压力较大，对自己的自信程度也较低，如果有必要，可以通过咨询专业的职业咨询师和心理咨询师获得更多专业的辅导。

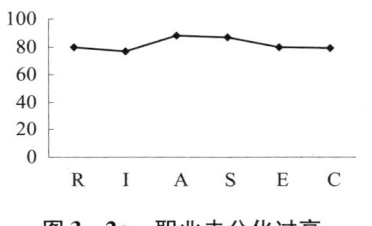

图 3-2a　职业未分化过高

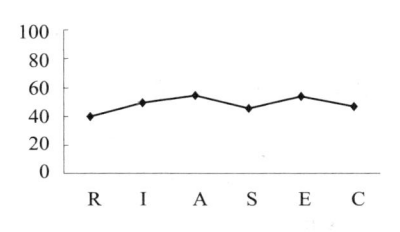

图 3-2b　职业未分化过低

当然测试的结果受很多因素的影响，比如你当时的心理状态，是否正在经历大的变故，以及是否足够诚恳和开放等。所以结果只是一个提示，你还需要综合其他的方式，再进行深入的探索和思考。

（三）兴趣的发现

兴趣是内在驱动的，如果得到激发会带给我们非常大的动力和专注力，你是否见到过一个两三岁的小孩子能够待在沙堆面前投入地玩上一两个钟头？本来这个年龄孩子的注意力最多只有20分钟，这种不可思议的专注正是基于兴趣本身。但是对职业的兴趣有时候并不是非常明显。特别是对你没有尝试过的事情就说不感兴趣，往往是思维定势的影响让你过早放弃。

（1）兴趣需要实践。只有真正试过才能真正了解你的兴趣所在。没有人能够通过拍脑袋就能够找到持续保持热情的职业，就算得到一些也只能是叶公好龙。如果你还没有找到上面有关真正兴趣的答案，那就要给自己机会去接触更多的选择。

（2）兴趣需要专注。在从事某种活动时，我们往往因为专注的缺失而体验了失败，但是如果能对自己负责，保持专注，尽可能投入地工作往往也会获得较大的成就感，也容易发现兴趣。

（3）兴趣需要重新发现。如果手边的任务不能刺激你，你至少还应该关注一下能给你带来乐趣的部分。比如：你对某门课程非常不感兴趣，但是老师点名不得不出现，往往你都会一睡了之，但如果你把注意力放在能够激发你兴趣的部分就不会如此无聊了。比如观察老师是否能够处理学生不好好听讲的问题，寻找老师讲的内容与自己兴趣的联系等。

总之，当你向内看，更能放下成见，投入地做事情时，就更容易觉察到兴趣和乐趣。无趣的状况往往是早早地决定后不再努力产生的，而转念之间就可能与自己内心的兴趣相遇。除此之外，我们需要尽量发现自己对做事的兴趣，如果你的关注点总在别人的评价上，往往会束缚你进行更多的探索。

有时候，人生会用砖头打你的头。不要丧失信心。你要找出你的最爱，工作也是如此，人生伴侣也是如此。你的工作将占掉你人生的一大部分，唯一获得满足的方法就是做你相信是伟大的工作，而唯一做伟大工作的方法就是爱你所做的事。如果你还没有找到这些事，继续找，别停顿。

——乔布斯（Steve Jobs）在斯坦福毕业典礼上的演讲

二、我的职业价值观

每个人都有特殊的职责或使命，他人无法越俎代庖。生命只有一次，所以实现人生目标的机会也仅此一次……人必须对自己的生命负责。

——弗兰克尔（Viktor Frankl）

（一）我的价值观

价值观对我们的指导意义是巨大的，但是我们在日常生活中却很少主动意识到，并依照行事。它通常的面貌是：我在乎、我认为或我不喜欢等。它能帮助人们了解自己生活的目标和意义，使人在面对决定时有较明确的选择。这是因为它是长时间慢慢累积而成的，而且不可避免地受到社会价值观、文化、父母和亲朋好友的价值观的影响。价值观对职业的影响也是非常确定的，我们更容易选择能够践行自己价值观的工作，且更容易做得更投入、长久。

1. 价值观的基本要素

拉舍（Raths，1966）等学者提出，真正的"价值"需要具备以下一些基本的要素。

（1）选择。

它是你自由选择的，没有来自任何人或任何方面的压力吗？

它是你从众多价值观挑选出来的吗？

它是你思考了所有选择的结果后挑选出来的吗？

（2）珍视。

你是否珍爱你的价值观，或者为你的选择感到自豪？

你愿意向其他人公开承认你的价值观吗？

(3) 行动。

你的行动是否与你所选择的价值观一致？

你是否始终如一地根据你的价值观来行动？

2. 工作价值观

价值观通常分成两类，一般价值观和与工作有关的价值观。一般价值观包括政治价值观、宗教价值观、社会价值观等；而工作价值观是价值观是在工作上的表现，是指当一个人不得不做出选择的时候，他无论如何都不会放弃的工作中的那种至关重要的东西。工作价值观在工作选择和工作适应中都至关重要，反映了我们内心的需求，罗奎斯特和戴维斯（Lofquist & Dawis，1991）等人的研究把20种至关重要的需求分成六种价值观（表3-2）。

表3-2 重要工作价值观、需求和有关陈述

价值观	需求	说明
成就感	能力运用	我可以尽我所能的做某件事
	成就感	这份工作带给我成就感
舒适	活动力	我可能会重视忙碌
	独立性	我可以在工作上独立行使
	多样性	我每天都可以做不同的事情
	报酬	我的薪水和其他工作者比起来还算不错
	保障性	这份工作稳定并且长远
	工作条件	这份工作的条件还不错
地位	进步	这份工作可提供一个自我进步的机会
	肯定	我可以从这份工作中得到肯定
	权威	我可以指挥别人做事
	社会地位	在这个团体中，我将成为一个重要人物
利他主义	工作伙伴	我的工作伙伴很好相处
	道德价值观	我做这份工作，不会在道德上感到良心不安
	社会服务	我可以为其他人做点事情
安全保障	公司政策和执行	这家公司的政策执行得非常公平
	人性管理	我的老板很支持员工（包括最高管理者）
	技术管理	我的老板把员工训练得很好
自主性	创造力	我可以尝试一些自己的点子
	责任感	我可以自己做决定

（1）价值观是发展的。

价值观是发展变化的，随着你需要层次的变化而变化，比如：你在大学时认为社会地位和赚钱是最重要的，但是到了中年，有了一定的经济基础后，不少人意识到，仅仅为了钱而从事自己不喜欢的工作是一件很痛苦的事。所以薪酬变得不再那么重要，而能够平衡家庭与事业，符合自己内心的兴趣成为考虑的首选。

（2）价值观可能会妥协。

我们进行价值观探索的初衷就是寻找到符合自己价值观的职业，但是需要明白，工作不能满足你所有的价值观要求，我们总是需要不断地排序和妥协，只有对自己的价值观进行澄清，才知道如何取舍。只有从生活的各个方面来考虑才能平衡实现。比如：一个学生认为贡献和助人是自己的重要价值观，但是他在从事一份软件开发的工作，与人的接触有限，于是他选择在业余时间做志愿者，这就是一个很好的平衡的例子。

（二）工作价值观探索

> **练习3-3　有关工作的一分钟联想**
>
> 请在纸上写下"我希望做……的工作"。在一分钟的时间内尽可能多地写下你头脑中所联想到的任何短语。
>
> _____
>
> _____
>
> 请思考：你在工作中寻找的是什么？你判断工作好坏的标准是什么？请将所写的内容、你的思考与同伴分享。

每个人对价值观的畅想各不相同，例如：我认为"健康"比"财富"更重要。清楚有哪些价值观在影响着你，更需要对价值观进行不断的排序和澄清，只有这样才能厘清自己的核心价值观，而这个是你所独有的。

练习 3-4　价值拍卖

现在让我们来参加一次有关工作、生活价值的拍卖活动。假设把你一生所拥有的时间、精力、金钱折合成人民币 100 万元，然后你用这 100 万元来买我手里的东西。

我手里会有各种各样的你们想要的东西。记住：每样东西的底价是 10 万元，每次加价不能小于 1 万元；你可以和别人出相同的价钱，这时就要附加一些条件来最终裁决。

当连续三次问有没有人再加价后都没有回应时，主持者就一锤定音——算作成交，谁出的价位最后最高此物就归谁。

请先浏览以下拍卖品清单，然后决定你如何参加竞拍，请把握机会，因为很可能你最想要的也是别人想要的。

生活价值	为此项分配的金额	最高报价	成交价
家庭	＿＿＿＿＿	＿＿＿＿＿	＿＿＿＿＿
健康	＿＿＿＿＿	＿＿＿＿＿	＿＿＿＿＿
自由	＿＿＿＿＿	＿＿＿＿＿	＿＿＿＿＿
安全感	＿＿＿＿＿	＿＿＿＿＿	＿＿＿＿＿
成功	＿＿＿＿＿	＿＿＿＿＿	＿＿＿＿＿
爱	＿＿＿＿＿	＿＿＿＿＿	＿＿＿＿＿
和谐	＿＿＿＿＿	＿＿＿＿＿	＿＿＿＿＿
探险	＿＿＿＿＿	＿＿＿＿＿	＿＿＿＿＿
自然	＿＿＿＿＿	＿＿＿＿＿	＿＿＿＿＿
创造价值	＿＿＿＿＿	＿＿＿＿＿	＿＿＿＿＿
信仰	＿＿＿＿＿	＿＿＿＿＿	＿＿＿＿＿

工作价值	为此项分配的金额	最高报价	成交价
财富	_____	_____	_____
成就	_____	_____	_____
名誉	_____	_____	_____
独立自主	_____	_____	_____
服务他人	_____	_____	_____
多样性	_____	_____	_____
挑战性	_____	_____	_____
创造性	_____	_____	_____
人际交流	_____	_____	_____
负责任	_____	_____	_____
继续进修	_____	_____	_____

请列出你最想购买的物品以及你愿意付出的最大金额：

价值　　　　　　　　　　最高报价

_____

_____

总计：100万元

这样的拍卖活动往往能在课堂中掀起高潮，代表财富的香车美女总能引起同学们的哄笑，其实在现阶段，大学生把薪酬排在价值观的首位并没有什么大问题，美国一所著名的经管学院曾做过调查，大多数人在入学时都想追求名利，但是在拥有最多名利的校友中，有90%的人在入学时是追求理想，而非追求名利的。我们对自己价值观的探索和澄清，势必需要一个过程，探索属于你的人生意义是什么，以此为核心指导你的生活，就多了一份从容。

值得一提的是家人健康是大家争抢的对象，甚至有人认为它的价值不止 100 万元，还会征集其他人的 100 万元，最终以多人共同出价的形式，以超高价成交。这正反映了家庭在我们的文化中占有重要地位，但是如果我想做自己喜欢的事和我想得到父母的认可和赞许两种价值观相冲突也可能会引发矛盾。

此外，还存在一种矛盾，虽然大家把健康作为价值观的首位，肯花大价钱买下，但是在生活中却为了朋友的认可喝到宿醉，为了考试而熬夜，如果进一步分析，对于这些人来说，别人的认可，成绩带来的成就感和竞争、被认可恐怕更为重要。

在整个活动中还有同学发现自己还是不清楚想要的是什么，在激烈的竞争中选择放弃竞拍，出现这样的情况是正常的，因为大学正处于生涯探索期，混乱是一个必经的过程。

三、我的能力和优势

张萌学的是英语专业。她认为英语只是个工具，将来就业还需要一个专业，可是她不知道该学什么专业，也不知道自己把大量的时间花在英语上，还能不能掌握就业所需的其他技能。

李慧很用功，成绩一直很好，专业也比较喜欢。但是她觉得自己的人际交往技能比较差，单独和男生说话就会脸红，觉得非常难改变。而且她觉得和班上的同学比，自己的英语口语比较差，这都让她很自卑，对于自己的前途并不看好。

（一）能力与职业

不管是张萌还是李慧，都对目前自己的能力状态不满意，当一个人的能力和工作要求相匹配时，最容易发挥自己的潜能，最容易感到满足。如果感到能力不够就会感到焦虑，甚至产生挫败感，而如果感到能力要高于职业要求，就容易感到工作缺乏挑战，而产生倦怠。我们需要清楚能力有哪些分类，自己具备怎样的能力，而职业对能力又有什么要求。

1. 能力的概念

能力指我们能够做什么，以及当我们尽力工作时能够做到什么程度。能力是一个很广泛的概念，它既包括过去的成就（achievement），指我们过去取得的学业成就、工作成就、经验积累；又包括现在能做的事情（ability），指我们当下的知识储备，拥有的机能和自我调节的能力，还有将来可以做的事情，能力倾向（aptitude），指预测未来的工作成就和表现的倾向。

2. 能力的分类

能力可以分为三类：专业知识、可迁移技能、自我管理技能。

（1）专业知识。

专业知识又称内容性知识，比如管理、市场、销售、技术、其他专业领域知识，多用名词描述，一般不可迁移，常常与我们的专业学习，工作分工直接相关。例如：如果你专业对口，会被称为科班出身，是指具备适合工作要求的专业知识。一般在职业招聘时是工作单位考虑的基本要素之一。

① 专业知识并不是求职的唯一标准。前面张萌的困惑正是由于专业不对口引起的，但是这部分能力不只可以通过专业学习一个途径来获得，比如著名的四大会计师事务所在招聘时并不限定专业，而在入职后进行会计财务方面的培训，通过培训的很多学生都得到了很快的成长，并且工作出色。越来越多的工作单位认识到专业知识只是考察工作人员的一个指标，特别是非研究岗位，大学中专业的优秀成绩单并不能很好地预测他在工作中的成绩。

② 专业知识的作用存在积累效应。有些学生会认为既然专业知识好像不可迁移，如果学的完全不是工作所需，就没有意义了，干脆忽视了专业知识的学习。这其实是一个误区，知识有一个累积效应，它很可能在将来的某个时候派上用场，比如：你以前是学习古典音乐专业的，但是后来做了市场营销，正巧你的客户对古典音乐非常痴迷，你的专业知识成为你们良好沟通的桥梁。

推荐视频："公交迷求职记"，讲述了一个大学生因为"公交兴趣"参加电视求职节目找工作的故事。访问路径：http：//v.youku.com/v_show/id_XMjY4ODAwMDA4.html

15岁觉得游泳难，放弃游泳，到18岁遇到一个你喜欢的人约你去游泳，你只好说"我不会耶"。18岁觉得英文难，放弃英文，28岁出现一个很棒但要会英文的工作，你只好说"我不会耶"。人生前期越嫌麻烦，越懒得学，后来就越可能错过让你动心的人和事，错过新风景。

——蔡康永

如果你不喜欢自己的专业，又不能转换专业，那么最起码需要把自己的本职专业学好，这个过程不是完全痛苦和无意义的，因为你在为未来储备知识，同时也在其中磨炼和展现自己的其他能力。

③ 专业知识的组合很重要。小美非常喜欢记者新闻行业，但是她学的是计算机，她很担心自己在未来想在新闻行业就业时没有竞争力，光靠自己的新闻兼职经历不足以显示她的竞争力，后来正是综合考虑了计算机专业本身和个人喜好，找到了一家科技日报的编辑工作。这种专业的组合帮助了她。两个看似不搭边的专业，组合起来竟然变成了优势。

（2）可迁移技能。

可迁移技能是功能性能力，一般用动词形容，包括沟通、分析、演讲技巧、计算、决策、团队合作、组织等。这部分能力可以迁移到不同的工作之中，是我们最可靠的技能，能够持久地发挥作用。目前的职场中知识的更新换代速度很快，但是这些可迁移能力却较少变化，是我们安身立命的根本，使我们能够适应不同工作变动和职位要求的变化，面对生活的各种挑战和机遇。越来越多的雇主看中这部分能力，并以此来评价你是否是一个"可造之材"。比如那些令我们羡慕的跨领域成功的"牛人"，正是运用多种可迁移技能的典范。

著名美国职业生涯规划师詹姆斯·桑普森（James P. Sampson）以前是一名演员，但是有一天发现自己真的想有一个家，想稳定，于是他选择了咨询师这个职业。但这看似不相干的职业转换，却源于他主动地把自己的经历和专业整合到现在的工作中，当演员的经历也给他现在的工作很多帮助，比如沟通技巧，演讲能力等。领域之间完全可以互通，他说："No wrong turn, it's good just different."

(3) 自我管理技能。

自我管理技能也指适应性能力,是指一个人如何使用自己的专业知识,以什么样的态度从事工作。也就是通常我们所说的个人品质和工作习惯,比如积极心态、时间管理、情绪管理、压力管理、工作方法等。如果把一个人比作一部车的话,可迁移技能就是发动机,专业知识为轮胎,而自我管理技能就是方向盘,决定了我们行驶的方向。

小王参加了很火爆的招聘节目,而且成了最受欢迎的求职者,她是一个航空学院毕业的学生,却跨专业做了5年人力资源工作,她的成功除了与她对本专业的熟悉和经验相关之外,良好的工作习惯和亲和力成了她求职成功的关键。她对待工作很投入,表现得谦逊,对自己的工作重点有想法,有良好的习惯,特别是有着极强的细节整理习惯,并且能够准确地理解别人,能够很好地表达自己,平和而自信。

正是这样的自我管理使她具备了极强的竞争力,试想一下,你是否愿意与这样的同事一起共事呢?一个能为自己负责,自信,乐观,遇事不慌张,有自律精神,能够很好地管理自己生活的人才能做好工作。

当然这三部分能力并不是孤立存在的,我们没有必要处处做到最好,关键在于我们要找到自己的优势组合,并制订适合自己的能力培养计划,有意识地把他们形成合力(图3-3)。

美国生涯咨询和发展协会对雇主的一份调查发现他们最看重的能力如下。

- 善于学习。
- 读写算的能力。
- 良好的交流能力,包括听说能力。
- 创造性思维和解决问题的能力。
- 自尊、积极、有奋斗目标。
- 有个人和事业开拓能力。
- 交际、谈判能力及团队精神。
- 良好的组织和领导能力。

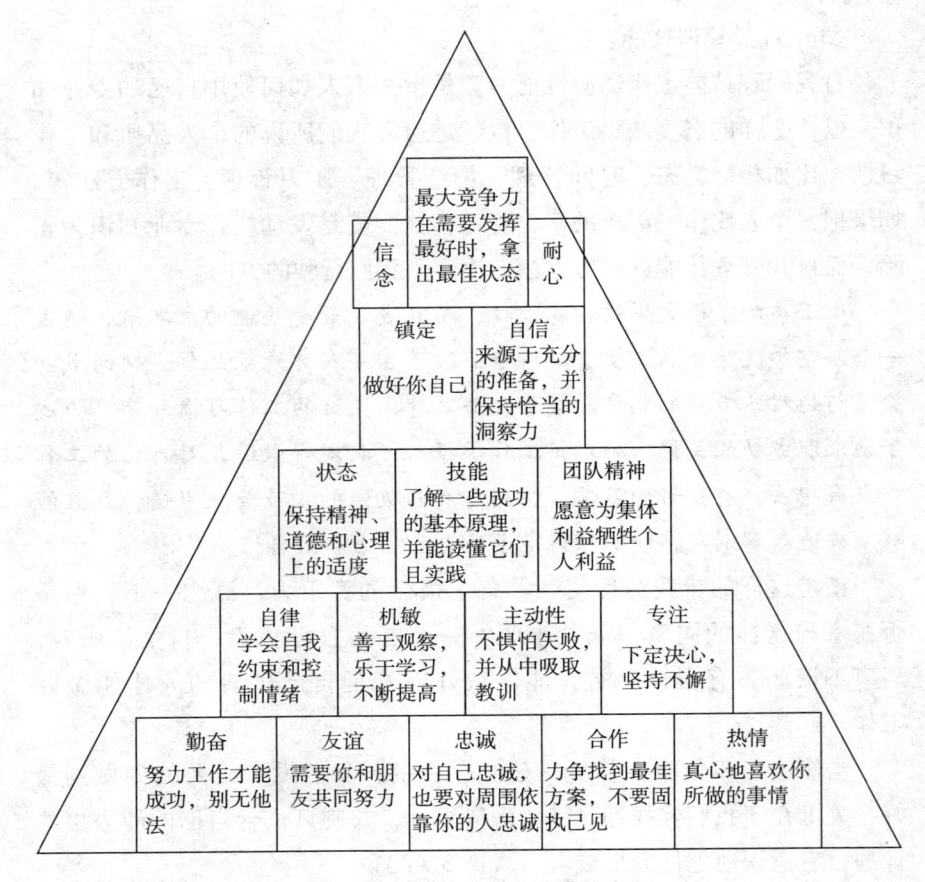

```
                    信念                耐心
              最大竞争力在需要发挥最好时，拿出最佳状态

         镇定              自信
         做好你自己    来源于充分的准备，
                         并保持恰当的洞察力

      状态            技能             团队精神
   保持精神、      了解一些成功      愿意为集体
   道德和心理      的基本原理，      利益牺牲个
   上的适度        并能读懂它们      人利益
                   且实践

   自律        机敏          主动性        专注
   学会自我    善于观察，    不惧怕失败，  下定决心，
   约束和控    乐于学习，    并从中吸取    坚持不懈
   制情绪      不断提高      教训

 勤奋      友谊        忠诚         合作        热情
 努力工作才能 需要你和朋  对自己忠诚，  力争找到最佳 真心地喜欢你
 成功，别无他 友共同努力  也要对周围依  方案，不要固 所做的事情
 法                     靠你的人忠诚  执己见
```

图 3-3 成功能力金字塔组合

　　综合上面的要求可以发现，这些雇主们非常重视员工的自我管理能力和可迁移能力，正是这种综合的素质让我们在职场竞争中保持优势，同时这些综合素质也是个人成长、成熟的表现，能够促进我们生活和职业发展的平衡。

　　推荐视频："爆灯实习生梁硕"，一个大学生跨专业寻找实习工作的经历。访问路径：http://v.pptv.com/show/iaK24Np4EdLK9PaU.html

（二）发现我的优势

1. 在过去的经验中寻找优势

> **练习 3-5　撰写我的成就故事**
>
> 请找一个安静的环境，回顾你过去的生活，列出 5 个你做过印象深刻的成就故事。这些事件不必是惊天动地的大事，只要你在做这件事的时候真正喜欢当时的感受，并且为完成它带来的结果（可以是外在的也可以是内在的）感到自豪就可以。比如：成功策划一次同学生日会，暑假在妈妈朋友的电脑店里帮忙，成功卖出了一台电脑等。
>
> 在撰写成就故事时，每个故事都要包含以下要素：
> - 你想达到的目标，即需要完成的事情。
> - 你面临的障碍、限制、困难。
> - 你的具体行动步骤，你是怎么一步步克服障碍、达成目标的。
> - 对结果进行描述，取得了什么成就。
>
> 请与同伴分享并分析你在这些成就故事中，反映了你怎样的能力？
>
> _____
>
> 请按照你使用的经常程度对你使用到的能力进行排序，你最擅长的是什么？你最喜欢的是什么？你觉得还需要继续提升的是什么？
>
> _____

如果认真分析就不难发现，我们在成功做事情的过程中一直在使用着多种能力，而且发挥了自己的优势组合。我们已经探讨过成功是个人的事情，寻找到你自己的优势，充分发挥优势的作用，才能找到属于自己的成功之路。

2. 从别人的认可中寻找优势

来自他人的评价是我们探索自我的有效途径，他人最认可的地方，往往蕴藏着你的优势。这种认可可以是你获得的奖励、荣誉，赋予更大的责任，也可以是别人书面或口头的赞扬。比如：你做了什么样的事情他们最认可？你过往被推选出来完成哪些事情？来自家长、老师、同学或朋友认为你最擅长的是什么等，从别人的视角中得到有关能力的评价，对我们了解自己非常重要。

3. 利用一些测试和专业辅导发现优势

如果这些经历不足以让你发现足够多的优势，你还可以通过寻求专业的测试和咨询来发现你的能力倾向。

比如一般能力倾向测试，包括一般学习能力、逻辑推理能力、文字能力、数学能力、空间能力、形状知觉能力、运动协调、手工灵巧等9种能力倾向，公务员的行政能力测试、美国的SAT考试都是测量一般能力的测试。

这种分析可以帮助你了解你的优势。但是也需要注意到有关能力的测试通常测量的是原始能力，工作经历需要我们将原始能力转变为工作需要的特殊技能，所以测试还包括一些实习、访谈、自我评价以及别人推荐等。在很多情况下，雇主评价应聘者的能力往往参考他们以前的工作经历和推荐信。

（三）对待能力的态度

你一分钟能拍手多少下？

请你估计一下，如果你用尽全力快速拍手，1分钟能拍多少下？

1. 提高自信心

你的答案是多少？50？100？正确的答案还请你亲自尝试一下，通常我们的实验结果出来，大家对于真正的数字很惊奇，因为我们太习惯于低估自己的能力。实际上，真正对你的生活起决定作用的不是实际能力，而是你对待自己能力的信心程度。天生的能力倾向在人生的成功和成长中只占有很小的比例，更多的技能完全可以靠后天培养实现。

积极心理学家马丁·塞里格曼（Martin Seligman）认为自尊是各种成功和失败的经验所导致的。因此它是我们可以掌控，可以通过真正的成就获得的。如果对个体给予过多的表扬和赞誉会导致暂时的高自尊，但是并不能持久。比如，对完成家庭作业的孩子大肆表扬，并不会让他产生真正的自尊自信，而是必须由他做出真正让自己觉得有价值的事情后给予鼓励。

高自尊的人感到有能力处理生活中的基本挑战，并且感到值得和快乐。高自尊不仅与个人成功有关，也是获得幸福和成长的关键。你可以通过以下的方式提高自己的自尊和自信心水平。

（1）完成有价值的活动。真正为你自己感到有价值的活动全力以赴，完成后给自己适当的鼓励。这些成功的经验会提升你的自尊水平。记住：有价值并不是巨大价值的大事。在你朝着心中的目标和使命努力的过程中，完成一件件小事也会不断提升你的信心水平。

（2）意识到个人的长处。同样，重新审视并重视过去的成功经验，也会提高自信心。

（3）多与增强你自尊的人士沟通和交往，对贬损的情境说不。外界的评价只是一种评价，不会所有人都夸你好，也不会所有人都否定你，关键在于你选择吸收什么样的评价。如果你能选择与尊重他人和尊重自己的人交往，就能够从中获得更多的能量。

2. 优势和挑战

在探索能力的过程中，每个人都有优势和不足，但是我们对待自己优劣的态度却不同，比如：一张白纸上有一个墨点，如果让你回答你看到了什么，你会怎么回答？大部分人会说"一个墨点"，很少有人看到更大的白纸。大家都太习惯看自己的不足，关注墨点，而把自己的优势——整张白纸当作了背景。当然优势是我们的自信之本，但是劣势也是我们的一部分，很可能孕育着机会。只有清楚自己的优势和限制，才能更自由地选择并成长。

动物明白自己的特性：熊不会试着飞翔，驽马在跳过高高的栅栏时会犹豫，狗看到又深又宽的沟渠时会转身离去。但是人是唯一一种不知趣的动物，受到愚蠢与自负天性的左右，对着力所不能及的事情大声地嘶吼——坚持下去！

——英国著名文学家斯威夫特（Jonathan Swift）

3. 制订规划全面提升

大部分的能力都是后天培养的，邓亚萍打乒乓球并不占先天优势，但还是经过训练做到了最好。如果你想拥有某种能力，比如人际交往能力，那么要做的是制订适合的目标，并且坚持实施下去。没有谁天生就具备成功的所有特质，也不是拥有的越多越好，更多的人是以自己的优势为基础，接纳自己的不足，并把可以改善的劣势看作发展机会，制订适合的计划加以改善。结果取决于你是否对自己的改进计划有信心，是否愿意尝试。

李开复本来也是生性腼腆，虽然经过有意地锻炼，人际交往能力已经有所提高，但是还是不敢一对一面对公司总裁（权威）讲话，一次公司开会要求轮流发言，他看躲不过去了，就说了内心对公司真正的想法，表达了对公司用人方面的看法和建议，结果讲完后得到了同事的认可，认为他敢于说真话，而且也得到了总裁的肯定，采用了他的建议，这次成功的经历让他从此充满自信，不怕在任何人面前发言。

四、我的性格

张斌是个有点内向的男孩子，做事比较谨慎，总是不会主动争取，但是在朋友圈里，大家都认为他是个很可靠的人，很会照顾人，可爸妈总说他的性格要吃亏，应该更勇敢、外向一些，要不在工作中会吃亏，他有些困惑，是不是只有变得外向才好？

罗琳是个比较天真的女孩子，有些小脾气，也比较外向，她很渴望能够有更多的影响力，很羡慕同班的一个很有亲和力的女生，可是模仿她的做法仿佛也达不到她那样的程度，她的困惑是，自己的性格还能不能改变？

（一）性格与职业

如果你留心观察，孩子刚出生就表现出不同，有的孩子爱哭，有的较安静，有的喜欢运动冒险，有的则喜欢温柔抚摸。这被称为气质类型，是我们长大后表现出的性格差异中重要的组成部分。

性格是天生的吗？心理学家把性格称为人格，定义为一个人的独特个性表现和独特行为模式。性格是天性还是后天的教养，学术界一直有争论，更多的看法倾向于先天和后天的相互作用。性格本身没有好坏之分，是一个人区别于另一个人的独特存在，正是因为我们性格不同，我才和你区别开来。性格的差异渗透到生活和工作的方方面面，产生了不同的影响。性格就像是一种偏好，让你在适合的环境中得心应手，而在不适合的环境中压力倍增。正是性格把我们分成的不同类别，让我们拥有不同的兴趣，发展出不同的能力并表现出不同的风格。

通过探索我的性格是什么，可以了解自己到底适合怎样的工作氛围和环境。同样探索性格是怎么发展而来的，也可以让我们变得更开放。

（二）利用测评工具了解你的性格

目前有关性格的测试有很多，比如霍兰德的自我探索问卷，可以帮我们澄清基于职业兴趣的人格类型。当下流行的图画心理、主题统觉测验等投射量表，能提供给我们一些模糊的分类，同时也有很多经典的自陈量表受到了更多欢迎，比如气质类型测验，大五人格问卷，艾森克人格量表，以及在职业生涯领域运用最多的MBTI量表。

1. MBTI量表介绍

MBTI量表（Myers – Briggs Type Indicator）是基于著名心理学家荣格（Carl Jung）有关知觉、判断和人格态度的观点，由布莱格斯（Katharine Briggs）和他的女儿迈尔斯（Isabel Myers）研究发展出来的人格测评工具。这种理论可以帮助解释为什么不同的人对不同的事物感兴趣、擅长不同的工作、并且有时不能互相理解。在进一步了解这个量表之前，请先做一个练习。

练习3-6　你像什么动物？

请看图3-4，如果让你凭直觉选一种动物代表自己，你会选什么？

❖ 善于掌控的狮子　　❖ 机智多变的狐狸

❖ 激情友善的海豚　　❖ 智慧敏锐的老鹰

图3-4　四种代表动物

你选的是哪一种动物？那种动物的什么打动了你呢？当然这只是一个小小的热身活动，想要更科学的了解自己，需要认真填写 MBTI 量表。

2. MBTI 的四个维度

MBTI 从四个维度考察个人的偏好，每个维度都包括相反的两极，一般在一个人身上只能体现其一。这样就组成了八个类型（表 3-3）。

表 3-3　MBTI 四维度解释（钟古兰，杨开，2008）

能量倾向：我们与世界怎样互动，能量释放到何处（E-I 维度）	
外倾：Extraversion（E） • 从人际交往中获得能量 • 喜欢外出 • 表情丰富，外露 • 喜欢交互作用，合群 • 喜行动、多样性（不能长期坚持） • 不怕打扰，喜自由沟通 • 讲，然后想；易冲动、易后悔、易受他人影响	内倾：Introversion（I） • 通过个人思考和感觉获得能量 • 喜静、多思、冥想（离群、与外界相互误解） • 谨慎、不露表情 • 社会行为的反射性（会失去机会） • 独立、负责、细致、周到、不蛮干 • 不怕长时间做事、勤奋、怕打扰 • 先想然后讲
接受信息：我们留意到的信息种类（S-N 维度）	
感觉：Sensing（S） • 通过五官感受世界、注重真实的存在、实际 • 用已经有的技能解决问题 • 喜具体明确 • 重细节（少全面性） • 脚踏实地 • 做事有可能的结果、能忍耐、小心 • 可做重复工作（不喜新）不喜展望	直觉：iNtuition（N） • 通过第六感洞察世界、注重应该如何，比较笼统 • 喜学新技能 • 不重准确、喜抽象和理论 • 重可能性，讨厌细节 • 好高骛远，喜欢新问题 • 凭爱好做事，对事情的态度易变 • 提新见解、匆促结论
处理信息：我们的决策方式（T-F 维度）	
思考：Thinking（T） • 分析、用逻辑客观方式决策 • 坚信自己的观点正确，不考虑他人意见 • 清晰、正义、不喜欢调和主义 • 批判和鉴别力 • 规则 • 工作中少表现出情感，也不喜欢他人感情用事	情感：Feeling（F） • 主观和综合，用个人化的、价值导向的方式决策；考虑决策对他人的影响 • 和谐、宽容、喜欢调解 • 不按照逻辑思考 • 考虑环境 • 喜欢工作场景中的情感，从赞美中得到享受，也希望他人的赞美

续表

行动方式：你和外部世界互动的方式（J-P 维度）	
判断：Judging（J） ● 封闭定向 ● 喜欢结构化和条理化 ● 时间导向 ● 决断，事情都有正误之分 ● 喜命令、控制、反应迅速，喜欢完成任务 ● 不善适应	知觉：Perceiving（P） ● 开放定向 ● 喜欢生活随意、弹性化和自发化 ● 探索和开放结局 ● 好奇，喜欢收集新信息而不是做结论 ● 喜欢观望，喜欢开始许多新的项目，但不完成 ● 优柔寡断、易分散注意

在 MBTI 结果中，每个人在同一维度上只能是一种类型，比如：如果是内倾的就不可能是外倾的，但是分数的高低与表现的程度直接相关，也就是说我们两个人都是 E 外倾型，但是你的得分是 30，而我是 5，那么说明你在日常生活中几乎总是表现出外倾的特点，而我则较为平均，只是在特定的场合下才表现出外倾的特点。下面一个结果示例图，就较好地说明了这种差异（图 3-5）。

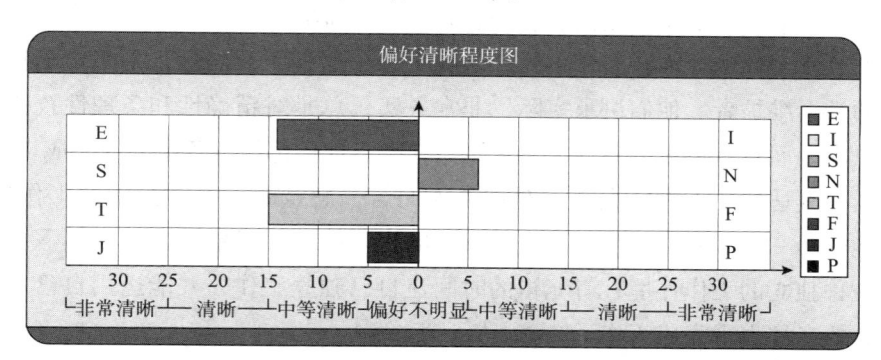

图 3-5　MBTI 结果解释

3. 16 种 MBTI 人格类型

前面的表格中对各个维度进行了单独的介绍，但是人的性格往往非常复杂，每个维度之间会相互影响，比如：如果外倾的人在接受信息时可能是感觉型也可能是直觉型，这样的两极之间的组合，正好组成了 16 种人格类型（表 3-4）。

表3-4 16种人格类型

ISTJ Inspector 稽查员	ISFJ Protector 保护者	INFJ Counselor 咨询师	INFP Healer/Tutor 治疗师/导师
ESTJ Supervisor 督导	ESFJ Provider/Seller 供给者/销售员	ENFJ Teacher 教师	ENFP Champion/Advocate/Motivator 督导者/激发者
ISTP Operator/Instrumentor 操作者/演奏者	ISFP Composer/Artist 作曲家/艺术家	INTJ Mastermind/Scientist 智多星/科学家	INTP Architect/Designer 建筑师/设计师
ESTP Promotor 发起者/创设者	ESFP Performer/Demonstrator 表演者/示范者	ENTJ Field Marshall/Mobilizer 统帅/调度者	ENTP Invertor 发明家

这样的划分不仅帮助我们了解自己的性格类型，还给我们提供了适应的职业类型。

例如，ISTJ 型：内向、感知、思考、判断型。

其个性特征为：一丝不苟，认真负责，而且明智豁达，是坚定不移的社会维护者。他们讲求实际，非常务实，总是对精确性和条理性孜孜以求，而且有极大的专注力。无论做什么，他们都能有条不紊的完成。

其适应的工作特点为：对这类人而言，满意的工作是技术性工作，能生产一种实实在在的产品或有条理的提供一种周详的服务。他们需要一种独立的工作环境，有充裕的时间让自己独立工作，并能运用自己卓越的专注力来完成工作。

其相应的职业为：审计员、后勤经理、信息总监、预算分析员、工程师、计算机程序员、证券经纪人、地质学者、医学研究者、会计、文字处理专业人士等。

了解自己的职业人格类型，也给我们提供了和不同类型的人打交道的方式。

IBM 公司曾准备在印度市场拓展业务，由于对印度缺乏了解和文化的偏见，没人愿意前往。IBM 相关部门负责运用 MBTI 工具对候选人进行了性格类型的针对性研究,"一把钥匙开一把锁",对于 IFSE(内向情感带外向实感)型的人,采用情绪渲染的手段,说明在印度工作不仅有自我发挥的巨大空间还可以领略印度灿烂的古代文明,是一种难得的人生体验。而针对 ETNI 型(外向思考带内向直觉)的人就用晋升、加薪和新工作富于挑战性和提升自身能力等手段来进行游说,最终顺利地完成了这项工作。

(三)性格与成长

探讨自己的性格类型,可以帮助我们了解自我,澄清内心深处对自己重要的东西,同时也可以帮助我们理解他人。别人的价值观和我们的一样重要,我们深入了解心理类型的知识,其目的不是为了把别人简单分类,而是帮助我们思考和理解别人的行为为什么和我们的不一样。这种洞察力对我们来说大有用处,也是强有力的工具。

1. 性格类型不是否认责任的借口

需要提醒大家的是,如果我们关心的是个人成长,我们不能把人格类型作为自己不当行为的借口。例如作为情感型的人,不能在需要他做出公正选择的时候,说:"我是情感型性格,不要指望我能基于客观的事实和逻辑来做出选择。"这样看起来合理的行为方式,只不过是一个暂时脱身的托词,长久来看,定会助长了我们的弱点,使弱点越来越弱。

2. 性格要不要改变

我们不寻求改变任何人天赋的自我(变成另外一个人),或者寻求一种各功能之间的绝对平衡(变成没有个性的人),我们追求的是一种均衡和灵活的状态,有句话说得好:"有勇气改变能够改变的,有度量接受不能改变的,有智慧分别两者的不同。"

3. 性格类型是一个工具

性格类型是我们追求卓越和完美的工具,但并不是实际的解决办法。它只是一个模型,能够帮助我们拓展对人类本质的理解。当你对自己和他人有了更多的了解的时候,会帮助你寻找到你自己的路。性格类型本身没有好坏,而且会随着年龄的增长趋向平衡。

五、整合与总结

在你对自己的兴趣、价值观、能力与性格有所了解后有什么样的感受？有没有什么地方触动了你内心？这些都是属于你的资源，同时也是进一步自我完善的起点。但是回到自我成长的视角，这些探索的目的并不是塞给你的头脑一些工具、知识和概念，而是希望能在内心中引起一些感受，帮助你更好地与职业探索互动，并且带动你做出一些改变和行动。要知道，只有观点没有体验不会带来真正的改变。下面我邀请你做一个重要的练习。

> **练习3-7　尽在掌握**
>
> 请先闭上眼睛回顾一下你走过的探索的道路，可能有一些辛苦，但是却有很多的收获，下面让我们再重新给它们一些关注，然后从每一个探索领域拿走一样你最想带到内心中的资源。
>
> 你准备从你的兴趣中带走什么？
>
> _____
>
> 你准备从你的价值观中带走什么？
>
> _____
>
> 你准备从你的能力中带走什么？
>
> _____
>
> 你准备从性格中又带走什么？
>
> _____
>
> 在这个过程中不要着急，你可以回顾一下所有资源，选择一个你的最爱，你真正珍视的东西。
>
> 如果可能，在手边选择四支笔或者其他东西来代表，然后紧紧地握在手中，想象：这些都是你的资源，而你以往可能都没有给予它们足够的关注，现在体验它们尽在掌握的感觉，你将在今后的生活中多关注它们，给予它们更多的发展空间，它们将帮助你寻找尽可能多的资源来做一个最好的自己。
>
> 感谢有"你"！

思考

1. 你的职业兴趣类型、性格、能力和价值观分别是什么？请进行总结并与同伴分享。
2. 请把总结后的关于自己的认识填写到生涯规划书中。
3. 对于现阶段了解到的自己还满意吗？你还需要哪些资源？
4. 思考自己如何在接下来的学习生活中，继续发展这些属于自己的资源。

参考文献

[1] 黄天中. 生涯体验——生涯发展与规划 [M]. 3版. 北京：高等教育出版社，2015.

[2] 理查德·沙夫. 生涯咨商：理论与实务 [M]. 李茂兴，译. 台北：弘智文化，1998.

[3] 罗万·贝恩. 职场心理类型：MBTI视角 [M]. 上海：上海财经大学出版社，2012.

[4] 夏翠翠. 大学心理健康教育 [M]. 北京：人民邮电出版社，2013.

[5] 赵北平，雷五明. 大学生涯规划与职业发展 [M]. 武汉：武汉大学出版社，2006.

[6] 钟古兰，杨开. 大学生职业生涯发展与规划 [M]. 上海：华东师范大学出版社，2008.

[7] 宗敏. 外交类大学生职业兴趣特点调查分析 [C] //高校心理健康学会. 二十年"心"之探索——高校心理健康教育理论与方法研究. 北京：北京师范大学出版社，2010.

[8] Kerr Inkson. 理解职业生涯——九种你必须了解的职业隐喻 [M]. 高中华，译. 北京：中国轻工业出版社，2011.

[9] Lofquist, L. H., Dawis, R. V.. Essentials of Person–Environment–Correspondence Counseling [M]. Minneapolis：University of Minnesota Press, 1991.

推荐阅读

马库斯·白金汉,唐纳德·克里夫顿. 现在,发现你的优势 [M]. 方晓光,译. 北京:中国青年出版社,2007.

书中提出一个重要的关键:成就和幸福的核心在于发挥你的优势,而不是纠正你的弱点。所以了解自己也好,成长也好,最重要的是识别你的优势,书中有一些发现优势的测试,为你了解自己的优势提供了途径。

推荐电影:《深夜加油站遇见苏格拉底》

奥运体操选手丹·米尔曼(Dan Millman)是大学里的风云人物,他拥有人人称羡的完美体能、优秀的学习成绩,家境富裕。某天深夜又被噩梦吓醒的丹走进一家 24 小时营业的加油站,他遇见一位身怀绝技并充满智慧的神秘老人,丹请求老人把成功的秘密告诉他,希望他能够帮助自己得到奥运会体操比赛的冠军。本片安慰了那些对世界迷惘的年轻心灵,帮助大家探索存在的终极意义。

第四章 踏出自己的安全区
——主动地探索职业世界

林杰是法律系大三的学生，他不喜欢做律师，但是又觉得换专业太难了，他的困惑是：一个在综合院校学法律的学生除了做律师还能做点什么呢？

莎莎是外交学专业大一的学生，她本来的目标是做外交官，但是听师兄师姐说考公务员很难，而且英语专业比外交专业更容易进外交部，这让她慌了神，不知道自己未来该干什么。

一、了解职业

探索自己是生涯规划的起点，而了解职业是生涯规划的基础，综合考虑两方面的信息是科学决策的保证。林杰和莎莎的困惑好像都是怎么办的问题，但是问题的关键在于他们对外在世界的了解很有限，针对某高校大学生的调查显示，42.36%的学生对他们将来从事职业的具体工作内容不了解（黄文芬，2005）。这时候我们要做的就是要转换视角，亲自去了解真实的职业世界。

（一）了解没有一步到位

没有调查就没有发言权，谁也不能只和想象中的工作"谈恋爱"。有些大学生并没有做好准备多多了解工作，只是希望与被自己遇见的实习或工作单位录取，然后一步到位。但是这种"一见钟情"的状况实在少见，而且"转角就爱上"的情况很可能"婚后生活"并不幸福。如果真正地和工作谈一场恋爱，那么一般的过程是你首先要了解有哪些对象,哪些可能适合我,哪些是我最心仪的,然后再了解他的要求与我是否匹配,如果我真的爱他,还需要做怎样的努力,这样准备好再去求爱一般就十拿九稳了。每个人都会有适合自己的一系列职业,只了解一个工作就找到终生的事业的概率等于撞大运。有句恋爱的名言也特别适合职业探索——"广泛撒网、重点培养"。在做完本章的练习后,希望你能探索2~3个职业,并将继续探索3~5个职业。

(二) 了解职业的全貌

不会有哪种职业能满足你所有要求,就像不会有哪个恋爱对象能够满足你所有的需求一样,职业也是如此。所有的职业都有局限性和可能让你失望的一面,这些也是你需要了解的重点。比如销售类的职业,能满足你与人打交道的兴趣,而且晋升机会大,符合你高成就需要的价值观,但是做销售的核心技能不是卖东西,而是了解客户的需要,整理销售记录,整理的部分你并没有那么感兴趣,但是这才是职业和工作的全貌。

二、职业世界与分类

目前工作世界中有超过2万种职业,而且知识经济、全球化、信息化的影响,市场需求的变化,不断催生出新型职业。工作世界的信息浩如烟海,了解一些基本的分类,能够给我们的探索提供一些方向。

(一) 职业分类方法

1. 工作世界地图法

普里蒂奇(Prediger et al.,1993)在霍兰德六边形模型的基础上加上了人—事物、资料—概念两个维度。人—事物维度,一端表示与人相关的工作,例如咨询、教师、服务人员等,另一端表示与具体物体相关的工作,例如机械、养殖业、能源等相关工作;资料—概念维度分别表示与具体的事实、数字、计算等打交道的工作和运用理论、思考、创意等新形式表达或运作的工作。美国大学考试中心(ACT)在普里蒂奇的两维基础上,将职业群体的具体位置标定在坐标图上,从而得到一个工作世界图（图 4-1）。你可以根据自己的兴趣类型在这 12 个区域搜索相关的职业类型。

图中内容（工作世界地图）：

外圈方向标注：管理和销售、企业经营、技术性的、科学技术、艺术的、社会服务

区域编号 1–12，中心为"人、数据、事物、主意"四个方向。

各区域职业类别：
- A. 与就业相关的服务
- B. 市场与销售
- C. 管理
- D. 监管和保卫
- E. 沟通和记录
- F. 金融财务交易
- G. 物流
- H. 运输及相关行业
- I. 农业、林业及相关行业
- J. 计算机信息专业人员
- K. 建筑和维护人员
- L. 手艺人
- M. 制造加工
- N. 机械电器专业人员
- O. 工程技术
- P. 自然科学和技术
- Q. 医疗技术
- R. 医疗诊断和治疗
- S. 社会科学
- T. 实用艺术（视觉）
- U. 创造性和表演艺术
- V. 实用艺术（写作和口头）
- W. 卫生保健
- X. 教育
- Y. 社区服务
- Z. 私人服务

图 4-1　工作世界地图（里尔登，2010）

2. 中国职业分类大典

我国有关职业分类的权威资料就是由劳动和社会保障部、国家质量监督检验检疫总局、国家统计局联合组织编制的《中华人民共和国职业分类大典》。中央、国务院 50 多个部门以及有关研究机构、大专院校和部分企业的近千名专家学者参与了的编制工作。编制工作于 1995 年初启动，历时 4 年，1999 年 5 月正式颁布，2015 年颁布了全新的版本。

2015 新版《职业分类大典》职业分类结构为 8 个大类、75 个中类、434 个小类、1481 个职业（表 4-1）。这个大典是我们全面了解不同职业分类的权威资料。

表 4-1 中国职业分类大典　　　　　　　　　　　　　　　　单位：个

大类	中类	小类	细类（职业）
一、党的机关、国家机关、群众团体和社会组织、企事业单位负责人	6	15	23
二、专业技术人员	11	120	451
三、办事人员与有关人员	3	9	25
四、社会生产服务和生活服务人员	15	93	278
五、农、林、牧、渔业生产及辅助人员	6	24	52
六、生产制造及有关人员	32	171	650
七、军人	1	1	1
八、不便分类的其他从业人员	1	1	1
小计	75	434	1481

扩展阅读 4-1　职业分类举例

职业名称：中小学校长

职业代码：1-04-01-03

职业定义：在中学、小学担任领导职务并具有决策、管理权的人员。

从事的工作主要包括：（1）根据教育方针、政策和法规制定学校发展目标和规划；（2）全面主持学校行政工作，根据国家制订的教学计划组织教育教学工作；（3）确定学校组织机构设置方案，按有关程序提名副校长人选，任免组织机构负责人；（4）对教职工实施聘任、考核、奖惩直至报上级主管部门批准予以辞退；（5）负责学校德育、体育、卫生、美育、劳动教育工作和课外活动；（6）负责学校财务和总务工作；（7）主持校务会议；（8）维护学校合法权益。

职业的更新速度是非常快的，有的行业现在看来需求旺盛，但很可能会在你毕业的时候饱和了。另外，随着互联网等新兴事物的发展，每年都会产生大量的新兴职业，比如网络写手、砍价师等。在职业探索过程中，不仅要关注原有的职业分类和要求，还需要关注新兴职业的资料。

3. 美国 O*NET 职业信息系统

美国劳工部主导开发了一套职业信息系统（Occupational Information System，O*NET），帮助你与2万种不同的职业进行匹配，并且提供有关任务、所需技能、薪水、长期前景等很多其他信息（https://www.onetonline.org/）。你可以根据霍兰德代码前三位进行查询和搜索。但是考虑到国情差异，结果仅供参考。

4. 华人生涯网

台湾地区的刘淑慧教授，一直致力于开发适合华人生涯探索的系统，她开发的华人生涯网（http://careering.ncue.edu.tw/），对美国的 O*NET 进行了适合台湾地区实际的翻译和改编，并且与台湾大学科系的培养计划相结合，打通了学系和职系的关系。你可以通过你的专业查找到所学课程培养的核心能力，适合的职业有哪些，这些职业的具体情况如何，职业要求的核心能力是什么；也可以通过你心仪的职业查找到职业所需的能力和要求，以及台湾哪些大学科系里能够学习提高。这套系统具有较高的参考意义。

（二）了解职业的形式

1. 全职工作

全职工作一般指连续为同一雇主工作，每周工作40个小时或以上，这种工作一般会签订一系列的协议，较有保障和稳定，大学生在求职时往往希望找到全职的工作。

2. 兼职工作

兼职工作，是这些年增长很快的工作形式之一，也是受大学生欢迎的工作类型，一般比较灵活，学生在学习、工作之余进行，学生在这样的兼职工作中增长了社会经验，也得到一些劳务报酬。

3. 非营利组织工作

类似的提法有非营利组织（NPO）、非政府组织（NGO）、志愿者组织（VO）等，作为对现代政府失灵和规范市场制度失灵的一种功能性反应，非营利组织为人类解决社会难题提供了一种尝试性的渠道，它常常关注的是公共事务，比如权益保护、环境保护、社区服务、扶贫发展、慈善救助等方面。像我们熟知的中国扶贫基金会、中国青少年基金会、中国妇女发展基金会、自然之友、中国野生动物保护协会等。这些工作一般强调非营利性和志愿公益性，是一种新兴的就业选择。

4. 国际组织就业

随着我国对外交往的不断深化，我们可能进入外企工作，不仅仅是经济领域，国际事务的方方面面都可能提供不同的就业机会（图4-2）。例如一些很有影响力的国际组织如：联合国、世界卫生组织、国际志愿者组织，还有外国基金会驻中国办事处，外国行业协会中国分会等，中国发起的"一带一路"倡议"自贸区"等国际合作机会，也将成为新兴的大学生就业领域。

图4-2 国际事务的范围（黄天中，2015）

5. 入伍

部队每年从在校大学生和大学毕业生中招收义务兵，对大学生来说，上大学期间或大学毕业后，参军也是一种职业的选择。从2016年起，每年2月初就开始大学生征兵工作，国家出台了一系列优惠政策，比如减免学费，退伍去向，工资补助等方面，鼓励大学生入伍，但是入伍的条件也比较严格。

6. 自由职业

自由职业是当今社会比较受捧的一种工作形式。个人不受雇于某个机构或单位，而是经营自己，时间和地点都比较自由。他们可能拥有一技之长，以此与其他单位或个人合作，比如作家、网络写手、手工艺者、音乐行业相关人员；也可能承担某个单位的一些业务要求，比如翻译、承担某个机构网络开发模块、音乐制作等。这种工作形式一般束缚较少，但是风险性较大，通常需要选择的人具有良好的心理安全感和自我管理能力。随着网络的兴起，现在自由职业发展的新趋势是网络团队合作，大家平时各干各的，当有任务时，共同合作获得工作机会并完成工作，比如网络字幕翻译团队等。

7. 自主创业

这也是一种风险很高的就业形式。选择自己开办公司等形式进行自主创业，并且创造新的就业机会。目前我国出台了一系列鼓励创新、创业的政策，自主创业也成了有吸引力的职业选择。我们将在第十一章进行详细的探讨。

（三）了解环境资源

进行职业探索，还需要对行业、社会发展趋势等环境资源进行了解。包括家庭、社会、国家、世界等不同范围的信息。

1. 把社会资源与职业探索相结合

社会环境指包括政治、经济、文化、科技、法律等在内的宏观因素。这些宏观因素很可能对某个行业，某一职业，某一具体单位的发展具有决定性影响，关系到他们未来的发展趋势。比如2003年劳动部开放了心理咨询师资格证书制度，到2017年共有近100万人取得了心理咨询师资格，这个制度客观上推动了心理咨询行业的发展。对个人来说，了解社会发展趋势，了解政策方向，可以帮助我们做出更有利的生涯选择。

2. 多变社会中的趋势

多变是当今社会的基本特征，这使得我们探索和把握世界变得非常困难。要学习不断用新的视角来了解世界。刘淑慧教授在教授"E时代的生涯发展"网络课程中，提醒我们要了解E时代的生涯发展特点，培养人们提升五大生涯素养。

(1) 掌控力：理性分析、具体规划；
(2) 开放力：欣赏变动、灵活开创；
(3) 实践力：付诸行动、承担压力；
(4) 建构力：知道为何、统整意义；
(5) 生命力：自由抉择、承担责任。

黄中天教授提醒我们要用全球化、信息化和未来化的视角来不断拓展我们对这个社会的认知，更加灵活地对待自己的职业发展。

3. 分析环境的阻力和助力

环境因素对我们的职业选择的影响非常重大，从资源的角度来看，环境因素的影响可能更加有意义，你可以分析自己的环境资源对职业发展的阻力和助力情况，提高自己的就业力（具体请见第十章有关就业力的分析）。

三、职业聚焦

在了解了职业分类的有关信息之后，你需要的不是从 A 到 Z，按图索骥，把所有职业了解一遍，而是划定范围，确定需要下一步探索的职业，进行职业聚焦。

(一) 确定聚焦标准

1. 按照自我探索聚焦

你可以根据自己的兴趣、性格、价值观和能力等来圈定符合自己需求的职业类型范围。第三章提到的一些量表如：霍兰德职业兴趣量表，MBTI 职业人格量表等都列出了适合你的职业类型，你可以从推荐的职业中进行选择。

2. 按照可得到性聚焦

符合兴趣等要求的职业可能是一个不小的范围，可是这个范围中的职业不一定你都能有机会接触到。比如：有位同学是学法律的，他的测试结果中适合的职业里还有驯兽师，以他目前的经历，接触这个职业的机会就很小。所以在圈定了范围之后，还需要按照可得到性进行排序，确定探索的顺序。比如：最容易得到相关信息的工作有：家人从事的工作，师兄师姐从事的工作等。

（二）探索的侧重点

在我们确定了需要探索的职业后，就需要详细而全面地了解有关职业的所有信息，避免以偏概全。

> **练习 4-1　你最关心**
> （1）关于职业，你最关心什么呢？先不要评价，尽可能多地列出你的关注点。
> _____
> （2）如果你向一个人咨询有关某个职业的内容，你第一个问题会问什么呢？
> _____

针对练习 4-1 的第二个问题，很多学生最先会问："你觉得这个工作怎么样？"这是一个概括的、评价性的问题，可见大家心中特别渴望自己不要选错工作，但是这样笼统的提问往往得不到有效的回答。

一般来说，我们可以从"个人想要，个人能要，工作环境"三个维度来锁定目标职业，接下来就要了解一份职业的关键面向。台湾地区的刘淑慧教授认为，工作主要有以下六个关键面向。

1. 工作任务

工作任务包括工作的主要内容。例如：律师有二三十个工作项核心任务，包括场上辩论、查资料、思考对手等，律师的高分是 E 企业型。

2. 要求职能

要求职能主要包括工作和机构要求的职能两个部分。对工作来说，指一项工作对能力和技术的要求，有些职业要求的职业能力可能与常识并不一致，例如：厨师的职能要求中除了做菜的技术，还有一项核心能力，是配合他人行动的能力。这是因为厨师的工作往往节奏很快，是一项合作性很强的工作。而企业的用人条件一般与企业的规模、发展阶段以及企业文化有密切的关系。一般大公司注重员工的潜力，而小公司喜欢有经验、工作上手快的员工,这与企业的发展阶段密切相关(表4-2)。

表4-2 不同企业发展阶段的用人条件

企业发展阶段	用人特点	优点	缺点
创业阶段	素质要求很高,能独当一面	√富有灵活性 √富有成长性	√人治色彩深厚 √待遇不高 √风险高
成长阶段	不但要求拿来就能用,而且要求上手快	√能力提升快 发展空间大	√工作压力大 岗位变动频繁
成熟期	注重潜力	√待遇稳定 √工作变动不大	√人的作用下降 晋升困难

不同的单位和职位性质对于人才的要求也不尽相同。对于某一具体职位的任职要求,往往可以通过他们的招聘启事获得。

扩展阅读4-2 某单位招聘信息

一、单位概况

哈尔滨股份制商业银行,成立于1997年7月,总部位于哈尔滨市。已在天津、重庆、大连、沈阳、成都、哈尔滨等地设立17家分行,在北京、广东、江苏等14个省及直辖市设立24家村镇银行,并作为控股股东,发起设立了哈银金融租赁有限责任公司。截至2016年6月30日,资产总额4780亿元,贷款总额1927亿元,存款总额3307亿元。在英国《银行家》杂志2016年全球1000强银行排名中位列第207位。

2014年3月31日,哈尔滨银行在香港地区联合交易所主板成功上市,是中国大陆第三家登陆香港资本市场的城市商业银行,也是中国东北地区第一家上市银行,开启了从城市到世界的征途。

二、校园招聘岗位及要求

(一)应聘基本要求

● 遵纪守法、诚实守信,具有良好的个人品质和职业道德,无不良记录;

- 全日制本科及以上学历，境内院校应届毕业生要求于2017年7月底前获得报到证、毕业证、学位证书；境外院校毕业归国学生要求2017年1月后毕业，并在2017年7月底前获得国家教育部认证的毕业证书；
- 气质、形象俱佳，身体健康，无不良嗜好；
- 学习成绩优秀，各科平均分在85分以上；计算机水平达到国家二级标准；非语言专业毕业生英语六级成绩要求在425分以上；英语专业毕业生要求持有英语专业八级证书；俄语专业毕业生要求持有俄语专业八级证书；辅修或者第二外语为俄语的毕业生要求持有大学俄语四级证书；
- 具有较强的学习能力与进取精神，有良好的团队合作意识和协调沟通能力；
- 符合我行近亲属回避规定。

（二）校园招聘岗位及要求

总行—职业经理人培养计划（50人）

1. 项目介绍

职业经理人培养计划自2009年开始启动，是我行常态化战略型人才储备项目之一，目标群体为国内外著名高校优秀应届毕业生，旨在打造高学识、高素质、高潜能青年人才新生力量。

2. 招聘要求

- 境内外著名院校应届毕业生，需求专业为金融经济类、数学统计类、财务会计类、法律类、计算机类、语言类（俄语、英语）、管理类等。
- 在校期间曾担任过学生会、共青团等学生干部，率领或参与过学生会或社团活动项目者优先考虑。

3. 培养规划

- 培养期双选（入职第1~3年）：职业经理人培养对象在完成入职培训后，将与总行各部门进行双向选择，确定培养关系后，在该部门（业务条线）进行工作、学习。

> ● 定制化支行实践：培养部门（业务条线）基于职业经理人培养对象的培养目标规划及实际工作需要自主安排支行实践、确认实践时间及岗位。
> ● 专业化岗位轮换：职业经理人培养对象在定向培养部门内进行轮岗历练。
> ● 并轨后定岗培养（入职3年后）：职业经理人培养对象可申请至分行、支行和村镇银行进行挂职锻炼，全面提升管理能力及综合能力；也可根据工作需要，至哈银金融租赁有限责任公司、村镇银行等控股子公司以及战略合作公司工作。
>
> 4. 工作地点
> 哈尔滨、北京、上海、深圳及分行所在地等城市。

3. 工作酬劳

工作酬劳包括一项工作的工作环境，例如：主要的工作地点是室内还是室外？一般会坐着还是站着？噪音、辐射、危险程度如何？工作时数以及会见到什么人等。除此之外，还包括晋升机会、酬劳等。

4. 职业者兴趣

职业者兴趣指从事这个工作的人都喜欢什么人或者什么物。

5. 工作者生活

工作者生活指从事该工作的人过着什么样的生活，前人的职场经验是什么？比如：培训师的职业看似风光，但是需要经常出差到各处做培训，因为要在上课时保持好的状态，很可能并没有办法享受沿途的风光，而忙于奔波。

6. 社会评价

别人对你工作的评价如何，不同的职业之间声望不同，比如：同样是英语专业的毕业生，做外交官，其他人的评价就会很高；但是做英语秘书，则相对的评价就较低。

四、了解职业的途径和方法

在心中明确了职业探索的侧重点，我们还需要尽可能多地扩展渠道去了解真实的信息。

（一）整合情报

我们可以从多种渠道收集到与职业有关的情报，而对方可能根本不知道。以下是各个渠道收集到的情报总结（表4-3）。

表4-3 情报渠道分析

情报来源	优势	劣势	怎么得到	举例	贴士
小道消息	提前得之	不准确	广泛结交朋友	内部人士的邮件	可能加入传播者的想象
求职网站	海量资源	含金量不高	能上网	前程无忧	不能只网投简历，需要电话联系确认
就业求职论坛、QQ群	含金量稍高	不一定准确	能上网，注册	大学生求职就业网，清华BBS	有很多人在论坛上热心解答
电视、报纸	大量全面的信息	时效性差	阅读	中国大学生就业、劳动、就业等杂志、栏目	职业分类，求职技巧参考价值高
就业中心	服务全面	一般只针对本校学生	电话、浏览中心网站	高校就业中心网站	千万不要等到必须找工作时才浏览就业中心的网站

这些渠道中得到的信息往往非常丰富也非常分散，有时候还需要去伪存真。也正因为这些渠道容易接近，没有得到很多学生的重视，大家总觉得反正上面的信息又不会减少，到时候再看吧，但是有效信息不会自动地进入你的大脑和为你所用，等到了做出重要的人生抉择时，就可能会因为没有收集信息付出高昂的代价。你需要做到有心和留心，一次谈话、一份身边的广告都可以帮助你逐渐建立对工作世界的了解。

（二）实际考察

进行职业探索时，除了通过相对安全的渠道获得间接的信息外，你还可以实地到目标职业的工作地点去参观，观察工作人员实际的工作状态，能获得一些直接的感官体验。例如：机械专业学生实地参观工厂生产，外交专业的学生实地参观外交部。这些参观可能会对工作人员的工作产生打扰，一般是由相关部门或者相关人员的安排进行的，由于工作性质、企业文化等差异有些单位非常欢迎外人的参观，有些则一般不开放。但是一些经常接待参观的环节往往形成了一定的规则，你看到的往往也是单位能够展示给你的部分，更多的信息你需要通过其他渠道了解。还有一种工作跟随（job shadow）的探索形式与参观类似，即在感兴趣的职业中选择某个员工，通过一天或一段时间的跟随，观察他是如何开展工作的，以此获得有关职业的各种信息，这种形式在国外职业探索中应用较广泛，但是目前在国内使用的较少，只有在真正实习前期会作为一种培训方式使用，而不是用作职业探索。

（三）生涯人物访谈

生涯人物访谈是通过向已经工作的目标人物进行访谈，直接了解有关工作环境、内容、福利待遇体系、工作所需技能等信息。这种形式通过与人的互动，能够获得很多有效的信息，而且获得访谈机会和访谈的过程也是一种非常重要的学习经验。访谈是一种非常重要的方法，需要在实施时把握以下关键环节：

1. 确定并找到生涯人物访谈对象

你需要尽可能寻找有一定职场工作经验和职位的人员，比如：工作3~5年或者某部门经理等。对于某个职业，最好需要访谈2~3人。我们可以通过熟人推荐、直接预约等形式找到访谈对象，你要找的往往是陌生人，从中了解有效的信息确实是一个不小的挑战。但是只要你相信自己，就一定能找到，而且资历越高的人，越愿意给你机会并给予你一些建议。比如：有个大学生想访谈基金公司的经理，但是他不认识任何资源，于是选择直接前往预约，说明来意后，经理很忙并没有答应访谈，他执着等待，终于在一天等待后，经理看到了在大堂等待的他，非常吃惊于他的执着，给予了访谈机会，并且谈了很多针对他的建议，这个学生还获得在这家公司实习的机会。这个找到访谈对象的过程非常有价值。

2. 做好访谈准备

在你鼓起勇气找到适合的访谈对象后，在正式开始访谈前，你还要准备访谈提纲，提纲的问题必须要具体，如果你只是泛泛的提问，往往得不到有效的信息，也容易引起访谈对象的反感。

要估计好时间，按时前往，在开始访谈前，要表达你的感谢和访谈对你的重要性，并对是否能录音、录像征得访谈对象的同意。访谈过程中尽可能不带偏见，虚心求教，估计对方的反应，及时或准时结束。

最好也对自己的职业兴趣、能力等信息进行一些准备，在交谈中让对方对你有所了解，不仅有利于平等的沟通，同时也有利于你获得更个性化的指导。

3. 提问内容要点

你可以按照扩展阅读4-3中的"PLACE"技术了解职业的信息，但是具体的问题要非常具体。为获得更有效的信息，你可以让他描述一下典型一天的工作情形，以及他对工作的实际感受以及变化情况。比如你可以问，"就你工作而言，你最喜欢的是什么？最不喜欢是什么？"注意你的角色是一个求教者，虚心是前提。

- 你是如何找到这份工作的？
- 你如何看待该领域工作将来的变化趋势？
- 你的工作在整个机构（企业）中贡献了什么力量？
- 本职业需要什么样性格、能力的人？
- 什么样的初级工作能够学到尽可能多的知识？
- 本领域的职位晋升途径是什么？
- 初级职位和较高级别职位的薪水和福利是多少？
- 工作中采取行动和解决问题的自由度是多大？
- 工作中的哪部分让你最满意，哪部分最不满意？
- 你认为将来本工作领域中潜在的不利因素是什么？

- 什么样的个人品质或能力对做好本工作最重要?
- 公司的氛围如何?
- 还有哪些方法能够帮助我更深入地了解该工作领域?
- 你能帮助我在你的熟人中推荐一个采访对象吗?

4. 进行总结

在访谈结束后,要及时对访谈的记录进行整理,并对访谈对象表达感谢。

扩展阅读 4-3　PLACE 职业分析法

PLACE 职业分析法给我们提供了一个整合信息的框架。

P,职位(Postion)

你首先需要了解该职业在社会中有哪些具体职位,职位的经常性任务,所需负担的责任,工作层次等。比如:法律顾问包括个人法律顾问,以及服务于企业的法律顾问等多种形式,经常性的任务就是制订并审核公司的法律文件包括各类合同、协议,为公司人员提供法律咨询指导,协助公司人员解决法律问题等,企业法律顾问需要保证公司行为的合法性,在出现法律纠纷时能够恰当应对等。

L,工作地点(Location)

包括地理位置、环境状况、室内或室外,工作地点的变化性,安全性。比如:法律顾问的工作地点往往在办公室,但是也可能会出差,到公司或相应机关去办理具体事宜,但是也可能出现在比较激烈的法律纠纷现场,有一定的危险性,但总体比较安全。而高空作业工作人员和刑事警察的职业危险性就相对较高了。

A,升迁状况(Advancement)

包括工作的升迁通道,升迁速度,工作稳定性,工作保障等。升迁状况一般与单位的组织结构有关系,比如在高校中有两类晋升途径,一类是管理职务系列,一类是专业职务系列,确定了晋升系列之后一般不得调换,而且晋升需要一定的条件和资历。

晋升往往代表着工资待遇的提升,而所有的单位越往上晋升越难,覆盖的人员也越少，而且有些岗位不可替代，晋升就意味着换岗，考虑到最大限度地发挥员工的积极性等因素，越来越多的企业采用了灵活的晋升路径，即员工在企业中不仅可以得到职位的晋升，还可以选择做一个专家级的员工，职位并没有提升，但是待遇大幅提高。比如汽车维修公司的专家员工，高校的辅导员。

C，雇佣状况（Condition of Employment）

包括薪水、福利、进修机会、工作时间、休假情形及特殊雇佣规定等待遇情况。在所有单位提供的条件中，往往薪水是最容易被人们比较的维度，但是大家在探索时需要综合考虑各种待遇情况。比如有的单位平时的薪水较少，但是福利较好，或者到年底发一笔丰厚的奖金。如果是在职业发展初期，进修和培训机会也是你需要考虑的非常重要的福利内容。

E，雇佣条件（Entry Requirement）

包括工作所需的教育程度、资格证书、训练能力、人格特征、职业兴趣、价值观等。这些雇佣条件与企业的规模、发展阶段以及企业文化有密切的关系。一般大公司注重员工的潜力，而小公司喜欢有经验、工作上手快的员工，这与企业的发展阶段密切相关。

（四）实习

相比前面的探索渠道，实习是最深入了解某一职业的方法，你能获得关于这个机构的直接经验，获得方方面面的感受，是了解职业世界最为有效的方式。同时做实习生的过程也成为我们锻炼能力的重要过程，可以提高自己的职业素养，甚至在实习期间也能获得更多就业的机会。目前有越来越多的机构会把实习作为选拔人才的一个途径。

正是由于实习的高附加值，让大学生们非常重视，但是你在实习过程中需要清楚自己实习的核心目的，是因为这个单位我非常喜欢，要好好表现以获得就业机会，还是对这个职业非常不了解，希望进行更深入的了解。有关兼职和实习的内容在本书第七章详细论述。

某高校的研究生李梦，在研一下半年获得了某大型外企人力资源部的实习机会，在入职初期受到了很大的挑战，很忙碌，忙着避免出错、加班，但是在后期也逐渐得到了同事的认可，承担了较大的任务，不过在实习的过程中，她也在反思自己的价值观和需要，决定放弃本来得到的就业机会，再重新选择，最终进了商务部。

五、对待职业的成长

（一）对探索不足的反思

很多大学生对将来拟从事职业的具体工作内容不了解，对职业的探索往往是大学生职业生涯规划中最缺少的一环，总的来说，生涯探索中存在以下问题（宗敏，2011）。

1. 侧重探索自我，轻视探索职业

对大学生生涯探索行为的调查表明，大学生在自我探索和目标设定得分较高，而在系统、环境及信息收集上得分较低。

2. 探索职业不深入具体

很多学生对某个目标职业的了解仅仅来源于媒体或者常识，很少对实际的工作有深入的探索，这种具有幻想色彩的信息并不能有效地提高生涯规划的成功率。

3. 探索缺乏执行力

很多大学生已经意识到了就业问题的严重性和迫切性，但是仅停留在意识水平，缺乏采取行动的积极性，探索的动力不足。

对你个人来说，你需要了解阻止你深入探索的内在阻力是什么，才能有所突破，开始行动。工作不只是养活我们的条件，而是真正能让自己从中学习、成长、提升的途径。每个人的生涯之路也是发展的，开始你的职业探索，也就是把有关自己的梦想、理想落地的旅程。这个旅程的终点，不在于起点的高低，而在于不断地行动。

练习4-2　职业探索反思

1. 下列哪些因素是你内在的阻力？
- 是觉得太难而放弃，选择不去做而自我安慰？

- 是担心比较，觉得实习、探索不过是简历的砝码，得不到好的干脆不要尝试其他的选择？
- 是因为安全感不够，不能按照自己的兴趣、内心争取机会和做出选择？
- 是方向还不够明确，不知道探索些什么？
- 是对某些单位有偏见，例如：觉得公务员都是看报纸喝茶水，外企都是压榨员工？
- 是觉得单位都把实习生当成苦力，没有办法从中学习？
- 是担心被评价，而深入探索就意味着更多的卷入，从而使自己时时处于一个危险的境地，如果我去求助就意味着我不好？
- 是低自尊，不自信，自己找不到好的机会，担心自己"露馅"被别人发现缺点，被恐惧控制？
- 是探索方法不得当，技巧不够，提问不具体，不能得到自己真正想要了解的信息？

2. 请反思职业带给你的想法，谈谈你的感受。

如果可能，邀请你值得信任的朋友或咨询师共同探索你内心的真正原因，并反思如何超越这些担心而开始成长。真实的世界需要自己去体验，没人能在不体验的前提下做出完美的选择和决定。

（二）职业探索整理

如果你已经能够利用书中提到的各种方法开始你的职业探索之旅，那么非常恭喜你，因为只要探索就不会晚。不过你要对所获取的各种信息进行一些整理，使之能够真正为你的生涯决策服务，否则只是片段的感触或领悟，难以成为理性决策的支撑材料。

练习 4-3　职业探索整理

请根据以下问题整理你获取的有关职业的资料。

(1) 你已经了解的职业有哪些？

_____

(2) 这些职业中符合你哪些方面的需要？

_____

(3) 还有哪些需要你觉得不能满足？这些重要的需要可以从其他哪些途径满足？

_____

(4) 你还需要探索的职业有哪些？

_____

(5) 这之后你对自己增进了哪些方面的了解？

_____

思考

1. 反思你在职业探索中的动力程度，如何才能提高自己探索职业的动力？
2. 你已经探索了哪些职业，还需要探索哪些职业？
3. 选择 3~5 个职业，按照本章的方法，进行探索，并把这些内容填写到你的生涯规划书中。
4. 你在进行职业探索中最深的感受是什么？
5. 你心仪的职业有哪些相似之处？
6. 如何才能提高收集信息的有效性？

参考文献

[1] 国家职业分类大典修订工作委员会. 中华人民共和国职业分类大典 [M]. 北京：中国劳动社会保障出版社，2015.

[2] 黄天中. 生涯体验——生涯发展与规划 [M]. 3 版. 北京：高等教育出版社，2015.

[3] 黄文芬. 民族师范院校学生职业生涯规划现状调查与分析 [J]. 黔南民族师范学院学报，2005，25（5）：83-85.

[4] 夏翠翠. 大学心理健康教育（慕课版/双色版）[M]. 北京：人民邮电出版社，2017.

[5] 钟谷兰，杨开. 大学生职业生涯发展与规划 [M]. 上海：华东师范大学出版社，2008.

[6] Prediger, D., Swaney, K., Mau, W. C.. Extending Holland's Hexagon: Procedures, Counseling Applications, and Research [J]. Journal of Counseling & Development, 1993, 71 (4): 422-428.

推荐阅读

理查德·尼尔森·鲍利斯，等. 你的降落伞是什么颜色 [M]. 柏静静，译. 北京：中信出版社，2010.

理查德·尼尔森·鲍利斯（Richard Neilson Bolles），职业指导大师，畅销书作家。本书以霍兰德职业兴趣理论为基础，结合了当下求职市场的最新形势，解答了求职男女面临的诸多最新问题，提供了实用有效的职业规划方法和求职技巧。特别是推出了"降落伞行动手册"——花朵图，传授将职业规划融入人生规划的做法——发现最擅长的可转换技能，找到职业目标和理想工作，用激情和努力点亮人生梦想，追逐幸福和美好的生活。

推荐电影：《当幸福来敲门》

克里斯·加德纳（Chris Gardner）在生意失败后，妻子也离开了，走到了人生的低谷，从此和儿子克里斯托夫相依为命。本片描述了他寻找梦想、实现梦想的过程，就算要住救济房，就算成功机会只有百分之五，他仍努力奋斗……他坚信，幸福明天就会来临。

第三篇

规划篇

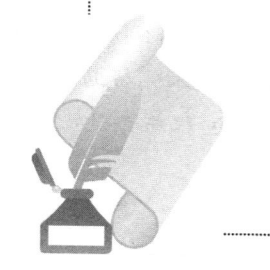

引导案例

张静认真完成了生涯规划课中的活动和测试,整理下来原来有十几页之多,这让她成就感爆棚,因为获得了很多有关自己和职业的知识。她已经对自己个性和喜好有了一些了解,比如:她喜欢有规划的生活,但有的时候容易受外界的影响。她也跟着同学进行了职业访谈,访谈了一个在新华社工作的师兄,觉得要想做到师兄的程度还需要多多努力……但是目前,她的困惑是自我是自我,职业是职业,到底该如何选择和规划,如何落实到行动上,这些内容自己还不够清楚。

所有的探索都需要最后落实到实际的选择和行动中,并且在行动中不断获得反馈,更新我们的选择。本篇将和你探讨具体的规划如何做,共包括两个章节:第五章,分享生涯决策的方法和技术,帮助你发现掌握决策权的秘密;第六章,讨论生涯计划制订的过程与方法,思考方法、目标与灵活应用的关系。

第五章　选择与承担

——科学地进行生涯决策

一个女运动员退役后进入大学学习工商管理，毕业后成为私人健身教练，月薪八千元，但是工作六年后，觉得这行不是长久之计，重新求职，希望回到商业领域，找一份市场策划之类的工作，并愿意从头做起。

一个翻译专业的女研究生，毕业时得到了两个工作机会，进国家部委做一名翻译，或者进入知名国有银行总部，两边单位都说给她机会考虑，可她征求了很多人的意见，就是做不了决定。

在经过自我探索和职业探索之后，你需要综合两方面的信息，做出初步的生涯决策，确定今后职业发展的大致方向。这就像做选择题，只不过有的时候是有特定选项的选择，如那个翻译专业的女研究生；有的时候连选项也不是很清楚，比如：刚上大一的学生要决定自己将来要做什么。请反思一下，你的人生中做过哪些决定？在做选择时你一般会采用何种方式？是否会难以抉择，而困难背后又是什么在阻碍着你？这些决定又是如何影响了你？

这一章我们就和大家探讨一下决策的过程，决策风格，影响决策的因素，决策的方法以及我们对决策的理解。

一、决策的过程和风格

我们的决定，决定了我们。

——萨特（Jean - Paul Sartre）

决策就是做选择，我们在生活中基本上一直在做这样或那样的选择，小到选择现在读这本书，大到选择人生伴侣或职业。请回想一下，你是根据什么来做出判断的？经常表现理性还是感性？是由自己做主，还是交给别人安排？

练习 5-1 探索你的决策

项目	如何做决策
高中决定上文科还是理科	
高考报志愿	
大学选课	
参加几个社团	
什么时间给家人打电话	
何时交作业	
复习考试	
是否要去打工	
交什么样的朋友	
买什么样的衣服	
每个月的钱怎么花	

请在如何做决策一栏中填写：(1) 你当时的情境；(2) 你有哪些选择；(3) 你是如何做决策的；(4) 你对效果的评价。

并根据这些项目来反思自己的决策模式：

_____

（一）生涯决策过程

一般来说，我们在做不同的事情时会使用不同的策略，但是决定自己的生涯对很多人来说是大事，不同的生涯理论从不同的视角提出了很多不同的决策理论。生涯规划的信息加工理论，提出了一个五环节的CASVE循环，对我们理解生涯决策过程很有参考意义。分别是沟通（Communication）—分析（Analysis）—综合（Synthesis）—评估（Value）—执行（Execution）五个环节（图5-1）。

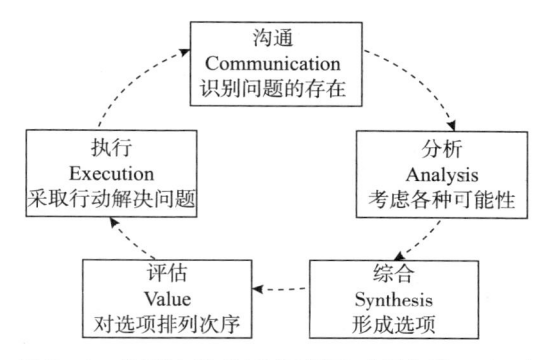

第五章 选择与承担——科学地进行生涯决策

图 5-1 生涯决策 CASVE 循环（里尔登，2010）

（1）沟通，是指发现理想和现状的差距，明确问题的存在，做出"我必须要做一个选择了"的决定。

（2）分析，知己知彼，将问题的各个组成部分联系起来，充分考虑各种有关自己和职业之间的可能性，进一步澄清自己的目标。

（3）综合，根据分析的结果，先尽可能扩大选项，然后再进行"聚合"思考，综合形成几个选项。

（4）评估，根据可行性和是否符合自己的想法等条件，对选项进行排序和评估，得出最终的选择或者选择的顺序。

（5）执行，根据自己的最终选择制订计划，采取行动。

你对这个决策过程的感受如何？看起来有点像计算机程序，如果你能够按照这个过程进行理性决策，那么应该能得到"最佳"的选择。但是遗憾的是，人类不完全是理性的动物，在决策的过程中你一定会被情感所左右，出现这样或那样的"差错"，而且追求绝对的理性，唯一正确的决定本身就是非理性的。

决策心理学家理查德·塞勒（Richard Thaler）凭借发现人们在各种经济行为中的非理性影响获得了 2017 年诺贝尔经济学奖。非理性选择模型的代表学者吉雷特（Gelatt，1989）根据全方位抉择的概念提出积极不确定理论，鼓励人们同时运用左脑与右脑，把理性和感性统一起来，深思过去，熟虑未来，同时对决策保持适度的弹性，这样才能做好决策。

（二）决策风格

正是各种理性和情感的结合使人们形成了各种不同的决策风格，使我们做出这样或那样的选择，从而使生活产生了或欢喜或遗憾的结果。这种后天的学习经验中逐渐形成的，并且在决策情景中采用的一致的、习惯性的行为方式就是决策风格。

练习 5-2　桃园摘桃

接下来我们通过这个测试来对大家的决策风格进行分类。请根据以下情境做出最符合你的选择。路边有一片桃园，假如你可以进入桃园摘桃子，但只许前进不许后退，只能摘一次，要摘一个最大的，你会怎么办？

A. 对视野范围内的桃子进行比较，形成一个大概的标准，再根据这个标准选择最大的桃子。

B. 我感觉这个大！就摘这个了。

C. 去问看管桃园的人，让他告诉我什么样的最大，或者问旁边的人什么样的最大。

D. 先别管了，走到最后再说吧！

E. 稍微比较，迅速摘一个。

你的选择是：＿＿＿＿＿＿＿＿＿＿＿＿＿＿＿＿

1995 年，美国职业生涯专家斯科特（Scott）和布鲁斯（Bruce）把决策风格分为五种类型：理智型、直觉型、依赖型、回避型和自发型。上面的小练习中选择 A 的人，倾向于理智型；B 倾向于直觉型；C 倾向于依赖型；D 倾向于回避型；E 倾向于自发型。具体解释如下。

1. 理智型

理智型以周全探求和系统分析、评估为特征。理智型决策风格是比较受到推崇的决策方式，强调综合全面地收集信息、理智地思考和冷静地分析判断。

但是执拗于理性和计划有可能产生僵化，例如，如果每次决定去哪里旅游，都要先做攻略，完全计划好才行动，反而会丧失生活中的自在和随性。

2. 直觉型

直觉型以依赖直觉和感觉为特征，比较关注内心的感受。直觉型的决策风格以自我判断为导向，在信息有限时能够快速做出决策，当发现错误时能迅速改变决策。

最近在越来越多提倡直觉力，强调要跟随你的心来选择。直觉在环境信息不确定的情况下往往能帮助你做出最佳的选择。但是如果这是你判断的唯一方式就比较危险了，因为直觉可能出错。

3. 依赖型

依赖型以寻求他人的指导和建议为特征。依赖型的决策者更愿意采纳他人的建议与支持，他们往往不能承担自己做决策的责任，而允许他人参与决策并共同分享决策成果，所以通常会得到他人的正面评价。但是如果过度从众或相信命运就等于放弃了自己的权利，也牺牲了对自己的认可和满足感，在看似轻松的生活中很容易感到空虚和无力。长此以往，他们完全被剥夺了自主选择的机会，当不得不自己决定时可能已经丧失了选择的能力。

4. 回避型

回避型以试图回避做出决策为特征。回避型的决策风格是一种拖延的方式，面对决策问题会产生焦虑的决策者，往往因为害怕做出错误决策而采取这样的反应。往往是由于决策者不能够承担做决策的责任，而倾向于不考虑未来的方向，不去做准备，不知道自己的目标，也不思考，更不寻求帮助。不管是犹豫还是拖延，背后都是完美主义倾向，他们担心做错，不允许自己犯错，采取各种方式来避免失败。同时他们也是悲观主义者，他们认为错了就完了，犹豫不决。

5. 自发型

自发型以渴望即刻、尽快完成决策为特征。自发型的人往往不能够容忍决策的不确定性以及由此带来的焦虑情绪。自发型决策者常会基于一时的冲动，在缺乏深思熟虑的情况下做出决策，此类决策者通常会给人果断或过于冲动的感觉。

结合练习 5-1 看看你的决策最符合哪个风格。其实我们在不同的情境中会采用不同的风格，了解自己的决策风格可以让你在收集信息的基础上，更灵活地做出适合的选择。保持灵活，甚至可能创造出其他更多的选择。本章开头的例子中，女运动员除了继续做健身教练和到其他领域从销售助理做起之外，还有没有其他的选择？如果把两者相结合，你可能会发现，市场销售和私人健身教练之间也存在着某种关系。销售是一个职位而不是一个行业，她在教练过程中一定销售过课程，而且她对健康行业很了解，完全可以在健康行业里做市场和销售，这样原有的技能就变得可迁移，变化跨度小，也更可能成功。

有没有最优的风格呢？从字面上看理智型的风格最有吸引力，直觉型风格最不科学，荷兰阿姆斯特丹大学的科学家们发现，就做简单的决定而言，经过思考做出的抉择通常比较合理，而当遇到比较复杂的抉择时，采用直觉的方式可能更优，我们的大脑也在努力进行着最优的选择，所以在面临重大的决定时，建议大家在收集了尽可能多的信息后，不妨交给直觉来决定。

二、决策的影响因素

最近学校新开了一个超市，品种齐全。这让身处新校区的同学们很开心，但是嘉华不开心，因为以前校门口的小卖部只有一种酸奶，现在超市里有五种，他每天都需要花很长时间来决定该选哪一种。

（一）决策中的要素

你可能不会在这种小事上纠结，但是在一些选择上难免"瞻前顾后"。这涉及决策的两个重要的要素：成功概率和价值权重。

1. 成功概率

做决定时我们往往要考虑成功概率的问题，一想起未来前途未卜总是令人恐惧，表现出"瞻前"，让自己焦虑。台湾学者田秀兰等人（Tien, Lin & Chen, 2005）的研究发现，大学生的生涯不确定感中包含了许多对环境的不确定和对个人的不确定。这种不确定是对当下选择是否能达成所愿的一种心理期待。当今社会发展迅速，环境的不确定感加剧。最近流行的大数据分析就因为能为选择提供更大的成功率保证而受到追捧。有可能高考选志愿时还是热门专业，到毕业的时候就变得无人问津了。对个人来说，不确定感还具有主观性。大学是一个人人格完善，价值观形成的关键时期，我们不知道自己会发生多少变化，当下的选择在未来可能会发生很大的变数，这可能让你像张乐一样，虽然成功几率在旁人来看已经非常大了，但自己还是不愿意相信。

大一的张乐对自己的专业不满意，想退学重考，但是家人不同意，于是主动咨询了很多人，对专业的就业率和发展进行了广泛的了解，大部分人都认为专业前景还是不错的，继续学习然后辅修喜欢的专业是不错的选择，但是没有人能保证四年后会怎样，所以他还是无法抉择。

2. 价值权重

另外，在选择时我们会担心自己选择之后会后悔，表现出"顾后"。后悔的主因是担心选错了，很多人定义选择正确与否的标准正是"我舍弃别的选择它值不值"。这种价值衡量就是在考虑选择项目对我们的价值权重问题。像是嘉华选酸奶，选择甲就意味着舍弃乙身上的营养，选择乙就失去了甲的价格优势，"鱼与熊掌难以兼得"。现实生活中的选择可能更复杂，选项之间的排序和权重可能在伯仲之间，难以取舍，而且随着时间的变化，重要性排序还可能发生变化，关于权衡的部分，在下一节生涯平衡单部分再和大家详细探讨。

（二）决策的影响因素

生涯抉择的影响因素复杂，这些因素相互作用产生了生涯阻隔，造成了困境。台湾学者田秀兰等人（1999）对12位女性进行扎根理论研究，把女性生涯阻隔因素分为了三大类（图5-2），分别是背景/情境，个人/心理，社会/人际。虽然是针对女性生涯困难的研究，其基本分类还是具有一定的普遍性。

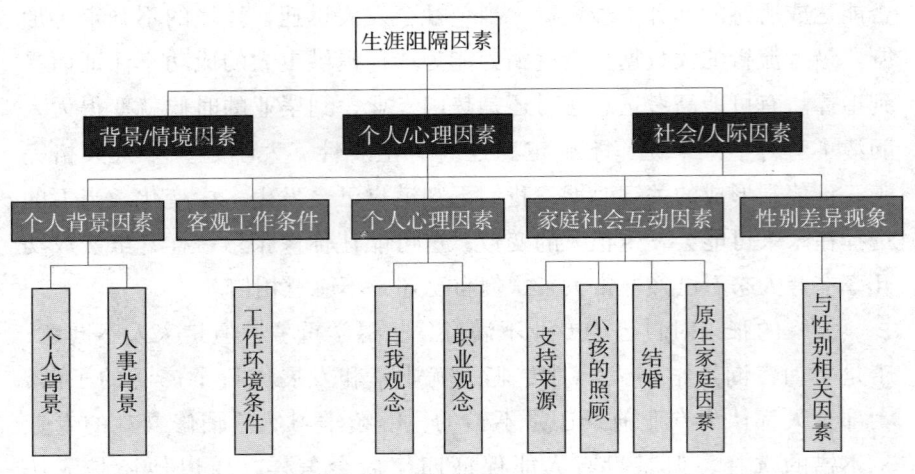

图 5-2 生涯阻隔因素假设性阶段模式（田秀兰，1999）

1. 背景/情境因素

我们作为社会人必将受到整个社会环境的影响，我们在的城市、受教育程度等客观因素都可能限定了我们只能做什么或者不能做什么。虽然中国《职业分类大典》中有上千个职业，但是我们并不能也不需要把所有的职业都排在面前探索选择，我们选择的范围，受到客观的背景和社会情境因素的影响。

2. 个人/心理因素

我们个人的心理因素是生涯决策的另一大影响因素，我们对自己的自我概念，以及对职业的认识都影响着我们做出何种具体的决策。这个因素的性别影响也是非常大的，对于女性来说，会认为有些职业是女性做的，有些职业是男性的天下，女性就算从事该职业也做不好，这些对自己自我效能感的评论和对职业的评论，可能会让他们做出不一定符合自己内心召唤的选择。

3. 社会/人际因素

社会和人际因素也属于客观的影响因素，是三个因素中性别差异影响最大的方面，特别是女性对于家庭社会互动因素的考虑要高于男性，职业女性在生涯规划时更多地考虑家庭与自己职业的平衡，这在大学女生中也有一定的共识，她们认为自己的成功不是成为"女强人"取得事业成功，而是事业与家庭的平衡，甚至宁愿为了家庭的和谐选择不那么成功的事业。当然女性还可能会遇到社会对性别角色的区别看待。而对男性来说，人际因素也非常关键，他们更侧重社会层面的人际互动，这点与女性有所区别。这些分类能帮助我们比较清晰地了解可能会影响我们决策的因素，但是对于深陷生涯抉择困境的人来说，这些因素并不是如此层次明晰的，而是相互纠缠，混沌一片。

（三） 决策中的妥协

当我们的理想情况和显示存在差距，妥协是连接二者、使它们得以平衡的一个机制。对大学生群体来说，目前普遍存在着就业难、就业压力大的问题。这背后有社会经济发展、教育体制、用人观念等客观原因，也有大学生个人择业方面的一些原因。当你无法选到最优解时，你如如何妥协呢？

1. 妥协的过程

著名职业心理学家戈特弗里德森（Gottfredson，1996）提出的职业抱负发展理论认为职业抱负发展经历两个过程：范围限定和妥协。所谓范围限定就是一个从可能的职业范围中逐渐去除不可接受的工作，从而建立"可接受领域"的过程，也就是从所处文化允许的范围内开辟出一个可选空间的过程。所以，职业选择考虑的首先是社会，然后才是心理自我。妥协则是个体放弃他们最为优先考虑的选项的过程，是调整自己的期望以适应外在现实的过程。所以从某种意义上说，能够妥协是职业成熟的表现。你个人更倾向于立刻就妥协，还是很难妥协的类型？在中国传统文化中，妥协会被称为"识时务"，因为我们相信人们都希望做一个好的选择，而不是最优的选择。

而那些不愿妥协的行为，其实背后是不愿意做出一个他们不满意的选择。只要有可能，他们会以各种形式加以回避，包括：寻找更多的备选项、坚持一个站不住脚的选择、重新考虑可接受的边界，或者尽可能地推迟决策（保持"不决策"状态）。直到更可接受的、能胜任的、可获得的职业变得明显为止。

2. 妥协的标准和顺序

戈特弗里德森（1996，2002）提出了个体职业妥协的三个标准，分别是：声望，性别类型和兴趣。研究表明，在需要妥协的程度不同时，我们的妥协顺序不尽相同，特别具有文化差异性。在他的研究中，妥协程度低时，最先放弃性别类型，然后是声望，最后是兴趣；妥协程度中等时，最先牺牲的是性别类型，然后是兴趣，最后是声望；妥协程度高时，最先牺牲的是兴趣，然后是声望，最后是性别类型。而我国学者邱鹤飞针对大学生群体的研究发现：在妥协顺序上，声望可以说是最为刚性的，不管需要妥协的程度高、低还是中等，声望都不容易妥协，因为它的妥协威胁到了其社会地位，兴趣相对于性别类型要更重要一些，在重度需要妥协的情境下，兴趣和性别类型差不多。无论是社会、家庭还是学校，都认为大学生接受过高等教育，毫无疑问应当从事使用脑力的、高收入的、高社会地位的工作。这已经形成了对这个群体的整体期望，如果违背了这个期望，来自各方面的压力将是难以想象的。在三个标准的选择上存在性别差异，男性比女性更加看重兴趣这个维度，对于男性来说声望的重要程度略低于兴趣，而对于女性来说声望的重要程度则大大高于兴趣。

三、决策的方法

在按照前四章进行了解自己和职业的基础上，更重要的是学习生涯决策的方法。下面要介绍的两种方法都是帮助我们了解自己和整理资料的有效方法。

（一）生涯平衡单

在生涯决定的过程中，最困难的部分就是对不同的方案进行评估，这个部分需要你综合先前获得的资料，按照得失利弊考虑每个选项，做出自己的选择。生涯平衡单（Janis & Mann，1977）（表5-1）能帮助我们具体分析每一个可能的方案，把杂乱的想法整理排序，做出选择。平衡单主要是将重大事件的思考方向集中到四个主题上：自我物质方面的得失，他人物质方面的得失，自我精神方面的得失，他人精神方面的得失。

表 5–1　生涯平衡单

考虑因素/选择项目 （可根据个人情况写）	权重	选择 1		选择 2	
		得分	加权得分（－）	得分	加权得分（＋）
个人物质方面的得失					
他人物质方面的得失					
个人精神方面的得失					
他人精神方面的得失					
总分					

1. 使用步骤

（1）选择你想要比较的职业。

虽然你可能还不确定，但是最好先把备选的选择列出来。

（2）明确四个方面的具体内容。

写出有关自我，他人，物质和精神方面需要考虑的因素。例如：自我的物质方面需要考虑工作收入、生活稳定性、就业机会等。

（3）考虑各项的加权分值。

因为每项因素对个人不是等值的，所以需要根据对你的重要程度对各项打分，在"权重"栏目下按 1~5 打分，重要程度越高分值越高。

（4）针对每项进行打分。

对每个方案中的要素进行打分，计分范围为 –10~10 分，填在"得分"一栏中，然后与权重所乘得出加权分数。例如：如果收入对你来说比较重要，给收入赋予 4 分的权重。A 方案，收入值达到了 5 分，则加权得分为 20 分。B 方案，收入不高，只达到 3 分，则 B 工作此项的加权得分为 12 分。

（5）计算总分进行选择。

最后可以根据各选项加权得分合计，协助你进行决策。一般总分最高的方案即为上佳之选。但是在实际操作中常会遇到一些意外。

2. 注意事项

（1）总分次高方案中选。

研究决策历程的学者发现，分数最高的往往不是最终中选的方案，而分数次高的方案却成为最终选择，这种现象称为"局部优化现象"（Janis & Mann, 1977），决策者有意夸大选项中有利条件的优势，而忽视其他可能造成损失的重要条件。

（2）最优方案同分。

在使用平衡单的过程中，还有一种现象，即分数最高的不是一个而是两个方案。这种现象一般和权重分值有关，你可以重新考虑各项因素。往往起决定性作用的就是一两个关键因素。

李硕大四毕业要决定去哪儿读研究生，他有两个选择，一个是美国著名的常青藤学校 A，另一个是所选科系全美排名前列的研究所 B。他认真地采用了平衡单给两个方案分别打了分，结果分数竟然一样，调整了权重值后分数还是相差无几。这两个选择让他纠结了好久，已经征求过家人、朋友、导师的意见了，所以他决定掷硬币决定，决定正面朝上就去 A，反面就去 B。第一次扔，正面，他觉得这也太草率了，决定三局两胜，第二次扔，还是正面，于是他对自己说，不对，还是五局三胜保险，于是扔第三次，结果还是正面。看着这个结果，他突然明白了，开心地选择了 B。

（3）难以抉择。

还有可能你做完了平衡单，还是陷入左右为难的境地，无法做出决定。这种难以抉择的情况也是正常的，有可能像前面例子中的李硕，因为两个选项条件过于接近，需要直觉来帮你做决定；也有可能需要进一步深入探讨原因，比如背后的情绪困扰。当然"暂时不做决定"也是一种选择，可能当下并不是决定的好时机，也值得尊重，从妥协的角度看，不作决定的等待可能也是一条解决途径。

（二）职业组合卡

职业组合卡（Occupational Card Sort）的基本形式是卡片组合（图 5-3）。每张卡片正面有一个职业名称，反面是有关这个职业的叙述资料。通常在使用过程中，来访者针对每个职业的喜好作出反应，施测者根据来访者的反应归类，经由交互讨论，可以帮助来访者了解自己的职业兴趣，以及选择这些职业的理由。职业组合卡是由泰勒（Tyler,

1961）与杜立佛（Dolliver，1967）设计的，他们最初的意图是测量个别差异，他们认为观察一个人的个别差异就要看他们的决定以及作决定的过程。台湾地区心理学者黄士钧设计了一套针对性很强的职业组合卡。特别适合那些职业意识淡薄或者职业决策困难者，可以为那些在特定时刻可能需要一步一步接近复杂问题而感到困惑的来访者提供一个方法。这种方法能在轻松无碍的互动中提供及时的回馈，有利于来访者的自我反省。

图 5-3　职业组合卡（黄士钧，2012）

1. 实施步骤

（1）分类。浏览所有的职业卡片，逐一思考每个职业在头脑中的印象，按照自己的标准把这些卡片分配到"喜欢""不喜欢"或"不知道"三个大类上去。如果对某个职业的性质不明白，可以翻看背面的解释或者询问咨询师。

（2）陈述理由。把三类中相似的放在一起，思考这类职业的共同性质，阐述喜欢或者不喜欢的理由，提炼理由背后的价值观，并讨论这些理由背后的故事。并按这些理由对自己的价值程度排序。

（3）决定职业的顺序。根据喜欢的程度选出 6 个职业排序。可以根据霍兰德的职业类型测试进行共同解释。

2. 价值

你至少可以从职业组合卡的历程中得到三方面的收获：（1）看到自己的若干生涯决定历程；（2）自己目前职业发展的程度；（3）选择中体现的能力、需要、动机、与兴趣等内在价值。

当然职业组合卡在大陆的普及程度还不高，但是作为质性测量工具中的有效形式，它有着量化测量不可比拟的作用。就像泰勒本人所说"现在我总算了解到心理测量的特质没有我最初想的那么重要……我想我们需要一些技术，这些技术能够将个体的经验组织起来，而不是只是呈现他或她所具有的特质而已"。从职业组合卡中我们可以看到一个完整的人，而不是测验结果显示的各种特质，获得活生生的经验。

3. 注意事项

（1）整个测验之间的互动。

职业组合卡不像测验量表只能根据测验的结果作出推测解释，而是能在整个互动过程中观察到这个人的举止、态度、反应，特别是内心的冲突、矛盾担心以及情绪反应。

（2）故事诉说。

金树人把个人的经验分为三层：第一层为类别层，是指测验结果的各种类型，比如艺术型、社会型；第二层为概念层，指测验中代表的题目，比如艺术型中的选项"我喜欢参观画展"；第三层为故事层，也就是经验层，是个人生活经验中的事件记忆，例如选项"上次参观中央美院毕业展的那个老者侧面像让我记忆犹新"。组合卡的解释可以唤起当事人的时间经验，让抽象的理由回到丰富的生活经验里去，促进觉察。

（3）"不知道"部分常反映出当事人的内心冲突。

"不知道"的类别中隐含的意义是十分丰富的，很可能反映了你内心的冲突。在作选择时既不甘愿将这些卡片放在"不喜欢"的类里，但是也不敢或者不能把它们归进"喜欢"的类别里。这个部分特别值得探讨和反思。是能力与兴趣的冲突，现实环境的限制，还是你不愿意面对的部分？

（4）注意"喜欢做"和"能做"之间的差别。

在归类的时候，有时候人们会把自己能做的事情放进喜欢的类别。张虎是数学奥林匹克竞赛金牌得主，毕业于数学系，把数学老师放在了喜欢的职业类别，但是其实他真正感兴趣的并不是解数学题，而是计算机程序开发。

因为他是奥赛高手，非常擅长解各种数学难题，但是这是他能做的，可能是熟悉的事情，并不意味着他一定在其中获得了乐趣。就张虎而言，开发出让大家广泛下载的 APP 程序才是快乐所在。

四、决策中的风险与应对

（一）决策的风险

决策本身意味着风险和责任，我们在生活中面对的问题，很多是结构不良的问题，没有固定的答案。在解决这样的问题时，我们需要在不确定的情况下做出选择和决策。做规划是尽可能降低这种风险，但是无法完全规避。

几乎所有成功的人士都在自己的职业生涯中至少冒过一次适度的风险。任何事情都不冒险，就意味着更大的风险，因为你很可能在限制自己的潜能，阻止自己职业生涯的发展。著名管理思想家史蒂芬·柯维（Stephen Covey）告诉自己："当我觉得非常恐惧能否成功时，我就在意识中提醒自己，恐惧是好事。它意味着我正在从事新颖而且与众不同的工作，我只能接着做下去。"

（二）决策中可能面对的问题

对于大学生来说，决策就是不断地评估和妥协的过程，但是在实际操作中也可能面临这样那样的问题。

1. 并未充分考虑各种可能性

第三章提到的大学生职业探索不足正是这种倾向的反应。虽然大家渴望得到最佳的信息和机会，但是希望付出最小的努力。收集信息需要时间和精力，这就非常可能会和你的日常安排产生冲突，另外，探索过程非常容易受到情绪的影响，或者当你非常忙和没自信的时候，特别希望使用捷径，比如上网浏览一下网页，不去真正深入探索。但是不管是畏难还是痛苦，这样做的代价都可能非常高昂。

2. 执行中的后悔

决策过程中最不能让人接受的部分就是决定后的遗憾，比如选课的小奇在按下确定键的同时就开始后悔。其实在做出最终决定后会感到遗憾，觉得自己可能做错了很正常。铁德曼等人（Tiedeman & O'Hara，1963）认为一个人在预选阶段做出选择后，不是立即付诸实施，而是都要经历一个沉淀期，你开始患得患失，已选择的目标的缺点开始凸显，而放弃选项的优势的分量开始升高。这是一种正常的认知历程，我们需要接纳这种二度挣扎。不管你后悔是因为结果真的比预期差，还是对自己做出"坏决策"的自责，在此，我们都需要提醒你：我们的行为可能会在短期内让人遗憾，但是如果不采取任何行动，最终会造成更多遗憾。尤其从长期视角来看，我们更容易为没有采取行动而后悔。人们不做任何行动而产生的遗憾和自责要高于因事情本身带来的遗憾。另外，决定的好坏是相对的，当时看起来错误的选择，如果认真对待很可能会开创出新的领域。

扩展阅读 5-1　有关后悔的研究

卡尼曼和特沃斯基（Kahneman & Tversky，1982）做了一个经典的股票故事实验来研究人类的后悔。

保罗（Paul）先生拥有糖果公司的股票。去年，他曾经考虑把糖果公司的股票换成面包公司的股票。但由于担心风险，他放弃了这种想法。如今，面包公司股票上涨了。保罗先生在当时如果换了面包公司的股票，就会赚得 1200 美元。可惜他没有这么做。

杰奥（Geo）先生拥有面包公司的股票。去年，他把面包公司的股票换成了糖果公司的股票。如今他发现，要是当初没有换糖果公司的股票，而是仍然保留面包公司的股票，就会赚得 1200 美元。可惜他换了。

你觉得，他们两个谁会更后悔？

实验中，92% 的调查对象认为杰奥先生更加后悔。但是你注意到了吗，保罗和杰奥先生的损失是相同的——他们都损失了 1200 美元，而且手中同样拥有糖果公司的股票。为什么客观状况相同的两个人，我们会普遍认为一个比另一个更后悔？

吉洛维奇和梅德维克（Gilovich & Medvec, 1994）对现实生活中的后悔进行研究，发现一个"后悔的时间性模型"。他们对1000个人进行了一次电话调查，让参与者回忆自己人生中最后悔的事情。结果，75%的人在人生中最大的后悔是一个"不做的后悔"。

短期后悔中，人们大部分会选"做的后悔"，例如后悔参加了一个舞会。但在长期后悔中，人们大部分都会选"不做的后悔"，例如后悔没有完成大学学业。这种差异被称为"后悔的时间性模型"。

推荐视频："人生最大的遗憾"，呈现了在面对人生遗憾的黑板的人们的思考。访问路径http://www.iqiyi.com/w_19rbedz85.html

（三）决策链的中断

决策是生涯发展链条上的一环。在实际的操作中，我们都是在行动之前即可做出决策和选择的，比如我周末到底是上自习还是和朋友出去逛街？但是如果把决策放在正在生涯发展的生态角度思考，站在更高的系统角度思考，就会发现，我们的过去决定了现在，而现在决定着未来（图5-4）。图中T1代表现在，T0代表过去，T2代表将来。小写字母a、b、c代表小的决策，大写字母A、B、C代表大的决策。先前的经验和决策为能够做出一系列小决策和某一重大决策创造背景。图中的虚线代表了没有实施的路径，而实线是最终选择的路径。

可见，我们从现在到将来，不是线性的关系，而是空间的关系，在当下与未来的空间里，我们可能需要事后回顾才发现原来自己走了这条路，而不是那条路。如果我们发展出识别图中这条折线的能力，就更容易弥补决策之间的中断，发展出属于自己的生涯之路，这需要我们有机会回顾过往自己的决策之路，讲出属于自己的生涯选择故事。

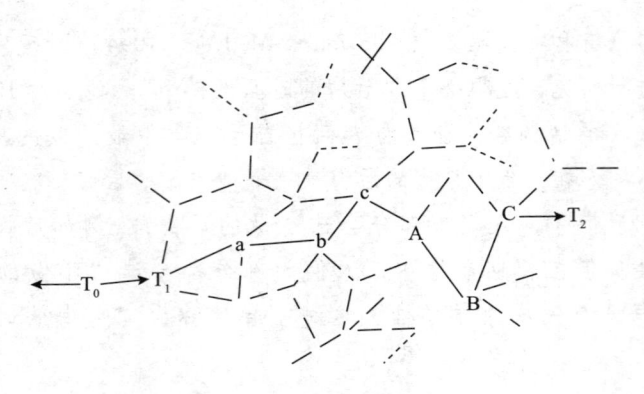

图 5-4　决策网络示意图

(四) 决策中的不合理信念

人不是被事情困扰住，而是被对那件事情的看法困扰住。

——斯多葛学派哲学家爱比克泰德（Epictetus）

我们在生涯发展过程中会形成有关自己、他人、世界的各种观点和推论，我们称之为生涯信念，就是一组对自己，以及对自己在工作世界未来发展的综合性假设。这些想法有些是适合的，有些则随着时间的推移、环境的变化不再适合，如果你坚持这些刻板印象，就会形成不合理的信念，影响我们的决策。

1. 不合理信念的特征

不合理信念会引发负面情绪，恶劣的心境限制自己的主动行动，当发现机会与自己擦肩而过时，反而更消沉，更相信自己原本不合理的想法，陷入一种自我挫败的自我实现预言中。克朗伯兹（Krumboltz，1983）列举了7项生涯干扰信念的特征（表5-2）。

表 5-2　生涯干扰信念特征

特征	含义	举例
错误的推论	将单一经验推广到全部的人或事	我不喜欢和人打交道，怎么可能去当记者？
单一标准	只能从某个标准或者根据特定的团体标准看待自己	我学习成绩不好，怎么可能找到好工作？

续表

特征	含义	举例
结果灾难化	夸大事件失败的可能性，陷入灾难化的自我实现预言中无法自拔	我这次表现如此糟糕，我一无是处
错误的因果推论	只看到的结果，把结果想当然，而不去认真思考原因。比如归因为运气	我得到现在的成绩都是因为碰巧遇到适合的机会，坐上适当的位置罢了
择善固执	选择好的价值观，不愿意进一步探索，不懂变通，坚持到底	做人要孝顺，家长让我选择这个工作就只做这个
因小失大	把很小的因素看得很重，错失机会	我绝不选择北京以外的工作
自欺欺人	用一个理由掩饰自己真正的担心，或者不进行进一步思考、行动	我长这么帅不可能找不到工作

2. 不合理信念的分类

不合理信念影响着我们的职业选择，比如：一个人在小的时候因为家庭的窘迫，就牢牢记住"没钱会让人看不起"，在今后的职业选择中把收入当作首要标准。表5-3就是有些常见的与生涯有关的不合理信念，影响着我们对自己职业的看法（钟谷兰，杨开，2008）。

表5-3 常见的与生涯相关的不合理信念

一、自我方面
——有关个人价值
- 我必须得到他人的认可。
- 只有职业才能体现我的价值。
- 我不知道自己该干什么，我真没用。

——有关工作能力的信心
- 我无法得到任何与我本身能力、专长不合的工作机会。
- 只要我愿意去做，我就能做任何事。
- 虽然我很喜欢/很希望当一个……但如果我真的去做的话，我很可能会一事无成。

二、职业方面
——有关工作的性质
- 每个人终身只能有一个适合他的职业。
- 这个行业不适合男生/女生。

——有关工作的条件
- 我所做的工作应该满足我所有的要求。
- 专业工作所要求的条件非常苛刻，我不是这个专业，一定做不了。

续表

三、决策方面

——方法

- 我会凭直觉找到最适合我的职业。
- 总有某位专家或比我懂得更多的人,可以为我找到最好的职业。
- 也许某项测试能明确指出我最适合从事什么工作。
- 在我采取行动之前,我必须有绝对的把握。
- 这个世界简直变化太快了,计划未来是不可能的。

——结果

- 选择一个职业或专业之后,就不能再回头了,不能再更改了。
- 如果我改变了决定,就意味着失败。
- 在我的职业生涯中,只能做一次决定。

四、满意的生涯所需的条件

——他人的期待

- 我所选择的职业也应该让我的家人、亲友感到满意。
- 大家都说好的工作才是好工作。

——自己的标准

- 除非我能找到最佳的职业,否则我不会感到满意。
- 只有找到我最想做的工作,我才能感到快乐。
- 只要我选定了某个职业领域,我就必须要成为专家或领导者才算成功。

3. 不合理信念的调整

练习 5-3　辨析你的不合理信念

请根据表 5-3 列举的不合理信念,对自己的想法进行反思,把你的信念写出来。

(1) 你的不合理信念有哪些?

(2) 你如何知道这个信念是真的?有什么样的反例吗?请与自己的同伴分享。

我们已经充分了解了不合理信念对生涯的干扰程度，这些信念不是一朝一夕建立起来的，要想改变也需要一个过程，关键是我们要澄清核心的不合理信念是什么，然后尝试提出反例，鼓励人们去求证这个信念是否合理，自己去发现答案。

扩展阅读 5-2　不合理信念的反例和驳斥举例

下面我们就对一些常见的不合理信念进行反思，提出反例和求证。

1. 我不能做出错误的决定

这样的想法背后的核心是害怕犯错，可是有人真正做到没有犯过错吗？经济学中有个路径效应，认为我们所做的选择都是前一个选择决定的，如果要改变路径，成本会高到你不敢选择变化。比如：你买了一只股票，投入了很多精力，已经赔了却不敢减持，继续不断地加仓，反而赔得更多。其实没有人不犯错，问题不在于犯错本身，而是我们对待错误的态度，犯错就仿佛被毒蛇咬之后后悔不已，其实再忙着抓蛇只会让毒性发作的更快，倒不如尽快设法排出毒液，做出新的选择。

犯了错误最积极主动的态度就是马上承认。但是人们往往难以接受自己犯错的事实，他们会埋怨别人，抱怨环境，但这些看似强势指责外界的背后也蕴藏着对自己的不满。这其中蕴含着对自己的愧疚和惩罚，比如有的人会消极对待，消极也是一种对自己的惩罚，如果不自我原谅，很难直接从消极变成积极。

人都会犯错，没有证据说明你会因为一次错误整个人生都毁了。

2. 第一份工作非常重要，是大事，我只能选择一次

抱有这种想法的人往往要求完美，他们期待自己做出完美的选择。其实每一份工作或者选择都非常重要，但是很难说哪一个能完全决定你的一生，并不是每个人都能在很早的时候就找到自己一生的事业，所以你也完全有权利做出不同的尝试，只要你愿意抱着学习的态度，都能够从每次的变化中学习很多。选择没有对错，只是有所不同。

五、决策与成长

一个人的成长成熟和决定息息相关,当你开始自己做出决定,并为之负责时,正是你成熟的表现。仔细探讨决策的过程正是正视自己成长的过程。

(一)看似"取"实为"舍"

选择也叫取舍,看似我们讨论的决策过程都是教大家"选取"你所爱,但其实真正的结果就是舍弃了众多其他的可能。决策势必要取舍,我们想什么都得到,往往什么都得不到,为自己负责也意味着能够承受选择带来的丧失。

一名知名的企业家与自己的父亲到一家高级餐厅吃饭,其间企业家聆听着钢琴演奏,对自己的父亲感慨:"当时如果你坚持让我学钢琴,那么今天我也能在此演奏。"父亲很随意地继续用餐,笑着说:"如果那样的话,我们就不可能在此用餐了。"

(二)目标的坚定与浮动

当今社会变化很快,生涯发展的情境决定因素需要被重视,机遇、文化和社会发展都对生涯发展至关重要。过去的决定策略是告诉我们要理性,做出最佳的选择。但是新的决策理论提醒我们,其实你坚定了一个目标就意味着失去了其他目标,你越是坚定目标就越难以发现新目标。你可以对目标保持一种不确定性,让目标保持浮动,围绕着你想做的事情,根据情势调整你的目标,这种调整的历程,反而启动了你的反思力与创造力。

乔布斯刚过而立之年就被自己创办的苹果公司炒了鱿鱼。他是这样形容那段岁月的:我失去了一直贯穿在我整个成年生活的重心,打击是毁灭性的。在头几个月,我真不知道要做些什么。我成了人人皆知的失败者,我甚至想过逃离硅谷。但曙光渐渐出现,我还是喜欢我做过的事情。在苹果电脑发生的一切丝毫没有改变我,一个比特都没有。虽然被抛弃了,但我的热忱不改。我决定重新开始。我当时没有看出来,但事实证明,我被苹果开掉是我这一生所经历过的最棒的事情。成功的沉重被凤凰涅槃的轻盈所代替,每件事情都不再那么确定,我以自由之躯进入了我整个生命当中最有创意的时期。在接下来的5年里,我开创了一家叫作 NeXT 的公司,接着是一家名叫 Pixar 的公司。Pixar 制作了世界上第一部全电脑动画电影《玩具总动员》,现在这家公司是世界上最成功的动画制作公司之一。后来经历一系列的事件,苹果买下了 NeXT,于是我又回到了苹果,我们在 NeXT 研发出的技术成为推动苹果复兴的核心动力。

——摘自乔布斯在斯坦福大学毕业典礼上的演讲

(三)勇敢与耐心

总之,决策势必要冒一些风险,没有绝对安全的选择。就像一个害怕当众演讲的人,敢于举手发言,从最后一排走到讲台就是成功一样,敢于为自己的生涯思考、决定本身就是勇敢的表现。做决定是一种技能,当你越敢于自己决定,学习承担选择的结果,就越可以自由地选择。而在这个过程中,最重要的是理解每个人的成长环境和情绪感受力并不一样,要对自己保持耐心。

(四)听从内心的召唤

成就一番伟业的唯一途径就是热爱自己的事业。如果你还没能找到让自己热爱的事业,继续寻找,不要放弃。跟随自己的心,总有一天你会找到的。你不可能充满预见地将生命的点滴串联起来,只有在你回头看的时候,你才会发现这些点点滴滴之间的联系。所以,你要坚信,你现在所经历的将在你未来的生命中串联起来。你不得不相信某些东西,你的直觉、命运、生活、因缘际会……正是这种信仰让你不会失去希望,它让你的人生变得与众不同。

乔布斯的这段话成为很多大学生的座右铭。"当你真心渴望某样东西时,整个宇宙都会联合起来帮助你完成。"这种看不见的某样东西是什么?相信很多大学生都很想知道。荣格在自己潜意识理论里把这种现象称为"同时性"经验。这种机缘巧合的事情不是人为控制的,通常能称为人内心的深度经验,通常以象征性的形式出现,一般发生在我们生活的转折点。当渴望发自内心,就形成一种呼唤,机会的大门就真的碰巧打开,所以看似玄妙的东西,其实需要我们足够自信和坚定,并对灵性和未知始终抱着开放的态度。

思考

1. 你的决策风格是哪种?它是如何影响你的选择过程的?
2. 找个同伴,请他帮你回顾自己做过的重大的决定过程,你的依据是什么?在这个过程中有哪些新的发现?
3. 使用生涯平衡单或职业组合卡分析自己的生涯决定。
4. 思考影响生涯决策的家庭文化影响。

参考文献

[1] 胡平正,宋雅娟. 职业组合卡研究 [J]. 重庆理工大学学报(社会科学版),2010,24(2):124-127.

[2] 金树人. 生涯咨商与辅导 [M]. 台北:台湾东华书局,2011.

[3] 罗伯特·C. 里尔登,等. 职业生涯发展与规划 [M]. 侯志瑾,等,译. 3版. 北京:人民大学出版社,2010.

[4] 邱鹤飞. 关于大学生职业选择中妥协的实证研究 [D]. 华东师范大学,2006.

[5] 塞缪尔·H. 奥西普,路易丝·F. 菲茨杰拉德. 生涯发展理论 [M]. 顾雪英,姜飞月,译. 4版. 上海:上海教育出版社,2010.

[6] 沈雪萍. 大学生职业决策困难的测量及干预研究 [D]. 南京师范大学,2005.

[7] 田秀兰. 女性对生涯阻碍知觉之质性分析 [J]. 教育心理学报,1999,31(1),89-107.

[8] 钟谷兰,杨开. 大学生职业生涯发展与规划 [M]. 上海:华东师范大学出版社,2008.

[9] Dolliver, R. H.. An Adaptation of the Tyler Vocational Card Sort [J]. Journal of Counseling & Development, 1967, 45 (9): 916-920.

[10] Gelatt, H. B.. Positive Uncertainty: A New Decision-making Framework for Counseling [J]. Journal of Counseling Psychology, 1989, 36 (2): 252-256.

[11] Gilovich, T., Medvec V. H.. The Temporal Pattern to the Experience of Regret

[J]. Journal of Personality & Social Psychology, 1994, 67 (3): 357.

[12] Gottfredson, L. S.. Gottfredson's Theory of Circumscription and Compromise. In D. Brown, L. Brooks, & Associates (Eds.), Career Choice and Development [M]. 3th, (pp. 179 – 232). San Francisco, CA: Jossey – Bass Publishers, 1996.

[13] Gottfredson, L. S.. Gottfredson's Theory of Circumscription, Compromise and, Self – creation. In D. Brown, L. Brooks, & Associates (Eds.), Career Choice and Development [M], 4th, (pp. 85 – 148). San Francisco, CA: Jossey – Bass Publishers, 2002.

[14] Janis, I. L., Mann, L.. Decision Making: A Psychological Analysis of Conflict, Choice, and Commitment [M]. New York: The Free Press, 1977.

[15] Kahneman, D., Tversky, A.. The Psychology of Preferences [J]. Scientific American, 1982, 246 (1): 136 – 142.

[16] Krumboltz, J. D.. Private Rules in Career Decision Making [J]. Columbus: National Center for Research in Vocation Education, Ohio State University, 1983.

[17] Scott, S. G., Bruce, R. A.. Decision – Making Style: The Development and Assessment of a New Measure [J]. Educational & Psychological Measurement, 1995, 55 (5): 818 – 831.

[18] Tiedeman, D. V., O'Hara, R. P.. Career development: Choice and adjustment [M]. New York: College Entrance Broad, 1963.

[19] Tien, H. S., Lin, C. H., Chen, S. C.. A Grounded Analysis of Career Uncertainty Perceived by College Students in Taiwan [J]. Career Development Quarterly, 2005, 54 (2): 162 – 174.

[20] Tyler, L. E.. Research Explorations in the Realm of Choice [J]. Journal of Counseling Psychology, 1961, 8 (8): 195 – 201.

推荐阅读

沃尔特·艾萨克森. 乔布斯传 [M]. 管延圻, 等, 译. 北京: 中信出版社, 2011.

史蒂夫·乔布斯 (Steve Jobs), 1955 年 2 月 24 日生于美国加利福尼亚州旧金山, 美国发明家、企业家、美国苹果公司联合创办人。他是一位极具创造力的企业家, 乔布斯有如过山车般精彩的人生和犀利激越的性格, 充满追求完美和誓不罢休的激情, 本书为外界展示了一个真实的乔布斯,每个人都可以从乔布斯的人生轨迹中发现对自己的启发。

推荐电影:《人生遥控器》

迈克尔·纽曼(Michael Newman)是一位建筑师,有一位漂亮的老婆唐娜(Donna),和两个可爱的孩子:本(Ben)和萨曼莎(Samantha)。迈克尔像美国众多的中产阶层一样,事业有成、家庭美满。但却一直为了事业忙忙碌碌而忽略了家庭。一次偶然的机会,迈克尔得到了一个"可以控制很多事情,并保证能改变他目前生活"的超级全能遥控器,从此开始了对生活的反思和重新安排。

第六章 自律与灵活
——目标设定和计划实施

新学期开学，上了一学期生涯规划课的422宿舍的同学们准备"大干一场"，学英语的张华说："我爱打篮球，又喜欢英语，我要成为像郭维盛那样的篮球翻译！"李思说："我还不知道要做什么，但是我准备慢慢提高自己的综合能力，这学期就先提高自己的公众发言能力。"最小的赵晨说："上个学期上完课我觉得踌躇满志，要做很多改变，但是开学看到这个学期的课表，满的吓人，我可能什么都改变不了了，写作业去了。"

做出生涯决策就像是定下了一个方向，定下的是对自己的承诺。实现承诺会让我们获得很多：能够接近自己的梦想，感受到自己的能力，自我肯定。但是承诺不会自动实现，需要我们付出努力，并且落实行动。本章就和大家一起讨论如何制定生涯目标，如何自我促进，如何制订行动计划实现目标，以及反思和评估自己的计划，适时调整具体方案，并在需要的情况下重新出发。

一、目标与管理

拥有目标，一切都有可能。

——尼采（Nietzsche）

（一）目标的重要性

目标是人们想要达到的结果、境况、目的或状态，它是引发我们行为的动力之一。你可能因为考试将近，做出更多复习的行为，因为心中抱有一个目标——期末考试一定要通过。目标是达到结果的一种手段，它反映了你内心的希望和意图，规范着自身的行为。

1. 目标设定激励成功

目标给了我们生活的指向性，让我们朝着一个方向努力，避免努力分散，所以设定目标提高了我们成功的可能性。同时完成目标能给我们带来满足感，这使目标成为我们的自我激励源和兴奋剂。因为当我们完成设定目标的时候，我们更容易相信自己所付出的努力是值得的，从而变得更有创造力。目标使我们专注，专注让我们能整合内外资源，拥有创造的空间。曾有人说过："当你的人生遇到必须要跨过去的障碍时，直接把背包扔过去。"这种必然为之的决心，再加上信心，定会促使我们想各种的办法，从而促进问题的解决。认知心理学认为，我们不是被目标直接激励，而是在自己已经拥有的和想要拥有的事物之间产生了认知失调，想让自己尽力消除这种差异带来的不满足感，实现想要的目标。例如：你要购置一台电脑，就会发现生活中到处都是有关电脑的信息，电视里大多都是电脑的广告，甚至在乘坐地铁时，人们都在谈论最新款的电脑。其实电脑的广告和人们的议论并没有增多，只是我们的大脑在调动各种资源帮助你对这方面的信息更加关注。

2. 目标导向影响行为

20世纪80年代，尼克尔斯（Nicholls，1984）和德韦克（Dweck，1988）等人提出成就目标理论，按照目标倾向对行为的影响，把目标导向分为掌握目标导向和成绩目标导向。在掌握目标导向下，人们专注于当前的学习任务，表现出一种积极的、适应的动机模式，他们能有效地运用深层加工策略（如努力发掘新旧知识之间的联系等），面对失败仍然能够保持积极的情绪，努力不懈。而在成绩目标导向下，人们把成败归因于自身的能力，成功固然能提高个体的自信，一旦失败就容易导致低能评价，产生焦虑、羞愧、沮丧等消极情绪，干扰综合策略的运用。因此，掌握目标更能激发一个人的内在学习动机，产生持久的推动力并促进学生取得更大的成就。

（二）目标的分类管理

在人人网上广泛流传着一个经典的分享：一个学生决定用掷硬币的

方式来决定他接下来做什么：正面朝上他去刷人人；背面朝上他去刷微博；而如果立起来，他就去上自习……

这种让人哭笑不得的情形正是学习没有目标没有动力的表现。但是，只有目标就够了吗？我们很多人都有过这样的体验：明明设计了完美的新年计划，假期计划但还是难逃放弃的结果，目标该如何划分，设立目标又要遵守什么原则呢？

1. 目标的分类

个人目标包括社会和家庭生活，兴趣爱好，身心健康，职业及个人收入等方面，按照实现的时间顺序划分，可以分成以下五种类型（表6-1），了解不同目标的特点，才能更好地利用目标管理给我们的生活增添动力。

表6-1 不同的目标类型

目标类型	解释建议
长期目标	涉及你想要的生活类型，和事业、婚姻、生活方式有关。在大学期间最好保持这些目标的宽泛和灵活，你需要更多的探索。
中期目标	涵盖今后五年左右的时间，包括你所寻求的教育类型，或者你对事业的规划。你对这些目标有一些控制能力。
短期目标	可以从下个月开始到一年以后。你可以设立非常实际的目标，并努力实现他们。
小型目标	涵盖一天到一个月的所有事情。你对这些目标具有很大的控制能力，应该使它们详尽明确。
微目标	涵盖从现在开始15分钟到几个小时的时段。实际上，只有这些目标是你可以直接控制的。

从表6-1中不难发现，目标间是联系的。长、中、短的目标形成了一个金字塔形的目标群（图6-1），相互促进，相互制约。微型、小型和短期目标是金字塔的底座，更接近行动层面，完成它们才能逐渐实现中长期目标；中期目标在金字塔的中部，更像是计划方案，是长期目标的任务分解；而长期目标在金字塔的顶层，是我们对生活的愿景，它的实现是金字塔的底层和中间层实现后的结果，同样也对整个生涯目标群起着决定作用，如果长期的目标并不符合自己的内在要求，或者模糊，很可能会产生行动拖延，导致理想目标无法实现。

```
        长期目标
       中期目标
   短期目标，小型目标，微目标
```

图 6-1　目标群的关系

2. 目标管理的原则

长期目标位于金字塔顶端，起着方向导航作用，我们对它的控制力最弱。只需把握设定的是自我和谐的目标，允许让自己做重要的事，选择符合自己的价值观和兴趣的事情即可。

中期目标位于金字塔中段，是我们的计划方案部分，管理的原则是不断地把中期目标分解为小目标，同时需要进行评估，允许调整（下一节着重讨论这个部分）。

短期、小型和微目标是金字塔的基础，对其进行管理需要遵循 SMART 原则。

（1）目标必须是具体的（Specific），比如：把目标定为"看完这本书的第六章"比"读会儿书"要具体得多，可操作性更强。

（2）可以衡量的（Measurable），可以通过核查来确定是否完成目标。

（3）可以达到的（Attainable），目标应适合自己的实力。具有一定的挑战性，但是并非高不可攀。

（4）必须与其他目标具有相关性（Relevant），与工作的其他目标是相关联的，可以分解为几个小的步骤。

（5）必须具有明确的截止日期（Time-bound），最好第一步可以在五分钟内完成。

（三）目标管理的陷阱

今年大二的佳佳最不喜欢英语，但是这学期要准备考四级了，她暗下决心不能再这样活着，"我一定要变成学英语达人！"一日，她突然想起来

第六章 自律与灵活——目标设定和计划实施

这一周都没怎么看过英语了，心想必须开始背单词，于是来到了图书馆。她坐到座位上打开了英语书后，看着都不熟悉的单词叹了口气，直接打开了水杯喝了口水，接着打开手机刷起了微信，直到她想起该看单词的时候，时间已经过去了1个小时。图书馆还有一个小时就关门了，她很快紧张起来，不禁责怪自己：我真是一个拖延症重症患者，然后离开了图书馆。

每天与我们如影随形的基本上都是短期目标和小型微型目标，它们决定着我们对自我肯定或否定。虽然我们可能已经知道了要遵循SMART原则来设定自己的目标，但是在设立目标的过程中却并不那么容易，其中陷阱连连。

1. 虚假希望综合征

戒烟很简单，上个月，我就戒了18次了。

——网络笑话

"虚假希望综合征"指人们一般倾向于给自己设立宏伟的目标，而不是适中的目标，使自己陷入一种虚假的希望模式中自我满足，反而不努力行动的现象。当我们越是处于心情的低谷时，就越容易做出发誓改变的决定。比如去逛街发现L号的衣服都穿不下的时候，我们会发誓要减肥；一年的体检报告出来各种不合格的时候，我们发誓要去健身房锻炼；考试成绩一塌糊涂的时候，我们发誓要明年好好学习；存款为个位数，又要给女朋友过生日的时候，我们发誓要节省金钱。

但这其实是一个陷阱，对一个人来说，如果宏伟的计划就能让我们心情大好，为什么还要设立适中的目标呢？既然有了远大的梦想，为什么还要从小处着手呢？就像佳佳的目标是要变成英语达人，而不是过英语四级。做出改变的"决定"就能获得最大的即时满足感——在什么都还没做之前，你就感觉良好了。

要想避免"虚假希望综合征"其实很简单，就是不把眼光放在未来，而是考虑当下的你能做什么，要做什么，现在和未来的你都希望做的是什么，脚踏实地。

2. 那又如何效应

当我们开始实际执行目标时，就可能会遇到第二个重要的陷阱：遇到挫折，失望会取代最初决心改变时带来的良好感觉，人们开始再度产生深深的罪恶感，责怪自己没有自控力，从而做出更放纵的行为，这就是"那又如何效应"。因为放纵而产生了内疚和自责，对自己说"既然这样，那又如何"，从而产生了更大的放纵。就如佳佳发现自己没有背单词而自责，觉得今天依然如此，干脆直接离开了图书馆而不是继续再看一会儿。如何避免掉入"那又如何效应"的陷阱呢？有关自控力的最新研究给出了解决之道：找到真正让我们快乐的东西，远离那些与我们生活无关的压力根源。挫折难以避免，当遭遇挫折时，需要原谅曾经的失败，而不是自我责备，把它们当作屈服或放弃的借口。

扩展阅读 6-1　打破那又如何的循环

"那又如何"效应描述了很多人从放纵、后悔，然后到更严重的放纵的恶性循环。人们会说："那又如何，既然我已经破坏了节食计划，不如把它吃光吧！"

路易斯安纳州立大学的克莱尔·亚当斯（Claire Adams）和杜克大学的马克·利里（Mark Leary）设计了一个能引发"那又如何效应"的实验。他们邀请关注自己体重的年轻女性参加实验，以科研的名义鼓励她们吃甜甜圈和糖果。被试者要分别参加两项实验，第一项测验食物对心情的影响，另一项测试不同糖果的味道。在第一项试验中，所有女性都要从原味和巧克力甜甜圈中选一个，在四分钟之内吃完，然后再喝掉一大杯水（目的是让她们因为吃得过饱而觉得不舒服，产生罪恶感）。然后填写问卷记录下自己的感受。然后休息，在下一个测试前，一半的被试者会收到一条减轻她们罪恶感的信息，另一半则没有。接下来研究者给每个被试发了三大碗糖果，这些糖果都能勾起甜食爱好者的食欲。要求她们试吃每一种糖果，然后按照好吃的程度排序。结果收到信息而自我谅解的女性只吃了 28 克糖果，而没有原谅自己的女性则吃掉了近 70 克糖果。罪恶感并没有让我们改正错误，却因而引发了低落的情绪，让我们屈服于诱惑。而照顾了罪恶感情绪的自我安慰却避免了恶性循环的持续。

资料来源：凯利·麦格尼格尔，2012。

3. 唯"目标"是图

佳佳的老乡小华是个非常有计划的人，总是表现出胸有成竹，总是有很多事情要做。但是他也有自己的苦恼："自从我把设定目标当作一种生活方式后，我就感觉自己像个篮球运动员一样在球场里跑来跑去，更糟糕的是，没有人喊停。"

设定目标并且实现的过程特别像游戏通关，想赢是人们普遍的心态，这个时候就可能遇到"唯目标是图"的陷阱。小华的苦恼正是这种陷阱的真实写照，聚焦特定目标的完成反而导致行动僵化，使他的视野变窄，为忙而忙，看似积极却非常盲目。比如：大学生中很多同学把目标定为高成绩绩点，但是却忽略了课程中真正有价值的东西。看似非常知道自己要什么，其实并不知道该享受的是什么。

避免这个陷阱的关键是要反思我们为什么要设定目标，好的目标设定是掌握取向的，来源于我想知道更多，而不是要成为一个成功的机器人。只有这样与自我和谐的目标，才能持续鼓励我们不断追求真正的成长，追求发自内心的好奇。

Live not for battles won 不为胜利而活
Live not for the end of the song 不为曲终而活
Live for the along 为了美好过程而活
——文学家格温多琳·布鲁克斯（Gwendolyn Brooks）

二、行动计划

行动计划就是把目标分解为具体的行动，把长期目标和短期目标联系起来。计划越具体，越能够落实，目标越容易实现，越能够避免陷入上文提到的目标设定的陷阱。

（一）行动计划的设计

行动计划的设计不能只在头脑中或者口头上，而是要写下来，这种把对自己的承诺落实在纸面上更有约束力。花时间来制订自己的行动计划方案非常有价值。例如：张美这个学期的目标是完成自己的生涯规划书，那么她的行动计划就要思考这个目标包含哪些内容，设计怎样的步骤才能促进目标的实现。所以她的行动计划可能包括：

(1) 开学初选一门生涯规划课程，按时上课，完成课程作业；

(2) 在学期中对自己进行探索，了解自己到底喜欢什么，适合什么，具备哪些与职业相关的能力；

(3) 对职业进行探索，完成一次实习和一次生涯访谈；

(4) 寻求一次职业咨询，与咨询师探讨自己的发现；

(5) 看一本职业规划的专业书籍；

(6) 听至少一次职业讲座，了解职业世界的基本要求；

(7) 完成自己的生涯规划书，并与父母、老师、师兄师姐讨论。

练习 6-1　设立个人目标和行动计划

请根据你对自己和职业的了解，制订你在职业生涯发展上的五年计划，请注意使用目标管理的具体原则。

我的五年目标

_____

要实现这一目标需要经历怎样的过程？

_____

根据这一过程，设立你在这一学期、一个月和一周的行动计划。

我在本学期的目标计划

_____

我在这个月的计划

_____

我在这一周的计划安排

_____

(二) 行动计划的合理化

计划能否实现的关键因素之一就是合理性。我们在制订行动计划时要特别反思是否围绕目标进行，综合考虑自己的期望、能力和时间安排。具体来说计划的制订要考虑以下因素。

（1）行动计划要有时间期限。计划的安排必须与截止时间联系在一起，时间压力下往往能激发出一个人最大的行动力。

（2）计划要考虑自己的现实。大学生想要设定目标和制订计划不能只从自己的期待出发，要尊重结合自己的现实，例如：自己的毅力、专业课程量、空余时间、地域和时空限制等。越长远的计划越需要加以考虑。

李帅给自己大学设定的目标就是跨专业考研，给自己订的计划是到另一所高校旁听该专业课，并且一周去那所高校听一次相关讲座。这个宏伟计划很容易泡汤，因为对李帅来说，从自己的学校到那所学校每次要1个小时的路程，这一地域因素，成了压死他计划的关键因素，在他坚持了1个月后不得不放弃，而且充满了自责。

（3）计划中的留白。计划永远伴随变化，完美的计划并不等于完美的结局，但是计划设计时就考虑到自己真正渴望，考虑到与生活的平衡，给"非计划"留有余地和空余时间，就给计划最终实现提供了一重保证。大学生正在自我探索的阶段，应该有足够的时间去与人交往，认识更大的世界，开拓自己的思路，而不是困守在当下的某一个计划里无暇顾及。

（三）职业路径与权宜计划

实现职业生涯目标的步骤还需要制订职业发展路径，把如何才能实现自己的职业理想的计划串成线。职业路径和职业生涯类型、个人价值观、个人生活之间的平衡，甚至机遇息息相关。综合考虑并制订权宜计划也非常重要。

1. 系统发展职业路径

佳佳对自己的规划是成为一名企业的人力资源总监，图6-2就是她自己设计的职业发展路径。从图中不难发现，她设计的职位发展路径是阶梯式晋升的。这种形式在传统的组织性职业生涯中比较常见，个体在一系列职位中不断晋升，往往需要花费很长时间，每一个职位都要比前一个担起更多职责。

这种系统发展的职业路径是比较固定的，但是具体的职业通道也是灵活的，你需要根据外部环境的变化不断修正计划。比如：佳佳需要考

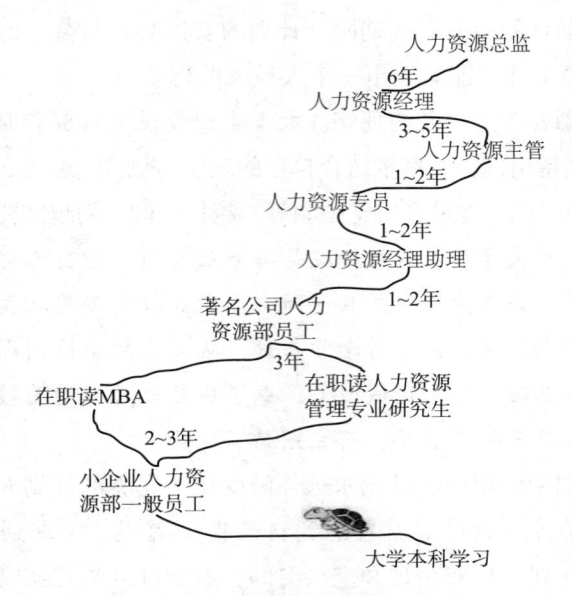

```
                                        人力资源总监
                                      6年
                                   人力资源经理
                                 3~5年
                              人力资源主管
                           1~2年
                        人力资源专员
                     1~2年
                  人力资源经理助理
            著名公司人力        1~2年
            资源部员工
                  3年
   在职读MBA       在职读人力资源
                  管理专业研究生
              2~3年
   小企业人力资
   源部一般员工
                        大学本科学习
```

图6-2　佳佳的职业发展路径设计

虑经济形势的变化，了解她所在的公司是否会经历组织重组，到时候还设有人力资源总监的职位。而且这一路径选择的过程中，她也需要把家庭和个人因素考虑在内，对佳佳来说，本来定居在北京的家庭，如果前往上海会给她的职业道路带来新的可能性。

因此佳佳也制订了自己的权宜计划。

（1）如果本科没有找到适合的人力资源员工工作，就提前考研，上相关专业的研究生。

（2）如果没能进入著名公司的人力资源部，也可以考虑管理咨询公司或者EAP公司，扩展自己的就业范围。

（3）如果没有成功晋升人力资源经理，就考虑发展自己的其他外部认证能力，谋求其他职位的发展。

（4）如果在任何阶段出现压力失调，就在人力资源领域寻求压力较小的职位，注意生活与工作的平衡。

2. 水平发展职业路径

如今很多的机构组织并没有固定的职业上升通道，越来越多的企业采用扁平化的管理模式，人们可能在水平方向上向其他岗位转换，或者在相当长的一段时间内，从事同一水平或水平相近的不同岗位的工作，这种计划就是水平发展职业路径。对个人来说，只能预测自己将要做何种类型的工作，而不是具体的职位，因此水平发展路径更适合职业性职业生涯类型，你需要具备某种专业资质，从职业中收获的不再是晋升，而是某种工作的完成，获得更多的经验和提高工作技能的机会。

所以，水平职业发展路径下的设计更可能变换不同的工作单位，但都是围绕主题的变化。王力是一名美术专业毕业生、他爱好电脑，希望从事动画设计的工作，表6-2是他试着设计的规划。

表6-2 王力的水平发展职业路径设计

职业	个人生活
1. 在动画公司做3年的美工	1. 租住公寓，考取电脑制图技术资格证
2. 在公司做3~4年电脑动画设计助手工作	2. 参加研讨会，学习市场和电脑动画新技术
3. 做独当一面的动画设计师	3. 提高英语水平，准备到美国著名动画公司学习
4. 与美国著名公司共同工作3~5年	4. 游历美国，学习日语
5. 回国在著名动画制作工作做动画设计规划工作3年	5. 买房，30岁以前结婚
6. 做2年的市场调研工作，接触更广泛的工作伙伴	6. 开始抚育家庭
7. 寻找团队组建自己的动画工作室	7. 为子女教育投资
8. 在剩余的职业生涯中成为动画设计公司企业主	
权宜计划	权宜计划
1. 如果无法获得市场调研、销售和客服工作经验的话，继续在动画设计方面发展	1. 如果不够资金买房的话就租房
2. 如果不能寻找到自己的团队可以选择加入志同道合的工作室	2. 如果到了30岁还没结婚的话，将继续寻找，或者单身
	3. 如果不能建立自己的公司，就分更多的时间给家庭生活，更多的旅游

> **练习6-2　职业路径探索**
>
> 每位同学都要写出一个假想的职业发展路径。在小组中分享彼此的职业路径，其他同学给予反馈。反馈时可参考以下问题：
> - 它看上去是否有逻辑？
> - 这是他真实的想法，还是应付作业写下的雄心大志？
> - 他的工作计划和生活计划是否结合得很好？
>
> 接下来，每位同学在课下访问一位有经验的员工，询问他的职业发展路径。回到小组中，讨论：
> - 这些人士对职业路径的理论是否熟悉？
> - 他们的路径发展过程中是否有计划，还仅仅是运气？
> - 他们的职业发展路径与具体职业有哪些关系？

三、执行监控与评估

和佳佳一个寝室的侯丽这学期也需要通过英语四级考试，她结合自己的英语水平给自己定下了每天背50个单词的目标。但是每天到自习室拿出英语单词书时，她都感到心中一阵烦躁，无法静下心来，这让她非常沮丧，觉得自己就不是学英语的材料。

（一）执行与元认知

在进行完自我探索、职业探索以及初步的生涯决定后就进入到执行阶段，也就是信息加工理论金字塔模型中的最顶端（见本书第一章）执行加工领域。而这一领域中最关键的技能和策略就是元认知技能，即个体关于自己的认知过程的知识和调节这些过程的能力。具体来说，元认知由三种心理成分组成，我们结合侯丽的例子和大家具体分析。

1. 元认知知识

元认知知识主要包括个体对自己或他人的认知活动的过程、结果等方面的知识。显而易见，侯丽对实现自己每天背50个单词的目标该怎么做并不清楚，她只是让自己坐到了自习室，打开单词书，但是对于关键的最适合自己的背单词方法却一无所知。

2. 元认知体验

元认知体验指伴随认知活动而产生的认知体验和情感体验。侯丽在背单词的过程中体验到非常强烈的情绪感受，她觉得非常沮丧，而且烦躁，这些感受并不是促进目标实现的积极情绪，反而容易对目标达成起阻碍作用。

3. 元认知监控

元认知监控指认知主体在认知过程中，以自己的认知活动为对象，进行自觉地监督、控制和调节，是元认知最重要的心理成分。侯丽在背单词过程中一直对自己进行监督，控制自己每天都到自习室背单词，而且也发现了问题，自己背的效果不佳，但是却没有及时进行调节和新的尝试，就直接认为自己是个失败者，非常可惜。

人们其实在执行目标、完成任务的过程中都会用到元认知能力，元认知发挥着某种和超我类似的作用，它像一个监工一样，记录自己的进度，不断对自己作出好或者不好，行还是不行的判断。本质上来说，这种判断是好意，但过于简单的判断特别容易引发情绪，干扰任务和目标的完成。下面的练习能帮助我们最大限度地发挥元认知的积极作用，避免出现像侯丽一样的失望。

练习6-3　元认知训练的自我提问单

计划：

（1）现在我打算干什么事？

（2）关于这个目标我目前知道了哪些信息？这些信息对我有什么用？

（3）我的计划是什么？

（4）还有其他的办法吗？如果出现问题，将会怎样？

（5）下一步我要做什么？

监控：

（1）我遵照了计划或策略吗？我需要一个新的计划吗？我需要一个新的不同策略吗？

（2）我的目标变了吗？现在的目标是什么？

(3) 我上了正道了吗？我正逐步接近目标吗？

调节：

(1) 哪些措施起了作用？

(2) 哪些策略没有起作用？问题出在哪里？

(3) 我的感受如何？下一步我应该采用什么不同措施？

（二）开始与聚焦

佳佳的舍友阿芳这学期的目标是减肥，她想去跑步，但是觉得要有一身适合的运动衣，于是去淘宝淘，花了1天；觉得跑步的过程中太无聊，要听MP3，上网找适合的音乐花了1天；觉得要是个好天气才能跑，于是又过了3天；觉得自己一个人不行，应该找个伴，于是又过去了……

制订了目标计划后，事情不会自然进行，我们和阿芳一样相信"良好"的开始是成功的一半，于是特别在乎开始的"良好"，总觉得要为成功讨个好彩头一样等待最佳的开始。结果最佳的开始并没有来，反而真成了"明日复明日，明日何其多"。

真正良好的开始，并不是指良辰吉日，最宜开工的日子才动工，而是真正促进持续行动的开始。所以，关键是起步越小越好。小的步骤更容易获得成功，而且就算失败了也不会给自己太大的压力，这样避开了自我羞辱，反而更容易实现。像阿芳一样给跑步积攒的前提越来越多，只跑一圈已经不能称之为成功了，每天跑十圈，立刻减肥10公斤才行。这样的压力压垮了本来想跑起来的动力，只能屈从于那又如何效应，不了了之。而自我原谅才是避免那又如何效应，帮助你开始执行你的计划的关键。有个网友自认为自己不是会锻炼的人，于是给自己的锻炼口号是"今天去跑跑看，明天就放弃"，反而开启了跑步的生活。

扩展阅读6-2 "作为一个废物我是如何跑步的"——张春

大概一年前，我哥开始跑步，然后跟我说跑步的种种好处。废话，我知道好多事儿都有好处，可是我干得了吗？比如跑步，对我这样一个身心俱废的人来说太难了，我才不跑呢。

后来得了抑郁症，更废了，吃药住院都行不通。我看到有个人也说吃药住院不如跑步。哎，我一咬牙，换上鞋子就去跑了两回。

奇怪的是，我哥知道了就叮嘱我：不跑也没关系的。

后来我就跟自己说：真的是最后一次啦！明天我就放弃了！

哎，断断续续真的跑下来了。现在隔几天不跑还有点不得劲儿。

我发现了一个秘密，跑步这件事最难的并不是当时，而是"要坚持下去"的压力。去掉这个压力，节省了自我羞辱和反自我羞辱的精力，总之只做一次，随时随地原谅自己，这事就不难了。

发现"明天就放弃"这个法宝后，事情真的就变得不一样了。

我都是这样打算的：反正明天就放弃了……明天再放弃吧……明天保证放弃了……明天一定放弃……总之一定会放弃的……

因为每天都这样说，朋友圈里的一些朋友，看我脸皮这么厚，也放下了偶像包袱，居然因此也跑了起来。然后和我说好：明天一起放弃吧！

因为一直原谅自己，哎，断断续续有一个月没跑了，但是我也没有侮辱自己，"没有毅力，没有恒心，这点小事都做不到你还有什么用……"一点也没有。

因为我随时可以再去跑起来。以前我停下来了就停下来了，以后想停下来，也无所谓。

过去和未来都不能说明什么，总之当下我想要去享受跑步，我就去。

它已经不是件痛苦的需要"坚持"的事，变成了一件我随时可以去取的礼物。对我来说这就是最好的了。

说到这里，不如待会儿去跑一下，然后明天一起放弃吧！

资料来源：张春. 一生里的某一刻 [M]. 北京：人民文学出版社，2014.

（三）自控与自我激励

我们已经上了三天自习了，有权利看看电影；带着手机去上自习，微信上的更新不能不看吧；明天就要开始节食了，今天再吃一顿自助餐吧。

合理的目标、及时的开始都能增长执行的进度条，但是实现目标，完成任务，还需要我们抵制各种诱惑，聚焦任务。本来该是调节枯燥生活的诱惑，反而让我们屈从，失败。诱惑为什么有那么大的吸引力，我们为什么愿意为了眼前的小诱惑而放弃本来完美的计划和长远的收获呢？

1. 多巴胺的诱惑

詹姆斯·奥尔兹（James Olds）和彼得·米尔纳（Peter Milner）发现了小白鼠脑中的"快感"中枢，当小白鼠学会按压杠杆就得到相应位置电刺激的时候，就会每5秒钟电击自己一下，直到自己力竭而亡。美国杜兰大学的罗伯特·希斯（Robert Heath）在人的大脑中也发现同样的中心，结果人们表现的和奥尔兹的小白鼠如出一辙。而现代神经科学家通过研究发现，他们发现的不是快感中枢，而是奖励承诺系统，每当这个区域受到刺激的时候，大脑就会释放多巴胺，促使人们产生期待："再来一次！这会让你感觉良好！"而当真正获得这个奖励的时候，大脑的奖励承诺系统反而安静了下来，另一个区域产生了赢的快乐。因此多巴胺会促进人们期待奖励，但是不能感到获得奖励时的快乐。

"多巴胺"是一种原始的生存动力，具有强大的魔力，特别是及时行乐的网络、美食、性的广告等，很容易让我们成为多巴胺的奴隶，欲罢不能。当我们知道我们上网就可能收到新消息，下一个视频有可能会让我们捧腹大笑，就会不停地点击刷新，就像奥尔兹的小白鼠一样，但是这必然影响执行的进度。

不过，并不是完全不为诱惑的生活就是好的生活，学会和多巴胺和平共处，甚至利用多巴胺给不喜欢的任务增加动力才是相处之道。有学生会在写论文的时候播放音乐，或者走进咖啡厅边喝咖啡边进行自己拖延的项目，反而促进了项目的进度。想一想，你有没有一直拖延不想去做的事情，能不能把它和能让你多巴胺神经元燃烧的事情联系在一起，从而促进自己去做呢？

2. 自控力

当然，诱惑更容易发挥干扰作用而不是促进拖延任务进度的作用，所以我们总希望通过自控力来帮助自己抵御诱惑。但其实自控力要抵御的不是外在的诱惑而是内心的冲突，当佳佳掏出手机心里非常明白自己不该看，但是大脑却不断在说我想看，这种冲突正是让她失控的关键。如何才能打破这个魔咒，提高自己自控力呢？

自控力其实是一种帮助我们在面对诱惑时，稳定心率，三思而后行的能力。它更像是一种身体生理指标，而不是性格因素，而且你完全能够发挥自控力。心理学家对孩子进行的棉花糖实验发现，4～5岁的时候，人们就拥有延迟满足，以期获得更大的长期收获的能力。但是自控力对大脑来说是一项非常耗能的工作，当大脑感到能量不够时，总是倾向于在完全失去能量之前关掉自控力，而保存实力。所以，自控力是可以训练的，极限运动员都知道当第一次疲惫来临的时候并不是真的疲惫，而撑过之后还能获得新的进步。可如何才能训练自控力呢？运动是最好的锻炼。2010年，一项针对10个不同研究的分析发现，改善心情，缓解压力的最有效的锻炼是每次5分钟，而不是每次几小时，任何能让你离开椅子的5分钟都能提高你的意志力储备。而充足的睡眠也能起到类似的效果。所以，执行目标的过程，最佳的方式不是过苦行僧，隔离诱惑的生活，而是过身心愉快的生活。

推荐视频："棉花糖实验"，心理学家用棉花糖来测试儿童的自控力表现。访问路径：http://v.youku.com/v_show/id_XMzAyMzY4NDgwNA==.html? spm=a2h0k.8191407.0.0&from=s1.8-1-1.2

现在我们所处的环境中诱惑随处可见，这总让我们产生欲望，却不一定能得到满足。但是当我们面对的意志力挑战过于强大时，我们很容易给自己下结论——我是一个"废物"。但通常我们的大脑和身体并未处于完全失控的状态，自控力一直在被动的防御中，并没有在关键时刻发挥作用。因此，当我们在慢性压力状态下，想要赢得意志力挑战就需要调整身心状态，用提高身体总的能量的方式来提高自控力，这样就从压力中恢复过来，保证有能量做最好的自己。

自控和自律能帮助我们不受各种影响，始终朝着目标的方向前进。图 6-3 的自律模型就给我们展示了如何从各个方面利用自我激励来促进目标的实现。

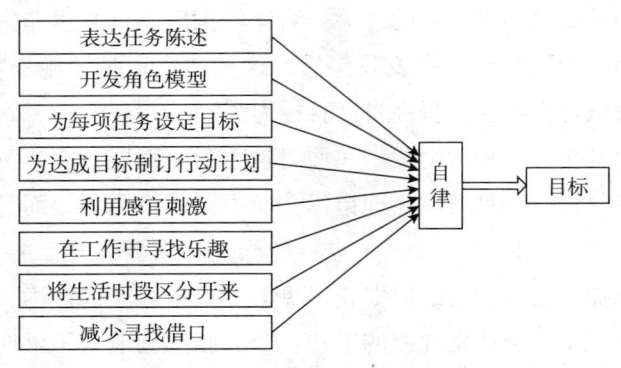

```
表达任务陈述
开发角色模型
为每项任务设定目标
为达成目标制订行动计划   →  自律  →  目标
利用感官刺激
在工作中寻找乐趣
将生活时段区分开来
减少寻找借口
```

图 6-3 自律模型（Andrew J. Dubrin, 2008）

我们可以通过明确自己的任务；为自己设立榜样，开发角色模型；设立系列的目标；为目标制订可操作的行动计划；尽量利用各种感官信息，让自己通过凝视、品尝、聆听或者触摸目标；不断地获得对工作的热爱；保持工作和生活的平衡；尽量诚实的对待自己，减少寻求借口的方法来提高自己的自律水平。

3. 自我激励

有关诱惑和自控力的研究让我们洞察了光靠"奖励的承诺"并不能保证实现后一定能获得快乐，但是任何有关自我发展的书籍都提醒我们要学会自我奖励，只有奖励才能推动我们不断进步。其实，奖励存在一种悖论，有了奖励的承诺，我们容易屈从于诱惑；而没有奖励的承诺，我们则容易失去动力。

打破奖励的悖论并不容易，这需要我们区分生活中有意义的真正的奖励，和让我们分心、上瘾的虚假奖励，更多地采用真正的奖励来鼓励自己，而避免采用虚假奖励让自己更虚弱。

> **练习 6-4 真正的奖励**
>
> 想一想，能够真正让你获得开心，感到幸福的事情和行动是什么？请想出至少 5 个，并描述它们带给你的具体感受是什么？
>
> ———————————————————————
>
> 例如：瑜伽的冥想，让我感受到放松，呼吸的清凉，头脑清醒，鲜花的香味，一首喜欢的歌曲等。

除了奖励之外，自我激励更重要的是确认自己的需求，没有什么比知道自己真正想要什么更让人动力十足了。因此，我们鼓励你去寻找真正推动你的内在动机，你真正愿意从实现这个目标的过程中获得什么，从而扩展个人能力，不断探索和学习，之后不断获得实施过程的反馈，知道自己努力的结果，自我促进。

（四）监控与评估

对目标实行情况进行监督，既要利用自律不断调整行为来促进目标的实现，又要根据环境和变化来改变计划。心理学家格林豪斯等人（Greenhaus et al., 2000）提出的职业生涯管理模型把整个职业生涯过程进行了总结（图 6-4），并特别强调了执行过程的两个重点，反馈和评价。

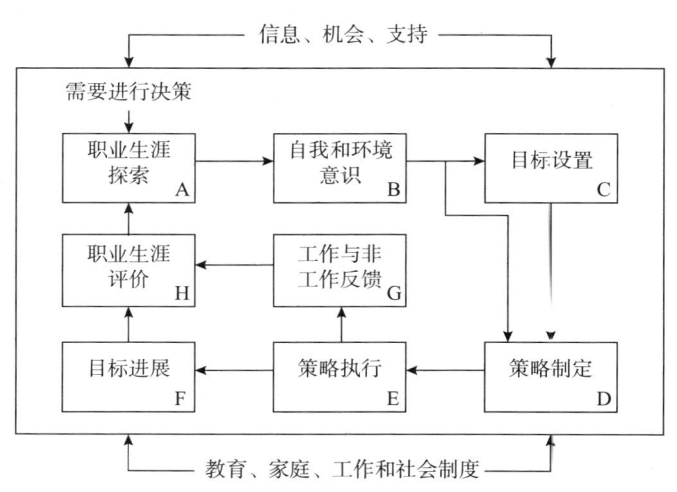

图 6-4 职业生涯管理模型（Kerr Inkson, 2011）

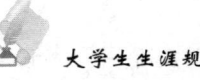

我们并不是生活在真空中，信息、机会、支持系统、教育、家庭、工作和社会制度等，这些构成了我们在进行生涯规划时的背景和框架，而具体到个人进行规划时要建立在了解自己和环境的基础上，设立合理的目标。图中 D～H 的过程展示了制定策略和执行评估的全过程，我们通过获得各种有关目标进展和其他方面的反馈来重新评估自己的生涯探索方向，这个反馈和评估的过程对大学生来说尤其重要。

1. 反馈

反馈具备非常强大的能量，还记得我们打游戏的时候，每过一关电脑就会及时告诉你，"恭喜你，继续挑战"，或者"真遗憾，再来一局"，这样我们就乐此不疲地继续挑战或者再来一次。得到任务的反馈能激发强大的成就动机。所以在个人目标管理和企业项目管理时，反馈都是重要的一个环节，只有知道了进度和结果，我们才可以不断调整努力程度，最终实现目标。

对大学生来说，在实现自己目标的过程中，可以获得两个方面的反馈：一是自我的反思，自己通过任务的进度、亲身感受来获得自己做得怎么样的认识；二是把自己的计划和进度与他人进行分享，获得来自他人视角的反馈。但是不管是来自自己还是他人的反馈，都有客观的反馈和主观的反馈之分，客观的反馈是基于事实的反馈，比如：对侯丽上自习的反馈可能是"你在自习室里看着单词书背诵时效率不高"；而主观的反馈则夹杂了自己或他人的判断和建议，比如：同样对侯丽的反馈可能变成了"你一晚上就背那点单词，就不是学英语的材料，趁早放弃吧"。不难发现，更应该被我们重视的是事实的反馈，它在反应任务的进度或者出现的问题，但是要小心的是主观的反馈，符合事实的我们吸收认可，而纯粹个人的判断则不能全盘接受。

练习 6-5　小组反馈会

每周一次与你的小组成员分享彼此的目标和执行进程，展开讨论。

（1）每个人轮流做主角，分享你这周的进程，遇到了什么问题。

（2）其他成员提问，请主角补充更多的信息。

(3) 每个成员给出自己的客观反馈，你观察到的现象是什么？

(4) 每个成员针对主角的问题给出主观的反馈，也就是你的建议和解读。

(5) 请主角分享，收到这些反馈给自己的反思和感受是什么？

(6) 请下一个人继续刚才的流程。

2. 评估

我们在进行了自我和职业探索之后，为自己做出生涯规划的初步决策（见第五章），而这里提到的执行反馈后的评估是第二次作决策，包括以下几个方面：

(1) 当前的进度与目标的联系。当前进度是否在实现目标的正轨上，还是有所偏离，离完成计划和实现目标还有多远。

(2) 出现的问题和解决方法。当前在执行计划时遇到什么问题，有没有解决的办法，有什么样的资源可以求助。

(3) 反思决策。根据实践的体验来反思自己初步做出的生涯决策是否合理，必要时重新进行生涯探索。

嘉禾是佳佳的老乡，他高考有些发挥失常，只能进入一个普通的大学，学了英语，但是他心仪的专业是心理学，于是在自己大一的时候给自己定下了跨专业考取心理学研究生的目标，并且制订了有关计划，开始自学心理学书籍，跑到本市的师范大学心理系去旁听课程。可是一学期下来，他觉得心理学和自己设想并不一样，非常多的统计和实验设计让他头疼不已，他开始迷惑，是否还要继续？

结合上面嘉禾的例子，可以看出，反思自己的生涯决策是评估最关键的部分。很多大学生对自己目标不明确感到焦虑，而想立刻让自己有个目标，但是在实施相关计划的时候猛然发现，这并不是自己想要的。职业世界的变化非常快，保证自己最终设立的目标就是最初的目标是不现实的，通过实践让我们有机会再次了解自己真正的兴趣、价值观、能力以及与目标的契合程度。如果适合继续实施下面的计划，而如果不适合则重新进入探索的循环，再循环并不是全盘否定，失败重来，而是开启了更有意义的新的领域。所以对嘉禾来说，开始怀疑的时候，正是该重新反思自己的兴趣、优势的时候。而重新评估的标准不能全部参考别人说的热门建议，或者别人的生活轨迹，而是你自己的价值观，找到让你热血沸腾，让你愿意付出努力的生活方式。

练习6-6　生涯规划书样例

完成第一章至第六章所有的学习后，请试着回答生涯规划书里提出的问题，按照格式撰写属于自己的生涯规划书。

一、引言

写给自己的话，你怎么看待生涯规划，看待你自己？给这个学期你的表现写一些话。

二、自我评估

（1）你的个人宣言，对你来说什么样的愿景生活最符合你的期望？

（2）你的职业兴趣，你的霍兰德职业测试结果是什么？哪一项最符合你对自身的描述？请回想最让你感兴趣的是什么事情？

（3）你的性格特点，你的MBTI测试的偏好是什么？在朋友眼中你的性格特点有哪些，特别是与职业相关的性格优势是什么？

（4）职业价值观，你的职业价值观测试结果如何？你在价值观探索游戏中的反思是什么？

（5）你的胜任能力，请写出你的7个成就故事，并思考其中反映了你什么样的技能？你的SWOT分析结果如何？

（6）你对自我探索的小结。

三、职业探索清单

请根据霍兰德和MBTI测试给出的你适合的职业范围，以及你对专业和兴趣探索的结果，选出3~5个职业进行进一步探索。

包括：职业发展前景（当前行业的发展）；职业的工作内容、任务；工作地点；所需的资格和条件；收入和薪金；工作就业机会；组织文化；你自己的可得到性。

对于你的兴趣、专业或者测试有冲突的职业，你是如何思考的？

四、目标设定和行动计划

（1）我的目标，请列出你的目标群，包括长期目标，短期目标，职业发展路径。如果没有清晰的职业目标，那么你对自己想要做什么类的事情的思考是什么？并反思你的目标是否能发挥你的优势？

（2）行动计划，为了做到这一点，你还需要什么信息和帮助？包括知识经验，什么人的帮助，什么方面的提高等。为了实现这一目标，你计划在这一个月，在大学期间，毕业五年的发展规划是什么？

五、调整评估

你对职业发展路径做了哪些评估，如果出现问题，有什么替代方案？

六、结束语

四、开放与稳定之间

在职业生涯越来越向着无边界方向发展的今天，就算我们把设定目标和制订计划描述得再具体，可操作，实际情况还是避免不了会发生变化。如何在这多变的职业生涯中保持自己内心的稳定和安全感，是大学生乃至所有人都需要修炼的个人素质。对待规划的变化你准备好了吗？

（一）对中断保持开放

大学生还处于探索的阶段，进行职业规划的核心目的并不是找到或者实现一生的目标，而是不断地提高自己的能力，进而让自己有能力在进入职场后实现自己的目标。从这个角度上来说，计划的中断和重新设计反而成了一件好事，不管你是中断了自己的实习，还是中断了转专业的目标，都意味着你对自己又多了一份理解：理解哪些是自己不喜欢的，哪些是需要调整的，而更接近更喜欢的自己。

（二）对自己抱有欣赏

一个内心稳定和有安全感的人，是愿意欣赏自己的人。欣赏自己并不是对自己的局限和弱点视而不见，不思进取，而是愿意给自己信心，愿意看到自己在努力实践的过程中的努力和不容易。只有带着欣赏自己而不是挑剔自己的眼光才更容易看到自己在追求目标过程展现的能力和偏好，这些都将成为未来职业生涯的财富。

（三）对尝试保持热情

目标达成需要我们提高自控力、保持专注，要对目标进行管理。但是从大学期间的心理发展任务的角度来说，勇于尝试新的挑战、新的领域可能更加重要，只有尝试才能让我们更接近最真实的自己，获得实实在在的自信和胜任感。所以在此鼓励大家不断地学习，再学习，不断在实践中积累和使用自己的经验，让自己的选择可持续发展。

思考

1. 根据生涯规划书的练习完成自己的生涯规划书。
2. 本学期设立一个可以实现的目标，并为这个目标制订行动规划。
3. 思考不同的职业发展路径对你的影响，你更偏好的是哪一种，为什么？
4. 与小组成员一起分享行动计划的实施情况，获得更多的反馈。
5. 思考你在执行行动计划过程中的优势和局限。

参考文献

[1] 杰弗里·H. 格林豪斯，杰勒德·A. 卡拉南，维罗妮卡·M. 戈德谢克，等. 职业生涯管理［M］. 王伟，译. 3 版. 北京：清华大学出版社，2003.
[2] 金树人. 生涯咨商与辅导［M］. 台北：台湾东华书局，2011.
[3] 凯利·麦格尼格尔. 自控力［M］. 王岑卉，译. 北京：文化发展出版社，2012.
[4] 罗伯特·C. 里尔登，等. 职业生涯发展与规划［M］. 侯志瑾，等，译. 3 版. 北京：人民大学出版社，2010.
[5] 夏翠翠. 大学心理健康教育（慕课版/双色版）［M］. 北京：人民邮电出版社，2017.

[6] 张春. 一生里的某一刻 [M]. 北京：人民文学出版社, 2015.
[7] Andrew J. Dubrin. 职业心理学——平衡你的工作与生活 [M]. 姚翔, 陆昌勤, 等, 译. 2版. 北京：中国轻工业出版社, 2008.
[8] Dweck, C. S., Leggett, E. L.. A Social-cognitive Approach to Motivation and Personality [J]. Psychological Review, 1988, 95 (2)：256-273.
[9] Kerr Inkson. 理解职业生涯——九种你必须了解的职业隐喻 [M]. 高中华, 译. 北京：中国轻工业出版社, 2011.
[10] Nicholls, J. G.. Achievement Motivation：Conceptions of Ability, Subjective Experience, Task Choice, and Performance [J]. Psychological Review, 1984, 91 (3)：328-346.

推荐阅读

凯利·麦格尼格尔. 自控力 [M]. 王岑卉, 译. 北京：印刷工业出版社, 2012.

作者凯利·麦格尼格尔（Kelly McGonigal）博士是一名健康心理学家，她的工作就是帮助人们管理压力，并在生活中做出积极的改变。她吸收了心理学、神经学和经济学等学科的洞见，在斯坦福大学继续教育项目开设了一门叫作《意志力科学》的课程，这门课程就是《自控力》一书的基础。本书为读者提供了清晰的框架，讲述了什么是自控力，自控力如何发生作用，以及为何自控力如此重要。

推荐电影：《肖申克的救赎》

1994年在美国上映。该片改编自斯蒂芬·金（Stephen King）《四季奇谭》中收录的同名小说，涵盖全片的主题是"希望"，全片透过监狱这一强制剥夺自由、高度强调纪律的特殊背景来展现作为个体的人对"时间流逝、环境改造"的恐惧。

第四篇

实践篇

引导案例

张静以完美的生涯规划书完成了大学生生涯规划课程的学习，她也如愿地在该门课程中获得高分。看着自己写的十几页的规划书，她有点不敢相信，原来对于自己，对于职业，对于做决定，本来懵懂的自己能有这样深入的思考，当她翻到行动计划的部分，心生动力，同时也感到一些压力：没有老师的带领，没有考试的检查，自己在四年后是否能完成这些计划，是否能接近自己的梦想？

通过前六章，我们与张静一起，了解了生涯规划的全貌。但是大部分同学并没有立刻就要去实习或者找工作，真刀真枪地实践一番，看看我设想的是否合适，而是开始了等待：等待学期末的实习机会，等待大三的时候确定考研还是出国，等待大四的时候再考虑投简历的事情……

大学生生涯规划并不仅仅是完成漂亮的生涯规划书，制订几套"完美"的方案，而是真正"过好"有目标的大学生活，发现、优化、培养自己的职业素质，获得心理上的成熟和成长。这就是本篇想和大家讨论的内容，包括五个章节：第七章自我管理，探索如何做自己的主人，培养胜任力；第八章与人合作，学习如何活用各种资源，提高人际交往能力；第九章压力与情绪管理，试着与自己的情绪和解，提高抗压力；第十章身份转变，思考如何完成从大学生到职场新人的转身，培养职业态度；第十一章实现跨越，了解做一个创业者选择的过程，提高自己的创新创业意识。

第七章 做自己的主人
——自我管理

有位网友在网上提问:"在学校自学一门课程,从零开始。但是从图书馆借到教材后发现不会自学。不知道什么是重点,不知道我的理解是否正确等。问问大家如何自学课程?"之后该网友还补充到:"之所以说不会自学是因为平常的学习是听课、背诵、考试。自学不用考试,难道自学只是看书和背诵吗?明显不是。可是那是什么?是用于实践么?可是我无法独立判断什么是重点,而且不知道自己的理解是否正确。我该怎么办?"(资料来源:http://www.guokr.com/post/449427/)

显然这位网友也明白自学和平常的学习并不一样,开始思考怎么自学的问题。很多网友给出了自己的建议,有的网友甚至推荐了相关书籍。你会如何回答呢?

提姆·霍尔(Hall,1996)指出在当前多变性职业生涯中,是个人而非组织在管理职业生涯。我们不仅要努力发展各种能力来适应未来职业的各种变化,同时还需要一个"指南针"来指导方向,从被管理实现自我管理。而对大学生来说自学正是自我管理的开始,从自我需要的角度来思考我要学什么,我要怎么学习。就像某位网友的回答"简单说我们学东西是为了用,不是为了考试"。学习和生涯规划都是为了"我"所用的,"我"才是自己的主人。这就是本章希望和大家讨论的重点,包括如何开展对我有意义的学习,发现和管理自己学涯和职涯的关系,管理好自己的时间,平衡自己的掌控力和开放力,塑造自己的核心能力。

一、学涯导航

(一) 打破专业刻板印象

学数学的张虎是个典型的理科男,想约刚认识的中文系老乡柔美星期天一起玩,他想,中文系的女生一定都喜欢文言文、古书什么的,特意把约会地点选择在了五道口新开的私人私塾书店。可是等到见到真人却发现柔美是一副现代新潮的打扮,喜欢嘻哈舞蹈,想去舞蹈学院读舞蹈文化研究的研究生,这让张虎领教了中文系学生不一样的一面。

学语言的就要做翻译,学法律的就要当律师,我们往往对学校、专业存有刻板印象,仿佛只要我学了某专业就一定从事某职业,这样带来的后果就是,当我发现我不喜欢或者不擅长某个职业的时候,就讨厌这个专业,反之亦然。其实学业和未来的职业并不一定是一一对应的关系,我们要主动、全面地了解自己的专业,而不是仅根据自己的感觉判断喜欢或者不喜欢。我们和专业的关系,也不是我们从属于某个专业,而是这个专业能在多大程度上为我的生涯梦想服务。毕竟,能定义你的只有你自己。

1. 专业刻板印象

相信对很多人来说,高考报志愿是很头疼的事,最大的困扰是不知道该怎么了解一所学校和专业,很多人只能通过学校大小等硬件条件来判断评估,甚至有同学以"宿舍有没有空调"来判断要不要报考这个学校或专业。大家回想一下,就会发现,就算进入大学,很多人对学校、专业的了解还是停留在想象层面。进入入学教育周后,集中听取了校长、院系主任、辅导员、师兄师姐、老乡等各种人物对学校和专业的介绍,仿佛对自己所在的学校和专业的了解多了一些,但是都是碎片性的信息,基于这些信息所做的判断往往是片面的,如何整合且更全面地了解自己所在的学校和专业呢?刘淑慧教授指出大学生需要了解你所在的院系、专业的关键面向,包括以下五个方面。

(1) 教什么:你所在的院系、专业当初设立的宗旨,未来的发展方向,教育目标,能学到什么知识技能,有哪些强项。

（2）学习资源：最大的资源就是老师，他们有哪些研究专长，专业成就，老师对待研究和学生的态度，都开设哪些课程，图书馆的藏书和数字资源有哪些。

（3）学生特质：学生的来源都是哪里，有什么样的兴趣和价值观，毕业后的去向有哪些。

（4）学生经验：系上的学生都投入哪些学习活动、课外活动，过什么样的生活，同学关系怎么样？

（5）社会评价：其他人对这个学校和专业评价是什么，对培养出的学生的评价是什么？

不难发现，从这五个方面思考，我们从不同人邢里得到的信息都可以整合进来，帮助我们更全面地了解自己的学校和专业。当然，这五个方面是一般的情况，每个人都可以从自己最在意的方面收集信息，例如：有明确喜欢方向的同学可重点收集有哪些课程和自己喜欢的方向匹配；有明确求职方向的同学重点了解毕业生中有没有从事相关职业的先例，有没有实习机会；对自己的兴趣不明确的同学可重点了解本专业不同的研究方向，是否能够匹配等。专业的名称可能一样，但是在不同的面向上可能的方向却有很多。这些途径帮助我们摆脱学业的刻板印象，更充分的收集信息。

2. 兴趣刻板印象

职业兴趣是自我探索中的重要内容，是确定自己生涯规划的重要考量因素。可是"对专业没兴趣"却成为很多大学生的困扰，觉得自己已经输在选专业上了，就算自己今后跨专业考了心仪专业的研究生，也比科班出身的同学差了很多。事实是这样吗？当我们在说"专业没兴趣"的时候指的是什么？其实，我们感兴趣的一般是具体的活动，而不是某一项工作或者专业，比如：一个英语系的学生对英语辩论感兴趣，但对背诵英语单词没兴趣，很难笼统地说他对英语专业没兴趣。实际上，基本没有对整个专业没兴趣这回事，只是对专业的某些活动不感兴趣，就算是乔布斯在经营苹果公司的过程中也不是对其中所有的经营活动都感兴趣。

"对专业没兴趣"不能成为自我放弃的借口，只是在本专业中自己感兴趣的活动多少不同罢了。如果专业中你不感兴趣的活动很多，你可以选择通过一些努力转换到你更喜欢的专业；如果学校不能或者很难调整专业，还可以选择像本章开篇的网友一样通过自学或辅修的方式来寻找专业与兴趣的结合点；如果觉得自己本来挺喜欢自己的专业，但是总也学不好，那就需要调整学习策略，提高学习成绩，重新"爱"上你的专业。总之，从兴趣出发是学习的动力。

3. 框架的刻板印象

刻板印象对我们最大的束缚就是把我们框死在一个框架里，不能跳出来思考其他的可能性。这时的聚焦和注意力集中，就变成刻板，成为解决问题的阻力。

推荐视频："黑猩猩去哪了"，心理学注意力测试。访问路径：http://v.youku.com/v_show/id_XMjgwOTM5MjA4.html

当我们聚焦在当前的任务时，往往注意不到还有其他的事物，更别说发现其他的资源了。所以，摆脱刻板印象的关键其实就是转念，转换视角，拓展思路，问自己，还能有其他的解决方案吗？当我们说不行的时候是真的不行了吗？

大四理工科的嘉蒙最近被保研到北京一所985院校的相关专业直接读博士，这让他本人非常满意，但是当他与导师讨论后发现自己原来并不清楚导师的方向，这不是他擅长和喜欢的研究方向，这让他非常沮丧，觉得自己要么放弃自己原来的方向，在这个导师的方向上从头学起，要么就放弃保送找工作。可是博士不像本科，换研究方向并不容易，重新找工作好像也晚了一些。心中苦闷的他找到去年考到这所学校的师兄聊天，没想到在聊天中师兄建议他可以联系另一位导师，商量换导师试试，结果他努力尝试和沟通，最终取得了两位导师的支持和同意，成功换到了自己喜欢的方向继续读书。

在博士期间换方向是一件非常困难的事情，但是嘉蒙最终做到了，因为他看到了当下两个选择之外的资源，勇于尝试，从此柳暗花明。一直尝试挑战刻板印象，尝试看到资源能帮助我们看到新的可能性，增加事情成功的概率。

练习 7-1 折纸练习——我的资源

（1）请大家拿出一张 A4 白纸，先按照长的一边对折，然后再按照长的一边对折，最后再按照长的一边对折，把纸翻开，放平，就得到 4 个大的位置，分别为 A、B、C、D。而每一个位置又可以分为 A1、A2，B1、B2，C1、C2，D1、D2 共 8 个小格子（图 7-1）。

A1	A2	B1	B2
C1	C2	D1	D2

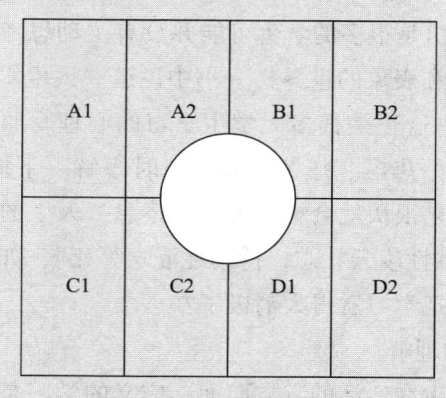

图 7-1 资源探索图

（2）请在纸的正中间画一个圆，写下你希望改变的目标、梦想和方向。

（3）想四个可以帮助你的人、事情或者物品，分别填在 A、B、C、D 四个位置（每个占两个小格）。

（4）然后在每个位置的左边 1 的位置（如 A1）写下他能帮你的方面。

（5）在每个位置的右边 2 的位置（如 A2）写下怎样才能获得他的帮助。

完成这个练习后，思考哪些资源或者方法是你已经想过的，哪些是你在这个练习中的新发现？

_____

你还可以把这个练习应用到哪些其他领域？

_____

（二）开展有意义的学习

看到本章开篇网友的提问，蓝天心中深受触动，觉得自己和那位网友一样，一直在努力学习，可这真的是为自己学的吗？学习的意义真的只是让父母开心吗？

放下高考重担的你，是否也和蓝天一样思考过大学对你的意义？有些学生可能想过，但是很多的学生可能并没有主动思考过这个问题。叔本华在《作为意欲和表象的世界》一书中说道"人生实如钟摆，在痛苦与倦怠之间徘徊"。这正是很多大学生学习的心理写照，当觉得自己不能这么堕落时就开始焦虑、痛苦，而想暂时缓解一下痛苦，放松一下，比如打个游戏，结果很快就会觉得无聊和倦怠，人生的钟摆在这两极之间摆来摆去。"间歇性凌云壮志，持续性混吃等死"，如何才能超越这个怪圈呢？是否我们把学习看得太消极了？

1. 扩展学习的理解

其实，学习发生在生活的方方面面，广义的学习是指基于经验而导致行为或行为潜能发生相对一致的变化的过程，狭义的学习才特指学校学习。我们一直都像一块吸水的海绵一样在学习，每个人在成长过程都拥有非常丰富的学习经历和体验，初次开始集体生活，接触真正的专业知识，或者像蓝天一样开始了自己的思考，都是在学习。那你是如何对待你的学习呢？主动出击，尝试新事物，还是坐等同学的攻略笔记？著名的教育心理学家奥苏贝尔（Ausubel）等人按照学习方式和学习者对内容的熟悉程度对学习进行了分类（表7-1）。

表7-1 学习的分类

划分标准	类别		类别
学习方式	接受学习 将别人的经验变成自己的经验 例如：看音乐录影带学唱新歌	VS	发现学习 个体自己去独立发现、创造经验的过程 例如：发现新的旅游线路
学习内容能否与学习者联系起来	机械学习 在缺乏某种先前经验的情况下，靠死记硬背进行学习 例如：开始学一门新的外语	VS	有意义学习 学习者利用原有经验来进行新的学习，理解新的信息 例如：攻读感兴趣的学科的研究生

> **练习 7-2　我的学习方式**
>
> 请你根据表 7-1，对号入座，反思你的大学学习生活。
>
> (1) 你都有哪些学习活动？
>
> _____
>
> (2) 你主要采用何种学习方式？效果如何？
>
> _____
>
> (3) 学习方式和学习活动有什么匹配关系？
>
> _____

对照这个分类，我们的大学生活涵盖了各种方式的学习，但是从自我管理的角度出发，在学习的过程中加入自己的思考，有意义的学习方式更符合自己的要求，学习的效果也会更好。

2. 思考学习的意义

大学是你未来人生的起点。有意义和无意义的学习，主动与被动的学习之间存在巨大的差异。蓝天的思考看似自寻烦恼，其实在明确这些问题的同时，他也对自己多了一些了解："报法律专业虽然是父母的决定，我最喜欢的是经济，而仔细思考，法律和经济之间有很多联系和结合，民事纠纷中最多的就是经济纠纷，或许我可以选修经济，一举两得。"这样在蓝天最喜欢的经济和法律之间就有了联系，好好学习法律成了实现他经济法律相结合的人生目标的关键一步，而不是为了机械的应付考试，学习有意义也产生了更大的动力。你是否也愿意承受一定的焦虑开始思考：

你为什么要学习？

学习对你的独特意义是什么？

学习和你的梦想是怎样的关系？

你今天的学习和明天的生活又有什么样的联系？

著名心理学家弗兰克尔告诉我们，寻求意义是人类最重要的动机之一。努力寻找你当下所学的内容对你人生的意义，可能是摆脱叔本华钟摆的关键环节。当你觉得当下的生活，你现在所学的内容对你来说意义非凡，是伟大的工作，你将会充满热情，也更能抵御诱惑。

心理学研究者在20世纪90年代的一项经典研究证明了这一点。研究者邀请斯坦福的学生，统一在寒假写记录。一些被要求写出他们最重要的价值观，以及日常生活与这些价值观的联系，另一些则被要求写出发生在他们身上的好事。三周寒假结束后，研究人员收集了他们的记录并做了访谈。那些写出价值观的学生更健康，精神状态也更好。寒假期间他们较少生病，返校后，对自己应对困难的能力也更为自信。尤其是对那些觉得自己在寒假期间经受了很大压力的同学，效果最为积极。

这个研究直接给我们提供了一个在日常压力中培养意义思维的极佳的方式。如果你并不喜欢你所学的专业，那么主动把当前的学习和自己真正的理想联系起来，找到学习的意义非常有必要。不管你是觉得学习能让你有个黄金屋，遇见颜如玉，还是学习就是受苦，为了明天有个好前程都好，主动思考意义的过程都会让你重燃对学习的热情。当然没有人能被强迫着成长和学习，不管我们的意图有多好，也没办法告诉别人应该怎么上大学才是好的。只有你才能决定自己为什么负责，对什么负责以及对谁负责。一旦你知道自己想做什么，并真正去做，你就走上正轨了。

（三）做自己的教育部长

1. 了解大学学习

当我们决定对自己负责，下一步就是要了解大学学习的特点。大学和高中的学习最大的不同就是，大学学习更靠近主动发现，需要更多的主动性和认知参与。不再是由老师安排好学习计划，而是自己决定选什么课，看什么书。具体来说，表现在以下几个方面。

（1）学习的专业性。

大学属于专业教育阶段，学习的内容围绕专业方向和需要展开。像英语专业，也不仅仅是背单词，做习题那样简单，老师更多的是给个主题，让大家自己找相关资源做PPT演示；而像计算机专业，更是专业十足，老师的每一讲都像一个概述，想要理解这堂课的意思，需要仔细思考，并且课下看其他的相关参考书。学好专业课需要我们思考知识之间的联系，使用有效的学习策略。

（2）学习的自主性。

如果说高中的学习像"盒饭"，那么大学更像是"自助餐"。高中时，学生只要被动接受老师"上饭"，比赛的是谁吃得更快，吃得更干净；而到了大学，学习就像进入"自助餐厅"，老师成了退守食物背后的"服务员"，要你来选吃什么，怎么吃，吃多少。如何选课，如何安排学习时间，如何选择学习方式全由你做主。

（3）学习的探索性。

大学学习具有研究和探索的性质，参与研究成了大学生的必修课。我们不仅要掌握前人积累的专业理论知识，而是需要更加主动地探索和思考，加深知识与自己的关系，进一步创新和发展知识。

（4）学习的实践性。

大学的学习强调实践，学以致用。通过调动多种资源，获得更多的体验，才能转化为我们自己的收获，带来持久的影响。

（5）评价的多样性。

在大学，学业成绩已经不是评价的唯一标准。学习成绩的高低并不完全决定一个人是否成功，学业成绩考察学生的主要是两个方面的能力：逻辑思维能力和语言能力，人际沟通能力、领导管理能力、艺术创作能力、动手能力等却在考试中难以体现出来，而这些能力对一个人的成功非常重要。所以能够掌握学习的方法，学会做生活的有心人，体验生活中的美好和精彩的人，才能做一个更好的大学生。

2. 学习计划设计

（1）我的专属课表。

对大学生来说，选课可是大事，哪个老师作业少，哪个老师讲课好之类的小道消息，从学长学姐那里代代相传，等待开通选课渠道的那天，每个人早早就在电脑跟前等着第一时间点选，没选到课的学生还不死心地在补退选的那天继续守候碰碰运气，一直在筹划着设计出自己最满意的专属课表。

可是好景不长，一旦进入到课程学习中，最初的"主人翁"感觉很快消失殆尽，取而代之的是"原来这个老师作业虽然少，但是考勤要求这么高啊""这门课给成绩高,但是每节课的投入要求都这么高啊"的失望,甚至产生了这份"专属课表"到底专属谁的怀疑?

> **练习7-3　选课面面观**
>
> 请反思你在制订自己的专属课表的时候会优先考虑什么因素呢?请把下列因素排序。
>
> 专业课的重要性;
>
> 老师给分高、作业少;
>
> 往届的口碑;
>
> 尽量不早起;
>
> 周五不选课;
>
> 一定要有体育课;
>
> 素质课、选修课够学分就好;
>
> 别和社团活动冲突;
>
> 大一、大二的时候选多一点课;
>
> 大三、大四的时候尽量不选课;
>
> 自己喜欢;
>
> 能够提高锻炼能力;
>
> 自己的职业生涯目标;
>
> 要有自习时间等。

　　随着影响因素越写越多,相信你也能感受到选课有这么多学问。但是实际上很多学生可能并未考虑过选课和自己价值观的影响,觉得别人说哪个好就选哪个,必修课选完,能选哪个选修课就选哪个。但是在开始阶段你的意志参与的越少,后期产生后悔的可能性越大。不如从现在开始想想,你如何设计一下自己的专属课表呢?

　　(2)我的专属学习计划。

　　生涯规划的关键一环,就是把生涯愿景变成具体可行的目标(见第六章),并在大学期间认真执行,并及时调整。这就好比你作为自己的教育部长,制订一个学期计划,年度计划,甚至是四年计划。这个计划包含以下基本要求。

① 目标明确，符合自己的内心价值，清晰可执行。
② 包含利用学校内外的资源。
③ 考虑各个目标之间的关系。
④ 可执行性强。
⑤ 有监督。
⑥ 有替代方案。

练习 7-4　我的专属学习方案

（1）请根据表 7-2 完成你的四年学习专案撰写，下面是在学法律的洪斌的大一学习计划，他生性开朗，热爱戏剧表演，在高中已经有过几次戏剧表演的经历，希望将来能做一名教师，教授英语或者中文。

表 7-2　洪斌的专属学习方案

目标	培养教学经验 准备通过英语考试 在戏剧社担任社长		
时间	内容	校内资源	校外资源
大一上	完成系上的教育课程学习 争取多参加课堂展示讲习的演练 加入学校的戏剧社 参加班级的新生戏剧表演 了解英语过级考试的信息	校内的专业课老师 辅导员 社团和学生会的老乡 校园网 图书馆	百度 知乎 豆瓣小组 自己在北师大教育系的高中同学 国家大剧院等戏剧表演网站
大一下	系上的课程学习 自学教育学、心理学 参与英语戏剧活动的组织 准备英语四级考试	校园网 计算机软件厉害的同学 上任戏剧社成员 志同道合的同学 历年英语考试资料	百度 优酷教学小视频 国家大剧院等戏剧表演网站

(2) 在完成你的四年计划后，请思考目标改变的可能？有什么替代方案？

(3) 当专业学习和自己的目标相冲突时怎么办？如何调和？

二、体验职涯

"到底要不要找个兼职呢？"最近，这是佳慧宿舍最热门的话题。起源是佳慧找了一个超市促销员的工作，最初佳慧父母和全体舍友一致反对她做这种"非专业又没有技术含量的工作"，但是佳慧却义无反顾地去了。当大家都等着看佳慧笑话的时候，却发现佳慧变了，她做得很好，不仅月底的业绩超市第一，而且人也变得开朗热情了，主动和包括食堂大妈在内的人打招呼，说话也变得成熟很多。大家心里也开始摇摆，"专业学习这么忙兼职真的有必要吗？对我来说要选一个什么兼职呢？"

（一）兼职的考量

1. 兼职的目的

在某网站的大学生兼职版块上，"兼职有意义吗？该怎么选兼职？"的话题的热度一直很高。但是大家往往是泛泛的提问"有必要吗？有用吗？"别人也只是给了泛泛的回答，意见甚至截然相反"一切体力劳动都是无用功"VS"经验就是财富"。所以关键是对你来说，兼职的目的是什么？

一般来说，兼职或实习是我们进行职业探索，获得大量有关职业的一手资料的有效方式（见第四章）。寻找与自己职业规划相关的职位实习或兼职，不仅能提前了解职业具体情况，还能获得"这个职业是否与我匹配"的重要经验，帮助我们做出选择。

除此之外，实习还有一个重要的功能，就是了解职场环境的机会，锻炼能力，获得报酬，增长自信。就像佳慧一样，在工作过程中，她拥有了很多重要的体验：开始第一次开口叫卖，第一次一个人赶早晨 5 点 30 分的地铁首班车，第一次与领班协商调班时间，第一次用法语卖东西给外国人等。这些体验让她有了很多潜在的收获：比如舍友观察到的开朗热情，勇敢，成熟等。你若向她提问要不要兼职，那回答一定是"思考再三，不如亲身实践"。

2. 兼职的选择

兼职的选择和职业的选择类似，需要建立在了解自己和了解兼职市场的基础上。了解自己包括兼职目的，专业，能力，时间安排，经济需求等；了解兼职市场包括网络资源，人脉资源，就业中心等，在两者相互匹配的基础上，还需要思考是否有替代选项。下面是几个具体情况举例，大家可以根据自己的情况，参考做出最符合自己的选择（表 7-3）。

表 7-3 兼职的选择

了解自己	兼职市场	选择行动	替代选项
国际贸易专业，希望在本专业就业，假期实习	院系、学长工作或实习的机构 网络相关行业的实习招聘信息 学校就业信息中心发布的兼职信息	提前锁定几个心仪的单位，准备简历，模拟面试，多做准备	通过已实习学长了解相关信息 参加专业相关的社团或志愿活动
中文专业，英语有优势，没有明确兼职目标，希望平时兼职，积累经验，获得一定收入	网络、校园各种渠道发布的兼职信息，寻找时间匹配的家教、翻译、勤工助学等机会	选择离学校相对较近的兼职机会，最好选择有同学去过的正规机构或单位，注意兼职与自己学业的时间平衡	校园内的勤工助学机会 代购等网络新型兼职机会
法律专业，热爱戏剧，希望找到编剧相关的兼职机会，获得以后就业的机会	专业人员网络交流平台，同学或熟人相关专业或职业的人脉机会，网络兴趣小组，大学社团	先选择该行业相关工作的机会，获得更多认识后再寻找更适合的兼职或就业机会	学校戏剧社团
数学专业，爱好科研，希望找到不耽误学习的兼职机会	老师提供的科研机会，网络上相关专业教授的指导实习机会	对口专业实习、研究机会	先投入专业学习，可暂不兼职

兼职虽然在求职和整个职业生涯中都很有意义，但针对每个人的具体情况，要具体考量，切不可一概而论。

（二）兼职的准备

时时回头思考"自己兼职的目的是什么，能从兼职中获得什么"，能够帮助我们不忘初心，不被兼职的一点报酬所控制，忽略学业；也不必被自己暂未兼职的担心所影响，从容面对。具体来说，需要从心态上，自身经验上，自我保护上做好各种准备。

心态准备：要从态度上对兼职抱有更现实的看法，认识到兼职是我了解职场、积累能力的渠道之一，兼职经验是证明我能力的渠道之一，不是唯一；主动权在我；积极主动；按照职业的态度，认真负责，以完成实习任务为重。

自身准备：要综合考虑自己的能力、时间安排，以学业为主。

法律和自我保护准备：在选择兼职时，注意签署临时合约等法律文件来保护自己的权利，注重自身人身安全的保护，提高防范意识。

> **扩展阅读7-1 某高校勤工助学部门对校外兼职的安全提示**
>
> （1）在做校外兼职之前，须问清工作的性质、时间、地点、形式、待遇等细节，并仔细斟酌再作决定。
>
> （2）参加兼职工作最好结伴同行，临行前须告知舍友或同学自己的去向和工作单位的联系方式，如果必要，须约定同学定时联系。
>
> （3）在工作之前，如果兼职单位以任何借口向学生收取费用（如押金、有效证件、服装费等），应拒绝接受。
>
> （4）切不可盲目轻信高工资、高待遇、熟悉的人或单位，警惕传销陷阱，提高防范意识。求职过程中一旦发生自身合法权益受到威胁或侵害的情况，应设法借故离开，及时报警，保留证据，并及时与学校相关部门联系。
>
> （5）做兼职工作时，不要随意接受别人的馈赠，不要轻易地将自己的个人信息告知他人。

(6) 女生着装应尽量职业化，警惕老板对你过分亲热、过多表扬，甚至请吃饭；不要轻易答应别人送你回家，晚回家最好让朋友来接或者走人多的地方；尽量不好跟着别人去人少的地方，应酬场合尽量不要喝酒。

(7) 工作途中注意交通安全，保管好自己的贵重物品。

资料来源：http://www.docin.com/p-319299869.html

（三）透过兼职了解自己

在兼职过程中，我们会收集到一份职业方方面面的信息，但是哪些才是重要的内容呢？这往往需要从自己最在意的角度出发，但是很多人最开始并不知道自己在意什么，直到了解之后才知道自己最在意的是什么。所以在兼职中需要收集职业的关键信息，避免以偏概全。在实际兼职中，我们能对职业的关键面向进一步深入了解，就能从中更了解自己的需要和能力表现。

学经济的李惠在著名外企实习了两个月，工作很辛苦也很努力，最后做到了一个分项目的负责人，公司已经向她抛出了橄榄枝，但是她放弃了这份工作。大家都觉得非常不可思议，她心里却异常坚定。当时她一去就遇到了很大的挑战，几乎一周三天的实习都是要晚上11点才回来，大家都很忙碌，紧张，自己小心又小心还是犯了错误，得到了一次次无情的批评，虽然经过这些磨炼，她得到了极大的锻炼，但是生性随和的她可能确实不适合这样的工作，于是放弃了这个机会。

三、管理时间

时间就是与你有关的一切，你所拥有的一切就是时间。

——菲利普·津巴多

邻近考试，佳慧宿舍的舍友纷纷后悔自己为什么不提前好好复习，熬夜加班的同时也一起在宿舍痛下决心，承诺考完一定好好利用假期好好学习。随着考试的结束，大家遵守承诺从图书馆借好专业书籍，装进行囊,但是这些书直到开学几乎没有人翻过,当时好好利用假期的承诺随风而逝。

佳慧宿舍同学们的情形相信大家都不陌生,你是否也有同感?因为实在太有共性了,这个被称为"假期综合征"的现象,成了大学生彼此调侃"懒癌末期"的谈资。但是这真的是"不懒"就能解决的问题吗?怎么才能真正做到"不懒",管好我们自己的时间呢?

(一) 反思你的时间观

1. 津巴多的时间观

时间对大多数人来说一直都是背景,往往在一些重大事件发生后,我们才感受到时间的力量,比如考前佳慧宿舍的同学们。时间是客观的,但是我们对待时间的观念却是一个心理概念,著名心理学家菲利普·津巴多认为,我们总是站在一定的时间观下看待自己和世界,因此可以分为过去的时间观、现在的时间观和未来的时间观三种。我们可能没有意识到,但是却一直喜欢并习惯以其中一种时间观考虑问题。你可以通过下面的练习反思一下你习惯用哪种时间观思考问题。

> **练习 7-5 我的时间观**
>
> 假设你要做一个决定是周末去自习室上一天自习,还是答应舍友的邀请出去逛街。你会怎么选呢?
>
> A:昨天和这段时间我做了什么?我上过自习了(或出去过了),所以出去逛逛也无妨(还是留下上自习吧)。
>
> B:我是一个内向的人,我就喜欢在自习室宅,我过去很少出去逛。
>
> C:这有什么纠结的?掷硬币吧,正面朝上就去自习,背面朝上就出去玩耍。
>
> D:现在我就想出去玩耍,我也阻止不了我体内的洪荒之力,再说舍友也喊我去逛街呢。
>
> E:现在不学习,晚上就得熬夜,就算想去玩儿,也还是好好上自习吧。

(1) 过去的时间观：如果你的选择是 A 或 B，那么你很可能是过去时间导向者，因为这些人在作决定之前都会在记忆中搜寻与当前境况相似的过去经历，他们追忆过去的处理方式，进而推论出当前应做出的决策。

(2) 现在的时间观：如果你的选择是 C 或 D，那么你最接近现在时间导向者，世界对他们的影响仅限于他们在当前环境下获得的力量，比如他们的生理冲动、社会地位、其他人正在做或者鼓励他们做的事情以及寻求感觉本身。

(3) 未来的时间观：如果你的选择是 E，那么你可能是未来时间导向者。这些人所做的策略完全基于他们对未来后果的想象，即行为所可能产生的效益及需要付出的成本。只有收益大于成本时才会行动。

请反思：你属于哪一种呢？使用该时间观的频率呢？

从这个角度看，佳慧和舍友们很可能是现在时间导向者，直到考前才注意到要复习了，但是"认真学习"这是基于当下"焦虑紧急"的情境下做的决定，真的到了假期，当下的情境变成了"放松"，决定就自然不同了。

那你可能要问，从上面的例子看，过去的时间观过于死板，现在的时间观有点过于享乐，是不是未来的时间观最好呢？其实，不能这样简单划分。津巴多把每种时间观又分为了积极和消极的两种类型（表7-4）。

表7-4 不同时间观的表现

	积极	消极
过去的时间观	能看到过去经历中的积极意义，情绪更稳定	沉浸在过去经历的创伤中，消极痛苦，看不到现在和未来
现在的时间观	享乐主义者，生活充满激情，专注、活力，乐于交友 整体论地活在当下，自由意志，不被过去和未来控制的整合状态	现在的宿命主义者，追求廉价的快乐，看不到未来，我的命运不由我做主。退缩和愤世嫉俗覆盖了希望和乐观

续表

	积极	消极
未来的时间观	愿意采用健康的生活方式，工作效率高，成就高，对死亡有必要的认识，是问题解决者，持之以恒，从失败中学习	时间紧迫一族，忙碌，承受压力大，牺牲家务，娱乐和与朋友家人在一起的时间，过度追求成功生活却很空虚

2. 平衡的时间观

时间观本质上是一种态度，是可以学习和改变的，所以我们要从单一时间观孰优孰劣的思考模式中跳脱出来。对我们来说，更好的方式不是从某种时间观改变为另一种完全不同的时间观思考，而是平衡。英国的学者把得分高于平均水平的三个积极时间观念的人定义为"拥有均衡时间观念的人"，把低于平均水平的人定义为"过去消极和当前悲观主义时间观念的人"。达到标准的150人在各项测试中都做得很好，更容易取得成功也更幸福。

对大学生来说，在学期初订计划时，用未来的时间观思考，规划；在学期中不断落实行动；在自己取得成果的时候，好好享受当下，不断扩展与朋友的交往，享受亲密和友谊；在假期度假时，以过去积极的时间观来享受家庭的快乐。这样的均衡看起来再合适不过。

总之，到了工作的时间就要努力工作，到了玩耍的时间就要尽情玩耍。与朋友保持联络，对未知的世界抱有好奇心，理解自己偶尔的感性和情绪化，享受当下，这些都利于树立均衡的时间观念。重点是我们愿意开始行动，改变自己原有的、僵化的时间观，而建立更积极平衡的时间观，做自己的主人，从过去、现在和未来中发现最好、最适合自己的方式。

（二）管理好你的时间

时间是我们最宝贵的资产，它的魔力就是你用它来做什么，它就是什么，所以时间可以是金钱、爱情、工作、休闲和家庭生活等。是我们的目标和行动赋予了时间意义，没有行动就没有意义，管理时间是个人自我实现必不可少的组成部分。

市面上的时间管理书籍非常多，一般是使人们通过对自己有限的时间严格管理，做出更好的安排，以获得未来更大的利益。带着平衡的时间观来看，这种管理的方法只是对少部分有帮助，但是对本来就很忙碌的未来时间观的人来说，鼓励自己更加忙碌的管理方法，长远看弊大于利。

佳慧的学霸老乡高升一直把自己的时间管理得很好。他在大二就确定自己大三先准备出国考试，如果成绩好就申请国外大学，如果成绩不好一定要再试一次，同时准备考研，考研就要考最好的大学，复习的同时准备公务员考试。他为自己的计划制订了小目标和每日计划表，每天在清单上打钩，然而正在他准备大干一场时，他却发现自己自习的时候很难集中注意力了。他非常困扰，觉得自己的计划完美，时间管理技巧很好，为什么会这样呢？

1. 时间管理的原则

如果不是时间管理的技巧问题，那就要从源头上思考，高升需要回答一个关键的问题：他的人生目标究竟是什么？人的心理很有趣，如果不是自己想做的事情，我们总有很多办法不做或者做不了，比如要去图书馆"突然"下雨了，比如像高升一样"突然"注意力不集中了。所以，时间管理的原则和本质是要为了实现我们的人生目标服务的。如果你不给自己时间去感受幸福，没人能给你。所以你的目标和梦想是什么？

2. 时间管理的方法

进行时间管理的前提就是对自己的时间分配有清晰的认识，但是对大多数人来说，最大的问题就是对时间的估计不足。完全不知道有多少时间可用来管理，先让我们一起完成下面这个练习。

> **练习7-6 非计划日程表**
>
> 请写下将来一周中你的日程表，只需要列出你必须要做的事情。记住不是记录你应该要做或者希望开始做的事情，而是要求你确认这周你已经安排好的日程（表7-5）。

表7-5 每周非计划日程表

	周一	周二	周三	周四	周五	周六	周日
6:00							
7:00							
……							
23:00							
小时							

你有多少时间用于完成你的目标?
_____

你有什么感受?是否被所有这些要做的事情搞得烦心?是否对那些没有安排事情的时间感到忧心忡忡?
_____

观察自己的感受,并思考这份日程表中有什么因素导致你产生这些感受。
_____

这个非计划日程表,让我们可以清楚地看到自己到底把什么事情排进了自己的日程。如果发现你的空余时间过多,那么你更需要的是寻找真正让你感兴趣的事情,而不是精确控制自己的时间,你最后会发现思考、尝试所花的时间都是值得的;如果发现你根本没有多少空余时间,那么你需要思考自己的时间到底花在什么事情上面,学习一些技巧来管理时间。

(1)要事第一。著名时间管理专家德鲁克(Peter F. Drucker)说:"重要的事情先做,其他事情,根本不用考虑。"按照紧急性和重要性给所要做的事情划分等级的办法很有效(图7-2)。这个技巧对那些目标明确但欠缺行动力,拖延问题严重的人来说是一个不错的思考,每天设定固定的时间来做重要的事情。

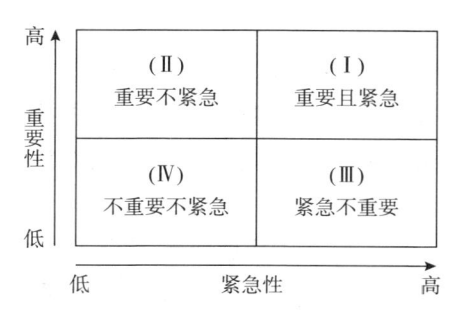

```
         高
         ↑
         │  (Ⅱ)       │  (Ⅰ)
      重 │  重要不紧急  │  重要且紧急
      要 │            │
      性 │────────────┼────────────
         │  (Ⅳ)       │  (Ⅲ)
         │  不重要不紧急│  紧急不重要
         低
          低      紧急性       高 →
```

图7-2 时间规划象限图

（2）精简任务，每次只专注一件事。工作时开着QQ、微信等于智商减少10分；36个小时不睡也会减少10分。时间管理的精髓不是多做事，而是少做，明确你真正想做的事。

（3）精力管理。训练自己做"短跑运动员"，集中注意力学习然后给自己时间休息和恢复，张弛有度。根据自己的注意力情况合理安排休息，比如每集中注意力学习1.5个小时，休息15分钟。

（4）化整为零。如果一个重要的项目需要花费很长时间，那么最好的办法就是每次花15~30分钟或者更短的时间从事该项目。保证每天都做重要的事。

（5）灵活。给自己出错、不遵守计划表的允许，每个人都有情绪的起落，时间规划的重点不是为了让我们成为一个加满油的汽车，而是让自己活得快乐。

（三）应对拖延

今天的宿舍卧谈，在图书馆刷微信而没有背单词的佳佳说起了自己拖延的事情，没想到却引发了大家的共鸣。李昂说："你好赖还学了1小时才回来，我在宿舍，洗了洗衣服，吃了点东西，刷了一下人人，你们就都回来了。"玲珑说："我也是，本来下定决心去上自习，结果却接到老乡的电话，让我陪着去相亲，唉~""唉，咱们再也不能这样了"，佳佳说："从明天起，一定不能再拖延了，咱们互相监督。"

拖延非理性地将该做的事情延后做的行为或倾向，对我们来说就是一场噩梦，是一场痛苦的自我折磨，我们为此付出了很多的代价。

1. 大学生拖延的现状

佳佳的宿舍卧谈并不是个案,对大学生来说,拖延是普遍存在的问题。很多大学生深受拖延的困扰,而且一到重要关头拖延愈加严重(图7-3)。学习更是拖延的主要灾区。2007年美国的调查显示,70%的美国大学生存在拖延问题,50%的美国大学生报告说拖延已经成为他们的习惯。2009年,中国心理学家庞维国的调查显示中国有39.7%的大学生存在学习拖延,69%的同学报告受学习拖延的消极影响,有78.5%的大学生表达了强烈的改变学习拖延现状的意愿。从性别上看,男生最爱拖着不写作业,女生虽然拖延,但是事情还是尽量做了,但是更容易体会拖延的负面感受。从年级上看,相比大一新生,大二、大三、大四的学生更爱拖延着不写作业,但是大一新生对自己拖延的问题更痛苦。

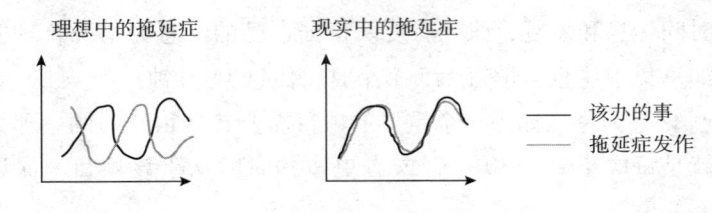

图7-3 理想和现实中的拖延症

2. 拖延的好处和恶果

从心理统计上说,拖延在人群中的分布也应该是正态分布,可是号称自己拖延的人数为什么如此之多?可能,这其中有些人只是打着"拖延"的旗号而已,因为拖延有好处。

(1) 拖延的好处。

① 避免不必要的工作,从而保存能量。在完成小组作业时,如果你不做,自然有别人会去做。

② 享受慢节奏的生活。"学霸"的人生我不想过,我就要大学期间,晒晒太阳,交交朋友,开心快乐每一天,有何不可?

③ 社交需要。大家都说自己拖延,如果我不拖就交不到朋友了。

④ 体会压力下释放的最大创意。最后期限到来之际,最后一刻的冲

刺让我肾上腺素上升，结果发现自己的创意十足。

⑤ 社会比较的需要。彰显我比较"聪明"，你们努力一周才写完作业，我就用一晚上的时间，结果也不比你们差啊。

如果你也有过以拖延为借口的经历，那么请思考拖延对你的好处有哪些？

（2）拖延的坏处。

那些真正的拖延者就没有那么幸运了，他们往往会承受非常严重的恶果，这种恶果既可能是来自外部的惩罚，比如：考试不能通过、论文没有完成而导致延期毕业，或是无数个半途而废的项目计划堆积在电脑硬盘里，也可能是来自内部的自我惩罚，比如悲伤、抑郁、愤怒、焦虑、自责的感受。

3. 拖延的原因

人们为什么会拖延呢？这背后有生理原因，也有社会因素的影响。

（1）生理因素。

从生理角度来说，拖延和大脑的前额叶的控制中枢息息相关，这个区域是大脑的决策中枢。蒂姆·厄本（Tim Urban）在 TED 的演讲拖延症时，用了"理性决策者""及时行乐的猴子"和"惊慌怪兽"这三个有趣的角色生动地描绘了拖延症患者的大脑系统，此外，第六章有关自控力的研究能给你更多启发。

推荐视频："TED - 拖延症人群的内心世界"，厄尔现身说法讲解拖延症。访问路径：http://v.youku.com/v_show/id_XMTY1MjUxODMxNg==.html?spm=a2h0k.8191407.0.0&from=s1.8-1-1.2

（2）社会因素。

从社会因素看，现在移动电子设备的出现，让分心和转移注意力变得非常容易，强化了拖延的现象。我们每天都处于信息过载中，很多人被网络信息轰炸得无法判断问题，我们拖着没有做最重要的事情，但是也没闲着，而是更"忙碌"地做了很多其他的事情。是真的没有时间吗？哈佛大学终身教授穆来纳森（Sendhil Mullainathan，2014），完成一项对资源稀缺状况下人的思维方式的研究，得出的结论是：穷人和过于

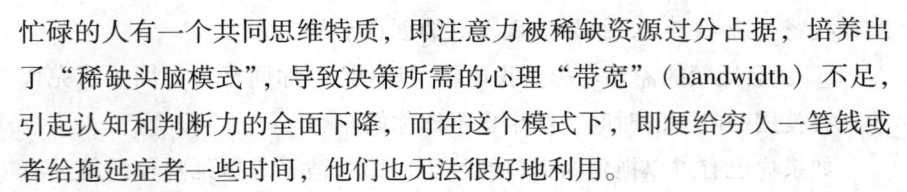

忙碌的人有一个共同思维特质,即注意力被稀缺资源过分占据,培养出了"稀缺头脑模式",导致决策所需的心理"带宽"(bandwidth)不足,引起认知和判断力的全面下降,而在这个模式下,即便给穷人一笔钱或者给拖延症者一些时间,他们也无法很好地利用。

4. 拖延的改变

拖延作为一种习惯,改变起来并不容易,你肯定有过下定决心绝不拖延却破功的经历。到底该如何改变拖延呢?或者说想彻底消除拖延吗?记得"拖延"也有好处的,心理学家亚当·格兰特(Adam Grant)在TED演讲中报告了他们的研究:很多很棒的原创者也是拖延症患者,如果定下一个任务,相对于被要求立刻就做的小组,故意被拖了几分钟才开始着手的小组,更能想出创意的新点子,所以表面的拖延,实际上是在酝酿。

推荐视频:"TED-拖延者的创意",格兰特教授报告的拖延与创意的关系。访问路径:http://www.bilibili.com/video/av4596267/

(1) 改变的开始,是不妄图消除拖延,而是思考怎样好好利用拖延。

(2) 真的计算你的拖延成本,真正从心里认识到拖延的代价。

(3) 真正的第一步不是改变态度,而是改变行动,做出行动的同时态度也就跟着改变了。

(4) 减少多余任务的干扰,不是让自己忙起来,而是分割问题,促进自己的行动。

(5) 处理自己的焦虑。达·芬奇创作《蒙娜丽莎的微笑》用了16年,改过很多次。从长远来说,人们都是对自己没有尝试的想法更后悔,所以带着焦虑推动自己行动更重要。

(6) 允许自己有低落的时候,允许自己拖延。对完美主义者来说,虽然我们期待自己更有效率,但是也要允许自己成为一个完整的"人"。英国著名哲学家塞缪尔·柯尔律治(Samuel Coleridge)说过:"生命结束时我会写出人生的巨著,之前的一切都是草稿。"你的人生巨著也不是眼前的小任务。

第七章　做自己的主人——自我管理

> **扩展阅读 7-2　大脑神经可塑性**
>
> 　　大脑像一块肌肉，用进废退。神经不是一直衰退，而是具有可塑性，不断生成直到死亡。在开始建设新通路的时候非常缓慢，随着信息通过的次数越来越多，神经传导也越来越快，经常传导的神经通路之间存在一种物质，叫作髓鞘，它使神经兴奋在沿神经纤维传导时速度加快，并保证其定向传导，就像信息高速公路，同时已建成的通路能吸引更多的能量。有些不用的神经通路则开始萎缩，停止增长。思维方式有特定途径，使用会增长不用会萎缩。曾经有个实验给我们证明了学习改变大脑和行为的可能。研究者让一个内向害羞的异性恋男性依次和6位美貌的女性进行一个12分钟的谈话，一共144分钟。这些女性都是研究者的助手，不管这个男性说什么话，都给予积极的反馈、兴趣和肯定，在最后一个12分钟时，这个内向的男性已经可以谈笑风生了。半年后，这些男生对于女性交往的自信心都大幅提升并保持，有些宅男已经开始约会了。研究者最后告诉他们是这些女性都是装作有兴趣的，不是真的，但是这已经没有影响了，他们已经开启了良性循环。首先塑造习惯，然后习惯塑造我们。
>
> 　　资料来源：夏翠翠. 大学生心理健康教育［M］. 北京：人民邮电出版社，2013.

四、塑造自我

（一）掌控 VS 开放

　　做自己的主人，塑造自我，就是在自我控制和适应变化之间找到自己的位置，找到属于自己的生涯开展风格。

　　1. 鹰派

　　这类型的人特别强调掌控力，是强有力的"鹰派"，他们做事讲计划，讲效率，精力集中，按部就班。但是缺点是过于期待一击即中，不希望有意外，缺乏弹性。

2. 纸船派

另一类则过于强调开放力，是"纸船派"，他们随遇而安，喜欢计划外的新挑战，缺点是三分钟热度，无法坚持，可能想法太多或过于善变，反而找不到方向。

其实掌控力和开放力在塑造自我的过程中都很重要，我们既需要掌控力来帮助我们全面评估，锁定目标，投入专注，坚定不移，又需要开放力来帮助我们对梦想开放，有适应的能力。我们在不同的情境下综合采用掌控力和开放力，就构成了我们的个人风格。

练习 7-7　我的独特风格

如果你是戏剧社的编剧，在本次戏剧节的剧目上和社长有了分歧：你觉得总演经典剧目没新意，希望这次排新戏，但是社长认为排新戏不成熟，而且这个表演是社里的保留剧目，必须传承，你准备如何应对呢？

_____

利用你的掌控力思考，如果你坚持你的想法，有哪些困难，又有什么办法解决呢？

_____

利用你的开放力思考，社长坚持的理由是什么？他的担心有没有道理？有没有双赢的解决方法呢？

_____

（二）自我统整

吴琼是一个很有个性的女孩，敢作敢为，有原则，但是也被同学说有的时候不讲情面。妈妈也多次劝她，你这样一点也不成熟，这个脾气要改一改。但是吴琼不这么想，我就是这样啊，我改了还是我自己吗？如果成熟就是无原则的妥协，那我宁愿不做。

人人都有一个看得见的客观职业生涯，通过从出生到退休的种种角色就能观察到,但是在扮演这些角色的过程中,同时我们在过程中还在建构着一个内在主观的职业生涯,不断地反思、整理、追求、调整形成着自己对于生活意义的理解,形成着我们自己的态度和主动权。

心理学家埃里克森把这个内在的整合称为"自我同一性"。自我同一性代表着人们对个体性和人格的感受,形成我是谁的认识。对大学生来说,追求和形成自我同一性正是这个年龄阶段重要的心理发展任务,但是维持自我同一性却是人们一生的过程。例如:你的自我定位是"一名医学院的学生",今后要做一个名外科医生,同时你的性格开朗,喜欢被关注,那么就算你做了一名外科医生,为了保持自己的同一性,会或多或少地"表现自己"扮演那些代表了自我同一性的角色,比如:做电台节目的医生,微博中回答问题的医生,医院文艺活动的活跃分子,主持人等。自我同一性是我们独特生涯故事的关键点,围绕着它,我们建构着属于我们的独特意义,把我们和其他人的生涯故事区分开。

就像吴琼的例子里,她的自我同一性是有原则的自己,相信她如果从事了原则性强的工作就会如鱼得水,而如果实际工作与她的自我同一性冲突,自我同一性也会推动她做出改变。

(三) 打造核心品牌

我们的生涯之路上会有各种各样的故事,这些不同故事中隐藏的中心思想就是生涯主题,形成独特的我。做自己的主人,也意味着对自己本真的生命做出承诺,让自己实现与现实的平衡。就好像经营公司,你要不断地发现并打造属于自己的核心品牌。

> **练习7-8　你想拥有的品牌球**
>
> 请在白纸上画一个圆,写上你的核心职业。然后在这个周围写上你的个人品格和社会责任。在这个外圈写下这个特质过去的经验,在再次之外的一圈写下你今后可以做什么来展现你的品格(图7-4)。

图 7-4 打造品牌气球

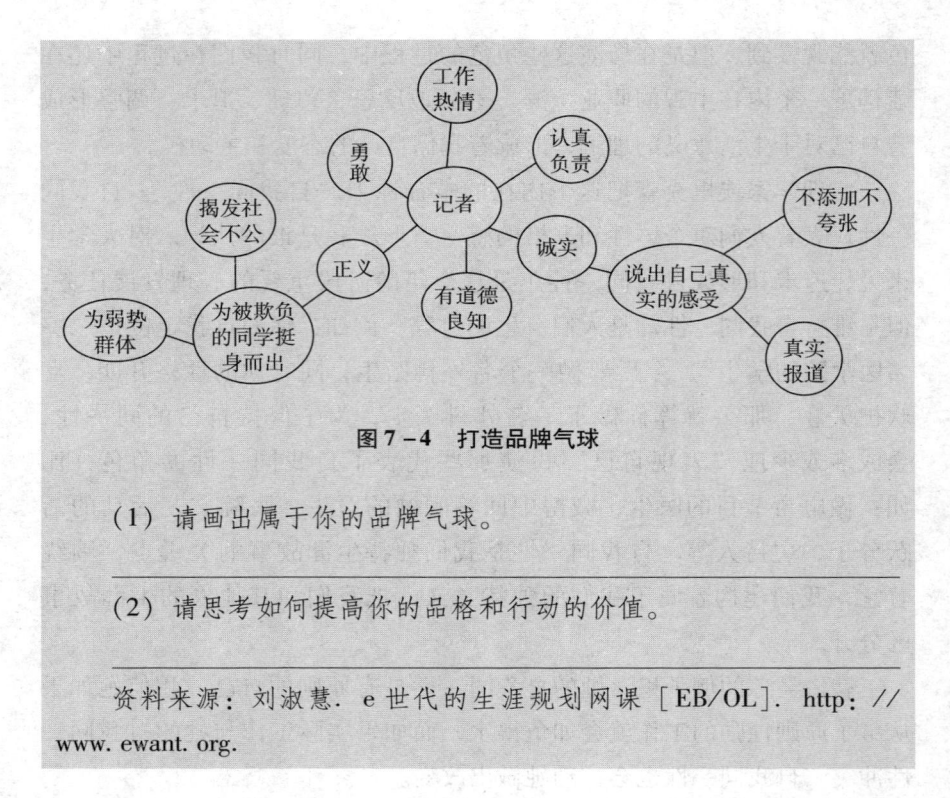

（1）请画出属于你的品牌气球。
_____
（2）请思考如何提高你的品格和行动的价值。
_____

资料来源：刘淑慧. e 世代的生涯规划网课 [EB/OL]. http://www.ewant.org.

　　四季各有花开。寒风料峭时，一簇簇蜡梅已经傲骨开放，接着是热闹的樱花，洁白的玉兰，五月的女王当属妖娆的玫瑰，跟着月季牡丹竞相争艳，到菊花悄然开放的时候，秋天也就来了，但是冬天的梅花还会傲雪枝头。花期如此，接连登场，没有谁更优秀，花儿会在自己的时间绽放最美丽的身姿。那我们的人生一定要赶早成功吗？想想如果月季心急在寒冬开放，恐怕难以生存。

　　进行生涯规划的目的并不是早下手早成功，更多的是让你找到自己的"品种"和方向，努力蓄积力量，等待着在自己最美丽的时光绽放。

　　生命就是如此

　　你跟随着一条线。它在世事中穿梭，

　　世事变化。但它不变。

　　人们不知你追寻的是什么。

你不得不说明这条线。

但它很难为别人所见。

然而你抓住它，你就不可能迷失。

悲剧发生；人们被伤害。

或死去；你遭受痛苦、变老。

时间流逝，无法阻挡。

而你从来没有离开过那条线。

——美国诗人威廉·斯塔福德（William Stafford）

思考

1. 从自己的角度出发，思考如何安排本学期的学习计划，这个计划和你的生涯规划有怎样的联系？

2. 你是否要兼职？你选择兼职的关键因素是什么？

3. 你是如何调整兼职和学业的时间冲突的？

4. 制订本学期时间规划，并思考这份规划与你的核心价值的关系。

5. 谈谈如何打造属于你的核心品牌。

参考文献

[1] 埃里克·H. 埃里克森. 同一性：青少年与危机 [M]. 孙名之，译. 北京：中央编译出版社，2017.

[2] 陈保华. 大学生学习拖延初探 [D]. 华东师范大学，2007.

[3] 菲利普·津巴多，约翰·博伊德. 津巴多时间心理学 [M]. 段鑫星，等，译. 沈阳：万卷出版公司，2010.

[4] 金兰都. 因为痛，所以叫青春——写给独自站在人生路口的你 [M]. 金勇，译. 南宁：广西科学技术出版社，2012.

[5] 凯利·麦格尼格尔. 自控力——和压力做朋友 [M]. 王鹏程，译. 北京：北京联合出版公司，2016.

[6] 马可·L. 萨维科斯. 生涯咨询 [M]. 郑世彦，等，译. 重庆：重庆大学出版社，2015.

[7] 聂晶，陈慧菁，周智清. 大学生拖延现象及其教育对策 [J]. 北京教育（德

育),2015(6):71-73.
[8] 庞维国,韩贵宁. 我国大学生学习拖延的现状与成因研究 [J]. 清华大学教育研究,2009,30(6):59,65-94.
[9] 塞德希尔·穆来纳森,埃尔德·沙菲尔. 稀缺——我们是如何陷入贫穷与忙碌的 [M]. 魏薇,龙志勇,译. 杭州:浙江人民出版社,2014.
[10] 叔本华. 作为意志和表象的世界 [M]. 石冲白,译. 北京:商务印书馆,1997.
[11] 夏翠翠. 大学心理健康教育 [M]. 北京:人民邮电出版社,2013.
[12] Hall, D. T.. The Career is Dead – Long Live the Career: A Relational Approach to Careers [M]. San Francisco: Jossey – Bass, 1996.

推荐阅读

黄士钧. 做自己还是做罐头——勇敢挺自己的第一堂课 [M]. 台北:方智出版社,2012.

这是一本适合年轻人活出自己的指南书,作者用台湾人特有的温暖的笔触,帮助每个年轻人爱自己,安顿身心,迎接真实世界的挑战,书中用了很多的隐喻和故事,娓娓道来地和每个读者的心互动交流。

推荐电影:《三傻大闹宝莱坞》

法兰(Farhran)、拉杜(Raju)和兰彻(Rancho)三个好朋友是印度皇家工程学院的学生。这个学校以竞争惨烈著称,大家都追求高分数。只有兰彻非常与众不同,他不愿意死记硬背,真正热爱工程而学习,他鼓励两位好友勇敢追求理想,找到属于自己的热情和生活。

第八章　与人合作

嘉禾的独立学习能力很强，但是大学的课程中有很多小组合作的项目，让他头疼不已，总觉得还不如自己一个人做的效率高，人一多就磨洋工，非常麻烦。生涯规划课上又特别提到社会资本中合作能力、人际关系的重要性，这让他非常矛盾，实在不知道在忍受其他人的低效率中能提高什么合作能力？有必要交那么多朋友吗？

每个人都不是孤岛，我们不断地通过与他人的交流合作获得信息、支持以及价值。在当今网络化、工作细分的时代，个人的成功越来越少，而越来越多的是一个团队的成功。他人的力量是我们重要的社会资源。本章重点讨论家庭、朋友与我们的职业生涯的关系，我们要如何与别人合作，建立关系，处理冲突，以及如何面对我们自己在扩展人脉和发展友谊，广交朋友和保持独立性之间的内心平衡。

一、家庭与职业生涯

最近，嘉禾听到了师姐杜丽的故事，让他心情很沉重。杜丽是个很优秀的女生，大四因成绩优秀被保送了本校的研究生，今年研究生毕业因为就业问题与家里闹得不可开交。因为她妈妈在她大四的时候就希望她出国，结果杜丽非要读研究生，当时是她赢了妈妈留下继续读研，两年相安无事。到了要找工作的时候，家庭矛盾再次升级，杜丽虽然没有考上北京的公务员，却还希望留在北京工作，但是妈妈以家里已经找好了工作为由，强烈要求她回家乡南方的中等城市工作。嘉禾每次看到杜丽师姐都是一脸愁容……

（一）家庭的角色

你从杜丽的例子里看到哪些家庭作用的影子呢？让杜丽伤心的是妈妈的想法和自己的不一样，而且她与家人的力量悬殊，杜丽靠自己并未找到工作（没有考上公务员），妈妈却可以通过人脉关系轻松帮她安排好一个工作。家庭到底在我们的职业生涯里扮演什么角色呢？

1. 家庭是最早的职场学习场

我们的职业生涯开始于童年，家庭在我们形成职业认同时，提供了最初的环境。父母是我们最初的职业榜样，仿佛预先设定了一般，我们跟他们学习，会直接传承和复制父母的职业生涯。例如：著名的传媒大鳄鲁伯特·默多克，他的父亲就是澳大利亚一名成功的记者、编辑、采访经理，拥有报纸。默多克很早就在记者、编辑、报纸管理等方面积累了相关经验，后来又跳到广播领域，最后成了澳大利亚、英国、美国等国家媒体职业的主要势力。这种就是典型的继承来的职业生涯。

2. 家庭影响我们的职业价值观

就算我们与父母的职业选择并未完全一样，家庭的收入和社会地位还会直接影响我们接受教育的程度，间接影响我们的职业选择，这种影响往往是通过价值观的影响来实现的。父母的职业生涯抱负以及职业选择方面的价值观会不断灌输给他们的子女。图 8-1 是 2010 年的一项研究成果（吕妍，2011），我们可以从中看到大学生职业选择与父母职业的关系。从杜丽的例子中也能看到这种影响，杜丽的母亲一直试图把自己的价值观（出人头地、稳定）灌输给孩子，不管孩子是否真的认可。而另一边，尽管杜丽一直试图摆脱父母对自己的"控制"，争取自己的权利和自由，但是她采取的帮助自己留在大城市的行动是"考公务员"，还是不可避免地受到了母亲"出人头地和稳定"的价值观的影响。

3. 家庭是社会资本的主要组成部分

生涯资本理论认为，职业生涯主要有三种资本：观念认知资本（包括人们的动机、价值观以及激发工作行为的方式）、方式认知资本（包括技能、资质、专业技术与经验），以及对象认知资本（包括人际关系、关系网、声誉）。谁的资本越丰厚，在职业生涯中的优势就越明显。其

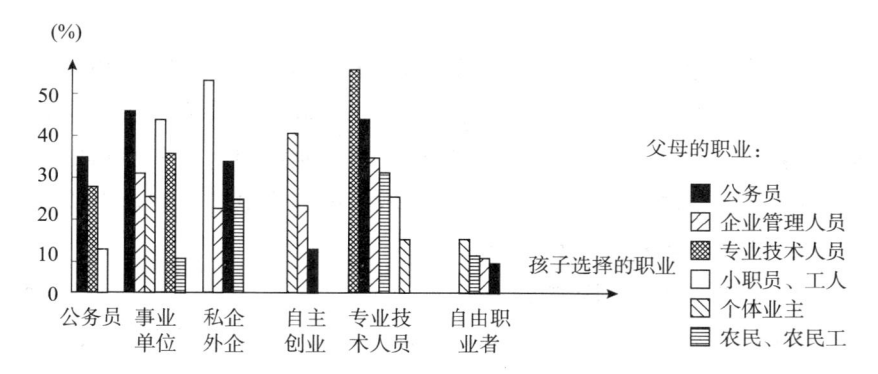

图 8-1 东华大学 2010 届毕业生就业职位与父母职位对比

中,家庭往往给大多数年轻人最初的职业生涯关系网,是其中重要的社会资本,后来随着其他职业活动的加入,人们拥有更多其他的关系网络。

从我们的文化来看,家庭对大学生就业的影响可能更大。和西方世界更多的职业信息可能来自弱关系网的情况不同,中国的研究发现,强关系网对职业的影响更大,就算通过其他弱关系得到职业信息,家庭的强关系互动也会在工作落实上起到重要作用。很多研究都证明,父母的社会地位与收入水平对学生就读的学校、就业的选择和落实、就业收入都有着显著的影响。杨国枢(1992)认为这个和华人的社会特征分不开。

(1) 家族取向。华人容易将家族结构形态与运作原则、伦理关系、角色关系、待人处事观念等概念,扩展到非家族团体中。

(2) 关系取向。华人容易从关系中去界定自己的角色或身份,重视在关系中的回报性,重视关系的和谐,强调缘分及关系的亲疏远近。

(3) 权威取向。华人对于权威的存在很敏感,对职位和身份格外重视,对权威已形成崇拜和依赖。

(4) 他人取向。华人重视众人的意见,顾虑人意,顺从他人,重视规范,重视名誉。

4. 家庭提供界限和约束

家庭在我们职业生涯中扮演着重要的角色,影响着我们的选择。

（1）圈定选择范围。

戈特弗里德森认为，我们的职业选择首先是社会自身运行的产物，然后才是心理方面的结果。家庭及家庭的社会地位正是给我们职业理想划定了界限，比如：我们会把职业选择按照职业声望水平和性别划定一个范围，在此范围内是可接受的选择区域，更高或更低的职业声望水平的工作我们都不容易接受和选择。

（2）通过家庭氛围影响选择。

职业心理学家罗伊（Anne Roe）认为家庭的氛围会影响我们的职业选择（图8-2）。当我们的家庭氛围（主要指父母的态度）是温暖、慈爱、接纳或过度保护的，以孩子为中心，那么我们就会重视别人对自己的意见和态度，成年后可能会选择服务、商业、组织、文化和艺术娱乐等和人打交道的职业；相反，如果我们的家庭氛围是冷漠、忽视、拒绝或过度要求的，就会形成防御别人的心态，成年后可能会选择技术、户外、科学之类跟事、物和观念打交道的职业。

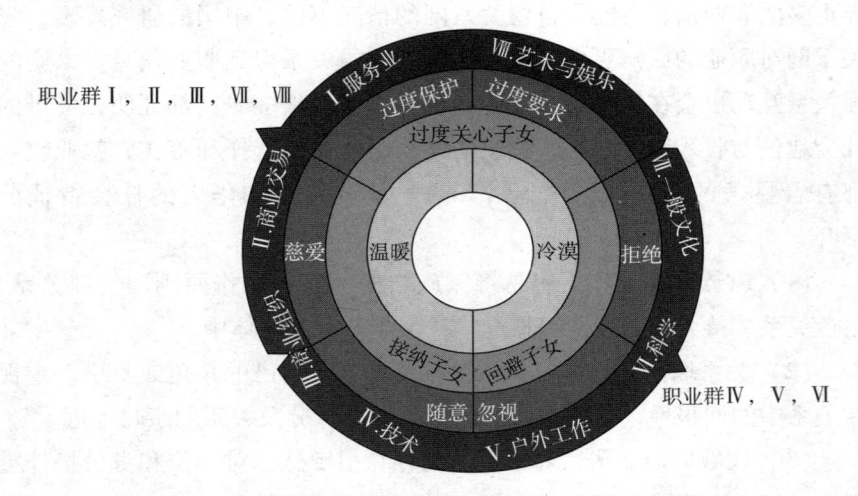

图8-2　家庭环境与职业选择关系图（吴沙，2017）

（二）家庭与我的纠结

家庭提供温暖与成长，也提供着很多限制。正是家庭给予我们既支持又束缚的关系，让我们与家庭之间产生了诸多纠结。

1. 我不满意家庭的安排

家长总是期盼自己的孩子有最好的发展，觉得求学和就业的事情是大事情，一般都强烈地希望参与意见。如果双方意见统一，那么这种强的关系就会形成一个良性循环，成为支持。但是如果不一致，就会出现像杜丽一样的困扰。

2. 家庭给不了我帮助

并不是所有的家庭都有能力给孩子的就业直接提供帮助的，更多的大学生需要面对的是自己的家庭无法给自己提供实质性帮助的现状。本来这是无可奈何也无可厚非的现状，但是具体到个人的时候，要接受这种现状，并且靠自己改变命运，并不容易。

梅乐家在西北农村，父母靠务农和打零工供他们姐弟3人读书，她是老大目前在北京上大学。北京的开销大，梅乐不希望再增加父母的负担，但是也不希望自己显得比别人寒酸，于是她并没有申请任何助学补助，总是做很多兼职贴补生活，也没有把自己的情况告诉过任何人。但是她自己心里觉得并不平衡，舍友可以和妈妈撒娇，哭诉委屈，自己却只能自己装坚强，为什么我就没有生在一个更富有的家庭里呢？有这个想法的她又觉得自己很罪恶……

3. 分离与个体化

"分开想念，见面吵架"形象地描绘了我们与家庭的互动，这是因为我们在大学期间正处于心理上的第二次"分离个体化"的阶段。著名心理学家玛格丽特·马勒基于儿童（3岁前）与其主要抚养者（一般是母亲）关系的观察提出了分离个体化理论，儿童在与母亲的互动中逐渐把自己与其他人区分开，成长为一个独立的个体。Blos（1979）后来发展了马勒的研究，认为青少年期（12~18岁）是第二次"分离个体化"阶段，孩子要完成与父母心理上的分离。这个过程并不容易，当他们遇到麻烦时，一方面要面对失去客体联结的害怕与恐惧，希望能够与父母紧密结合；另一方面又因害怕被控制，失去自主性，而希望和父母保持距离。当孩子向父母求助时，会特别渴望寻求父母的帮助和认可，如果得到了鼓励和肯定，那么对自己的认识和自信得以强化，如果得到父母的嘲讽或者由父母出手替代解决,那么本来建立的自我认同都会被削弱,或远离家人变得孤独,或重新依赖家庭失去独立性(郭潇萌,贾晓明,2013)。

> **练习 8-1　我与我家的纠结**
> (1) 你如何评价你的家庭与你的互动?请用三个形容词来描述一下。
>
> (2) 回忆你最希望家庭给予支持的一次经历,说说当时发生了什么?如果有机会调整,你最希望在哪一方面有所改进?
>

(三) 与家庭和解

我们与家庭的互动既不能把所有困难全部交给他们,又觉得完全靠自己没有指导的做法困难重重。那么我们该如何发展和经营与家庭的关系呢?

1. 系统式的思考

我们每个人都是自己生活的主角,但同时又是别人生活的配角,都是相互联系,受着家庭系统的影响。请完成下面的练习。

> **练习 8-2　家族生命线**
> 请在一张纸的底部标上大概的年份,左侧是父母出生的时间,右侧是你希望自己活到的时间。
> (1) 请按照年份画出父母、自己和兄弟姐妹的生命线,形成多条平行线,左侧是 0 岁,右边画一个箭头,标上希望自己活到的年龄。
> (2) 按照你能想起来的重要事件的年份画出相应的点。
> (3) 请思考当时对你来说重要的时间节点上,父母的系统分别发生了什么?
>

以往的生命线练习，我们一般都是画自己的一条线，现在把父母、兄弟姐妹和自己的生命线都画出来，相信大家一定会有很多感慨。例如：可能在你高考的那一年，爸爸的工作发生了重大变动，从原来的单位下岗，面临再就业；在你大三决定要继续读书还是工作的当下，妈妈生病了，你请假陪她做了手术等。这些事件串在一起看，就会发现所有的决定、困扰都不是单独存在的。

从系统的角度看，梅乐可能会发现自己上初中要去县城的那一天，家里的弟弟生病了，母亲焦头烂额地忙活，她自己一个人背起行囊坐车去了新学校，看到所有其他的同学都是家长送，帮忙铺床，忙上忙下，她就在心中一夜长大，收起稚气，决定一个人面对自己的所有挑战；杜丽可能会发现妈妈一定要让自己留在自己身边的背景：原来妈妈就是年轻的时候远嫁，外婆去世的时候，妈妈因为离得远没有赶回去见外婆一眼。这些事件都随着时间的流逝自然发生，但是从系统的角度来看，却是相互联系的。父母有他们成长的背景，而我们也一样，每个人都值得尊重，看到这些不同和联系，就会让彼此之间的控制少一些，而理解多一些。

2. 转念之间

带着系统观来看我们与家庭之间的羁绊，就多了一些理解。带着超越冲突和双赢的视角来看，转念想一想就会让当下的痛苦变得有意义。

（1）如果现在的情况没有坏到底，最后的好在哪里？

（2）如果这件事有点好处，可以好在哪里？

（3）如果这不是坏事，只是不是好事，你能怎么过平常日子？

（4）幸好我还有些什么，使得事情没有更糟糕？

（5）如果不要指望别人，我自己可以做点什么让我好过？

（6）幸好我还有些什么，可以让大家过得更好一点？

（7）如果这根本就是件好事，这带给我什么？

（8）如果这是个学习机会，我可以学到什么？

（9）如果这件事让我变得更好，好在哪？

困境本来是职业生涯中的危险因子，经过转念，我们就可以带着新的价值观创造新世界。这正如每个人都像大自然的种子，需要土壤给予滋养，给予生长的基地；需要太阳给予温暖，导引生长的方向；需要和风轻轻吹送，寻找生长的地方；需要雨滴点点飘落，滋润刚刚冒出来的幼芽；有时候需要狂风暴雨，让我们扫落身上虚弱的枝叶，让我们长出更坚韧的枝丫，再重新出现在阳光和风细雨中，绽放花朵，长出迷人的果实。

生命就像网络，生命与生命之间有无数条线，牵一发而动全身。我们可以选择怎么对待生命中的人，尤其是如何对待我们的家庭出身和父母。

3. 采用建设性的方法解决问题

心理学家安娜·弗洛伊德（Anna Freud）认为，在青少年时期最理想的父母角色是时进时退，这样的亲子距离是青少年发展事业及人际关系最有利的距离。孙世维（1997）认为，子女与孩子相处的最佳方式并不是切断与父母的关系，只是不再将父母作为自尊的来源。双方都能有建设性的表达（表8-1），能使彼此获得成长，好好度过这第二次分离个体化的阶段。

表8-1 解决问题的建设性与非建设性

	建设性	非建设性
子女	正视困难 自我思考与理解，并尝试自我解决 寻求同伴的帮助 寻求父母的帮助：介绍具体困难，得到理解、支持，获得解决问题的建议和方法	逃避问题 报喜不报忧 寻求他人帮助，受阻放弃 事无巨细，事事请示，交给父母，父母替代解决
父母	尝试理解孩子的困扰，放心让孩子与同伴接触、交流 鼓励孩子探索解决的方案，并予以足够的支持，与孩子商讨，提供建设性的意见，并最终能让孩子学会解决 授之以渔，而不是授之以鱼	一切必须听从父母的观点和决定 断然拒绝孩子合理的帮助请求 如果孩子违背自己的想法，以断交等方式来威胁

推荐视频：贾晓明网易公开课，"原生家庭分离个体化"。访问路径：

http://open.163.com/movie/2012/10/M/8/M8GFPLJK7_M8GGI9QM8.html

二、人脉 VS 友谊

嘉禾和刚认识的施乐走在校园里，施乐跟很多人打招呼，这让嘉禾很佩服，觉得他人脉很广。但回到寝室和室友小齐提起此人，小齐听了非常不屑，说到，自己和施乐本来就认识，他知道其实他就是貌似认识很多人而已，和那些人顶多加了一个QQ，然后就没有然后了。这让嘉禾困惑，在现今的大学中，老是有人号召要认识多少多少朋友，可是我们哪有那么多精力与这么多人维持朋友关系，到底广积人脉和三五好友深入交往哪个更好？

（一）广积人脉

回答嘉禾的困惑，需要首先明确我们积累人脉，到底积累的是什么？格兰诺维特（Granovetter，1974）的一项经典研究发现，由专业、技术及管理人员构成的样本中，56%的被调查者通过私人交往获得目前的工作，19%的人通过正式途径获得目前的工作，19%的人直接向雇主申请，7%的被调查者通过其他方式获得目前工作。我们的职业生涯受关系的影响非常大，在强调家庭和关系的中国社会中，这种倾向就更加明显。我们在不同阶段认识的各种人构成了我们的人脉关系，对自己的职业生涯产生着或大或小的影响。

1. 关系的强弱

我们与人的交流可能是最初的偶遇，然后可能一起合作，最后更加固定，形成更长期的交往，这些关系彼此影响，产生了复杂的关系网。而我们自己处于这个关系网的核心（图8-3）。这些关系和我们的距离，互动时间，情感强度，亲密程度，互惠程度让我们之间形成了或强或弱的关系。

亲人、朋友、爱人组成了我们的强关系，给我们提供心理支持和实质性的帮助，而同学、老师、熟人、泛泛之交等，因为交往没有那么频繁，成为我们人际交往圈中的弱关系，弱关系因为异质性的原因，往往可以拓宽我们的视野，带给我们更多的信息。所以，强关系给你社会支

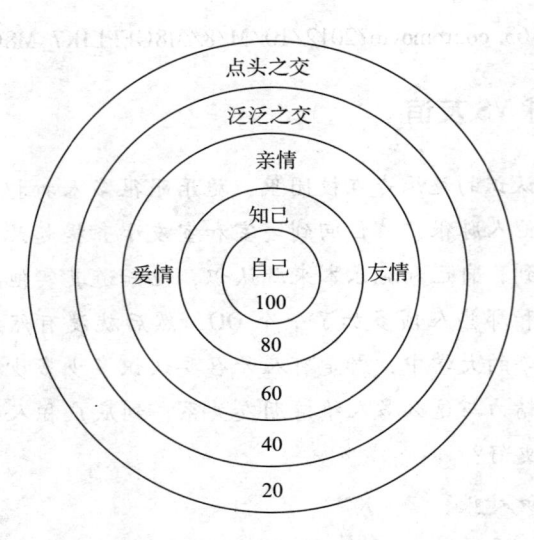

```
         点头之交
        泛泛之交
         亲情
         知己
  爱情   自己   友情
        100
         80
         60
         40
         20
```

图 8-3 人际交往圈

持，弱关系可以给你带来重要情报。没有社会支持，没有情报和信息，都会让你生活在孤岛。

2. 弱关系优势

格兰诺维特对泛泛之交与亲密朋友之间的区别进行了研究，发现存在"弱关系优势"。弱关系使那些社会距离比较远的人有机会相互联系，可以为人们创造新的机会，让他们通过走出惯性关系网，得到职业生涯的升迁。

某外语院校一个学英语的学生牛力，获得了常青藤学校读物理博士的 offer，他提到自己的成功转换专业，除了提到自己的自学和持续努力，还特别感谢了一位清华的物理学教授，正是这个老师给机会让他参与一些项目的研究，帮忙写推荐信，才让他敢于申请。而这个老师正是他自学物理论文时作者之一，他尝试着联系这个老师，提了几个问题，并询问是否能参与一些研究。正是这个机会让这个跨度很大的跨专业生涯变动成为可能。

牛力的强关系是自己的家人和外语院校的同学和老师，这些关系都不足帮助他实现这个巨大的变化，而帮他实现心愿的却是一个弱关系，正是这个弱关系拓宽了他的思路，帮他开启了新的可能性。

在当今中国，强关系的盛行程度仍远超弱关系，但弱关系地位的不断上升将是一个不可逆的趋势。特别是随着市场经济的不断完善，社会信任机制的建立，弱关系更会被重视。当然强和弱的关系是相对的，可变的。随着移动互联网的发展，我们完全可以把弱关系发展成强关系，刚才牛力的例子中，清华的物理教授最初是一个弱关系，但随着他开始进入到教授的实验室，接受指导，两人的互动变成了强联系，建立起更稳固的联系。

3. 建立关系网

尽管建立关系网可以帮助人们获得工作机会，形成某些志趣相投的圈子，可以为人们提供娱乐、支持、激励以及与职业生涯相关的知识。

（1）关系网的特征。

① 个人的社交行动不是唯一影响因素，还会受到社会阶层、组织、工作和生活环境的影响。

② 这些联系可以专门建立，精心策划，也可以是人们自然而然的社会交往的副产品，在偶然中形成。

③ 建立关系网是一个持续的过程。并不是为了解决一个问题突然出现，解决完了立马丢弃。

④ 关系网是互惠互利的。如果没有回报，或者很难为别人提供帮助，会越来越难利用关系网的资源。

⑤ 关系网的互动不仅仅基于人们的直接互动，还基于声誉。

⑥ 关系网常常提供意想不到的机会。

（2）社交关系网。

互联网的出现，对于建立庞大的关系网提供了更多的便利，把对方变成你的社交网络联络人是比较自然的方式，可以帮助你们建立长期的互动。可是躺在自己的QQ联系人名单上，并不能自然的发展成长期的关系。精心设计的印象管理，最多只能帮助我们开个头，而真正让对方对你有印象，愿意帮你，还需要展现出真正的自己，展现出能为对方提供帮助的部分。

（二）发展友谊

人际关系具有工具性功能和情感性功能。工具性功能是指从实用主义角度的思考，比如人脉。而就人际关系的情感功能来说，就是我们提到的友谊，我们交朋友不是为了互相利用，而是情感上的互动和交流。

1. 交往的内在需要

心理学家认为，人类个体进行社会交往主要有三个方面的心理需要：生理本能、安全感及亲密感的需要。

（1）生理本能。

人的交往需要是一种本能，经过漫长的进化和演变过程，我们逐渐形成了集群的习性，并通过种族繁衍流传给后代。所以，人类天生就有与别人共处，与别人交往的需要。在最初，婴儿与抚养者（母亲）形成了依恋关系，影响着我们最初与世界的关系，而后发展的人际关系，不断丰富着我们的生活。

> **扩展阅读8-1　布妈妈实验（图8-4）**
>
> 人际交往对人类的健康发展不仅具有深刻的生物学意义，而且还具有心理学意义。动物学家哈罗（H. Harlow & M. Harlow，1966）曾做过一项恒河猴的实验：研究者将小猴与猴妈妈分开，而让它与一个用金属制成的和一个用绒布制成的假妈妈一起生活。金属妈妈能为小猴提供食物，绒布妈妈不能提供食物。结果，在165天的实验过程中，小猴同金属妈妈和绒布妈妈待在一起的时间出现显著差异。小猴在绒布妈妈身旁的时间平均每天达到16小时以上，它总是设法待在绒布妈妈身旁，与其拥抱、亲昵或在绒布妈妈的怀里睡觉。相反，小猴每天在金属妈妈身旁待的时间只有1.5小时，而这期间还包括吃奶的时间在内。可见，动物之间的依附行为或交往行为是寻求温暖、舒适的本能需要，温暖和舒适也是安全感的来源。

图 8-4 布妈妈实验（丹尼斯·库恩，2014）

推荐视频：恒河猴母爱剥夺实验。访问路径：http://v.youku.com/v_show/id_XMjg5MTMxODMxMg==.html?spm=a2h0k.8191407.0.0&from=s1.8-1-1.2

（2）获得安全感。

和别人在一起会让我们觉得安全，心理学家沙赫特（Schachter, 1959）做了一项著名的研究，证明当人对孤独产生恐惧时，更容易产生群体生活的倾向：他把邀请的女大学生分为两组，分别带进实验室，进行号称是有关电击作用的研究。他对第一组大学生，用可怕的词语向她们描述电击后果；对第二组大学生，则把电击的危害性说得很小。接下来，沙赫特开始假装着调试设备，推迟实验，并请她们在实验室外面等候。然后考察她们愿意自己一个人待着还是和他人一起等待。实验的结果表明，有高度恐惧感的女大学生比有低度恐惧感的女大学生更倾向于与他人在一起等待。

（3）获得亲密感。

埃里克森的人格终生发展论中提到成年早期（18~25岁）中的心理发展任务是亲密对孤独的冲突。大学生正是处于这个阶段，需要在人际交往中寻求一种特殊的关系，获得深入的友谊和爱情，通过这种关系来发展他的亲密感，并在情感方面得到成长。我们需要有亲密关系，需要有伙伴的、愉快的、长期的、充满爱心的关系进行互动。同学很形象地描述了亲密关系缺失的感受:"我在睡不着觉的夜晚,打开手机通讯录,一直下拉,发现近千的联系人,却没有一个可以毫无顾忌地联系的人。"

这些内在的需要,正是嘉禾想的"三五好友、深入交往"的内在基础,正是亲密的伙伴才让我们获得更有意义,也更有动力的生活。

2. 交往的现状和方法

发展人脉、交朋友、建立亲密关系对我们来说非常重要,可是大学生在现实的人际交往中却并不是那么主动。在一项调查中,发现只有3%的学生认为自己对待友谊时常常处于主动的位置,而有近80%的学生认为自己在对待友谊时并不主动。尤其是社交网络的发展,让我们好像拥有了很多人,却没有"朋友"。怎样才能交到朋友呢?

(1)交往的现状。

现实中,大学生交往的需要迫切,行为却被动,其实我们在心里给"朋友"树立了一个很高的期待,觉得必须交心才叫朋友,可是交心的朋友往往并不是第一眼就认出彼此。随着时代变迁和社交网络的发展,大学生交往的范围也在不断地开放和分化,只要你愿意,可以形成一种超越亲情关系、地域关系、师生关系、同事关系、同学关系的新的多维立体结构模式的人际关系,你也可以只是宅在宿舍、学校,只有很小的人际交往圈。面对网络化,我们能不能整合线上人际交往和线下的人际交往,表现真实的自己,真情流露,对每个大学生来说都是很大的挑战。

练习8-3 井字人生(图8-5)

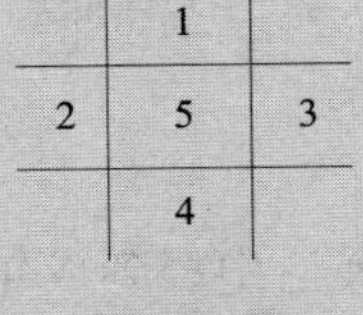

```
    | 1 |
  2 | 5 | 3
    | 4 |
```

图8-5 井字人生

材料：每人一张白纸，一支彩笔

程序：

（1）请同学们在图8-5所示画出一个井字，并在相应的位置标上相应的数字。

（2）呈现任务，请同学们完成相应的数字对应任务，在完成任务后，将你接触到的人的名字写在相应的空白处。

任务：

（1）至今为止不知道名字，也没有说过话的一名同性，给他讲一个笑话。

（2）在这个教室中最熟悉最亲近的人，告诉他你对他的感谢。

（3）至今为止不知道名字，也没有说过话的一名异性，了解他的基本信息，并且互相留下联系方式。

（4）赞扬一个人，事实加以佐证。

（5）找一个人，告诉她你对他的第一感觉。

反思与讨论：

（1）哪个任务对你更困难？哪个任务给你的感触最深刻？

_____

（2）你在做任务的时候有什么发现？

_____

（3）如果有机会重来一次，你希望自己在哪些地方做些改变？

_____

（2）人际吸引力。

怎样做才能赢得更多的朋友呢？社会心理学领域的人际吸引研究会给我们带来不少启发。心理学家发现，人际吸引的条件主要在于熟悉度、相似性、互补性、外貌、才能和人格品质等方面。而且，交往的阶段不同，这些因素的影响程度也有所不同，比如：在交往初期，信念、价值观和个性品质的相似性往往显示不出来，此时第一印象年龄、社会地位、外貌吸引力往往起着重要作用，但是随着交往的加深，信念、价值观、个性品质等因素的作用便突显出来，甚至超过其他因素。所以，"印象管理"在交往初期确实非常有用，但是赢得长久的友谊，还要靠本身的性格。

人格品质是影响吸引力的最稳定因素，也是个体吸引力最重要的因素之一。美国学者安德森（Anderson，1968）做了经典研究，探索了影响人际关系的人格品质，蒋玉娜和金盛华（2009）年在中国进行了跨文化的重复试验，从表8－2中我们可以看出，真诚在中西方人们中的排位都很高，蒋玉娜的研究中前十位积极词汇都是关系取向的词汇，而安德森的研究还包括"有理解力，有才智，有想法"的个人能力词汇。所以赢得友谊的关键，并不是投其所好，或者能说会道，而是做一个真诚的人。这从某种意义上说，非常值得我们深思，不管是扩展人脉，还是发展有益，真实的关系才能更长久，靠技巧或者手段获得的关系，只是暂时有效，更重要的是做一个真诚的好人。

表8－2 前十位积极词汇平均数比较（蒋玉娜，金盛华，2009）

排序	Anderson 研究		本研究	
	词汇	M ± SD	词汇	M ± SD
1	真诚的	5.73 ± 0.55	令人愉快的	5.13 ± 0.93
2	诚实的	5.55 ± 0.69	真诚的	5.08 ± 0.88
3	富于理解力的	5.49 ± 0.72	宽容的	5.06 ± 0.97
4	忠诚的	5.47 ± 0.77	宽宏大量的	5.05 ± 0.96
5	说实话的	5.45 ± 0.78	诚实的	4.98 ± 0.92
6	值得信任的	5.39 ± 0.79	友好的	4.92 ± 0.91
7	有才智的	5.37 ± 0.79	幽默的	4.89 ± 0.96
8	可靠的	5.36 ± 0.81	乐于合作的	4.89 ± 0.91
9	有想法的	5.29 ± 0.69	负责的	4.87 ± 0.92
10	体贴的	5.27 ± 0.87	快乐的	4.85 ± 0.96

（三）团队合作

团队合作能力是指在团队中，尊重和接纳团队成员的意见，以团队目标为优先，支持团队的决定，协助成员，共同合作达成目标的能力。这项能力也是雇主非常看重的职业技能之一。其中以团队目标为优先，尊重和相互协助是重点，而本章开篇嘉禾的困扰，他觉得合作并没有帮助反而是妨碍了目标的实现。

视频中的现象在大学生中并不鲜见，在大学生的小组合作中，会有人偷懒，有另一些人像嘉禾一样，觉得协调不同人的不同意见非常麻烦，还不如一个人做效率高。我们又该如何跳出困局，走向高效的合作呢？

1. 高效合作的内在力量

柯维认为，与人合作的关键是重视不同个体的不同心理、情绪与智能，以及个人眼中所见到的不同世界。如果两个人意见相同，其中一人必属多余，所以有分歧才有收获。所以，团队合作中的差异本就正常，关键是能开放自己，倾听他人，开创更好的结果。

一个高效的团队是如何工作的？著名积极心理学家弗雷德里克森和洛萨达对商业团队的研究验证了高效合作的内在过程。他们发现，高绩效的团队在提出问题的频率和捍卫自己的看法的频率一样多，投向外部的注意力和投向内部的一样多；一般绩效团队则非常容易卡在消极的、固执己见的主张中，团队中的人已经不再真正地倾听彼此了，他们只是等待发言来捍卫自己的观点而已；而低绩效团队只是一味地捍卫自己的观点和批判其他的一切，这些团队几乎没有提问或者聚焦外部的倾向。

要形成高绩效的团队，就要成员之间广泛参与，创造促进真诚沟通的氛围，让大家愿意倾听别人也乐于表达自己。而一般的团队看起来表面上彼此尊重，但是并没有什么实质性的交流，只是等待轮流发言而已；最低绩效的团队对彼此已经失去了兴趣，团队合作也进入死循环。谈到这里你的感受如何？是感觉合拍的团队成员可遇不可求？还是开始委屈自己完成任务？

2. 输/赢模式 VS 双赢模式

当我们开始思考谁更委屈的时候就进入到了竞争的输/赢得思考模式中了，平静的关系下涌动着压抑的情感，隐藏的怨恨，最终将两败俱伤。学校是输/赢模式的温床，考试成绩成正态分布曲线，意味着如果你得了 A，就会有人就需要得 C。学校和社会的等级制度强调竞争和比较,甚至我们这本书倡导的生涯规划,也是为了提高你在未来职场的"竞争力",可见输/赢模式是多么普遍。在信任薄弱和竞争激烈的环境中,我们需要敢于竞争和脱颖而出。

而生活和工作中更多的时候需要的是相互依赖,而不是单枪匹马,你的很多梦想都需要通过与他人的合作才能实现,这时输/赢模式就是最大的阻碍。

双赢模式是把生活看作合作的舞台,不是竞技场,不再用两分法来看待问题,而是相信世界之大,人人都有足够的立足空间,他人的所得并不一定是我之所失,每个人都有其独特的存在意义和优势。其实系统运作的自然方式正是双赢的,如果大家看过《疯狂动物城》就会对各种动物和平相处的部分印象深刻,不同块头的动物在疯狂动物城里都有自己的位置和用武之地。

推荐视频:《疯狂动物城》,每个动物都有自己位置的理想国。访问路径:http://v.youku.com/v_show/id_XMTUwOTI4ODQ5Mg==.html?spm=a2h0k.8191407.0.0&from=s1.8-1-1.2

或许我们并不需要那么委屈地看待自己的付出和他人的"坐享其成"。好的团队合作是思考每个人的优势在哪里,创造一个像动物城一样的系统,让大家都能在其中投入、友善、双赢的生存。

练习 8-4   好的合作和糟糕的合作

(1) 请回忆你在过去经历中印象最深刻的,效果最好的一次合作体验,描述一下具体过程,并思考什么使大家开始放弃比较和控制,而开展合作的?你在其中扮演了什么角色?

_____

(2) 请回忆在过去经历中最糟糕的一次合作体验,从输/赢模式来看当时发生了什么?问题的关键是什么?如果用双赢模式来改变,你有哪些发现?

_____

3. 发展团队合作能力

如何才能发展自己的团队合作能力呢？关键是能在实践中践行双赢的思考模式，尝试着信任队友，尊重彼此的不同，开展真诚的沟通。

（1）信任。

信任是合作成功的基石。对队友信任，就是把自己的个人得失放在一边，而愿意相信团体。这种团体中的彼此信任将形成一种强大的凝聚力和向心力，加强合作的效果。而且这种信任长期就会形成信用，如果信用充足，已有的投入就会让我们相知相敬，我们可以全神贯注于问题本身，而不是性格或者立场。

首先，信任基于我们的自信，我们相信自己的能力，相信自己的自我保护能力，相信自己可以选择自己对待伤害的态度，同时对自己诚信，坚守自己的价值观。

其次，信任的建立基于我们开始尝试信任的体验。当一个团队中有人开始冒险愿意相信对方，真诚地表达观点时，就会激发出其他人更多的信任，开启良性循环。所以，信任就是一场冒险，但是回报丰厚。

（2）富足感。

输/赢模式来源于我们被社会比较所影响下形成的不安全感，在不安全的情况下，人人自危何谈信任、合作？所以提高团队合作能力，需要我们建立内在的安全感，愿意看到自己的核心价值，跳出社会比较的焦虑，而真实体验自己的内心。我们可以不用你死我活，而是开启无限可能，充分发挥创造性。

（3）尊重和欣赏。

我们被输/赢模式训练了太长的时间，所以一旦有比较，分出高下，就会自动化地进入到酸溜溜的心理境地。其实这不过是站在一元价值观视角下的评判而已，每个人包括我们自身都值得尊重。系统给每一个人舞台和空间，每个人在整个社会和团队的大系统里都有其存活方式。在我们看来某某同学总是不肯付出，"坐享其成"行为的形成也有背景：他可能长期以来就处于被比较的环境中，稍有过头即被批评，所以不是不愿意付出，而是"不敢"。如果在此基础上，我们能看到对方身上的闪光点，就能走近他们，为良好合作创造机会，如果不能欣赏，也需要尊重彼此的不容易。

（4）成熟。

赫兰德·萨克森年（Hrand Saxenian）认为，成熟就是在表达自己的情感和信念的同时又能体谅他人的想法和感受的能力。一个成熟的人，能够在敢作敢为和善解人意之间取得平衡。这种能力是人际交往、管理和领导能力的精髓，是产出平衡的深度表现。如果我勇气十足，却不懂体谅别人，或者体贴有余，却勇气不足都不能长久，既勇敢又温柔才是成熟的表现。你可以通过以下方式提高自己的成熟度。

① 参加更多的实践，获得更多的实际体验。

② 认识到刺激和反应之间是有距离的，在事件和结果之间，我们的情绪和信念起着决定作用，我们可以选择用何种方式来回应。

③ 进行更多被拒绝的体验练习，感受被拒绝后生活和自尊的实质性的体验。

④ 以成熟度更高的人为榜样，交流体验。

> **练习 8-5 无领导小组讨论**
>
> 本活动根据无领导小组的模拟讨论，帮助大家分析自己在团队合作中的表现。基本流程如下：
>
> （1）邀请 10 名左右的同学来参加本次无领导小组讨论，并分发讨论材料。
>
> 现在发生海难，一游艇上有 8 名游客等待救援，但是现在直升机每次只能够救一个人。游艇已坏，不停漏水。寒冷的冬天，刺骨的海水。游客情况：
>
> a. 将军，男，69 岁，身经百战；
> b. 外科医生，女，41 岁，医术高明，医德高尚；
> c. 大学生，男，19 岁，家境贫寒，参加国际奥数获奖；
> d. 大学教授，50 岁，正主持一个科学领域的项目研究；
> e. 运动员，女，23 岁，奥运金牌获得者；

f. 经理人，35 岁，擅长管理，曾将一大型企业扭亏为盈；

g. 小学校长，53 岁，男，劳动模范，五一劳动奖章获得者；

h. 中学教师，女，47 岁，桃李满天下，教学经验丰富。

(2) 给每个人 3 分钟的读题时间，思考这 8 名游客按照营救的先后顺序排序。接下来每个人 1 分钟进行自我观点陈述（先进行自我介绍）。小组有 15 分钟的小组讨论，最后选一个同学进行 1 分钟的总结陈词，阐述你们小组的成果。

资料来源：http://bbs.yingjiesheng.com/thread-619401-1-1.html

(3) 把班上的其他同学分成小组观察这 10 名同学的表现，给每个小组分发一个观察的维度，邀请大家更有效的观察。

观察维度单

① 言语表达能力：每个人的表达情况，是否流利，能不能很好地表达清楚自己的观点。能不能倾听他人的观点。组织语言的情况。（满分 10 分，每人得分，小组总分）

② 角色适应能力：每个人的角色是什么，完成的情况如何？比如领导者是谁，能不能把握方向，引导大家参与，给人说话的机会；时间管理员，时间规划，时间管理，使讨论有效；记录总结员，记录清晰，重点标明，配合领导，正确总结；贡献者，能否提出正确有影响力的贡献点子。（满分 10 分，每人得分，小组总分）

③ 合作协同能力：能否合作协商解决问题，是否总是抢话，能否听取别人的意见，并且为了小组的目标努力。（满分 10 分，每人得分，小组总分）

④ 逻辑思维能力：有自己的思考，并且标准清晰，逻辑清楚。（满分 10 分，每人得分，小组总分）

⑤ 应变能力：找到自己的角色，并且适时提出观点，推进小组进展。（满分 10 分，每人得分，小组总分）

⑥ 解决问题能力：小组讨论遇到问题时表现如何，能否找到解决问题的办法，能否很好地解决整体任务和协调大家的关系。（满分 10 分，每人得分，小组总分）

⑦ 非言语表达：手势是否适合，非言语动作表达得是否到位、恰当等。（满分 10 分，每人得分，小组总分）

（可以根据分组的情况，酌情增减相关的考察维度）

(4) 分享。

① 请观察的同学分享你的观察结果，给出反馈，然后再让参加无领导小组讨论的学生分享自己的感受。

② 你从中发现，团队合作能力包括些什么？

③ 请制订你的团队合作能力发展计划。

三、学会沟通

最近嘉禾总是不开心，虽然他口头上说是因为做小组作业的时候总是自己做得多，其他人做得少。但是抱怨别人并没有什么用，更让他不满的是他自己："为什么我的沟通能力就这么差，不能促进大家好好合作呢？"

（一）沟通的过程

从表面上来说，沟通就是说话，但是沟通并不只是说话，它本质上是一个信息传递的过程（图 8-6）。我们要对信息进行编码，想好要表达什么，然后通过一定的媒介和周围的环境，把信息传达到听者那里，之后听者要对这些信息进行加工解码，形成对这个信息的理解。这个过程中不断地互动就构成了沟通。

图 8-6 沟通过程

1. 信息编码

我们把头脑中的想法转化为语言、词语、手势等符号的过程就是编码，一般和一个人的语言组织能力有关，你的思路越清楚，越能够把想法转化为语言。但是沟通一般都不是单向的，信息的发出者对信息的组织过程，不能只考虑信息本身，还需要考虑传递渠道和听者。

2. 沟通媒介

语言是最大的沟通媒介，却不是唯一媒介，语音、语调、姿势、文化背景、环境等非言语信息都可能承载着重要的信息。

3. 解码

听者对信息进行解释，并且赋予意义的部分就是解码。解码是最容易出现沟通障碍的部分，因为听者并不是空着脑袋的信息复制机，而是带着自己丰富的经验，对信息以及对信息的传递媒介进行着主动的解释。比如：嘉禾对小组合作的失败进行的解码就是"自己要负更多的责任，因为自己的沟通能力不佳造成的问题"，这个解释具有极大的主观性，不同的人可能有完全不同的解读。

（二）沟通从倾听开始

假设你的眼睛不舒服，去看眼科医生，而他只听你说了几句就摘下自己的眼镜给你，说"戴上吧，我戴了十几年了送给你，保准你眼睛立刻看得清了"。你是否还愿意在这个医生那里继续看眼睛呢？

我们在与别人沟通的时候，常常会这样自顾自说地妄下结论。但是，如果你想和别人交往，想要有影响力，那么首先就要了解这个人，能不能好好听对方说话。真正沟通能力强的人不一定是词语表达很精彩的人，但是一定是一个善于倾听的人。

你真的会听吗？"彩虹糖"有一个经典的广告，就是孩子面对妈妈的"教导"左耳朵进，右耳朵出的场面。不被理解的感觉一定不好受，可是大部分人在倾听的时候，并不是真正想理解对方，而是在想我怎么回应。就像那个眼科大夫一样，用自己的经验来理解别人的处境，做出可能完全荒唐的回应。如果我们之间的沟通出了问题，那么最多的抱怨就是"他都不理解我"。要怎么听才能理解呢？心理学家把倾听从低到高分成五个层次。

（1）听而不闻。

充耳不闻，甚至完全没听到。

（2）假装听。

说着"嗯……哦……好好"，好像在听，其实心不在焉。

（3）选择性倾听。

只听合符合自己经验的部分，与自己不同的部分完全忽略；"哦，我知道失恋的感觉，男人都没有一个好东西，我的经验是……"

（4）专注的听。

聚精会神，努力听懂每一个字，甚至复述对方的话，但是否都能听出说者的本意、真意，仍值得怀疑，因为本质上还是集中在"我"要作什么样的回应才显得好上。

（5）同理心的倾听。

这是倾听的最高层次，倾听的出发点是为了"了解"而非"回应"，设身处地地站在对方的视角去思考、感受。同理心是注意力在对方身上，接受对方，更是接纳自己。

表达同理心，是放下了对自我的防卫，做好了被影响的准备，甚至在对方诉说难过的经历时，愿意和自己的难过的经验联结，来很好地理解对方。这非常不容易，如果我们没有完全接纳自己过去的难过，势必会自我保护，又如何同理对方呢？很多同学在劝解室友失恋时都会说："我当时也很难受，不去想很快就过去了。"这确实是和自己过去的感受连接起来了，可是当舍友继续表达痛苦和不舍时，劝解的同学可能会情绪激动起来："都过了这么久了,你怎么就这么固执呢?想这些有什么用,徒增烦恼。"开始捍卫自己的观点"赶紧过去最好",于是沟通陷入僵局。如果仔细去感受劝解同学的内心,很可能是过去自己也这样痛苦过,还好自己克服了,但是她现在还这样痛苦,勾起了自己的痛苦体验,这让自己又一次体验到对自己的痛苦无能为力。所有没有共情的背后,是不能接纳自己。

推荐视频:"同理心动画",用动画的形式解读了同理心的核心要素。访问路径:http://v.youku.com/v_show/id_XNzQ5MTU1MzQw.html?spm=a2h0k.8191407.0.0&from=s1.8-1-1.2

视频中的小熊真正在用同理心和小狐狸沟通,从而创造了一个神圣的空间,让爱和联结流动起来,带来了治愈的奇效。做到同理的倾听并不简单,有技巧的部分我们可以学习和练习,同时也有个性成长成熟的部分,需要我们在生活中不断地历练、反思和感受。

练习 8-6 倾听技能测试

你是个会倾听的人吗?做个测试,看看你的倾听能力如何。(几乎都是—5分,常常—4分,偶尔—3分,很少—2分,几乎从不—1分)

（1）你喜欢听别人说话吗?
（2）你会鼓励别人说话吗?
（3）你不喜欢的人在说话时,你也注意听吗?
（4）无论说话人是男是女,年长年幼,你都注意听吗?
（5）朋友,熟人,陌生人说话时,你都注意听吗?
（6）你是否会目中无人或心不在焉?
（7）你是否注视听话者?
（8）你是否忽略了足以使你分心的事物?
（9）你是否微笑,点头以及使用不同的方法鼓励他人说话?
（10）你是否深入考虑说话者所说的话?
（11）你是否试着指出说话者所说的意思?

(12) 你是否试着指出他为何说那些话？

(13) 你是否让说话者说完他（她）的话？

(14) 当说话者在犹豫时，你是否鼓励他继续下去？

(15) 你是否重述他的话，弄清楚后再发问？

(16) 在说话者讲完之前，你是否避免批评他？

(17) 无论说话者的态度与用词如何，你都注意听吗？

(18) 若你预先知道说话者要说什么，你也注意听吗？

(19) 你是否询问说话者有关他所用字词的意思？

(20) 为了请他更完整解释他的意见，你是否询问？

将所得分加起来，90~100 分，你是一个优秀的倾听者；80~89 分，是一个很好的倾听者；65~79 分，你是一个勇于改进，尚算良好的倾听者；50~64 分，在有效倾听方面，你确实需要再训练；50 分以下，你好像没有注意到倾听。

（三）言语和非言语沟通

美国加州大学心理学教授艾伯特·梅拉比安（Albert Mehrabian）认为"信息的全部表达=7%语言+38%声音+55%肢体语言"。这个公式尤其在表达态度的情境下最为适用，在表达观点和陈述事实的时候，言语信息的重要性比例可能要高一些。虽然这个公式的严谨性有待考证，但是却提醒我们在沟通中非言语信息不容忽视。英国心理学家米谢尔（Michele）等人曾做过一个实验，当言语信号和非言语信号所代表的意义不一致时，非言语交际对交际的影响是语言的43倍。

1. 非言语信息

（1）面部表情。

我们常说的眉目传情，就指面部表情。表情是传情达意和相互理解的一种必不可少的重要方式。目光接触，是人际间最能传神的非言语交往。

（2）身体语言。

我们会通过身体的姿势、动作来表达情感、传递信息。你的身体摆出来的姿势等于告诉别人，你希望和别人有怎样的交往关系、对对方所讲的话是否感兴趣。我们的身体语言一般可以分为三种。

① 象征性和说明性的动作：比如吃完饭，拍拍肚子代表我饱了；要结束对话的时候要站起来。

② 调整式的动作：我们在说话的时候会使用一些手势来加强和解释我们的表达。

③ 自适应的动作：我们有的时候会用不自觉的动作来调整自己的状态，比如在撒谎时还有不自觉地摸鼻子、口吃、眨眼、多喝水、吞唾液、咬手指等动作来缓解焦虑。

（3）人际距离。

我们交流的时候，彼此之间距离的远近也表示了不同的意义，不同的场合及熟悉程度有不同的距离标准。美国社会心理学家霍尔（Edward Hall，1966）曾经针对人与人之间的物理距离做过调查研究，他发现，我们之间存在着四种类型的人际距离，分别是亲密距离、个人距离、社交距离、公共距离（图8-7）。在不同的场合，我们会调整我们的距离来表达彼此之间的关系。比如：在拥挤的地铁里，我们无法保持公共距离，但是还是会尽力把眼睛看向不同的方向来表明我们不熟。

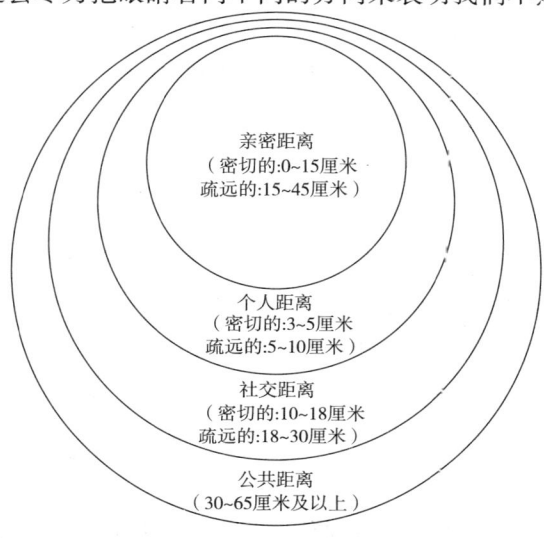

亲密距离
（密切的:0~15厘米
疏远的:15~45厘米）

个人距离
（密切的:3~5厘米
疏远的:5~10厘米）

社交距离
（密切的:10~18厘米
疏远的:18~30厘米）

公共距离
（30~65厘米及以上）

图8-7　人际距离

(4) 环境和文化影响。

我们在不同的环境下传递信息，代表了不同的含义，比如：朋友到家里做客，我们的准备程度代表着不同的含义。除此之外还有文化的影响，例如：从对环境情境的依赖性的角度，可以把文化分为高依赖和低依赖两种，中国就是一个高情境依赖文化的国家，在沟通的时候特别爱使用猜测，听语言的弦外之音，表达情感也较含蓄。而美国等西方国家，对情境的依赖较低，更注重内容本身的表达。

2. 言语沟通

语言是思维的产物，我们通过语言表达我们的思想和感受。特别是在传达观点，或者一对多的沟通里，语言的价值和力量不容小觑。而提高言语沟通能力不仅仅是语言逻辑和表达技巧的问题，更重要的是反思我们思维模式，友善的意图才能带来良好的沟通，否则，靠精致语言表达包装的不友善意图，很容易被识破导致沟通失败。可以从下面两个方面提高言语沟通能力。

(1) 非评价。

人本主义心理学家卡尔·罗杰斯（Carl Rogers）认为太快去评论别人的倾向是影响有效沟通的主要障碍。评判的倾向就是从自己的价值出发猜测别人的想法，从自己的经验出发提供建议，根据自己的想法衡量别人的动机。评判令人不能畅所欲言，无法开诚布公，从而造成人际关系紧张。

有个四岁的小男孩参加一个访谈节目，主持人问了他一个问题："你和很多好朋友，还有老师坐飞机去旅行，但是飞机的燃料不足了，只有一个降落伞包可以逃生，你会给谁穿？"小男孩说："我穿。"全场哄堂大笑，主持人也在心中想，"原来人都是自私的。"可是小男孩的表情很着急，像是有话要说，主持人注意到了，问他："孩子，能说说这是为什么吗？"小男孩眼中含满泪水说："我要去拿燃料，我还会回来的，一定会的。"全场沉默……

当主持人没有补充提问的时候，我们已经提前把小男孩要降落伞的行为解读为"自私自利"，就立刻失去兴趣，甚至没有注意到他脸上还有话要说的焦急。当他有机会说出他的真实想法，我们才恍然大悟。可见我们的评论倾向多么明显和强大。

> **练习 8-7　非评价练习**
>
> 请小组成员诉说一个自己的困扰，其他人使用非评价的原则来评价，每个人向这个成员提一个问题，"你一定是……（的感受），我很好奇，你这么做的理由是什么？"
>
> (1) 请觉察，你什么时候最容易冒出来对她/他的评价？
> _____
>
> (2) 收集大家好奇的问题，这些对诉说的人的理解是否有帮助？
> _____

(2) 具体、清晰。

一对老夫妻，在他们结婚五十年后，准备举行金婚纪念。就在这天吃早饭的时候，老太太想："五十年来，每天我都为丈夫着想，早餐吃面包圈时，我都把最好吃的面包圈的头让给他吃。今天，我该自己好好享受这个美味了。"于是，她切下了带奶油的面包圈的头给自己，把剩下的给丈夫。不料，她丈夫很高兴，吻了吻她的手，说："亲爱的，你今天给了我最大的享受。五十年来，我从没有吃过面包圈的底部，那是我最爱吃的，我一直想你也一定喜欢吃那个。"

老夫妻出于好心却让彼此误会了 50 年。我们在沟通的时候不直接表达我的需要，但是又希望别人知道，这个现象在亲密的朋友或爱人之间特别容易出现。这其实是要在沟通时尽力避免的问题，特别是语言本身就可以有多种解读，有效的沟通就是清晰和具体化的沟通，遇到模糊的地方要主动核查。

（四）架起沟通的桥梁

有效的沟通方式，既要从信息者的角度着眼，又要考虑接收者的理解和解读，采用不同的传播媒介，在信息的沟通之间架起联系的桥梁，把信息的传递障碍降到最低。具体来说，可以从以下四个方面着手改善。

1. 双向沟通

双向沟通就是在交流的时候考虑到对方感受和理解，真正了解你要沟通的对象，从对方的角度出发。

例如，半夜1点了，但是你的舍友还没有关灯休息。你会如何沟通？

A说："1点了，快把你的台灯关了睡觉。"

B说："1点了你还在加班？你还吃得消吗？需要帮忙吗？或者可以先睡觉，等到明天早上再做？"

A和B都蕴含了希望对方早点休息的想法，可是不考虑对方感受的表达听起来非常有指责的味道，而B考虑了对方的感受，就比较容易被接受。

2. 避免信息歪曲

在不同的语境下同样的用语可能表达完全不同的意义，如上面例子里如果是特别亲密的朋友，那么采用A的方式表达，并不会让对方不舒服，反而更容易让对方体会到发自内心的关心；而如果是刚刚一起住的舍友，那么A的方式，一般不会被解读为关心，会比较容易被解读为多管闲事或者强势。考虑不同的语境、文化背景能够促进有效沟通。

3. 考虑听者的注意力

很多讲沟通技巧的书里都提到了重复别人话的建议，其本质上就是要把对方的注意力吸引到你所要讲的内容上。在讲话的时候要和听者建立一种联结，唤醒对方的注意力，接下来你所要表达的内容就更容易被接受。

（1）目光接触；

（2）使用对方的用词和语言；

（3）放慢语速，加重语气；

（4）描述你和对方都能看到的具体信息；

（5）尽量少使用抽象的语言；

（6）避免信息过载。

4. 合理使用社交媒体

信息技术的发展，使得人们的沟通发生了极大的变化，但是网络交流的社会临场感容易缺乏，很容易造成误会，比如：在朋友聊天的时候，对方很长时间不回复，我们可能会认为对方不愿意和我聊了，但是出现这个问题的原因很多，如网络故障，对方接了重要的电话等。另外，恰恰因为见不到面，通过网络等媒介的交流，也可以让我们放松下来，更容易表达真实的自己，所以在使用电子邮件、聊天软件、短信等方式和别人沟通的时候，要注意克服网络社交的不利影响，进行更多的核实和表达，促进有效的沟通。

四、超越冲突

我以圣者的期望自勉：对关键事物——团结，对重大事物——求变，对所有的事物——宽大。

——美国总统乔治·布什（George Bush）就职演说

嘉禾隔壁寝室的小黄最近和她诉苦，小黄的寝室里有一个很厉害的女生，非常个性也很强势，说话总是很直接，其他人都躲着她，只有小黄还每次给她一些回应，所以她们的关系一直还好。可是最近考试临近，小黄睡觉有点晚了，那个女生总是说她开灯的问题，而且说话很难听，这让她很受不了，可是又无能为力。

（一）冲突的原因

人际冲突几乎不可避免，冲突广泛地存在于生活的各个方面，只要人们之间不能同时满足自己的需要，得到想要的东西，就可能出现冲突。比如：小黄希望晚睡，开灯复习，而舍友则希望早点关灯睡觉引发的冲突。一般来说，冲突的原因包括以下内容。

1. 有限资源的竞争

冲突一般都和竞争有关，我们都希望得班上的第一名，但是第一名只有一个，大家在竞争的时候就可能会出现冲突。而在宿舍里，不同的人生活习惯不同，要不要早熄灯，要不要在宿舍里打游戏等都是在竞争着有限的资源。

2. 个性和成长经历之间的差异

我们之间的性格和生活习惯很可能存在差异，如果从自己的视角来看问题，特别容易因为性格不合造成冲突。性格外向的同学看不上性格内向的同学，嫌他们木讷，性格内向的同学同样看不上外向的同学，嫌他们吵闹。这背后都是因为我们彼此有不同的价值观、喜好、风格等。

3. 归因偏差

我们彼此之间用不同的方式讨论观点、表达情感，对这些不同的归因偏差可能会造成冲突。最典型的偏差就是内归因，比如：我们会把朋友之间的争吵，归因到不重视我，不喜欢我了；因为恋人没有第一时间回复我的短信，归因为他/她不再爱我了。当我们内在觉得自己受到了不公平的待遇，或者自尊受损时，就会引发冲突。

4. 信息沟通不良

我们对信息不同的理解，语言和非语言信息可能引发的误会和偏见，引发冲突。比如小黄和舍友并没有直接沟通，而是自己忍着，回避与舍友的沟通，在回避了即时的冲突的同时，也为更大的冲突积攒着压抑。

5. 情绪不良

冲突从某种意义上说是我们觉得自己利益受损时的一种应对。而推动着我们走向冲突的关键动力往往是情绪，不满的情绪让我们更容易和别人发生冲突。所以对自己情绪管理不佳的人更容易和别人发生冲突。

（二）冲突有意义

了解了冲突的原因，我们不难发现，冲突的出现再普遍不过了，无法完全"消除干净"。但是冲突确实浪费了我们可以用在其他更有意义事情上的时间和精力，长期的冲突会损害人的心理和生理健康，极端的冲突可能带来不可忽视的代价，引发暴力等问题。但是就像压力一样，我们的生活需要适度的压力来让我们保持活力，或许冲突也不都是消极的，冲突也有积极的含义。如果我们仔细回忆，生活中确实有朋友之间"不打不相识"的例子。

1. 凸显问题

成人普遍有回避冲突的倾向，一般要等与别人或者与自己的冲突累积到一定程度才会解决，这样看似冲突给大家带来了痛苦，但是也凸显了问题所在，提供了解决的动力。

2. 宣泄愤怒

从本质上来说，人都是好斗的。从几岁的儿童身上经常能观察到冲突，孩子一下子放声大哭或者愤怒地说"我再也不和你玩了"，一下子情绪过去了，又有说有笑了。冲突的一大功能是帮助我们宣泄愤怒，因为它满足了我们的一些心理需要，相对于真正和其他人大打出手，甚至犯罪，和一些人争论可能会是一种替代方式。

3. 表达需要和愿望

随着我们的成长和成熟，很少有人还继续用儿童的方式表达自己，我们会考虑很多，不敢真实地表达自己。而在冲突的时候，表达的顾虑就降低了，反而能比较清楚地表达自己的需要。了解了彼此之间的需要和愿望，增进了对彼此的了解。

4. 增长应对冲突的能力

当我们的想法与别人不一样时，为了更好地表达清楚，反而对自己的想法进行更多的思考，可能能激发出不同于平日的创造力。

每次的创业课最后，大家都要在学生宿舍门口搭建市场，把自己小组制作的商品摆摊销售，可是今年学校后勤改革，不再提供场地了，同学们很是着急，大家不忍自己的心血付之东流，于是想了更多替代办法，比如和后勤的老师沟通，协商可能的时间和地点；通过开设微信公众号来宣传和销售；与学校的校园歌手活动合作，借助人气来销售，结果一售而空。

（三）冲突有办法

冲突在所难免，既给我们的生活带来压力，同时也有着重要的意义，它就像一个捣蛋的朋友，我们要学会如何应对冲突，和冲突和平共处。

1. 冲突的不同应对模式

你希望一个人上自习，你的舍友希望有人陪，所以请你在午睡后叫她一起去上自习，你打算如何应对这个冲突呢？我在课堂上提出这个问题的时候,大家普遍希望拒绝,如何拒绝?有一个同学的回答很有创意,她说为了避免激化矛盾,就在舍友睡后给她上一个闹钟,自己趁机偷偷先走,最后留张纸条,"看你睡得很香,不忍打扰,我先走了"。

我们对待冲突时会有不同的方式,而不同的应对方法也会带来不同的结果。

(1) 斗争:谁也不想让步,冲突升级,狭路相逢勇者胜,斗出个输赢。

(2) 回避:尽量避免冲突,就算冲突出现,也极力避免挑破,回避正面沟通。就像小黄一样,尽量避免和有冲突的舍友多说话。

(3) 妥协:为了避免冲突升级,牺牲一方的利益,达成妥协。例如:为了维护家庭的完整,尽管妻子不能忍受丈夫的坏脾气,但是还是妥协了。

(4) 解决:求同存异,最大限度地表达了对彼此的尊重,尽量的保存我们的共同利益,而搁置争议的部分。国家之间的争端一般采用这种方式来解决。

(5) 成长:冲突促进了沟通,原来坚持的立场不再重要,我们都有了更大成长,想出更有创意的方式来应对冲突。比如:一个丈夫非常不愿意陪妻子逛街,两人年轻的时候没少吵架,但是随着成长,丈夫发现陪伴妻子是自己更看中的价值,而且发现在逛街中可以看到形形色色的人,发现不同的生活百态,很有意思。

2. 应对冲突的策略

(1) 态度上:双赢与合作。

我们在冲突中特别容易陷入输/赢的思维模式里,而冲突的有效解决则需要我们采用合作和双赢的方法。所以,愿意直面和解决问题的态度就是解决冲突的前提,认识清楚冲突的真正来源,进行全盘的思考,相信最终的解决能让我们双方都获得价值,通过合作的方式能够促进双方的关系。这种开放和接纳的态度非常重要。

比如:老师允许自己的学生请假参加社团活动,学生答应在课下复习课堂任务,并且把社团活动的心得体会上交。学生和老师都满意这个结果。

（2）方法上：以事实为基础。

在解决冲突的时候，因为情绪的作用，我们会对对方抱有敌意，甚至加上很多的猜测和自己的理解，我们抱着对方的错误痛击，而对方也会回击，从而沟通失败。所以，我们在具体的沟通方法上要注意：

① 避免充满敌意，温和的表达；
② 核查事实，而不是判断；
③ 提问问题，了解对方的立场；
④ 注意说法的方式方法。

（3）行动上：真诚改变。

我们在具体的沟通行动上，要聚焦于问题，而不是人；针对具体的细节，而不是一般化的判断和理解；表达情感，而不是判断人品。努力寻找冲突中的积极因素。清楚地表达冲突对自己的影响，同时表达自己对关系的看中。总之，把双赢的态度落实在行动中，促进问题的解决。

（4）求助第三方：开启新的可能。

当你在冲突的情境中，一方拥有更大的权利，或者对方不愿意改变的时候，可以寻求第三方的帮助。而这个第三方需要比你和对方更中立或者更有权威，否则就像夫妻吵架，找来某一方的亲戚劝架，结果冲突升级。如果第三方的立场不中立，或者没有权威，就无法提供有效的帮助。而在学校来说，比较合适的第三方是老师，在职场上的第三方，可以是工会等申诉机构。

3. 在冲突中成长

孤立地看待当下的冲突，往往不可调和，而且非要别人遂了自己的愿不可。然而当我们看的更长远，就会发现，并不是所有的冲突只是表面的样子，冲突的背后可能隐藏着我们的需要和渴望。有的时候，当下的感受，不只是和冲突对象之间的矛盾而已，而是我们把过去自己的创伤或对自己的不满投射出去了。

比如：前面小黄和舍友后来分别到心理中心接受心理咨询，小黄发现自己不是不想维护自己的利益，她也想通过沟通来消除冲突，但是自己在潜意识里把自己挑剔又脆弱的妈妈投射到这个挑剔的舍友身上，既生气舍友（妈妈）为什么这样，又担心舍友（妈妈）真的离开。而舍友的故事也类似，把自己和重要他人的相处模式投射到了小黄的身上。

所以，冲突下隐藏着我们未满足的期待和需要，需要我们有耐心，不断的获得心理的成长，真正为自己而活，获得人格独立，也更能有解决冲突的能力。

> **练习 8-8　冲突的创意解决**
>
> 　　首先，把班里的同学分成几个小组（双数），每组 5~6 个人，请每个小组提出一个他们最近遇到的冲突事件。
>
> 　　其次，老师把这些冲突的事件收集起来，由各个小组抽签来帮一个小组想到尽可能多的创意解决办法。
>
> 　　请每个小组看自己抽到的事件，对提出事件的小组提问，收集更多的资料。
>
> 　　各个小组讨论，完成任务。
>
> 　　最后，与大家分享发现和创意。
>
> 　　利用更多人的头脑风暴，可以让我们从习惯或单一的解决问题的思路局限中跳出来，想到更多更有创意的方法。

思考

1. 结合自己的体会谈谈友谊和人脉哪个更重要？
2. 请从家庭是社会资本的角度反思自己的家庭，你的家庭给你提供了哪些资源，又有什么局限？你是如何利用这些资源，如何应对局限的？
3. 请根据嘉禾小组合作体验，谈谈现在大学生小组合作中普遍存在的问题，以及你的思考。
4. 如何提高自己的团队合作能力？
5. 回忆一个最近你和别人发生的冲突，这个冲突对你来说有什么意义，你是如何解决的？

参考文献

[1] 芭芭拉·弗雷德里克森. 积极情绪的力量 [M]. 王珺, 译. 北京: 中国人民大学出版社, 2010.

[2] Dennis Coon, John O. Mitterer. 心理学导论: 思想与行为的认识之路 [M]. 郑钢, 等, 译. 13 版. 北京: 中国轻工业出版社, 2014.

[3] 郭潇萌, 贾晓明. 大学生青春期心理分离个体化过程质性研究 [J]. 学理论, 2013 (24): 246-248.

[4] 蒋玉娜, 金盛华. 大学生人格评定的和谐追求——200 个人格词汇喜好度中美对比研究 [J]. 心理科学, 2009 (3): 555-558.

[5] 金树人. 生涯咨商与辅导 [M]. 台北: 台湾东华书局, 2011.

[6] 李黎明, 张顺国. 影响高校大学生职业选择的因素分析——基于社会资本和人力资本的双重考察 [J]. 社会, 2008 (2): 162-180.

[7] 林幸台, 田秀兰, 等. 生涯辅导 [M]. 台北: 心理出版社, 2010.

[8] 吕妍. 强与弱——社会资本对大学生就业的差序性影响 [D]. 东华大学, 2011.

[9] 马克·格兰诺维特. 找工作: 关系人与职业生涯的研究 [M]. 张文宏, 等, 译. 上海: 上海人民出版社, 2008.

[10] 史蒂芬·柯维. 高效能人士的七个习惯 [M]. 高新勇, 等, 译. 北京: 中国青年出版社, 2008.

[11] 孙文博, 张弛, 苗鹏洲. 大学生职业生涯规划 [M]. 北京: 北京交通大学出版社, 2016.

[12] 夏翠翠. 大学心理健康教育 [M]. 北京: 人民邮电出版社, 2013.

[13] 杨国枢, 中国人的社会取向: 社会互动的观点 [M] // 杨国枢, 黄光国. 中国人的心理与行为. 台北: 桂冠图书股份有限公司, 1991: 319-439.

[14] Blos P.. The Adolescent Passage [M]. New York: International Universities Press, 1979.

[15] Hall, E. T.. The Hidden Dimension [M]. Garden City, NY: Doubleday. 1966.

[16] Kerr Inkson. 理解职业生涯——九种你必须了解的职业隐喻 [M]. 高中华, 译. 北京: 中国轻工业出版社, 2011.

[17] Schachter S.. The Psychology of Affiliation: Experimental Studies of the Sources of

Gregariousness [J]. Quarterly Review of Biology, 1959, 17 (3): 15-25.

推荐阅读

史蒂芬·柯维. 高效能人士的七个习惯 [M]. 高新勇, 等, 译. 北京: 中国青年出版社, 2013.

史蒂芬·柯维博士是美国学界的"思想巨匠",是世界顶级咨询公司——富兰克林柯维公司的创始人之一。"积极主动,以终为始,要事第一,双赢思维,知彼解己,协作增效,不断更新"是他提出的七个习惯,帮助大家重新认识自己,从独立到互赖。

推荐电影:《社交网络》

《社交网络》于 2010 年 10 月 1 日在美国上映。影片的故事原型来源于网站脸书(Facebook)的创始人马克·扎克伯格(Mark Zuckerberg)和埃德华多·萨瓦林(Eduardo Saverin)。主要讲述两人是如何建立和发展 Facebook 并且带来了全球性网络社交的革命。片中描述了社交网络的爆发式传播的过程,让人惊叹,同时也引发我们对网络社交与真实人际关系差异的思考。

第九章　情绪和压力管理

大一上学期已经过了一半了，大家渐渐熟悉了大学生活，可是最近石郁的心情却很糟糕，很容易被激惹：舍友好心叫她一起吃饭，她却认为人家是故意打扰她学习。看到她这样，舍友都觉得有点莫名其妙，纷纷开始躲着她，石郁也变得更加独来独往。直到周末同在北京的高中闺蜜来访，她才情绪大爆发，哭诉着自己的痛苦，原来她所在的省份高考不考听力，听力本来就不好，而现在的大学又被调剂到英语专业，所以听力课成绩很不好，她很努力地练习，却发现和舍友的差距还是很大，觉得自己很差的想法让她恐惧，也让她变了个人。

我们往往会认为自己的情绪不好不是什么大问题，只要睡一觉，别瞎想就过去了，但是当我们回顾自己的"情绪生涯"，就会发现，实际上情绪，尤其是负面情绪并没有那么容易自己"过去"。它影响着我们的心态，影响着我们的工作效率，甚至影响我们和别人的关系。在大学心理中心十几年的工作中我们发现，因为情绪问题来访的同学不在少数。我们的情绪究竟为什么时好时坏，它对我们生活的影响究竟多重要，我们又怎么能管理好压力，提高情商呢？这些都是本章希望和大家讨论的重点。

一、情绪知多少

毫无疑问，石郁正经历着复杂的情绪历程，她的心中焦虑、沮丧、恐惧等复杂的情绪此起彼伏，难以忍受。内在的不稳定让她看待别人和自己都有了偏差，她认为自己糟糕透顶，这让她很难接受，带着这样内心感受的她,也把别人没有恶意的行为当作挑衅,显然负面的情绪影响了她的判断和选择,甚至让她无所适从。情绪其实对我们生活的影响至关重要。究竟什么是情绪,情绪又是怎么来的呢?

(一) 何为情绪

请大家闭上眼睛,把注意力放在自己的呼吸上,体会一下你现在的情绪。是高兴、兴奋、平静,还是有点焦虑?请你体会一下当你感受到这种情绪的时候,身体有什么感觉……

通过这段冥想词,大家是否能够感受到自己的情绪,你是如何判断出自己的情绪的呢?情绪具有心理和生理反应的特征,我们在体验到情绪的时候,可能无法直接观测内在的感受,但是可以通过外显的行为或生理变化来进行推断。

1. 情绪的定义

心理学家将情绪界定为一种躯体和精神上的复杂的变化模式,包括生理唤醒、感觉、认知过程以及行为反应,这些是对个人知觉到的独特处境的反应。所以我们可以根据这四个过程来感受到自己的情绪(表9-1)。

表9-1 情绪体验过程

看法	主观体验	外部表现	生理唤醒
我成功了	快乐、愉快	手舞足蹈、满面笑容	血流加快、浑身放松
他们看不起我	生气、恼火	浑身发抖、伺机报复	血压上升、心跳加快

主观体验、生理唤醒、看法评价、外部表现是情绪的四个要素,快乐或者生气的情绪其实是自己的主观体验,这些体验只有个人内心才能真正感受到或意识到其中的不同,比如:高兴和恐惧的内在感受不同,痛苦和惊奇的内在感受不同。而在产生这些主观体验的过程中,我们还会有相当程度的生理唤醒,也就是冥想中提到的当有这种情绪时我们身体的感觉。

情绪很难假装,当体验一旦生成,通常会伴随着一些外部表现,就算我们不希望它出现,还是会通过某些表情或者身体动作等非言语信息表现出来。例如:当我们上台演讲前感受到紧张,虽然内心非常希望自己不紧张，但还是会表现出口渴，频繁舔嘴唇、眨眼、搓手、眼神飘忽不定等动作，"表达着"我们的情绪。著名的微表情研究，就是通过非常短暂而细微的表情来了解一个人的内心情绪体验。

> **扩展阅读9-1　保罗·艾克曼**
>
> 　　保罗·艾克曼（Paul Ekman），美国心理学家，出生于华盛顿。主要研究脸部表情辨识、情绪与人际欺骗。1991年获美国心理学会颁发的杰出科学贡献奖。
> 　　他提出不同文化的面部表情都有共通性。他之所以从事这项研究，主要是受到达尔文《人与动物的情绪表达》一书的启发。一开始是研究西方人和新几内亚原始部落居民的面部表情，他要求受访者辨认各种面部表情的图片，并且要用面部表情来传达自己所认定的情绪状态，结果他发现某些基本情绪（快乐、悲伤、愤怒、厌恶、惊讶和恐惧）的表达在两种文化中都很雷同。
> 　　艾克曼和同事较早地对脸部肌肉群运动及其对表情的控制作用做了深入研究，开发了面部动作编码系统（Facial Action Coding System, FACS）来描述面部表情。他根据人脸的解剖学特点，将其划分成若干既相互独立又相互联系的运动单元（AU），并分析了这些运动单元的运动特征及其所控制的主要区域以及与之相关的表情，并给出了大量的照片说明。许多人脸动画系统都基于FACS。电视剧《别对我撒谎》（*Lie to Me*）的主角就是以艾克曼博士为蓝本创作的。

2. 情绪中的认知因素

我们一般都认为是外界发生了什么事情让我开心或者难过，其实不然，同样的外界刺激可能会带来完全不同的情绪反应，我们对具体的事情有着独特的情绪和反应。比如：同样是孩子考上好大学的情境，有的家长就会非常兴奋和激动，有的则非常平静，觉得理所应当。

美国心理学家阿诺德（M. R. Arnold）针对这个问题提出了情绪的评定-兴奋学说。她认为，刺激情景并不直接决定情绪的性质，从刺激出现到情绪的产生，要经过对刺激的估量和评价，情绪产生的基本过程是刺激情景—评估—情绪。同一刺激情景,由于对它的评估不同,就会产生不同的情绪反应。心理学家沙赫特和辛格提出的情绪归因理论认为,特定的情绪体验有两个重要的前提:第一,个体必须体验到高度的生理唤醒,如心率加快、手出汗、胃收缩、呼吸急促等;第二,个体必须对生理状态的变化进行认知性加工,即对生理状态进行解读。

所以,我们的想法在情绪体验中有重要的影响,那么,我们是否过多地把情绪归结到外界刺激,而不是自己的评判?比如今天晚上只有我一个人在寝室睡觉所以害怕,没人喜欢我的时候我就不开心,其实让我们害怕或者不开心的是心中"一个人在房间必然恐惧"或"只有得到别人的喜欢才有资格开心"的想法。我们在自己的情绪面前并不是完全无能为力,或许重新去体会改变心中的声音,就能找回一定的调节和控制权。

练习9-1 我为什么不开心

(1) 请回忆近一个月以来让自己不开心的事情,请描述具体的事件和发生的情境。

(2) 完成下面的表格。写下我对事件发生的看法和判断是什么,我有怎样的情绪体验,当体会到这种情绪时又有怎样的感受,是喜欢还是反感自己有这种情绪。

事件	我对事件的看法	我的情绪	我对情绪的感受

(3) 我的反思。

在完成了表格后,请思考:对事情的看法中哪些是你之前就了解到的,哪些是新的发现?在反思对自己情绪的感受时,又有着怎样的发现?

(二) 情绪的种类

你是否能准确地说出案例中石郁的情绪是什么?我们都很清楚自己有情绪,却不太容易说出自己的情绪到底是什么。这和情绪的复杂性有关。

1. 基本情绪和复合情绪

情绪有基本情绪和复合情绪之分，基本情绪是先天预成、不学而能的，几种基本情绪的组合形成了复合情绪。美国心理学家普拉切克（R. Plutchik）将人基本情绪分为八种，分别是恐惧、惊讶、悲伤、厌恶、愤怒、期待、愉快和接受。他认为，一种基本情绪可能与相邻情绪混合而产生某种复合情绪，也可能与相距更远的情绪混合而产生某种复合情绪（图9-1）。

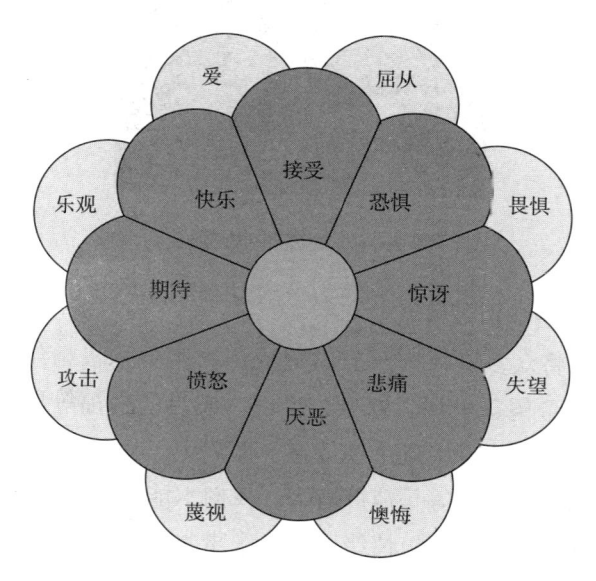

图9-1 情绪和分类（丹尼斯·库恩，2014）

当然基本情绪到底有多少，有很多不同的分法，比如我国最早的情绪分类思想源于《礼记》，其中记载人的情绪有"七情"分法，即喜、怒、哀、乐、爱、恶、欲；《白虎通》记载，情绪可以分为"六情"即喜、怒、哀、乐、爱、恶；古希腊亚里士多德把情绪分为欲望、愤怒、恐怖、欢乐和怜悯五种。但是实际上我们的情绪体验是非常复杂的。科学家用计算机分析了《蒙娜丽莎》显示的"全世界最有名的微笑"，结果显示，蒙娜丽莎的微笑中带有83%的快乐，9%的厌恶，6%的恐惧以及 2% 的气愤（图 9-2）。

图 9-2 蒙娜丽莎的微笑

2. 积极情绪和消极情绪

如果我们将众多情绪按照方向分成两大类：积极情绪和消极情绪。比如：高兴、希望、乐观、好奇、自信、满足、幸福等属于积极情绪，我们会更愿意体验或者接近这些情绪；而恐惧、愤怒、悲伤、紧张、羞愧、反感、内疚、仇恨等是消极情绪，我们本能地希望避免体验或远离这些情绪。积极情绪和消极情绪属于一个事物的两面，如果从情绪的体验上来说，它们应该势均力敌，但是事实上却极不平衡，从期待上说，我们普遍希望自己体验到最多的积极情绪和最少的消极情绪，但是从适应性上说，我们对积极情绪，比如愉快会很快适应，体验的时间不会太久，而对消极情绪，比如失恋的痛苦则会沉浸很久。这种就是情绪适应的不对称性。

扩展阅读 9-2 情绪适应的不对称性

情感适应的速度与程度主要取决于事件的性质，对积极情感和消极情感的适应并不一致，是非对称性的，这种现象被称为"情感适应的不对称性"(the asymmetry of affective adaptation)(Lyubomirsky, 2011; Larsen, 2009; 范富霞, 吕厚超, 2013)。就情感适应的速度而言, 消极事件会引起主观幸福感更大的变化, 适应的过程通常是非常缓慢, 而积极事件引起主观幸福感的变化较小, 适应的过程通常比较迅速。就情感适应的程度而言, 个体不能完全适应消极事件, 然而个体似乎能完全适应积极事件。总体而言, 时间更难冲淡消极事件对个体的影响。Baumeister 及其同事把这种现象称为"坏比好更强烈"("bad is stronger than good")(Baumeister et al., 2001)。

(三) 情绪的生理机制

我们的情绪都伴随着生理反应, 而决定我们做出这样或那样反应的根源在于我们的大脑。虽然记住情绪的具体大脑部位并不是我们的重点, 但是了解大脑中与情绪有关的大概位置和功能对我们更好地理解自己非常重要。

1. 情绪中枢

大脑中下丘脑、边缘系统和杏仁核组成了情绪的中枢系统。位于我们两耳之间的大脑深处, 这个部分帮助我们体验快乐, 识别危险。从大脑的进化上看, 情绪中枢也是最先进化出来的大脑结构。其中, 杏仁核与我们的恐惧情绪非常相关, 切除双侧杏仁核不仅会对攻击行为和记忆有影响, 还严重降低动物的恐惧。科学家发现切除了双侧杏仁核的大白鼠会主动接近一只猫并且咬猫的耳朵。Adolphs(1994)报告了一例30岁双侧杏仁核受损的女性, 她的智力正常, 能辨别照片上的熟人, 但是不能理解照片上人们的表情。能够知道什么是高兴、厌恶和悲伤, 却不能很好地表达担心和恐惧。

2. 情绪中枢的生理功能

为什么痛苦的经历已经过去了很久, 我们还是记得非常清楚? 为什么当我们有情绪特别是紧张、恐惧等负面情绪的时候, 就很难忽略, 而难以控制呢? 想解答这些疑惑, 需要我们理解情绪在大脑信息加工中扮演的角色。

（1）忠实的档案记录员。外界刺激引发的各种感觉信息进入大脑后，经过丘脑的储存，会汇集到杏仁核，信息在这里得到整合，而那些伴随着强烈情绪的信息，记忆也会更深刻，这种情绪记忆多数是情景记忆，就算多年后，我们还因为情绪的带动，记忆活灵活现。

（2）快速反应部队。感觉刺激通过两条通路到下丘脑的情绪反应中枢（图9-3）。一条是情绪的高级通路，由丘脑进入视觉皮层再进入杏仁核再传递到下丘脑调动自主神经系统或内分泌系统做出反应；而另一条就是图9-3中虚线的部分，情绪的低级通路，信息从丘脑直接通过虚线传递到杏仁核，直接即刻的情绪反应。这也是"一朝被蛇咬，十年怕井绳"的原因，通过低级通路传递的信息，让我们的大脑还来不及分别出到底是井绳还是蛇，就因为触发了对蛇恐惧的记忆而让我们夺命而逃。

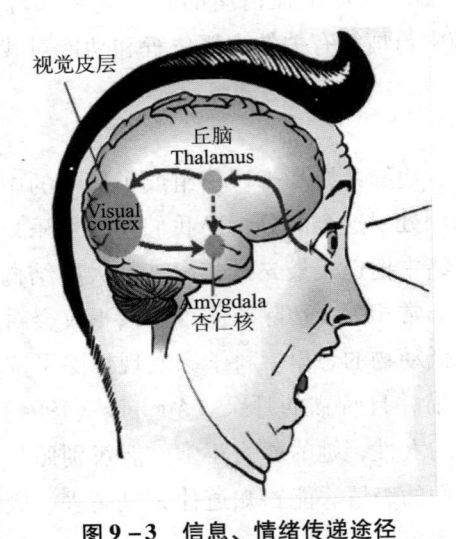

图9-3　信息、情绪传递途径

（图片来源：http://www.baike.com/wiki/杏仁核）

3. 情绪反应的个体差异

虽然我们的大脑中情绪中枢的位置大致相同，但是我们对待情绪反应的程度却各不相同。戴维森教授（Davidson，2003）用四个基本参数：敏感度、强度、基线到达峰值的时间、恢复的时间来区分我们之间的不同情感风格（affective style）（图9-4）。

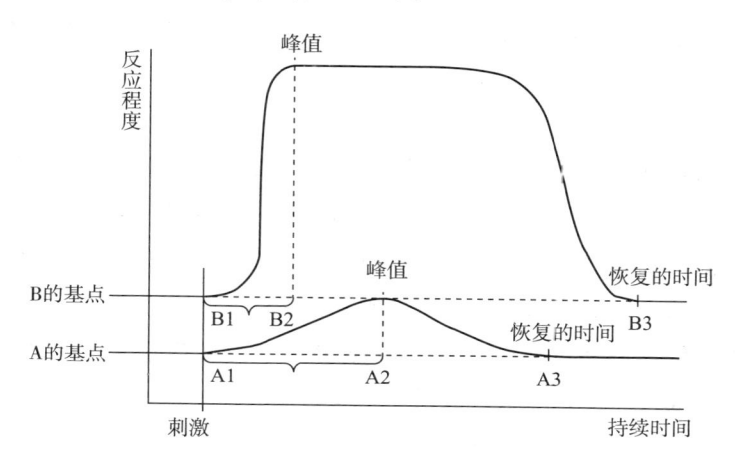

图9-4 情绪参数的个体参数

假设 A 和 B 同为失恋而苦，B 应该更容易感受到失恋的苦，B 的基线更高，很快就到达了痛苦的高峰，持续时间长，恢复的时间也长。而 A 则表现的更超脱一些，对 A 来说，失恋只是不适。所以人与人之间本就不同，不是谁好谁坏，这些情绪反应的差异本身可能就是生理和长期行为习惯的结果，我们不能直接给别人扣上"不重感情"或者"情绪管理有问题"的帽子，而是要看到这些差异，并开始尊重自己和别人的情绪体验。

（四）情绪的功能和意义

情绪对于我们生存来说至关重要。情绪具有重要的功能，主要分为健康、适应、调控功能。

1. 健康功能

情绪对健康的影响是众所周知的。积极的情绪有助于身心健康，消极的情绪会引起人的各种疾病。中医有"怒伤肝，喜伤心，思伤脾，忧伤肺，恐伤肾"的记载。有许多心因性疾病与人的情绪失调有关，如胃溃疡、偏头痛、高血压、哮喘、月经失调等。有些人患癌症也与长期心情压抑有关。

值得注意的是，喜本来是积极的情绪，但是中医却认为"喜伤心"，其实宣扬了一个情绪平衡的理论,过多的喜悦和激动也会引起心脏的不适。但是整体上来说,愉快的情绪还能使整个机体的免疫系统和体内化学物质处于平衡状态,从而增强对疾病的抵抗力。

2. 适应功能

情绪是有机体适应生存和发展的一种重要方式。就如图9-3所示,情绪是快速反应部队,想象一下,我们的祖先,在外出狩猎的时候遇到一群狼群,恐惧的情绪让他们快速地做出或战或逃的反应,如果还慢吞吞地思考选择,估计就不会有后来的我们了。婴儿出生时,还不具备独立的维持生存的能力,这时主要依赖情绪来传递信息,与成人进行交流,得到成人的抚养。成人也正是通过婴儿的情绪反应,及时为婴儿提供各种生活条件。但是具体来看,消极情绪和积极情绪有着不同的适应功能。

(1)消极情绪的功能。

消极情绪提醒我们注意危险,当我们体验到消极情绪的时候往往会收紧注意力,特定的消极情绪一般指向特定行动倾向。比如恐惧的时候,我们的血液会流向腿,让我们想逃跑;愤怒的时候,血液流向手和腿,让我们做好进攻准备。既然消极情绪不能完全消失,那么就一定有意义,消极情绪在我们的生活中不可或缺,提醒我们:

① 交到知心朋友;

② 提升文学素养;

③ 提升对人类疾苦的深入了解;

④ 提醒我们别得意忘形;

⑤ 提醒我们生命终将终止,我们该怎么活;

⑥ 别躲了,该面对了。

(2)积极情绪的功能。

一般来说,积极情绪代表安全,我们在积极情绪的体验下,会扩大选择的范围,比如:在好奇心的情绪驱使下,我们往往愿意投入到行动和认知能力的活动中。由此积极心理学家弗雷德里克森认为,积极情绪的进化意义在于拓宽和建构,促使个体积极地思考诸多行动的可能性的过程；构建个体持久的资源；消解消极情绪的滞存影响，帮助我们恢复平静和理性。

3. 调控功能

情绪对于人们的认知过程具有调节作用。良好的情绪情感会提高大脑活动的效率，提高认知操作的速度与质量，上面提到的弗雷德里克森的研究正是积极情绪对于认知调控产生影响的表现。

关于情绪到底怎么样影响着我们的认知过程，盖布尔和汉莫森-琼斯（Gable & Harmon-Jones, 2010）的研究更加细致，他们认为，情绪促使认知的缩窄/拓宽的原因是动机，而不是消极或积极情绪。他们在研究中用滑稽电影引发被试产生低动机的积极情绪，比如开心，这时候再让他们完成认知任务，确实发生了弗雷德里克森所说的认知扩展现象；而当用美食金钱引发高动机积极情绪时，比如兴奋，他们的认知并没有拓宽，反而出现了缩窄。基于这个理论，我们可以发现，在开始一件任务的时候，没有那么势在必得，反而能细水长流，后来居上。

情绪引发了动机激发和引导着我们的行为。有时我们会努力去做某件事，只因为这件事能够给我们带来愉快与喜悦。但是很多情绪同时兼具增力与减力两种动力性质，如：悲痛可以使人消沉，也可以使人化悲痛为力量。情绪确实是影响我们学业和人际关系的重要因素。关键在于我们是否能理解、接纳并管理好我们的情绪。

二、情绪管理

石郁在和闺蜜诉说了心事后，觉得得到了些许安慰，也认识到自己目前没有调整好学习状态，过一阵会好的。但是在聊到和舍友现在紧张的关系时，闺蜜说她情商低，要忍着点才能和舍友搞好关系。可是石郁心里有些打鼓，一方面觉得不好意思，另一方面觉得这个局面也不是自己一个人造成的，明知道自己的英语不好，舍友好像要针对自己似的，回来就用英语对话，这让她很生气，难道这些也要一并忍着吗？忍着就是情商高了吗？

你是否也同意忍着就是情商高的表现呢？我们都希望能够有高超的

情商，能够拥有强大的情绪管理能力，可是怎样做到很好地管理情绪，怎么才能训练自己的情商呢？

（一）情商

情商，也叫情绪商数（Emotional Intelligence Quotient，EQ），是一种自我情绪控制能力的指数，由美国心理学家约翰·梅耶（John Meyer）和彼得·萨洛维（Peter Salover）于 1990 年首先提出，1995 年，丹尼尔·戈尔曼（Daniel Goleman）出版《情商：为什么情商比智商更重要》一书，认为情商是与智商（IQ）相对的概念，与个人成才和成功有关。如果说情绪的快速反应是条件反射的话，情商就是经过大脑逻辑分析之后，采取理性行为的能力。一个人的成功，IQ 的作用只占 20%，其余 80% 是 EQ 的因素。所以情商肯定不仅能忍这么简单，具体来说，情商包含以下五个方面。

1. 了解自我

了解自我指对自己的情绪敏感，能够监视情绪的变化，能够察觉某种情绪的出现，观察和审视自己的内心体验。这是情商的核心，只有认识自己，才能管理好自己的情绪。就石郁来说，了解自我意味着她要能觉察出自己情绪的变化，并且尝试去接受并理解自己的情绪，而不是一味地忽略或爆发。

2. 自我管理

自我管理指调控自己的情绪，使之适时适度地表现出来的能力。自我管理不只是从字面上理解的"管住"，真正的自我管理是表达而不是忽略。面对汹涌的情绪，愿意倾听自己，理解自己，并用合适的方式表达出来才是情商高的表现。

3. 自我激励

自我激励指能够依据活动的某种目标，调动、指挥情绪的能力，一个人自我激励的能力高意味着他愿意去相信自己的情绪，并且愿意从负性事件中看到积极的资源，能够激励自己超越当下的困境，追求生命的意义。

4. 识别他人的情绪

识别他人的情绪指能够通过细微的社会信号，敏感地感受到他人的需求与欲望。识别别人的情绪是与他人交往，实现顺利沟通的基础。这让情商不仅仅停留在自我管理层面，还包括理解别人的部分。

5. 处理人际关系

处理人际关系主要是指促进自己与他人的情绪反应的技巧。在我们处理与他人的关系时，最大的阻碍就是情绪化的反应，提高情商，更能理解人际沟通中的情绪反应因素，能够有效地促进人际关系的发展。

在培养情商中，多突出识别自己的情绪和识别别人的情绪的基础地位都不为过，我们只有了解自己才能处理好与自己的关系，而和自己的关系好，愿意理解别人，对他人敏感才能处理好与他人的关系。如果过度强调合乎规范、法则地管理自己，比如不要觉得自己不好，不要表现出来给别人看，而没有真正愿意理解自己和理解别人，必不能长久持续。所以石郁的问题，并不是她忍着就是情商高，没忍住就是情商低，而是她是否能从这个困扰中，开始探索并尝试了解自己，愿意敞开心扉与自己对话，与舍友对话，了解舍友那么做的原因，与大家建立真实长久的人际关系。

扩展阅读9-3   14个迹象表明你有高情商

情商并不是天生的，它和其他任何能力一样，需要不断打磨才能日臻完善。那么有没有可能你已经拥有了很高的情商，只是自己还没有意识到呢？

不妨对照下面的这几个标准，看看它们是否符合你自己的行为习惯。

1. 经常思考关于感受的问题

高情商的人都爱思考。你是否经常问自己类似这样的问题："我为什么会有这样的感觉？"或是"是什么导致我（或其他某个人）说了这样的话或做了这样的事？"对各种情绪和反应有了清醒的认识后，你就会对情绪问题更加注意，而且你还可以利用这种信息为你带来优势。

2. 善于询问别人的看法

你深知你眼中的自己和别人眼中的你是有很大区别的。你也知道这并不是一个孰对孰错的问题，只是人们的视角不同。

3. 会说谢谢

你明白仅仅是简单的"谢谢"两个字就能赶走某人一天的阴霾，而且它还能加深你与对方的关系——这就是为什么你总会额外花一些时间表示你的谢意。

4. 知道什么时候该暂停

"暂停"就是指做事或说话之前先停下来思考一会儿（这一点说起来容易，做起来却挺难）。说话做事前简简单单地"暂停"一下，能避免你在很多场合陷入尴尬。它还会使你的工作更加出色，甚至有可能挽救你和某个人的关系。

5. 积极探索原因

你不会随便给人贴标签，而是意识到，人们的每个行为背后都是有原因的。你积极地培养自己的同理心和同情心，努力想从另一个人的眼神中看出他当下的境遇。你会问自己这样的问题："他为什么会有这样的感觉？"或是"这事背后到底有怎样的隐情？"

6. 虚心接受批评

没有人喜欢接受负面的反馈，你自然也是一样。但你深知，很多批评至少都有一部分是对的，哪怕对方批评的方式让人很难接受。另外，这些批评至少也能让你知道其他人是怎么想的。所以你会控制自己的情绪，从批评中尽可能地学到更多的东西。

7. 总是考虑其他人的反应

你意识到，你说的每一句话、做的每一件事都可能会对其他人产生影响。因此你不仅仅会注意自己所说的内容，还会注意自己说话的方式。

8. 愿意道歉

你知道"对不起"是最难说出口的三个字，但你也意识到，这简简单单的三个字具有极大的力量。通过承认自己的错误以及在适当的时机道歉，你也培养了谦逊和诚实等品质，而其他人也会自然而然地折服于你的人品。

9. 原谅他人

虽说人无完人，但你也明白，拒绝原谅别人，就相当于把刀子留在伤口上不肯拔出来，你的伤口也就永远没有了愈合的机会。当他伤害了你还一笑而过的时候，你没有选择沉浸在怨恨之中，而是选择了宽恕——这样一来，你才能把这一页揭过，继续自己的生活。

10. "情绪词库"越来越大

通过学习如何表达自己的感受，你也提高了理解情绪的能力。当你难过的时候，你会深入思考自己为什么会这样难过，是由于失望、挫折还是伤害？通过扩大积极的"情绪词库"，你对自己的情绪有了更深的认识，同时也学会了在必要时采取行动。

11. 真诚而明确地赞美他人

如果你不断地寻找别人身上的优点，并且明确地告诉他们你欣赏他们的哪些品质，他们就会觉得与你共事很愉快，从而会更有动力努力工作。

12. 主动控制自己的思维

人常说："你不能阻止一只鸟落在你头上，但是你可以阻止它在你头上筑巢。"

当处于负面的境遇时，你可能无法控制自己自然的情绪反应。但是你能够控制接下来发生的事——你自己的思维。与其纠结于这些负面感受，抱怨境遇有多不公，还不如把注意力放在积极的一面，制订一个继续前进的计划。

13. 不给人贴标签

有些人没有考虑事情的前因后果以及一些情有可原的外部因素，便对其他人很快下了定论。这是一个非常有害的习惯。而你明白每个人都有过得不顺心的时候，有人甚至一整年过得都不顺。如果你不随便给别人贴标签，你就能够对他们保持比较客观的看法，这样你也能从各种关系交往中获得最大的效益。

14. 能够分析自己的弱点

人需要具备一定的自省、眼界和勇气才能看见自己的弱点。如果你能分析你为何在一些情况下失去了对情绪的控制，那么你也就知道下一次遇到这些情况时该以什么策略应对了。

资料来源：http://www.fortunechina.com/life/c/2016-10/21/content_273233.htm

（二）识别情绪

可以说，大多数人总是在识别情绪之前就做了决定，而做完之后又开始后悔，古希腊的斯托亚派学者认为，你要是觉察到后脖子上的汗毛到底是什么时候开始竖起来的，就能提醒自己避免盲目的慌张。所以，情绪管理的第一步是识别情绪，你都是通过什么来了解别人的情绪，了解自己的情绪呢？

1. 识别情绪的途径

（1）面部表情。

面部表情是我们表达情绪的主要途径，我们通过面部肌肉和腺体变化来表现情绪。面部表情有跨文化性，同一种面部表情会被不同文化背景下的人们共同承认和使用，以表达相同的情绪体验。如：眉开眼笑、怒目而视、愁眉苦脸、面红耳赤、泪流满面等。

图 9-5 是几个基本的跨文化表情，图 9-5 中（1）~（7）分别是轻蔑、厌恶、恐惧、悲伤、愤怒、愉快、惊讶，你是否辨认对了呢？研究发现，最容易辨认的表情是快乐、痛苦，较难辨认的是恐惧、悲哀，最难辨认的是怀疑、怜悯。一般来说，情绪成分越复杂，表情越难辨认。例如：做出轻蔑的表情一般会把嘴角撇向一边，而做出微笑的表情时，我们除了嘴角上扬之外眼角的肌肉也会皱在一起，恰恰是眼角的肌肉运动是我们真笑的表现，而只有嘴角上扬，眼周围并没有变化，往往是假笑。

第九章 情绪和压力管理 ❖

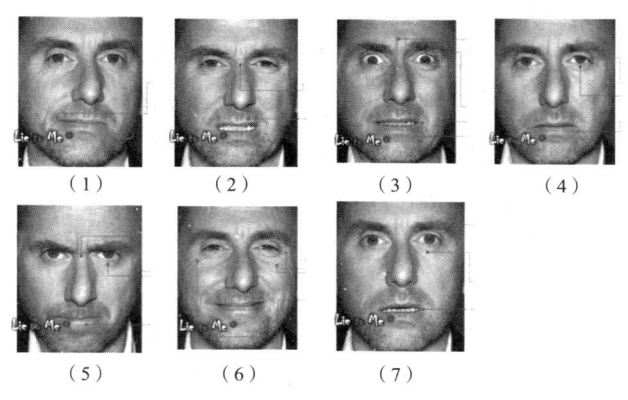

（1） （2） （3） （4）

（5） （6） （7）

图9-5 面部表情

（资料来源：https://baike.baidu.com/item/微表情/21779）

扩展阅读9-4 杜乡微笑

吉拉姆·杜乡（Guillaume Duchenne）是法国的一位神经学家，早在19世纪，杜乡就给"真笑"和"假笑"做了详细的定义。真笑（会心的微笑）是嘴角附近的肌肉与眼睛周围的肌肉都运动起来——分别是嘴角附近的颧大肌（zygomatic major）与眼睛周围的眼轮匝肌（orbicularis oculi），会让眼角显现鱼尾纹。科学家认为，由于这两组肌肉不受意志控制，只有能令人由衷地感到快乐，才会带动这两组肌肉的运动。为纪念发现他的法国人杜乡，人们把这种微笑定义为"杜乡的微笑"。美国加州大学伯克利分校的克特纳（Dacher Keltner）和哈克（LeeAnn Harker）研究了密尔斯女子学院1960年毕业照上的141个女生，里面除了三名女生，其余都是微笑的，而在这些微笑中，有一半是杜乡微笑。研究者分别在这些女生27岁、43岁以及52岁时访问她们，询问她们的婚姻状况，对生命的满意程度等。结果他们惊讶地发现，拥有杜乡微笑的女生一般来说更可能结婚，并能长期维持婚姻，在以后的30年中也过得比较如意。人的幸福与否竟然能从微笑的鱼尾纹中预测出来。

资料来源：http://blog.sciencenet.cn/blog-468457-675798.html

(2) 身体姿势。

我们还通过自己身体姿态、动作变化来表达情绪。如：高兴时手舞足蹈，悲痛时捶胸顿足，成功时趾高气扬，失败时垂头丧气。但是身体表情可能会受文化的影响。在不同的文化中，同一手势所代表的含义可能截然不同。如竖起大拇指在许多文化中是表示夸奖的意思，但在希腊却有侮辱他人的意思。手势表情具有丰富的内涵，但隐蔽性也最小。

(3) 语音语调。

声调、节奏变化也能表达情绪。如：言语中语音的高低、强弱、抑扬顿挫等。例如人们惊恐时尖叫；悲哀时声调低沉，节奏缓慢；气愤时声高，节奏变快；爱慕时语调柔软且有节奏。

(4) 文化背景。

文化可以影响人类情感状态，也可以帮我们重塑情感体验。斯坦福大学心理学家西姆斯（Sims）的一项研究显示，东西方人的情绪表达差异源于不同的文化特性（Sims et al.，2015）。在西方文化下，情绪有特别重要的意义和作用，例如：西方的领导人必须能够表达出自己的情绪，如果不喜形于色的领导，会被认为是没有领导魅力的人；而在东方社会，不喜形于色是做领导的一种很高的要求。拥有中国和东亚文化背景的人在做事时更容易有百感交集的情绪，但是西方人特别是欧洲裔美国人在做事时更倾向于有积极情绪，这也可以解释为什么文化差异会形成不同的性格。

2. 识别情绪的方法

虽然我们可以通过面部表情、语音语调和身体语言来了解别人的情绪和觉察自己的情绪，但是情绪的体验却是复杂的，其中可能会掺杂着我们对情绪的态度。比如：原来的情绪可能是愤怒，但是自己却不允许自己体验到愤怒，那么你感受的情绪，可能不是愤怒，而是压抑，苦闷。更好地识别情绪，需要我们提高对自己和他人情绪的接纳度。

(1) 允许自己有情绪。

我们对自己的情绪可能并不是一视同仁的，一般不喜欢负面情绪，如果有哪种情绪不被你所接纳，那么你体验到这种情绪的可能性也越低，如果我们不允许自己有的负面情绪很多，又经常压抑自己，那么压抑一个就会压抑所有，慢慢会降低对自己和别人情绪识别的敏感性。

（2）反思自己对情绪的感受。

我们需要反思自己对当下情绪的感受，也是感受的感受，这个部分有可能会替代我们真实的感受。比如：如果一个人小时候因为害羞被父母打骂，长大后对害羞，恐惧的感觉可能是愤怒，所以当他体验到害羞时同时也会体验到愤怒，这正是情绪复杂的原因。

（3）探索并理解情绪背后的需要。

情绪特别是负面情绪背后往往蕴含着未满足的需要，我们不是不让自己体会到负面情绪，而是不愿意面对自己无能为力的需要。所以愿意面对自己的情绪，提高自己的情商，也代表着开始面对自己未完成的期待，更真实地面对自己。

练习9-2　识别情绪背后

一对校园情侣吵架了，女生问男生，"中午你和谁一起吃饭了？"男生说："没有谁，同学啊。"女生问："男的女的？"男生说："好几个，有男的有女的？干吗问这个？"女生说："女生有那个谁谁吧？我们舍友都在食堂看到你们有说有笑了，还不承认？"男生说："哪有什么有说有笑了？"女生说："都被看到了，还不承认？"男生说："大中午的，吃个饭还不能正常说话了？说话还不能笑了呢？你也太无理取闹了吧？"

请猜猜他们怎么了，尝试思考：

- 女生和男生分别看到和听到的是什么？
- 他们分别体验到什么样的情绪？
- 他们对自己的情绪有怎样的感受？
- 他们这个情绪背后有什么需要？
- 他们其实想要的是什么？

如果我们大概一看，就觉得不过是吵架而已，当我们尝试去感受和理解他们就会发现，两个人在这个过程中随着吵架的升级，情绪也逐渐升级，而离他们本来的需要越来越远。

（三）降低消极情绪

对石郁来说，她明白自己和舍友之间的紧张升级和自己的消极情绪密切相关，她非常希望自己的沮丧、痛苦减少再减少，可是该怎么做到呢？

对我们大家来说，在理性状态下，我们很能理解，可是消极情绪笼罩下却一下子失去了方向，不知所措，该如何夺回情绪管理的主动权呢？

1. 消极情绪应对面面观

（1）我可以"消极"。

面对消极情绪，我们只能"降低"而不能"消除"，当我们意图消灭某个情绪的时候，就站到了它的对立面。消极情绪为了夺回主动权，反而可能变得更多让我们无法收拾。就像石郁本来的忍耐是希望自己不要表现出沮丧和痛苦，但是这种不被允许的沮丧反而带来崩溃式的反弹，让石郁更加沮丧。要明确我们不想要的只是随时随地情绪化的反应，而不是没有情绪，所以，管理消极情绪的第一步就是允许自己消极。

（2）理解情绪的钟摆效应。

我们的正面情绪（积极情绪）和负面情绪（消极情绪）的波动像钟摆一样，左右两边的摆动幅度总是一样的。当在某一种情绪上降低了反应的强度时，其他的情绪强度也会有同样的降低，也就是当我们的正面情绪荡到 A 点，那么很可能我们将更容易体会到 B 点的感受。相反，当我们压力大，受不了强烈的 B 点情绪的折磨而变得麻木，短时间来看是一种保护，但如果长期如此，好的事同样也不会使你感到欢欣、喜悦和满意了。当我们更珍惜自己拥有的正面情绪，愿意体验更多时，同时钟摆的另一边也在生长着承受、面对负面情绪的能力。

（3）避免情绪的转移。

石郁并不是在任何时候都对室友说英文气愤不已，而是当她在对自己不满意时崩溃发作。就算愤怒情绪通过发泄得到某种平复，但是愤怒背后的自卑感并未消失，只不过舍友和石郁本人忙着应付愤怒带来的影响，而本来长时间的自卑却不被察觉到了。这其实是发生了常见的情绪转移现象，当我们带着未解决的负面情绪进入到一个新的情境，那么原有的负面情绪将会持续地发生作用。

所以，消极情绪的管理要做到觉察并切断这种情绪的转移，理解情绪的源头，真诚地面对自己才谈得上好好解决。

（4）倾听情绪背后的意义。

当拨开层层迷雾，真正面对自己核心的消极情绪时，我们要做的不是寻找它的弱点一举击破，反而是站在它的旁边，真正倾听情绪背后的声音，和消极情绪做朋友。正如我们在情绪概论里提到的，所有的消极情绪都有存在的意义，理解它对我们生命发出的呐喊和提醒，接收到，并愿意改善生活方式时，你与你的消极情绪之间的控制权之争也悄悄发生变化，你也真正成了情绪的主人。在《头脑特工队》的动画片里，当冰棒痛苦难过的时候，乐乐开玩笑转移的方法并没有用，让情况好转的反而是忧忧坐到它的旁边，开始听冰棒诉说那些痛苦的丧失。

推荐视频：《头脑特工队》片段，有关情绪的经典动画影片。访问路径：https://v.qq.com/x/page/u0192ulcb1c.html

（5）寻求支持和帮助。

虽然我们可能了解了很多应对消极情绪的办法，却还可能因为各种各样的限制并不能做到，这个时候需要主动寻求支持和帮助。就如石郁和自己闺蜜谈了自己的情况，就在极大程度上缓解了压抑许久的自卑和痛苦，收获了很多支持，也让她更有能力看到自己的问题到底出在哪里。别忘了我们并不是孤身一人，面对负面情绪的最佳应对方案是向我们周围的师长、朋友和亲人求助，专业的心理咨询也可以提供更专业的支持让我们渡过难关。

2. 理性情绪疗法

（1）情绪 ABC。

石郁的自卑与愤怒，以及我们自己的那些负面情绪，背后都有一些不合理的想法和信念，美国著名心理学家阿尔伯特·埃利斯（Albert Ellis）于20世纪50年代创立了理性情绪疗法，通过识别和调整不合理的认知和信念，达到改变情绪和行为的结果。其完整的治疗模式由 ABC-DEF 六个部分组成（图9-6）。

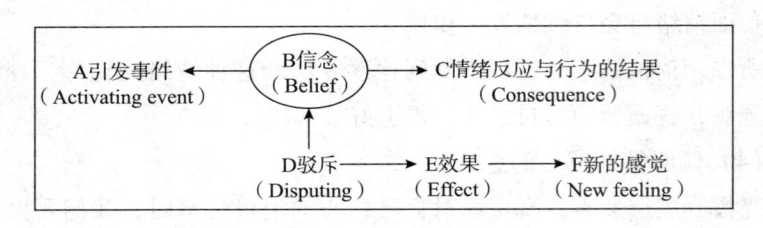

```
A引发事件 ←——— B信念 ———→ C情绪反应与行为的结果
（Activating event）（Belief）        （Consequence）

         D驳斥 ———→ E效果 ———→ F新的感觉
      （Disputing）  （Effect）   （New feeling）
```

图9-6 理性情绪疗法调整方案

埃利斯认为，事件（A）不是引起情绪反应或行为后果（C）的原因，人们对事件的不合理信念（B）（想法看法或解释）才是真正原因所在。因此要改善人们的不良情绪及行为，就要驳斥或者干预（D）非理性观念，而代之以理性的观念。等到产生了效果（E），人们就会产生积极的情绪及行为，心理的困扰因此消除或减弱，人也就会有愉悦充实的新感觉（F）产生。这种方法实质上是在帮助我们建构一种更实际更理性的生活哲学，减少自己的情绪困扰与自我挫败行为，同时减轻因生活中的错误而责备自己或别人的倾向，并学会如何有效地处理未来的困难。

（2）非理性信念的特征。

我们每个人在生涯发展和个人成长的过程中都会有非常多的非理性信念，比如：石郁痛苦挣扎的背后可能是认为"人不应该自卑，自卑是不好的，现在跟不上，今后绝对会步步跟不上，我没有优秀的成绩就一无是处，没有任何价值，我这么差绝对不会有人喜欢我，舍友在宿舍说英语绝对是针对我的，有了不同的意见不应该表达出来，否则破坏关系……"仔细听听这背后的声音，相信你也会觉得不可思议，恨不得立刻举出很多的反例与石郁好好辩驳一番。但是我们在面对自己的情绪时却常常难以识别，下面我们就谈谈非理性信念的特征，也请你反思一下，你是否也会有类似的想法呢？

① 绝对化的要求。

绝对化的要求是指个体以自己的意愿为出发点，认为某一事物必定会发生或不会发生的信念，通常是与"必须"和"应该"这类词联系在一起，当你的脑海里想起这类词的时候，就要停下来想一想，真的是这样吗？人不可能在每一件事上都获得成功，他周围的人和事物的表现和发展也不会根据他的意愿来改变。

② 过分概括。

过分概括是一种以偏概全的不合理的思维方式，以某一件或某几件事来评价自身或他人的整体价值，导致自责自罪、自卑自弃的心理以及焦虑和抑郁等情绪。例如，一些人面对学习成绩的下降常常认为自己"一无是处"或"毫无价值"。当过分概括地评价别人时，就可能过度责备别人，产生愤怒和敌意的情绪。我们真的能被一次失败定义吗？我们真的能用别人的一个举动来定义这个人吗？或许是时候好好觉察一下，自己是否经常"省事"地过度评价自己和别人。更具有建设性的做法是尽量去评价一个人的行为而不是去评价一个人，更开放和耐心地对待自己和别人。

③ 糟糕至极。

糟糕至极是一种对事物的可能后果非常可怕、非常糟糕，甚至是一种灾难性的预期的非理性观念。看似荒谬的想法，却有不少人坚持这样的观念，当他认为遇到了糟糕透顶的事情时，就会陷入极度负性的情绪体验中。我们生活的世界正在变得越来越不确定，或许我们也有很多理由不希望糟糕的事情发生，但我们却没有理由说它不该发生。当糟糕的事情发生了，陪伴那个在最初的慌乱之后的自己，沉住气，稳住脚，努力接受现实，在可能的情况下去改变这种状态，而在不能改变时去学会如何在这种状态下生活下去。

练习 9-3 我的 ABC 练习

请回忆一件最能引发你负面情绪的事情，写下来，和小组的同学交流。

（1）和大家一起讨论这件事情的 ABC 分别是什么。

事件（A）：_____

想法（B）：_____
情绪（C）：_____
（2）想法（B）的背后是否还有更核心、更隐藏的（B）呢？有的话写下来。
想法背后的想法（B）：_____
（3）和小组的同学一起谈谈，有什么反例来驳斥这个想法吗？
驳斥（D）：_____
（4）你的新想法和感受。
你的新想法（E，F）：_____

理性情绪疗法背后理性的生活哲学是否对你有效呢？当然期待一种方法能解决所有的情绪问题本身就是非理性的。理性情绪疗法的核心并不是让你变得刻板或者纯理性，而是介绍一种线性思维之外的思考角度，让我们的生活变得更有弹性。或许你心中还会有隐隐的担心："如果我改变了自己的脾气，变得不着急不生气，那还是我吗？"弗洛伊德对这种现象有一种经典的解释，叫作"自我妨碍"，人类的潜意识非常复杂，我们的情绪化和省事地处理问题可能让我们更安全或者有其他获益。改变自己既有的思考和反应模式是需要勇气和耐心的，如果我们介绍的几个方法对你的效果有限，那么不用着急，每个人都有自己成长的节奏，同时我们非常鼓励你更开放地继续自我探索，更多地了解自己背后的故事和想法。

扩展阅读 9-5 合理与不合理信念的标准

默兹比（Maultsby，1975）提出五条区分标准：

（1）合理的信念大都是基于一些已知的客观事实，而不合理的信念则包含更多的主观臆测成分；

（2）合理的信念能使人们保护自己，努力使自己愉快地生活，不合理的信念则会产生情绪困扰；

(3) 合理的信念使人更快地达到自己的目标，不合理的信念则使人难以达到现实的目标而苦恼；

(4) 合理的信念可使人不介入他人的麻烦，不合理的信念则难以做到这一点；

(5) 合理的信念使人阻止或很快消除情绪冲突，不合理的信念则会使情绪困扰持续相当长的时间而造成不适当的反应。

3. 直面生涯规划中的消极情绪

我们在进行生涯规划的过程中，都可能会遭遇与石郁类似的消极情绪的打击，下面我们列举了一些常见的消极情绪。

(1) 迷茫。

在大学生涯规划领域有种声音是"越早规划越好"。但是我们在帮助大学生做生涯规划的时候，有一种情绪最常听到——"迷茫"，最形象的动作就是两手一摊或者挠头无解（图9-7）。

图9-7 迷茫

迷茫的背后让我们不安的是一种不确定性，对未来的未知。比如在重要的人生十字路口徘徊迷茫。当今世界，我们几乎可以从网上了解到自己想了解的任何职业的资讯，但是百度无法告诉你该不该把律师作为职业选择。所以我们可能从大一一直迷茫到大四，直到大学的"进度条"耗尽,直接进入就业市场,而工作了之后迷茫还是如影随形。

既然如影随形,那么请反过来思考一下,迷茫这种折磨人的情绪到底能带给我们什么?

自由:当下还未决定,我们还掌握着自己生活的主动权。

惊喜:当我们开始开放自己拥抱迷茫时,或许能收获很多意外之喜。

创意:正是自己不清楚,最迷茫的时刻,也是灵感爆发的时刻。正如诗人约翰·济慈(John Keats)写到,只有"让自己处于迷乱,未知,怀疑,神秘,不要尝试接近事实,究其原因"才能时刻保持创造和探索的无限热情。

或许我们可以试着给自己的"迷茫"一个存在的时间和空间,拥抱新的创新的选择。

(2)竞争与嫉妒。

嫉妒可以使像空气一样轻的琐事变得像《圣经》一样有说服力。

——著名作家莎士比亚(William Shakespeare)

石郁最受不了宿舍的佳乐,因为她的英语口语最好,总是受到老师的点名表扬,每次看到她在课堂上回答问题,自己心中就不是滋味。

这种混合着羡慕、竞争、愤怒,还有一些自卑的情绪就是嫉妒。嫉妒是对威胁的反应,尤其是当某个重要他人对我的感情转移到了他人的时候。想想我们小的时候对妈妈抱起别人家的孩子时那种混合着恐惧的不满,就能轻易地唤醒嫉妒的感觉。与之类似的羡慕是想要拥有他人所拥有的东西,程度比嫉妒要轻。而竞争可以理解为嫉妒的行动,是适者生存的生存法则下的产物。

对大学生来说,尤其是临近考试、评价、找工作、做选择的时候,嫉妒和羡慕的情绪就开始蔓延,别人的行动对我们来说都像一面大旗,让我们自己变得相形见绌。但是让人肾上腺素爆棚的竞争和嫉妒其实源于我们对自己的不了解。

所以,当感受到这些情绪的时候,更重要的是自我安慰,并让自己停下来想想我可以做些什么,能促进我们更快进步,谁说竞争和嫉妒不会引发积极的行动呢？它们能推动我们在行动中展示智慧和创造力。

（3）焦虑。

胃部抽搐、喉咙发紧、眼皮直跳、想这想那、好像永远在思考，这种让我们坐立不安的情绪就是焦虑。焦虑是一种类似担忧的反应，是自尊心受到潜在威胁时产生担忧的反应倾向，是紧张、害怕、担忧混合的情绪体验，在大学生中间非常常见。

与生涯有关的焦虑既包括我该如何选择的焦虑，又包括对未知前程的焦虑，当焦虑来临的时候，我们唯一想到的就是赶紧离开一下，压压惊。可是这种暂时回避的拖延，其后果也加重了焦虑。

面对焦虑我们可以这样做。

① 看到焦虑并不是完全负面的，适度的焦虑带给我们的驱动力也很大。比如当我很焦虑自己的面试结果时，往往会提前准备。

② 理解焦虑在生理上和兴奋带给我们的感觉类似，或许让我们感到"压力山大"的正是我们贴给自己的焦虑标签，如果换成兴奋，是不是会引发更多有意义的探索行动呢？

丹麦哲学家索伦·克尔凯郭尔（Soren Kierkegaard）在《焦虑的概念》一书中写道："意识到生活没有预先设定好的轨迹后，焦虑是恰当的反应，但是我们有绝对的自由做出我们想做的任何选择，并为结果负全责。虽然这种眩晕可能令人紧张，能感受它的力量却是真正在活着的标志。"

（4）愤怒。

愤怒是由于客观事物与人的主观愿望相违背，或因愿望无法实现时，人们内心产生的一种激烈的情绪冲动。愤怒是一种原始的情绪，具有捍卫自己或者我方利益的功能，在战场上或许必不可少，但是在生活中却给我们对自己的认识和人际关系带来很大麻烦。大学生正处于精力充沛、血气方刚的青年时期，在情绪情感发展上往往容易产生好激动、易动怒的特点。不管是暴跳如雷、怒不可遏、恶语伤人，还是恼羞成怒，最后往往在逞一时之快后，悔不当初。

可是压抑愤怒也并没有好结果，石郁正是在压抑了自己的不满和愤

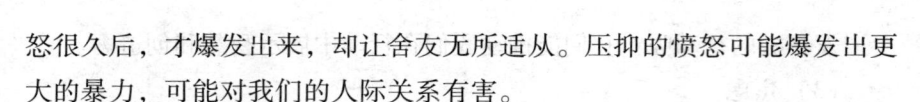

怒很久后，才爆发出来，却让舍友无所适从。压抑的愤怒可能爆发出更大的暴力，可能对我们的人际关系有害。

面对愤怒我们可以：

觉察并表达愤怒，不是宣泄愤怒或者暴行，而是带着对自己的觉察和理解，通过语言让人了解你生气了，同时了解你为什么生气，以及希望对方做些什么，什么时候能平息怒火等过程信息，梳理和降低自己的愤怒。

推荐视频：《愤怒的小鸟》电影片段，用小鸟的故事讲述了愤怒的重要意义。访问路径：http：//v.youku.com/v_show/id_XMTQ4NzM5MTYwNA=
=.html？spm=a2h0k.8191407.0.0&from=s1.8-3-1.1

（5）抑郁。

抑郁和焦虑一样，都是复杂的情绪，它不单指各种感觉，还指情绪、认知与行为特征。抑郁最明显的症状是压抑的心情，表现为仿佛掉入了一个无底洞或黑洞之中，正被淹没或窒息，也可能容易发火，感到愤怒或负罪感。抑郁常常伴随着焦虑，对所有活动失去信心兴趣，渴望一个人独居。抑郁的人很难回忆起美好的记忆，不适当地责备自己，认为他人更消极地看待自己，对未来感到悲观。与此同时，还伴随身体症状，如常常乏力，起床变得困难，睡得太多或者早晨醒得太早，并且不能再次入睡。也可能出现饮食紊乱，吃得过多或过少，随之而来的体重激增或剧减。

抑郁是我们极力想避免的一种情绪，但是所有情绪都有其积极意义，进化心理学观点认为，抑郁也有着重要的进化意义，抑郁让我们不想见人，也就躲避了当时对人类两大威胁之一瘟疫的感染。而有关抑郁的认知研究发现，抑郁让我们停下来，开始面对最让我们困扰的问题。抑郁代表着一种不可控的失望情绪，可是试图控制一切的做法也可能是人类的某些妄想。2011年，一部日本电影《丈夫得了抑郁症》风靡网络，妻子对得了抑郁症的丈夫陪伴、保持和等待让我们打心眼里感动，"如果努力会痛苦，那就不要努力了"。

抑郁来临，我们可以：

① 接受当下的状态，并开始好好看看事情发生的前因后果；
② 把这个时间当成停下来休息的时间可能更有建设意义；
③ 寻找能够理解和支持自己的家人和朋友；
④ 如果情况严重，或者伴随着强大的生理反应，需要求助专业的医生，辅助药物和心理治疗。

> **扩展阅读9-6　你是我身处黑暗时，最亮的光 | 影片《丈夫得了抑郁症》心理解读**
>
> 影片由真实事件改编，讲述了漫画师小晴在丈夫干夫得了抑郁症之后，和丈夫一起面对疾病的感人故事。
>
> 影片中，妻子小晴对丈夫没有不耐烦，没有指责，没有试图改变对方，只是用她的爱温柔地陪伴在其左右，给他理解、支持、鼓励和接纳。
>
> 干夫说："怎么努力都不行，我连igu（家养宠物蜥蜴）都照顾不了。"
>
> 小晴说："如果努力会痛苦，那就不要努力了。"
>
> 干夫说："我做不到，什么事情也做不了。"
>
> 小晴说："那就当作是自己决定不做的就好了。"
>
> 干夫说："我现在连个小学生都不如了，电车不敢坐，手机不敢打。"
>
> 小晴说："会慢慢好起来的。放假时，休息就是作业。"
>
> ……
>
> 有人曾这样描述抑郁症的感觉：一种被黑暗吞没了的感觉，心在无边无际寒冷的大海中挣扎、下沉，却看不到任何希望。
>
> 爱，就像是身处黑暗中，最亮的光，照亮我们的生命。
>
> 资料来源：http://weibo.com/ttarticle/p/show?id=2309404044909295316458

（四）提高积极情绪

有研究者统计了1967—2000年有关情绪的研究论文，发现有关愤怒、抑郁、焦虑等消极情绪研究的论文数量和有关愉快、幸福和生活满意度等积极情绪研究的论文数量比例是 21∶1。这是一个很惊人的比例，这也从某种角度印证了情绪适应的不对称性，那些不好适应的消极情绪吸引了我们更多的注意。直到积极心理学蓬勃发展后，研究者才把更多的注意力投注到积极情绪方面。

1. 提升积极率

正因为让我们体验到能量的积极情绪更容易被我们忽略，我们如何在生活中增加积极情绪呢？弗雷德里克森认为积极情绪受到一个临界点的调控，当我们在生活中体验到的积极情绪和消极情绪的比例达到 3∶1 的时候，我们的生活就会蓬勃发展；我们的生活中缺失了消极情绪，我们会变得轻狂、不踏实；而缺失了积极情绪，则会在痛苦中崩溃。

练习 9-4　测测你的积极率

你在过去的 24 个小时中感觉如何？回顾过去的一天，利用下面的量表，填写你体验到下列每一种情绪的最大量。

（积极率大于 3 为欣欣向荣）

0 分 = 一点都没有　　1 分 = 有一点　　2 分 = 中等　　3 分 = 很多　　4 分 = 非常多

序号	题目叙述	得分	积极 2 分以上次数	消极 1 分以上次数	积极率
1	你所感觉到的逗趣、好玩或可笑的最大程度有多少？				
2	你所感觉到的生气、愤怒或懊恼的最大程度有多少？				
3	你所感觉到的羞愧、屈辱或丢脸的最大程度有多少？				
4	你所感觉到的敬佩、惊奇或叹为观止的最大程度有多少？				
5	你所感觉到的轻蔑、藐视或鄙夷的最大程度有多少？				
6	你所感觉到的反感、讨嫌或厌恶的最大程度有多少？				
7	你所感觉到的尴尬、难为情或羞愧的最大程度有多少？				
8	你所感觉到的感激、赞赏或感恩的最大程度有多少？				
9	你所感觉到的内疚、忏悔或应受谴责的最大程度有多少？				
10	你所感觉到的仇恨、不信任或怀疑的最大程度有多少？				
11	你所感觉到的希望、乐观或备受鼓舞的最大程度有多少？				
12	你所感觉到的激励、振奋或兴高采烈的最大程度有多少？				

0分=一点都没有	1分=有一点	2分=中等	3分=很多	4分=非常多			
序号	题目叙述			得分	积极2分以上次数	消极1分以上次数	积极率
13	你所感觉到的兴趣、吸引注意或好奇的最大程度有多少?						
14	你所感觉到的快乐、高兴或幸福的最大程度有多少?						
15	你所感觉到的爱、亲密感或信任的最大程度有多少?						
16	你所感觉到的自豪、自信或自我肯定的最大程度有多少?						
17	你所感觉到的悲伤、消沉或不幸的最大程度有多少?						
18	你所感觉到的恐惧、害怕或担心的最大程度有多少?						
19	你所感觉到的宁静、满足或平和的最大程度有多少?						
20	你所感觉到的压力、紧张或不堪重负的最大程度有多少?						
	计分						

为了计算你在过去一天中的积极率,请遵循下列五个简单步骤。

(1) 回顾并圈出反映积极情绪的10个项目,即那些包含下列词语的项目:逗趣、敬佩、感激、希望、激励、兴趣、快乐、爱、自豪和宁静。

(2) 回顾并画出10个反映消极情绪的项目,即那些包含下列词语的项目:愤怒、羞愧、轻蔑、厌恶、尴尬、内疚、仇恨、悲伤、恐惧和压力。

(3) 数一数圈出的积极情绪项目中,被你评定为2或以上的有多少。

(4) 数一数画线的消极情绪项目中,被你评定为1或以上的有多少。

(5) 将你的积极情绪得分除以你的消极情绪得分,算出你今天的积极率。如果你今天的消极情绪数量为0,用1来代替它,以避免除数为零的问题。

当然,这个测试只提供了一个大概的参照。每个人的情绪都随着日子、小时、分钟变化着。任何测量你积极率的单一指标都只能描述出大概的状况。

资料来源:芭芭拉·弗雷德里克森. 积极情绪的力量 [M]. 王珺,译. 北京:中国人民大学出版社,2010.

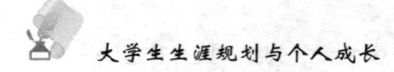

2. 积极情绪的培养

弗雷德里克森在她的专著《积极情绪的力量》专门探讨了增加积极情绪的五种方法。

（1）找到生命的意义。

人们的日常生活中所面对的大多数情况并非一无是处，能在生活中发现美好的一面，寻找积极意义的机会，以积极的方式重新定义困境时，你就提高了自己的积极情绪。

（2）梦想你的未来。

提高积极情绪的简单方法之一，就是更加频繁地梦想你的未来。为自己构想最好的将来，并非常详细地将它形象化，越形象就越有影响力，越能够让你把自己每天的目标和动机与自己的梦想相契合。

（3）利用你的优势。

调查结果表明，每天都有机会做自己最擅长的事情的人，更容易在工作与生活中取得成功。确定自己的优势，并据此重新制订你的工作与日常生活流程，重塑自己。由此产生的积极情绪的提升，既明显又持久。这是积极心理学早期的重大研究成果之一。

（4）与他人在一起。

没有人能孤立地实现自己的全部潜能。人们通过与他人相处，获得更多的积极情绪。每个欣欣向荣的人都与密友及家人有着温馨又可信赖的关系。培养对他人的关爱，培养自己的温和性情和同情心，你也会从中获得更多的积极情绪。

（5）享受自然环境。

对于实现欣欣向荣来说，自然环境可能与社会环境一样重要。因此，在明媚的好天气外出也是提高你的积极情绪的简单方法。在春季和初夏，每一个在好天气里在户外至少待上 20 分钟的人，都表现出了积极情绪的增长和更加开阔的思维。

人类的情绪会触动和改变他们生活中的许多方面。人类所拥有的对自身情绪的控制能力远超过自己的想象，所以，人们有能力促进自身的成长，使自己达到最佳的机能水平，并按照自己选择的方向来掌握和驾驭自己的生活。

三、生活压力

最近一个针对大四毕业生的调查在社交媒体上引起了同学们的共鸣：大家普遍认为自己压力最大的月份是 11 月，考研的同学马上进入年底考试的冲刺阶段，找工作的同学焦急地等待着自己 9~10 月投出简历的回音。大家的神经都很紧张，稍有不慎就引发冲突，唯一能引起共鸣的事情就是打游戏，吃饭，喝酒，看直播，而这么做之后还是要面对自己的压力……

（一）认识压力

正因为压力非常常见，而且压力不好的想法根深蒂固，我们对压力的思考路径可能会从直接问自己压力大吗开始，跨过什么是压力，直接进入到评估自己的压力大小，再到减压，所以提到压力就想到减压（图 9-8）。

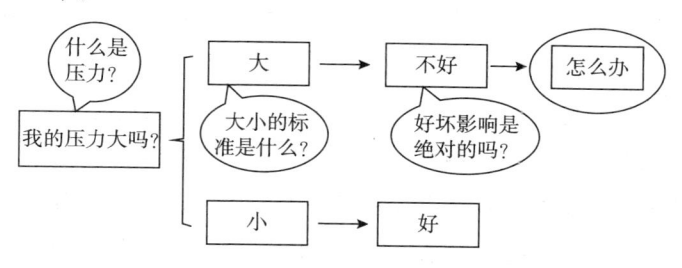

图 9-8 压力思考路径分析

而那些被我们忽略的部分其实非常重要，所以在我们立刻想减压的想法跑出来之后，我们要做的并不是直接进入减压环节，而是好好认识什么是压力。

1. 压力的定义和特征

压力也叫应激（stress），是健康心理学一个非常重要的概念，但是如果要给压力下一个定义并不容易。因为它可能指代的是任何你不想要的负面情绪，既可以指代北京的雾霾压力、交通压力，也可以指亲人离世的创伤；既可能是描述带给你压力的外在压力源，也可能指内在的状态、想法、情绪和身体反应；既可以是重大事件，也可能是日常琐事。

从生理学上来说，压力就是个体对知觉到的（真实存在或想象中的）对自身的心理、生理、情绪及精神威胁时的体验，所导致的一系列生理性反应及适应。

从与意义的联系上说，压力就是你在乎的东西发生危险时引起的反应。

这两个定义都指出了压力的三个重要特征。

（1）压力与威胁相关。

如果说生活是常态的话，压力就是异常态，我们会觉得自己的日常生活受到了威胁或侵入。正如11月带给大四同学的感觉。

（2）压力与评价有关。

被我们"知觉"到的威胁才叫压力，而我们不在乎的事情，不会感到压力，所以自控力研究专家凯利·麦格尼格尔直接指出，我们只对自己在乎的东西受到威胁时感到压力。而什么是自己在乎的东西却是我们自己赋予的。对考研的同学来说，考一个好成绩最有压力，而找到工作的压力并没有那么大；对找工作的同学来说恰恰相反。压力与意义无法分割，我们在经受压力的同时，也在准备开启着自己有意义的生活。

（3）面对压力我们会做出一系列生理和心理的反应。

一般我们在面对压力时会有紧张、手心出汗、血压上升、心跳加快的反应，这些反应给我们带来不适的同时，或许也说明我们在压力面前并不是无能为力的。

2. 压力的模型

加拿大医生汉斯·塞利（Hans Selye，1978）把我们的身体对压力的反应过程分为三个阶段，称之为"一般适应综合征"（General Adaptation Syndrome，GAS）（图9-9）。

（1）警戒期。

刚出现压力事件时，就会发生警戒反应。我们会像受到打击一样，应对能力有一个短暂的下降（低于平时的水平）。但是随后人体会迅速动员自身的身体和心理资源，做出自我保护性的调节。如果调节有效，警戒解除，否则就进入下一个阶段。

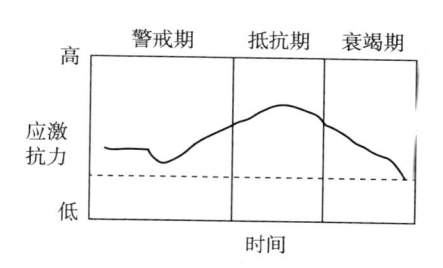

图 9-9　一般适应综合征模型（刘永芳，2016）

（2）抵抗期。

如果应激源继续存在，那么我们会试图调动更多的、更加重要的身心资源去排解压力。如果奏效，危机解除，否则进入第三个阶段。

（3）衰竭期。

个体的身心能量是有限的，如果压力情境一直存在，个体的应对能力就会下降，身心能量耗竭，长期或反复如此就会容易引发疾病（心血管疾病、关节炎等）。

但是，具体到我们身上还是会有不少例外和差异：压力感受性强但是适应能力弱的人会很快进入到最后的阶段，而感受性弱、适应力强的人则会有较长的第一和第二阶段（Mikhail，1981）。塞利的模型是基于白鼠实验的发现，他提醒了我们人类在面对长期不可控，严重的压力下可能的行为反应。如果我们在面对长期被剥夺、折磨或者虐待等重大压力时，身体会付出代价，严重的创伤性压力会损害健康。

3. 压力的生理指标

（1）压力荷尔蒙。

一般在压力情境下，肾上腺会释放两种压力荷尔蒙，一种是皮质醇，另一种是 DHEA（脱氢表雄酮）。皮质醇帮助我们转化糖和脂肪，提高身体及大脑使用能量的水平，收缩血管，泵出更多的血液，但同时会抑制一些不太急用的生理机能，如消化、再生等。相反，DHEA 是一种神经类固醇，它能帮助大脑生长，也会中和一些皮质醇的效果。两者的比例非常重要，如果压力过大，皮质醇占上风，伴随的是坏的结果，比如心血管疾病，免疫功能受损和抑郁，而 DHEA 占上风则会帮助人们在压力下奋起，能够预测反弹力和韧性。

(2) 战斗或逃跑反应。

请你尽力回忆一下最近一次险些遭遇摔倒或者看到某个恐怖电影的瞬间，感受一下身体的反应。压力来临时大脑启动了你的交感神经系统，让你更加警觉，准备行动——战斗或逃跑。这种与压力源对抗的战斗被称为"战斗或逃跑反应"。命悬一线的感觉会带来强烈的生理改变。这种反应帮助我们的祖先保持清醒，迅速做出反应，救了很多人的性命，也成为一种本能被保留进我们的 DNA 系统。

(3) 超越或战或逃反应。

生活中可能构成压力的事情非常多，而我们的压力反应变化范围也很广泛，远远不只有祖先留下的或战或逃反应，正如我们的案例中提到的大四同学在 11 月快过完的时候，会出现不同的生理和心理反应模式：有的从最初的面试中积累了经验，不断修改自己的简历发挥得越来越好；有的静下心来，好好规划最后的考研冲刺阶段，开始了效率最高的复习时刻；有的则与同学们更加亲密。所以，压力的典型反应并不是唯一的，激发我们的应对策略也不同。

挑战反应模式就是超越或战或逃反应的状态，我们会分泌更高比例的 DHEA，例如：那些汇报自己身处心流体验（挑战模式）中的人，反馈说他们在压力下心理并不平静，却让他们更自信，更加专注。

照顾和亲近反应模式下，这种被进化心理学研究认为是女性和雌性动物面对压力时的反应，会促使我们分泌更多的催产素，让我们释放保护部落的本能，更愿意照顾别人，比如向他人求助结盟，提供情感支持。而现在人的照顾和亲近反应并不局限在女性中，压力让我们更愿意抱团渡过危机，增强社会关系。

（二）压力的作用

初步认识了压力，以及我们在面对压力时的生理、心理反应过程后，你有什么发现？压力对我们到底意味着什么？如果把压力比喻为一个人，我们又该与压力保持什么样的关系？

1. 压力与绩效

关于压力是大好还是小好的问题，答案是适中最好。早在 1908 年，

第九章 情绪和压力管理

著名心理学家耶克斯和多德逊就发现了外界压力和绩效的倒 U 曲线关系，他们发现外界刺激过大或者过小时，小白鼠的学习效果都差，而在外界刺激适中时效果最好，被称为耶克斯－多德逊定律（Yerkes – Dodson Law）（图 9 – 10）。

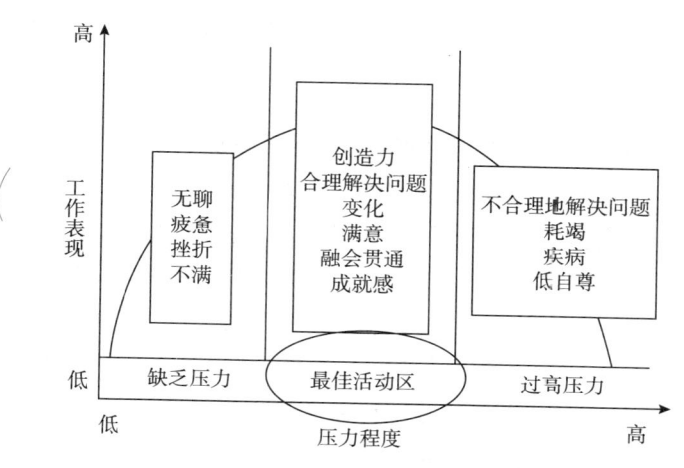

图 9 – 10　压力与绩效的倒 U 曲线关系

联想起我们自己的经历，不难发现类似倒 U 形的表现：每次放假回家前去图书馆背回一摞书，到开学却发现每次书只是打开了目录，没有压力时我们的表现并不好；长时间解决不了难题时，我们的表现也不佳；而当我们激发起挑战反应的解题，做自己喜欢且有挑战性的工作时表现最好。

或许某项工作压力的大小关乎我们的表现，而生活中的极端痛苦事件则关乎我们的幸福和健康。心理学家在一项对 2000 多名美国人四年的追踪研究中发现，创伤次数与他们四年内的幸福指数也呈倒 U 形曲线关系：这些参与者平均经历过 8 次消极事件，类似于亲人去世，重大财务困难之类的痛苦。那些极端的人群——困难水平最低或最高的人，更抑郁，健康问题更多，生活更不幸福，而体验了适量艰辛的人们更幸福和健康。事实上，那些没有任何创伤的人，对生活的满意度，远远低于那些经历过平均数量创伤事件的人（凯利·麦格尼格尔，2016）。这正符合了尼采的名言"那些杀不死我的，终将使我更强大"。

可问题是，我们虽然非常希望自己停留在适中状态中，但是实际情况却很容易感受到自己压力过大或者过小。但是可以肯定的是，如果我们的人生一直停留在压力很小的状态区间很难找到自己的适中状态，而经历过压力过大状态的人则更容易找到自己的适中状态。或许我们比耶克斯-多德逊的小白鼠更复杂，最佳活动区可能正是压力变为动力的一念之间。

> **扩展阅读 9-7 压力与绩效的关系研究进展**
>
> 虽然今天耶克斯-多德逊定律持续地得到了很多实证研究的支持，但是这一定律也受到了很多的批评。压力和绩效之间的关系十分复杂，事实真的是这样吗？组织行为学的研究学者将耶克斯-多德逊的实验结果应用在人的身上，研究结果并不一致。缪斯等人（Muse et al.，2003）做的一项元分析发现，46%的研究支持压力与绩效存在负相关关系，即压力越大绩效越差；13%的研究认为两者是正向促进关系；4%的研究支持倒 U 曲线关系；12%的研究发现两者并无显著关系。
>
> 有研究者提醒说，在没有压力或只有少量压力水平的状态下，管理者如果深信此耶克斯-多德逊定律，认为中度的压力水平能激发出较高的绩效水平，从而给组织成员施加一定的压力，那么结果可能适得其反。
>
> 目前有关压力与工作绩效关系的研究结论并不十分明朗，可能与研究方法的局限有关，也可能与两者关系的复杂性有关。对我们自己来说，结合你自身的经历来看，如何看待两者的关系影响深远。
>
> 资料改写自：百度文库. 经典研究 3-1 耶克斯：压力既是动力也是阻力 [EB/OL]. http://wenku.baidu.com/link?url=ACx_Hh-GO7WGtQmW_2zj-sXlyYQQua7JhvjL4L27Z0Byf-G_WgfP1jUr WBWu-WDZX8PtN8j97UyShXAmwybSZ3LbFc0O0OXfxuix3Hi7a_Gwi.

2. 压力与健康

2016 年 12 月 10 日央视新闻发表评论：中国每年"过劳死"60 万

人，我们如何走出过劳的"摩登时代"？

不知道你看到这个新闻时，做何感想？估计很容易惊出一身冷汗。压力与我们的健康息息相关，但是压力与健康的关系也并不简单，它受到社会的发展背景，我们对压力的看法的影响。

（1）压力与竞争社会。

新闻中特别指出"过劳死"的大背景，比如：经济社会转型的压力增大、竞争加剧、社会保障制度不健全等。这种高度竞争化，只争朝夕的快节奏生活裹挟着我们不再思考，让我们无暇顾及工作本身带给我们的价值和快乐，只剩下拼命争取留下的劳累或者暂时赢过这个竞争周期的庆幸。所以，有很多职场人士反馈：练习了很多减压的技术，比如冥想、禅修、旅游，一回到工作岗位又会回归疲于奔命的抱怨循环。在这样的大背景下，仅谈为了健康避免过劳，有些蚍蜉撼大树的感觉。当然，社会在进步，制度保障也在不断地完善。但是作为我们每个人，真的只有把压力当作敌人，尽一切可能做到减压，才能获得健康吗？

（2）压力有害健康的观点反思。

1998年，有研究者在一项追踪研究中邀请3万名美国人回答过去一年自己承受的压力状况，同时回答，压力是否有碍健康。八年后，研究人员发现，高压增加了43%的死亡风险。但是增加的死亡风险，只适用于那些相信压力有害健康的人们，那些报告了自己承受了高压，却不认为压力有害的受访者，死亡风险最低，甚至低于那些报告自己只承受很少压力的人。原来"压力有害健康的想法"对健康的损害可能更大，有害的想法本身可能削弱减压策略的效果，比如：锻炼身体、冥想、社交等。涉及健康和寿命时，某些观念可能至关重要。耶鲁大学对一群中年人追踪了二十年，结果发现那些对变老持积极想法的人比那些持消极观点的人，平均多活了7.6年。而那些我们认为会明显对健康有促进作用的因素，比如：规律锻炼，不吸烟，保持健康的血压和心血管水平，平均会延长人差不多四年的生命。这意味着我们害怕压力会损害健康而让自己去掉某些压力的做法，可能让自己更不健康。或许我们需要重新审视自己与压力的关系，重新思考压力对我们个人的意义。或许压力能成为我们的朋友。

3. 压力的积极作用

（1）压力满足人的基本需要。

人无压力轻飘飘，压力让我们一次次启动交感神经时，也在提高和保持着我们身体的活力。美国一项研究把同卵双胞胎之一的宇航员送到太空340天，另一人留在地球，结果回来对比发现，太空宇航员出现骨质疏松，并且心脏变小了。当宇航员在太空失去地球上最大的压力——重力时，并没有变得更健康。压力对我们的生存和生活来说可能必不可少，也不可避免，每一次外界的压力或者自身设定的压力也给我们的生活带来了新的可能性。

（2）压力帮助我们累积经验。

有过某种压力体验的人下一次经历类似的事情，应对起来往往更有方法。能够说出"天空飘来五个字，那都不是事儿"的人往往经历过大风大浪，处事不惊绝对是修炼的结果。压力过后，我们的大脑在恢复阶段会帮助我们累积经验，帮助我们处理未来类似的压力。每次重大的挑战，我们都可以从中学习，解决过难题的你已经成长为不同的你。研究表明，当给参与者看压力有益的视频，激发了他们期待从压力中学习的想法后，这些参与者在群体面试期间和之后的 DHEA 水平都提高了，表现更好，视压力为提升技能机会，就更可能从中学习。

（3）压力促进社交。

压力状态下大脑能够释放更多的催产素，而催产素能够调动我们的社交本能，使我们更愿意抱团、照顾和求助。比如那些处在11月压力状态下的大四学生，更愿意一起喝酒、聊天、打游戏，看似一起颓废，其实正是催产素的作用，让大家聚在一起共同面对求职季，在这个过程中让他们更信任彼此，在他人的支持下，也在慢慢积累着自己面对挑战的力量。无论你被自己的压力打击，还是为别人的痛苦无奈，最佳的路径都不是逃跑或孤立，而是联结，此时助人是最有效的动力助推器之一。心理学家克罗克（Krock）和同事的研究发现，当我们关注竞争和关注自我时更容易感受到困惑、紧张和孤独；当我们更关注他人或更宏大的目标时，则更有希望，更感恩，有行动力。集中力量帮助别人而不是证明自己的人，更容易受到尊重和喜爱。

四、压力管理

（一）压力管理的目的

1. 化敌为友

压力管理绝不仅是减压而已，尤其不是回避压力源。仔细反思你的生活，压力几乎不可回避，尤其在当下高竞争的社会背景下。视压力为敌，会让我们把所有生活中发生的正常事件当成侵扰，比如：你在复习考研，男朋友请你去看电影，你的为难可能变成压力。这种日常的困扰本来就是生活本身，企图逃避压力的后果让你消耗掉更多可以支持你的资源，反而创造了更多的压力源。所以我们谈到压力管理，正是与压力和解，化敌为友的过程。心理学家理查德·瑞恩认为，如果在生命中只以追求财富为目的的话，带来的只有负面的后果。越想得到最多愉悦感和逃避痛苦的人，越可能失去生命的深度、意义和人心。

> **练习9-5　和压力做朋友**
>
> 请你回想一个最近经历的重要压力事件，和一个朋友详细描述一下当时的感受。然后完成以下写作练习：
> （1）如果这个压力是你的朋友，你会有什么不同的感受？
> （2）你在这个压力事件过程中，对自己最满意的地方是什么？
> （3）你能从这个压力过程中学习的是什么？
> （4）请尝试用朋友的语气给压力写一封信。

2. 丰富自己的压力反应模式

或战或逃的经典压力反应，会引发我们本能的恐惧，这种恐惧在命悬一线、危机四伏的时刻对我们的生存有着保护作用。就在当今社会，面对火灾、走夜路等危险情境，我们努力逃避或者战斗，具有重要的现实意义。

科学证明，下列三种情况，压力可能有害：
- 你感觉无法应对压力；
- 压力使你与别人孤立；
- 压力完全无意义，违背了你的意愿。

但是更多的时刻，引发我们本能恐惧的事情，比如：当众发言，追求心仪的对象、工作和生活方式，考试、求职等压力，则没有那么极端危险，这个时候压力管理的目的在于扩展我们的压力反应模式，使自己能够切换到挑战模式或照顾模式中，意识到在当下压力引发的生理指标的波动是在帮助我们蓄积能量，而把目光转到周围，建立更多的社会支持，彼此扶持的过程中，压力也随之转化为动力。所以我们要做的就是塑造自己新的压力反应模式，保持觉察和反思，允许自己有机会做出新的选择。

> **扩展阅读 9-8 焦虑即兴奋**
>
> 想象一下，你要在一家几百人的公司工作，做一次全院报告，首席执行官和全体董事会成员都在听众席。你已经焦虑了一周，现在心脏怦怦直跳，手心出汗，嘴唇发干。这个时候你该做什么：试图平静下来，还是兴奋一些？
>
> 哈佛大学教授艾莉森·伍德·布鲁克斯（Alison Wood Brooks）发现，91%的人都认为最好的建议是试着平静下来。她设计了一个实验，告诉一些要演讲的人放松，通过对自己说"我很冷静"来舒缓紧张；而鼓励另一些人拥抱焦虑，对自己说"我很兴奋"。哪个策略都没有消除焦虑。演讲前，两组人还是紧张，然而对自己说"我很兴奋"的人，感觉更能处理压力。听众也认为那些兴奋的演讲者讲的更有说服力，更自信。
>
> 资料来源：凯利·麦格尼格尔，2016。

3. 让压力成就自己

有研究发现，压力对人生的影响中一直有例外，比如：高压确实增加死亡风险，而那些觉得压力对自己的生活有意义的人例外；严重的创伤更容易带来抑郁、痛苦，而那些愿意从创伤中成长的人例外。或许当我们改变了对压力的看法，愿意从中学习，压力也帮助我们成就了自己。压力管理的目标就是让压力成为不断推动我们进步的动力，有勇气追求自己想要的生活，活出自己喜欢的样子。让我们能从成功中学习，也能从失败窘迫中学习。

下面我们就从认知、情绪和行动三个层面来具体讨论如何实现压力管理的目标，也请你针对自己的情况，选择最适合你的方案，付诸实践。

（二）认知调整

本节内容其实一直在试图挑战"压力有害，有必减之"的想法，这正是一种从认知上改变的策略。多项研究都表明，一个小小的信念的改变，都可能迸发出强大的力量，这就是信念的力量。

心理学家在美国7家酒店招聘服务员，做了一项信念如何影响健康和体重的研究。打扫酒店是一份辛苦的工作，每小时会消耗超过300卡路里的热量，相当于每小时走3.5英里。但是这些服务员普遍认为自己没有规律锻炼身体，研究者测量了他们的平均血压、腰臀比、体重，然后随机选择4家酒店作为实验组，对服务员做了15分钟的介绍，说明他们每天的工作等同于锻炼，具体到每项工作消耗的卡路里，告知他们完全达到或者超过了卫生局建议的运动标准，对身体有益。然后把这些信息制作成标签，挂在醒目的地方。而把剩余3家酒店作为控制组，只发放运动有益健康的资料。4周后，研究者回访了这些对象，那些被告知工作等于锻炼的服务员相对于控制组的服务员，体重和体脂肪有所下降，血压更低了，甚至自尊水平更高了。

服务员每天都在工作，但是将工作视为锻炼的想法，神奇地转化了工作对身体的影响。当我们思考自己生活、学习中甚至是苦难的意义时，也能实现神奇的转变。

1. 苦难的意义

著名意义治疗心理学家弗兰克尔分享过这样一个案例，有一个老医生，在妻子去世两年后还是走不出来，来找弗兰克尔，说："我可能抑郁了，请帮帮我。"弗兰克尔在听老医生诉说了和妻子点点滴滴的回忆之后，问了老医生一个问题："假设，两年前去世的不是你的妻子，而是你，想象一下她坐在我面前，会说些什么？"老医生连忙说："不可能，当年如果是我去世了，她可能都无法坐到你面前，她既不会开车，也不会缴税……"弗兰克尔看着老医生的眼睛说："你现在所经受的痛苦，有部分意义正是帮助你的太太不用承受这样的痛苦……"老医生半天没有说话，后来表情变得柔和而庄重，起身握住弗兰克尔的手，说"谢谢"。

对老医生来说，妻子去世的痛苦并未消除，但是这份痛苦有了一个意义，甚至是能为妻子做些什么的意义，痛苦就有了生命。对许多已经深处困境中的人们来说，警告大家"不要承受过大压力，否则结果不可逆转"毫无意义。实际上，我们在任何处境都有机会成长。停下来思考当前困境的意义，是一种积极的人生态度，也能带来新的成长机会。思考苦难的意义，并不是为了找个理由让我们继续停留在痛苦中，而是把当前的生活和我们更珍视的人生意义相联系，选择更真实、更现实的行动。当我们深处暴力伤害等威胁安全、自由、尊严和生命的困境中变得绝望时，选择逃离或者求助他人就是选择了战略性的撤退，都是非常现实而且有智慧的选择。思考人生的意义，也可以帮助我们提高改变现状的动力。

2. 日常忙碌的意义

在某部委与驻外人员分享压力管理的讲座结束后，有一个小伙子热情地邀请老师去马尔代夫旅游，自豪地说："马尔代夫首都马累的所有建筑，都是我建的。"

这句明显是玩笑的话，让在场的人都笑了，但是小伙子说话的自豪神情引起了老师的关注和思考。可想而知，带着"我要建起马累所有建筑"想法在工作的小伙子肯定没少加班、熬夜，但是他在面对困难和压力时，也会更有动力去解决，忙碌的工作就有了意义。思考我们珍视的价值观，会让当下的忙碌生活更有意义，也会减轻压力的抑制作用，强化我们的成长动机。

3. 积极思考三部曲

与其担心风险，不如拥抱意义。感受到压力时提醒自己锻炼新的思维模式，能够帮助我们获得新的成长。

第一步：承认。

当你感觉到压力时承认压力的存在。允许自己感受到压力，并且感受它对身体的影响。

第二步：理解。

要知道压力是对你"在意"事物的反应。你能想到有关这个压力背后的积极动机吗？思考你在乎的是什么，为什么会在乎？理解自己与压力的故事。

第三步：运用。

运用压力给你的能量，而不是耗费心力试图压制它。你可以做些什么，才能反映你的价值和目标？

思维模式的改变需要长时间的有意识的练习。我们自动思维的惯性非常强大，压力管理最有帮助的部分是提高思考的灵活度，我们能看到压力既有好的一面，也有坏的一面，允许自己分神，同时能专注在你最在乎的事情上。就如同11月的大四学生，看似颓废，其实是处于"自我沉睡期"，他们正在经历着自我重新建构的过程。这种更平衡的压力观，能够帮助我们降低压力的恐惧反应，提高自控力。

（三）情绪调整

情绪调整策略的意义是帮助我们从恐惧的或战或逃模式中暂时解放出来，为下一步的行动做好准备，为迎接挑战争取时间和心理资源。情绪调整策略的关键就是获得放松反应，让身体机能有机会从压力状态中恢复，同时促进我们身体的学习，更适应下一轮的挑战，获得处变不惊的能力。本章第二节有关情绪管理的内容都能帮助我们缓解压力。此外还有一些具体的方法，可能对你有些帮助。

1. 放松练习

许多人在忙碌的生活中已经忘了如何放松了，其实对大多数大学生或脑力工作者来说，压力造成的身体疲惫并不是真的体力透支，而是脑力透支，所以放松之道是放松身心，或者做一下身体的活动。以下是一些不错的训练方法。

（1）呼吸训练。

通过调整呼吸的频率和强度，进行腹式呼吸训练，来提高血液中的氧饱和度，促进新陈代谢，帮助我们获得放松体验。例如：先盘坐、端坐、站立，收腹吸气，同时肩胛骨上提后夹，脊柱后弯，将气吸足。然后屏气感受到气息的流动后，缓慢将吸进之气吐出。

（2）瑜伽及冥想练习。

瑜伽和冥想的练习都是非常不错的训练，能够帮助我们提高对身体、气息的觉察，获得放松体验。

（3）肌肉放松训练。

通过有意识的冥想方式来放松肌肉的做法，也是非常受欢迎的放松训练方法。具体如下：

① 练习者以舒适的姿势靠在沙发或躺椅上；

② 闭目；

③ 将注意力集中到头部，咬紧牙关，使两边面颊感到很紧，然后再将牙关松开，咬牙的肌肉就会产生松弛感。逐次一一将头部各肌肉都放松下来；

④ 把注意力转移到颈部，先尽量使脖子的肌肉弄得很紧张，感到酸、痛、紧，然后把脖子的肌肉全部放松，觉得轻松为度；

⑤ 将注意力集中到两手上，用力紧握，直至手发麻、酸痛时止，然后两手开始逐渐松开，放置到自己觉得舒服的位置，并保持松软状态；

⑥ 把注意力指向胸部，开始深吸气，憋一两分钟，缓缓把气吐出来；再吸气，反复几次，让胸部感觉松畅。

这样，以此类推，将注意力集中到肩部、腹部、腿部，逐次放松。

最终，全身松弛处于轻松状态，保持一两分钟，帮助全身肌肉放松。

2. 休整制度

最近一个朋友来了一次说走就走的旅行，回来在朋友圈里留下一条状态："充电一星期，工作5个月"。

压力往往也意味着努力，休息非常容易被忽视。工作忙和任务紧的时候最容易挤压休息的时间。比如大学一到考试季宿舍彻夜亮灯，就是为了考试牺牲睡眠的表现。可是休息对健康的意义无须多言，关键是要为休整制定制度。

（1）短期休整。

一般人的注意力在一个半小时左右，长时间工作，学习一个半小时左右要有10~20分钟的休整时间，然后再投入工作。

（2）休假制度。

公休日和假期的意义就是给自己充电。要根据自己日程，设立休假的制度，而不是在休息的时候为自己没有好好努力而内疚。

3. 专念训练

专念（mindfulness）是当下一种非常流行的调整压力的方法，它训练人们以一种有意识地觉察、活在当下及不做判断的方式来生活。它传递了拥抱而不是排斥我们生活中压力的态度，用提高觉察的方式，帮助我们发现生活中很多不经思考的自动思维，并且珍惜当下的时刻。

专念让我们活在当下，开放自我，接纳并且保持对当下发生事情的注意力，而不是着急地进入结果，为未来焦虑。

专念允许我们有情绪，并尝试倾听情绪背后的期待，觉察自己真实的感受，接纳自己的有限性和不完美。

专念培养我们的耐心，用感受呼吸的方式，来提高我们对当下快节奏生活的耐心。

（四）行动调整

所有的想法和感受都需要落实到具体的行动口才会产生效力，另外，虽然我们还没有想清楚或者感受明白，但是只要开始了行动，那些在行动中获得的真实体验，也能反过来改变我们的想法和感受，促进我们采取更多的行动。

推荐视频：《鹬》，体验帮助小矶鹬成长。访问路径：http://www.le.com/ptv/vplay/26986172.html

视频中的小海鸟，一开始非常害怕海浪，尤其是被淹一次后更是恐惧到不敢出门，但是第二次被海浪淹的时候，偶然从寄居蟹那里学了把自己埋起来，睁开眼睛，结果发现了意想不到的收获。所以能够促使我们更多地尝试的行动都是调整压力的好策略。

1. 书写的力量

最近吴莎分享了日记对她的帮助，她一直有写日记的习惯，而且会在不同的时间回看自己的日记，用不同颜色的笔做批注，最近一次看到自己在大一的日记中描述的烦恼和不同时间的批注，有很多新的觉察和收获：原来当时的自己只看到事实的一部分，原来时间对想法的影响是这样的。

心理学家索尼娅·柳博米尔斯基（Sonja Lyubomirsky）的研究证明了书写的力量。她把人们分成3组，每组在"写出来、说出来（对着录音机说）和想一想"三种方式中选择一种来描述感觉糟糕的事和开心的事，参与者每天晚上花15分钟完成研究，结果发现，对于糟糕的事情，也就是压力事件来说，写出来和说出来都让人们感觉更好也更健康，而只是想一想让人们感觉更糟，身体也更糟糕；对于好的事情，说出来让人们感觉好，但是身体指标更低，写出来的效果最差，最好的方式却是想一想。

写作确实能帮助人们缓解负面情绪，分析清楚前因后果，能够让人们从更丰富的视角，更客观地看待自己和当下的困境。面对负面想法，只是在头脑中盘旋，只能思维窄化，恶性循环。对于好的事情则不同，分析会让好感觉很快消失殆尽，与人分享和重温、品味则能强化好的感觉。

第九章　情绪和压力管理

> **练习9-6　书写压力练习**
>
> 写下对你来说非常痛苦，让你难过的经历，每天花15分钟的时间，把它写下来，连续做7天。
>
> 在写的时候请注意：
>
> 我希望你能谈谈你对这个经历的最深刻的想法和感受。写什么都行，但不管你选什么，都必须是对你有着深刻影响的。最好是一些你从未怎么跟别人讲过的事，其实挺难的，因为敞开了心扉，去触碰那些你内心深处的感情和思想，换句话说，就是写下你的经历和以前的感想，以及现在对它的看法如何。最后，你可以每次都写不同的痛苦经历，也可以整个研究过程都写同一个经历，每次你可以选择任何想写的痛苦经历。
>
> 7天后，和你的小组同学分享你的感受。

2. 行动的力量

我们总是有很多理由拖延对自己重要的行动和计划，而很多运动减肥成功的人都分享到一个观点——开始行动，具体请参见第六章有关开始与聚焦的部分。作家柏邦妮分享了一个观点，对提升行动力很有帮助。她说："写作就像夜间开车，车头灯只能照亮前方三两米的范围。即便如此，你也可以开完全程。"或许就如同跑步一样，总有开始的一天，何不就今天呢？

3. 与人连接的力量

在压力状态下，能够与一群人共同面对，能够让我们获得更大的安慰和成长。

（1）他人是资源。

当我们把注意力放在应对压力上的时候，往往会忽略重要的信息，忘记了自己并不是一个人，周围的人可以提供哪些帮助。我们一个人能做的事情是有限的，但是我们一起能做的事情就可以很多。

相信别人是资源很重要，知道如何获得资源的支持更加重要。人们常认为把压力表达出来比压抑或者回避压力更有益于心理健康。在一项

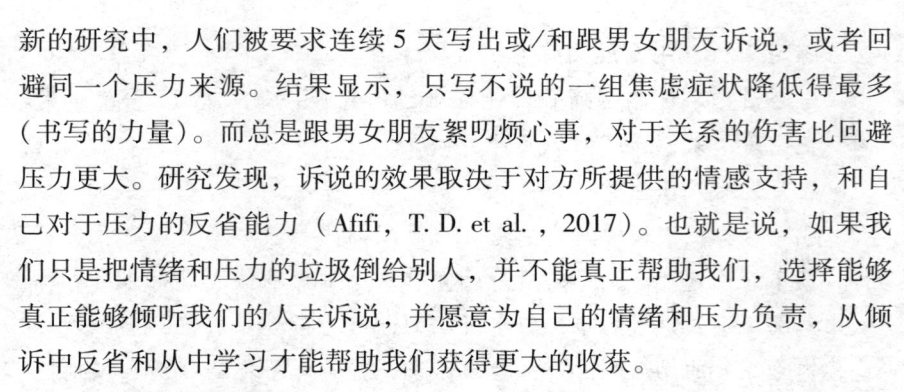

新的研究中，人们被要求连续5天写出或/和跟男女朋友诉说，或者回避同一个压力来源。结果显示，只写不说的一组焦虑症状降低得最多（书写的力量）。而总是跟男女朋友絮叨烦心事，对于关系的伤害比回避压力更大。研究发现，诉说的效果取决于对方所提供的情感支持，和自己对于压力的反省能力（Afifi, T. D. et al., 2017）。也就是说，如果我们只是把情绪和压力的垃圾倒给别人，并不能真正帮助我们，选择能够真正能够倾听我们的人去诉说，并愿意为自己的情绪和压力负责，从倾诉中反省和从中学习才能帮助我们获得更大的收获。

（2）真诚带来联结。

有一阵子"网络树洞"在大学里很流行，任何人都可以登录这个账号在上面发帖子，但是不知道是谁发的，这种匿名性让我们看到很多不为人知的痛苦，也引发了很多同学的匿名回复。那些平时看不见的部分，在树洞中变得可见，让看帖子的人们切实感受到，原来我们每个人都不是外表上看起来那样，都可能在经受这样那样的痛苦、挣扎和无奈。这些真诚的分享，让我们感受到彼此的联结。凯利写道："和我一样，这个人知道痛苦的滋味"，这个人是谁并不重要，重要的是我们知道自己并不是孤身一人。

（3）帮助别人。

布法罗大学的研究人员对1000名美国人进行了为期三年的跟踪研究，研究人员收集了他们的压力事件，以及社会服务情况和疾病状况。结果发现那些没有规律帮助别人的人，每个压力事件，如离婚或失业，都会提高患病风险。而那些规律奉献事件的人，则没有这个问题。关爱他人，能够促进催产素的分泌，助人的行为，无论是否自发，都将调动我们的耐挫力。

认知、情绪和行动这三个重要策略是相互支持、相互促进的关系，任何一个方面的调整都会调整我们与压力的关系，帮助我们更有成效地生活。以上的分享是否在某些地方对你有所帮助？我们并不期待你记住所有的研究和理论，而是要把在阅读这些策略时获得的宝贵体验和你的生活实践联系起来，真正对你调节情绪和管理压力有所帮助。

推荐视频:"和压力做朋友",凯利·麦格尼格尔在 TED 分享了对压力研究的最新发现。访问路径:http://v.youku.com/v_show/id_XNjE1NjM3MTAw.html?spm=a2h0k.8191407.0.0&from=s1.8-1-1.2

思考

1. 结合自己的体会谈谈你对情绪功能的理解。
2. 请反思一个最让你熟悉的负面情绪,思考其对你的积极意义。
3. 管理情绪就是控制情绪,谈谈你对这种观点的看法。
4. 如何提高自己的情商?
5. 有关压力的部分,对你最有帮助的是什么,你如何在生活中应用呢?
6. 管理压力就是消除压力,你是如何理解压力管理的?

参考文献

[1] 芭芭拉·弗雷德里克森. 积极情绪的力量 [M]. 王珺,译. 北京:中国人民大学出版社,2010.

[2] 丹尼尔·戈尔曼. 情商:为什么情商比智商更重要 [M]. 杨春晓,译. 北京:中信出版社,2010.

[3] 蒂凡尼·瓦特·史密斯. 心情词典 [M]. 庄逸抒,等,译. 南京:江苏凤凰文艺出版社,2016.

[4] 范富霞,吕厚超. 情感适应的心理机制:AREA 模型 [J]. 心理科学进展,2013(4):653-663.

[5] 凯利·麦格尼格尔. 自控力——和压力做朋友 [M]. 王鹏程,译. 北京:北京联合出版公司,2016.

[6] 理查德·格里格,菲利普·津巴多. 心理学与生活 [M]. 王垒,王胜,等,译. 北京:人民邮电大学出版社,2003.

[7] 梁家铭,陈树林. 积极情绪影响认知的理论模型研究新进展 [J]. 应用心理学,2015(2):157-165.

[8] 刘永芳. 管理心理学 [M]. 2 版. 北京:清华大学出版社,2016.

[9] 马广武. 沟通中"情绪转移"问题的 MBTI 人格理论分析 [J]. 人口与经济,

2008（S1）：90－92.

[10] 索尼娅·柳博米尔斯基. 幸福有方法［M］. 周芳芳，译. 北京：中信出版社，2014.

[11] 泰勒·本－沙哈尔. 幸福的方法［M］. 汪冰，刘骏杰，译. 北京：当代中国出版社，2007.

[12] 夏翠翠. 大学心理健康教育［M］. 北京：人民邮电出版社，2013.

[13] Davidson, R. J.. Affective Neuroscience and Psychophysiology: Toward a Synthesis [J]. Psychophysiology, 2003, 40 (5): 655－665.

[14] Gable, P. A.. Harmonjones E. The Effect of Low Versus High Approach－motivated Positive Affect on Memory for Peripherally Versus Centrally Presented Information. [J]. Emotion, 2010, 10 (4): 599.

[15] Maultsby, M. C.. Rational Behavior Therapy for Acting－out Adolescents [J]. Social Casework, 1975, 56 (1): 35－43.

[16] Mikhail, A.. Stress: A Psychophysiological Conception [J]. Journal of Human Stress, 1981, 7 (2): 9.

[17] Muse, L A, Harris H G, Field H S. Has the Inverted－U Theory of Stress and Job Performance Had a Fair Test? [J]. Human Performance, 2003, 16 (4): 349－364.

[18] Selye, H., The Stress of Life [M]. New York: Mcgraw Hill, 1978.

[19] Sims, T., et al.. Wanting to Maximize the Positive and Minimize the Negative: Implications for Mixed Affective Experience in American and Chinese Contexts [J]. Journal of Personality & Social Psychology, 2015, 109 (2): 292－315.

[20] Afifi, T. D., et al.. Testing the Ideology of Openness: The Comparative Effects of Talking, Writing, and Avoiding a Stressor on Rumination and Health [J]. Human Communication Research, 2017, 43 (1).

推荐阅读

凯利·麦格尼格尔. 自控力［M］. 王岑卉，译. 北京：文化发展出版社，2012.

本书是作者超级畅销书《自控力：斯坦福大学最受欢迎心理学课程》姊妹篇，基于扎实的研究和生动的笔触，向我们展示了"在压力下好好生活"（Living Well with Stress）价值观的力量，凯利在世界著名的

TED全球大会演讲"如何与压力做朋友"视频也受到了追捧。拥抱压力会使你面对挑战时更主动,运用压力的能量,而不是被其耗得油尽灯枯。它帮你将压力重重的窘境转变为社会交往的机会,而不是离群索居。最终,它提供新的方式,引领你在痛苦中找到意义。

推荐电影:《头脑特工队》

《头脑特工队》是2015年一部3D动画电影,在第88届奥斯卡金像奖获得最佳动画长片奖。该片讲述了小女孩莱莉因为爸爸的工作变动而搬到旧金山,她的生活被快乐、恐惧、愤怒、厌恶和悲伤五种情绪所掌控。本篇用极具想象力的方式,尽展脑内情绪的缤纷世界,向我们展示了不同情绪的魅力,以及不同情绪合作的意义。

第十章　启航
——从大学生到职场新人

今年大四的陈胜宿舍4人聚餐，庆祝舍友武广刚签了新工作。目前宿舍里只有武广一个人签约了，陈胜还在等自己的公务员考试成绩，李斯还在等自己的考研成绩，而张俊已经无暇找工作的事情，忙于应付大三开始经营的淘宝店广告费的问题。大家在祝贺武广的同时，也谈起了自己的焦虑：陈胜和李斯在纠结是不是要在考研结果出来之前提前试试找工作，而张俊也在认真地想自己要不要做一回网红，搞个直播，为自己的小店宣传宣传；以为解决了心事的武广也说起自己的焦虑，自己签的公司是初创公司，加班很多，担心自己到底能否吃得消。

对很多大学生来说，需要在毕业的时候完成很重要的人生转折——从一个学生成为职业人，开始新的生涯阶段。这个阶段是一个承上启下的过渡阶段，它既不像之前大学生活中的放松自在，也不像找到工作后的成功骄傲，但正是这个过渡的当下，串起了大学生"学生"和"职业人"两个不同的身份，串起了学生生涯和职场生涯两个阶段。它既是在之前生涯规划和能力培养基础上的自然发展，也具有这个阶段特殊的议题——角色转换。关于角色的转换，你准备好了吗？升学、就业各自面临怎样的问题？到底要走一条少有人走的路还是和大家一样？你是否可以搜集到你想要的资源和信息，帮你拿到下一步的入场券？如何把握机会？如何自我支持？

一、角色转换

（一）人生岔路口

进入毕业季，以前一同上课一同吃饭的同学好友，步调开始不那么统一了，渐渐有了不同的选择。在这即将离开大学校园的最后一段时间里，不管你是否准备好了，大家要完成论文撰写、实习、就业等各种任务，所以压力陡增，但是随着最后期限的到来，也激发了巨大的能量。大家驾驶的人生之船，最后都去了哪里？2017年1月，北京市发布了《2016年北京地区高校毕业生就业质量年度报告》（简称北京就业报告）。报告中把毕业生的就业形式分成三类，包括：深造，占毕业生总数的23.16%；就业，占毕业生总数的74.23%；未就业，即截至2016年10月31日还未有明确的就业意向的，占2.61%。

1. 深造

深造包括"国内升学"和"出国留学"两种。该报告显示，在各级各类学生类别中，本科生选择深造的比例最高，达到36.34%，这和2017年初山东大学的就业质量报告结果类似：山东大学有超过三成的本科毕业生选择国内升学，另外有7.7%的毕业生选择出国读书。对很多本科生来说，毕业继续深造是一条顺理成章的道路，很多毕业生都会尝试考研（考博），但是每个人选择继续读书的原因却不尽相同：有的是因为对研究方向感兴趣，希望继续深入研究；有的是因为之前并未进入理想院校，希望通过考研（考博）进入理想院校圆梦；有的是随大流看大家都考研自己也考考试试；有的是没想好自己想做什么，想再争取几年好好想想；有的是想体验不同的文化，想出国读书等。

看似升学是选择了转变最小的一条"航道"上路，但是其实启航也不是想当然。对很多学生来说，做出考研（考博）或出国的决定是一个重大的决定，具体来说，需要选择自己喜欢的研究方向，然后需要寻求各种资源，准备考试和面试，好好把握机会，表现自己。进入心仪学校后，都需要我们经历一个重新适应的过程，既包括生活适应，也包括适应学校文化、跨国文化、人际关系、研究学习强度、独立思考等，在完成学业的同时，为下一步的就业做准备。

这些内容不一定能涵盖所有学生的情况，却都说明了一个现象，虽然升学看似还在继续着学生的身份，其实已经进入到转换阶段，不过是把这个阶段的时间拉长了而已。

2. 就业

就业包括"签就业协议""签订劳动合同""参军""西部志愿者""自由职业""自主创业"等就业形式。北京就业报告中显示,在各级各类学生中,硕士的就业比例最高,其次是专科生、博士生和本科生。其中有63.8%前往各类型企业就业,高于机关(6.6%)和事业单位(14.9%)。与一个单位签订一份就业合同,特别是进入企业工作,是更多学生的首选。经历就业的准备、简历完善、寻找就业机会、面试、等通知、再面试、签订合同、实习、毕业、正式入职等一系列过程,学生就完成了从大学生到社会新人的转变。在本章开篇的故事中最快找到工作的武广,在整理自己的电脑时,回头看了看自己为找工作专门建立的文件夹,竟然积累了4G之多,存满了上百份中英文简历和各类求职资料,这些任务、资料都见证着他在求职就业过程中的蜕变和成长。一般来说,整个就业过程可以分为两个阶段。

(1) 求职阶段。

毕业前,选择就业的毕业生要进入求职阶段,开启属于我们自己的就业旅程。为此需要你主动做很多准备,不断地寻找机会和资源,进行很多的尝试,当然也包含经历失败。很多经过这个过程的学生都反馈说,正是在求职的过程中,特别是面试中,累积了对自己的了解和信心:"原来我可以做到的。"我们特别建议你也像武广一样建立专门的文件夹,不断地整理各种资源,这些将成为重要的里程碑。

(2) 适应职场生活。

就像武广一样,很多找到工作的同学,没来得及在找到工作的喜悦中停留太长时间,就要带着忐忑的心情准备开始实习或工作了。到底职场是什么样的?我到底能不能胜任工作?会不会有办公室政治?我会不会失望,要不要重新选择?这些切实的担忧,也反映了大学生和职场人的重要区别。

3. 创业

自主创业也算一种就业,2016年6月12日在北京发布的《就业蓝皮书》显示，中国大学毕业生自主创业比例持续上升，2015届学生的自主创业比例为3%，虽然选择此类方式的学生在所有学生中占的比例并不高，但在目前国家、社会和学校都大力扶持的背景下，自主创业反映了大学生就业方面的新趋势，有关创业和创业的过程和心理准备我们会在第十二章专门讨论。

(二) 角色转变的基本过程

不管你是航行在深造，还是就业的航道上，都意味着你处于角色转换的阶段，虽然具体的选择可能会有所不同，但是在定下方向后，角色转变的过程可以大致分为以下五个步骤。

1. 准备自己

进行生涯规划的起点是对自己的了解，做出升学还就业选择之后启航的第一步也是对自己的了解。

(1) 自我梳理。

和大一进行的一般性的生涯规划探索不同，毕业前的自我梳理更加聚焦，如果选择的是升学，那么需要我们对以下几个方面进行自我评估：学分情况、获奖情况、复习目标和计划、优势和不足；如果是选择出国留学还需要梳理自己的外语情况、研究经历、研究兴趣等部分；如果选择的是就业，就需要自我梳理我的成绩、获奖、优势、实习经历、社团经历、与目标职业相关的能力和兴趣等。

(2) 制订方案。

接下来是制订行动的计划，对自我进行管理：制定一套遵循SMART原则的短期目标，开始行动，在这个过程中不断评估自己，调整应对方案。就像平时制订期末考试复习方案一样，我们面对的是有明确时间节点的目标，不过这个目标的实现并不容易，我们要充分认识到其中的困难和挑战，不断给自己加油鼓励。

(3) 形成阶段成果。

对于就业的学生来说，要提炼出自己的优势，初步完成一份简历。对于升学的学生来说，最好也形成一个文件，对自己的思考进行整理和梳理，形成书面的成果要比在头脑中计划效果好。

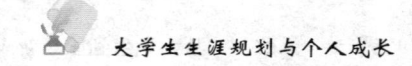

2. 寻找资源

第二步是广泛地寻找资源，具体来说主要包括两个方面。

（1）收集目标信息。

要广泛地收集目标专业或就业单位的信息，寻求与自己条件的最大匹配。例如：升学的学生学需要知道有哪些学校招生，政策是什么，有哪些导师，导师的研究方向是什么，考试题目有什么特点，面试的侧重点等；就业的学生同样需要知道目标单位的各种用人条件。然后把这些信息与我们对自己了解的信息进行整合。

（2）寻求帮助。

谁可能成为你启航路上的资源？我们的父母、老师、同学、朋友那里都可以蕴藏着我们需要的资源，关键是我们不仅要能识别、发出请求，还要懂得如何获得支持。第七章"练习7-1"可以帮助你更系统地探索。

一个小孩搬石头，父亲在旁边鼓励："孩子，只要你全力以赴，一定能搬起来！"最终孩子未能搬起石头，孩子说："我已经尽全力了！"父亲答："你没有拼尽全力，因为我在你旁边，你都没请求我的帮助！"

所谓全力以赴就是：

- 拼尽全力；
- 想尽所有办法；
- 用尽所有可用资源。

全力以赴，但你不是一个人在战斗！

——献给奋斗路上的人们！

3. 主动行动

在对自己与心怡方向进行充分匹配之后的第三步就是主动行动。申请升学的学生需要与目标学校、导师取得联系，让对方对自己有更多的了解和认识。申请就业的学生需要在面试中好好表现，积极主动，获取更多的认可和下一轮的机会。

4. 总结反思

在几轮行动后，就进入到第四步：反思评估，积累经验。如果是成功的结果，累积经验不仅可以帮助自己更了解自己，也可以成为帮助师弟师妹的资源；如果是失败的结果，反思同样能帮助我们明确问题所在，有针对性地调整。

大家从理性上都理解总结反思的重要性，却不容易做好这一步。因为伴随着总结反思阶段会有非常多的情绪：你可能因为成功而兴奋、庆幸，觉得没有必要总结，或者不想总结；你也可能因为失败而沮丧、焦虑，无法静下心来总结。大家可以回顾第九章情绪管理部分的建议：我们并不是要隔绝所有的情绪，纯理性地完成总结的任务，而是可以倾听并利用情绪，采用或寻求他人的支持，或采用自我肯定等方式促进自己的行动。

5. 为适应新角色做准备

到我们的升学或就业有了一个结果，我们有了一个去向后，我们的转变阶段并没有结束，而是进入第五步：适应。提前准备，提前适应能够帮助我们顺利过渡。我们即将不被称作大学生，而是被叫作研究生（硕士、博士）、职场人士、专业人士，这些称呼的转变，都提示着角色的改变。了解不同角色在要求上的差异，能够帮助我们实现顺利平稳过渡。

这五个步骤是基于生涯信息加工理论提出的 CASVE 循环决策步骤（请参考本书第五章相关内容）和项目管理的思想提出来的。我们可以把自己的启航转变看作一个项目，需要明确问题所在，想达到什么效果，充分沟通，分析，综合做出选择，评估自己的选择并支持自己持续行动，最后完成或放弃该项目。在整个项目实施过程中，可能会遇到各种挑战和困难，需要我们持续努力，并发挥创意解决问题，若干年后，你会发现这段看起来折磨人的启航阶段意义深远。

二、获得职场入场券

宿舍聚餐让陈胜和李斯深受启发，看到找到工作的武广谈论面试的趣闻和收获，他们也决定在等待考试结果的阶段投简历找工作试试，不管最后结果如何，推销自己的过程也能积累不错的经验。

和陈胜、李斯想积累经验不同，更多的学生求职是为了真的找到一份能使自己经济独立的工作，找到自己喜欢的事情，甚至是自己一辈子的事业。但是不管是模拟还是实战，我们都需要先努力使自己获得进入职场的入场券。

（一）认清就业形势

1. 就业形势分析

根据我国人力资源与社会保障部的数据，2016 年，全国高校毕业生总数 765 万人，而 2017 年毕业生总量更是达到 795 万人。从图 10-1 中不难发现，毕业生人数近十几年屡创新高，大学生的就业几乎年年都可以被称为最难就业季。

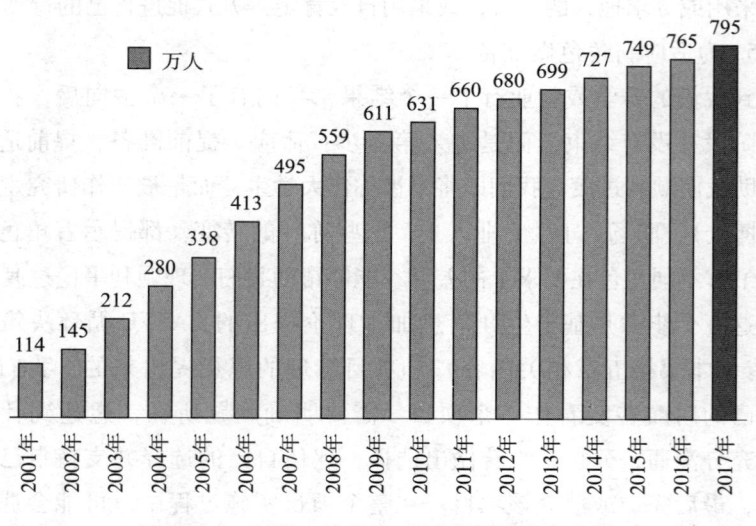

年份	万人
2001年	114
2002年	145
2003年	212
2004年	280
2005年	338
2006年	413
2007年	495
2008年	559
2009年	611
2010年	631
2011年	660
2012年	680
2013年	699
2014年	727
2015年	749
2016年	765
2017年	795

图 10-1　2001—2017 年中国高校毕业生人数

为促进高校毕业生就业创业，国务院印发的《"十三五"促进就业规划》文件中继续把高校毕业生就业摆在就业工作首位。人力资源与社会保障部下发《关于做好 2017 年全国高校毕业生就业创业工作的通知》，要求各地坚持把高校毕业生就业摆在就业工作首位，以实施高校毕业生就业创业促进计划为抓手，拓展就业渠道，完善精准服务，强化困难帮扶，切实做好高校毕业生就业创业工作，确保高校毕业生就业局势稳定。

看完上面的表格和红头文件，相信你已经得出结论：当前大学生的就业形势不容乐观，就业压力巨大。这样的形势与全球性的人才竞争，经济衰退，以及我们国家的整体经济发展势头放缓等多种因素有关。整体严峻的就业形势使得就业市场能够提供给大学生的就业岗位数减少，能够付给的薪资也相对减少。所以对大学生来说，如果想获得职场的入场券，需要经过激烈的竞争。看到这里，不知道你的感受如何？是焦虑、兴奋、摩拳擦掌，希望自己赶紧行动；还是吃惊、冒汗，想先刷个微博压压惊？面对这样的压力，在我们理性分析之前，情绪会先冒出来，想要自己立刻平静下来，淡定面对都非常困难。与其追求平静，不如利用当下的焦虑，促进自己主动出击，提高行动力。

2. 就业能力分析

面对巨大的就业压力和焦虑，很多同学会突然发现，自己在大学期间制订的生涯规划书太过理想完全用不上，而是跟随别人的脚步海投简历。为此我们访谈了北京师范大学心理学院教授、生涯规划研究的专家乔志宏老师，他指出："就业能力"与"生涯规划能力"并不一致，他援引福格特（Fugate）的就业能力结构理论，认为就业能力包含社会资本、人力资本、适应力和职业认同四个部分，其中社会资本、人力资本等是非心理性因素，在就业能力中占有重要的位置，而生涯规划能力是从心理学和个人角度出发的职业认同和适应能力，所以面对就业市场，就业能力是主客观、实力与运气综合作用的展现（具体的访谈内容见附录一）。

> **扩展阅读 10-1　Fugate 等人（2004）提出的就业能力结构理论**
>
> Fugate 等人认为，就业能力由适应性、职业认同、人力资本和社会资本组成。
>
> （1）职业认同是就业能力结构的核心内容。它指的是个体对自己的职业兴趣、天赋和目标逐渐清晰而稳定的认识。
>
> （2）适应性指的是个体愿意且有能力将一些个人特征变得符合情境的要求。从适应性的角度而言，个体既要适应、接纳外界的变化，也要能够预见外界变化的趋势从而主动加以调整和适应，Fugate 等人认为适应性包含五个变量：乐观、乐于学习、开放性、内控和一般自我效能感。

> （3）人力资本是指一系列影响个人事业提升的变量。包括年龄和受教育程度、工作经验和接受的相关培训、工作表现和工龄、情绪智商、认知能力等。其中，受教育程度和工作经验是预测事业提升最有效的变量。
>
> （4）社会资本是就业能力中公开的社会性和人际成分，能起到掌握和传递信息的作用。

就业能力结构理论，向我们展示了人与社会系统共同建构了就业这回事，却忽略了社会、人脉对就业的影响，抹杀了我们在大学中学习和实习的经验，或者轻视对自己生活方向的决心、努力程度都是不全面的。乔志宏等（2011）的研究发现，人力资本也就是我们的学业成绩、获奖、实践活动和实习经历，是决定就业成败的核心因素。也就是说，对我们每一个具体的大学生个体来说，功夫在平时。强大的就业形势压力，只是暂时让我们模糊了视线，大家需要停下来仔细评估自己的就业能力到底处于一个什么状态，优势有哪些，并且好好思考如何发挥优势。

> **练习 10-1　就业能力自评**
>
> 请给自己的就业能力按照 0~10 分的标准打分。
>
> （1）适应性，包括：主动性，开放性，内控还是外控，自我效能感，自尊，乐观，责任感。
>
> 请根据适应性包含的项目，给自己打个分数，并挑选一个对你来说最可能提高的部分，想想如何才能提高。
>
> _____
>
> （2）人力资本，就是你自己的大学"含金量"，包括：学业成绩，奖学金，社团活动经历，实习经历。
>
> 请根据自己的情况打分，并反思对你来说你的人力资本情况如何，是比较平均，还是不占优势，还是有一项突出？
>
> _____

(3) 社会资本，也就是"人脉"的作用，包括：父母的阶层、财富、声望，以及对你求职的支持力度；弱人际关系的数量，提供的就业信息数。

请打分，并思考如何利用社会资本，扩大自己的就业机会，如何应对社会资本不足的问题？

_____

(4) 职业认同，对自己生涯规划方面的探索。
请打分，并评估自己的职业认同是否清晰。

_____

3. 了解就业政策

如果我们宏观地看数据，可能会觉得一个人在795万人中是微不足道的一点，但是如果系统地看待就业就会发现，有阻力，就一定也有促进解决的力量。国家、政府、学校出台了很多有利于大学生就业的特殊政策，比如：西部志愿者计划、大学生村干部、辅导员保研、大学生当兵、国际组织实习（就业）等。这些计划在提供就业机会的同时也给予了特殊的政策倾斜，比如西部志愿者计划规定了："服务期满2年或3年且考核合格的西部计划志愿者，在考研加分、报考公务员或事业单位和学费补偿、助学贷款代偿等方面享受相应的政策。"还有一些地方政府、学校也在制定就业政策、提供就业信息方面出台了很多有力的方案。这些政策和支持不一定能解决所有大学生的就业问题，但是对你个人来说，其中可能蕴藏着适合你的机会。

除此之外，我们还需要开拓多种渠道广泛地了解就业信息，发动你的社会资源：家长、朋友、同学等帮忙留意与自己就业意向匹配的就业信息；充分利用本学校的就业中心资源。

了解就业政策，收集就业信息就是一个问题解决的过程，你积极主动、多方探索才可以对就业市场有更多的了解。

（二）展开求职行动

不管你的学历和动机如何，获得求职入场券的关键就是尽快开始求职的行动。具体包括：锁定目标职业，主动查阅就业信息；对自己的优势和不足进行总结提升；制作简历；与肯为你介绍工作的朋友保持联络，表达感谢；在求职期间保持精力充沛，提高自信等。求职行动的整个时间一般在半年左右，台湾学者王淑俐还建议大家在求职过程中，要保持自信，好好运动，不要停止娱乐，设法让自己神采奕奕、光彩耀人。保持乐观心态及幽默感，求职失利也别灰心，主动与别人联系，才能使得亲友乐于支持你、帮助你。

1. 求职 SWOT 分析

很多学生的求职行动是在大四开始的，但是就业的准备可能从大一就开始了，在校期间好好发展自己的专业知识和能力，在求职活动中就多一份信心和踏实。

管理学中将公司的战略与公司内部资源、外部环境有机地结合起来的 SWOT 分析法，可以用来帮助我们整理自己的优劣势的同时，评估外界的机会与挑战。简单来说，就是把自己当作一个公司来经营，整体动态分析的方法，下面就以某位同学的例子介绍如何根据你的实际情况进行有针对性的分析（表 10-1）。

表 10-1　SWOT 分析举例

内部环境分析（S.W.） \ 外部环境分析（O.T.）	机会（Opportunity）	威胁（Threat）
	1. 人力资源管理部门逐渐受到企业的重视 2. "入世"后，外资企业的进入导致人力资源管理人才需求量的增大 3. 心理学在人力资源管理中的重要性逐渐凸显出来	1. 人力资源管理方向的毕业生 2. MBA 的兴起 3. 人力资源管理在很多企业中仍然处于刚起步阶段，其运作很不规范 4. 比起学历，我国许多企业更看重工作经验
	优势机会策略（S.O.）	优势威胁策略（S.T.）
优势： 1. 硕士学历，成绩优秀 2. 丰富的学生干部管理经历 3. 大型公司半年实习的经历 4. 具有心理学的知识背景	1. 继续学习心理学知识，将心理学知识运用到人力资源管理中 2. 发挥担任学生干部的管理特长	1. 强调自身心理学背景的优势 2. 强调大型公司半年的实习经验 3. 强调较强的学习能力和适应力

续表

	劣势机会策略（W.O.）	劣势威胁策略（W.T.）
劣势： 1. 师范院校毕业 2. 没有丰富的工作阅历 3. 专业不对口 4. 性格急躁，容易冲动	1. 利用较强的学习能力，自学人力资源管理课程，加强英语的学习 2. 继续加强自己在师范院校中所培养的口语交流、文字书写等优势	1. 训练克制自己的冲动修个性 2. 结合两个不同的专业，培养宽阔的视野和创新能力 3. 积极寻找重视员工潜能的企业

分析后之整体结论：职业发展道路定位在大中型的外资企业人力资源管理部门

（1）SWOT 分项分析。

S（strengths）是优势：是内部因素中有利的竞争因素，主要指对你来说有哪些优势，以及优势的组合。

W（weaknesses）是劣势：也属于内部因素，主要是指自身那些可能不会心仪工作就业市场看好的因素，包括性格、阅历、专业对口方面的情况。

O（opportunities）是机会：属于外部因素，指就业市场中对你有利的发展趋势、政策和行情。

T（threats）是威胁：指外部因素中那些不利于发展的因素，包括竞争对手、不利行情等因素。

SWOT 四格矩阵图，能够帮助我们形成一个对自己和对求职比较全面的印象，从而避免使自己陷入厚此薄彼的境地，妄自菲薄。

（2）SWOT 整体分析。

SWOT 方法的优点在于用系统式的思维全面地考虑问题，可以把对问题的"判断"和"解决方案"放在一起考虑，便于我们形成行动方案，实践检验。表 10-1 的例子中不仅列出了四格矩阵，还把机遇与风险，优势和劣势进行了整体分析。对于我们来说，既要看到如何利用外在机遇来充分发挥内在优势的价值，又要看到如何利用内在优势来应对外在风险；既要充分利用外在机遇对劣势进行一定的弥补和管控，又要思考可以发展哪些策略促进自己改进劣势，甚至变劣势为优势。

相信认真按照这个工具来分析自己和就业行动，我们具备何种优

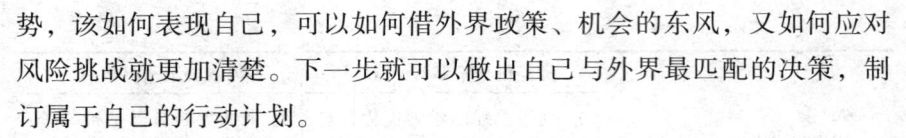

势,该如何表现自己,可以如何借外界政策、机会的东风,又如何应对风险挑战就更加清楚。下一步就可以做出自己与外界最匹配的决策,制订属于自己的行动计划。

2. 制作简历

想求职的陈胜和李斯恨不得立刻投份简历找个公司去面试,急忙求武广分享简历模板。武广在分享给他俩的同时,也提出了自己的建议:"制作简历是一个大工程,我的资料只能参考,你们必须做出有自己特点的简历。"

简历往往是求职的第一块敲门砖,写好一份简历不仅能够帮助你获得面试机会,还是面试环节你与面试官对话的重要资料,所以,怎么强调简历的重要性都不为过。可是这份重要的简历却不一定被HR好好阅读。有资料显示,超五成简历在五秒钟之内没有阅读就被淘汰了,如果你投的是大型公司,或者招聘大量职位的公司,HR每天要看好几百份简历,你的简历很可能是被HR"扫描"的,而不是仔细阅读的。

美国投行的筛选简历的办法是:2个小时筛800份简历,一份简历平均10秒。2秒钟筛掉50%,再5秒筛掉40%,只有不到10%的简历被看了超过10秒,所以,重点突出最重要。

虽然简历可能只是被扫描的命运,但是我们却不能随意处置,有网友感慨地说"简历写得很辛劳,很努力,投简历效果就会好一些;反之,随随便便糊弄简历,即使海投也是海待"。

其实,好好制作简历就是推销自己的过程,确实如武广所说的这是一个"工程","要在短短的一页纸上给HR留下深刻的印象"。

(1)参考资源。

对自己的SWOT分析让我们对自己和外界有了全面的理解,但是做一个好的简历,绝不只是罗列自己的履历。做简历不是呈现静态的文字,而是要在资料如何呈现、取舍、强调上下功夫,在最短的时间里实现与HR的动态互动,因此,关键不是自说自话地表达展示你有多好,而是站在对方的角度上,让他感受到你与职位之间的匹配。了解HR的工作模式,知道简历撰写的重点,避免误区就需要参考前人的资料。知乎上"如何做一份优秀的简历"这一话题得到了 85 个回答，其中不乏 HR 的经验之谈，值得大家参考。综合资料来看，一份好的简历要包含以下几个重点：

- 写简历前应进行充分的换位思考；
- 结构明确，包括基本信息，教育背景，工作经历，荣誉，技能；
- 重点突出，展现优秀的自己；
- 定位清晰，展示你与岗位的匹配程度；
- 要根据不同的求职单位和职位，有针对性地撰写简历；
- 注重行文格式，排版格式；
- 切记过度包装和推销自己，要契合用人单位的需要；
- 诚信是职场的重要守则；
- 简历后可附上简短的求职信，说明你是如何获得招聘信息，你的求职意向、优势和未来规划。切记不可抄袭；
- 可根据创新性岗位的需要，设计有创意的简历形式，比如电子视频简历。

扩展阅读 10-2　有用的简历撰写资源

(1) 简历、求职、面试必备的几个公众号。
- offer 先生
- 大招聘
- 校招日历
- 实习僧

(2) 互联网招聘的几个网站平台。
- 海投网——大学生求职搜索引擎
- 拉勾网——最专业的互联网招聘平台
- BOSS 直聘——互联网求职招聘找工作神器
- 内推网——互联网招聘内部推荐神器

(3) 微博平台。
- 简历义工——分享简历撰写经验和招聘信息

(4) 学校就业中心网站和活动。

(2) 尝试模仿撰写。

万事开头难，资料收集必不可少，但是如果资料过多，则非常容易被信息淹没，而不敢动手撰写了。所以，简历的撰写关键是落实到写上，你可以先模仿网上下载的模板，撰写自己简历的初稿。

有些人可能因为完美主义倾向而失去自信，其实初稿和最后提交给HR的简历可能完全不同，它可以是信息的罗列，可以很没有逻辑，可以很长或者很短。而且谁也不能一下子写出最佳简历，着手做的过程也是处理自己焦虑的过程，当我们开始写一些内容的时候，心情也随之更放松一些，对自己的信心也会随之增长。

有些人可能会因为自己的成绩、实习经历没有亮点而写不下去，其实对很多大学生来说，拥有丰富的职场经验是不现实的，你在大学里参加的社团活动、实习活动都是重要的资料，只是需要掌握表达技巧，例如：关于项目经验，要表达清楚这份工作是什么，你参与了什么，有什么结果，简明扼要，重点突出。

初稿完成就成功一半了。图10－2是一位网友的简历初稿，他申请的是销售岗位。

(3) 不断修改。

优秀的简历是改出来的。大学生的经历都差不多，能够突出重点，把简历写好就需要精雕细琢，尝试把类似的经验，用不一样的方式表现出来。在首次求职的时候，一份还算满意的简历至少经历5次以上的修改。到学校的就业中心，找到专业的老师帮你把关修改就是不错的选择，如果找不到专业人士，学长和同学也可以站在不同的角度给你提出很好的意见。网友（zhang小波）根据销售的特点和要求，对上面例子中学生的简历进行了修改（图10－3），很快该学生就得到了十几个面试机会。

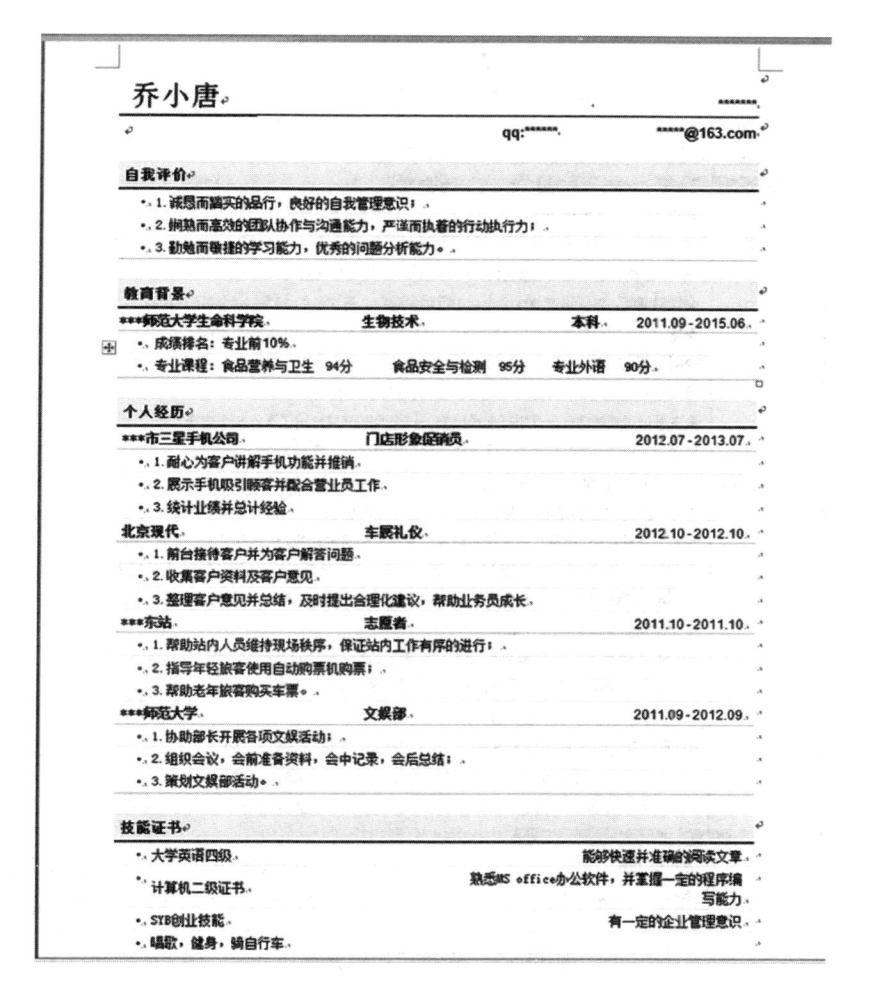

图 10-2 简历初稿实例

这份修改后的简历，针对性很强，所有的活动与销售要求的有了关联；使用了大量的数字和动词，让经历变得鲜活起来；重新排版，重点突出，也是销售能力的体现。这些内容并不是凭空杜撰的信息，但是经过重组加工，展现了修改简历的魔力。

```
                    乔小唐
        联系方式：***-****-****    Email：*******@163.com

求职意向  销售代表
教育背景  ***师范大学   生命科学学院   生物科技专业           2011/09
        ◆成绩排名一专业前10%
实习经历  CBD 家居电话销售代表                              2014/07－2014/10
        ◆CBD 家居销售，通过电话邀约客户到现场，展开会场销售。
        ◆实习期间，每天通过300个电话进行陌生邀约，每次邀约15到20个客户到场。
        ◆连续两个月保持团队邀约人数第一，连续获得两次1500奖励，提成15000。
        中国银行海口支行业务员                              2013/09－2013/10
        ◆大三期间通过60%的面试，成为中国银行兼职业务员。
        ◆主要通过拜访宿舍形式进行现场销售，一个月期间共拜访了720多个宿舍。
        ◆通过走访700多宿舍，共办了330多张中国银行卡，拿到3300元提成。
校园经历  SYB 创业技能培训                                 2012/09－2012/11
        ◆SYB 创业技能培训期间，担任培训班班长，每周五组织一次培训班同学课题讨论。
        ◆创业技能培训期间，联系学校职业发展协会和院学生会，组织策划学校创业计划大赛。
        ◆动员了1000同学和学校老师参加，共100多个参赛队伍，锻炼了组织能力和执行力。
        学生会文娱部部长                                   2012/09－2013/06
        ◆大二期间当选学院文娱部部长。
        ◆期间组织配合学生会策划2012年学院元旦晚会，期间负责整个晚会流程和现场秩序。
        ◆晚会开始前组织同学们们排队进场，并带领晚会嘉宾 入场。晚会期间带领10名同学
          协调现场秩序，并为嘉宾服务。
        组织车站交通安全志愿者活动                           2012/05
        ◆大二上学期，在班级发起车站交通安全志愿者活动，动员了18名同学参加。
        ◆组织同学们配合车站工作人员，维护车站秩序引导顾客排队购票，帮助老年人买票。
技能证书  ◆英语四级                          ◆计算机二级
        ◆SYB 创业技能合格证书                 ◆南海网高考播报员荣誉证书
```

图 10-3 修改后的销售简历

（4）投递简历。

简历像是高度概括化的名片，可能信息有限，但是用人单位筛选简历的过程，是从你的投递开始的。投递简历包括了发送邮件、撰写求职信、电话联系等内容。我们针对一些明显的投递错误，提出了有效的解决方案，供大家参考（表10-2）。

表 10-2 投递简历的误区和调整

误区	调整方案
求职邮件标题没有有效信息	最好采用"姓名+求职意向+学校+其他你认为重要的针对性信息"来做邮件标题
简历直接贴在邮件正文里，格式混乱	最好采用 pdf 附件的形式发送简历（Word 文件容易出现格式问题），附件的标题和邮件标题一致（便于 ER 保存）
没有邮件正文，或者正文随意	邮件里的正文就是一封简短的推荐信，要包括你从哪里得到求职信息、对工作的热爱等个人化的信息，并注意邮件礼仪
同时投很多不相关的职位	有些用人单位会同时招聘很多职位，也会允许求职者同时投递多个岗位，但是最好选择有相关性的岗位，如果选择不相关的岗位要在邮件里或者电话里加以说明和解释
投递完，不主动联系	投完简历，主动通过电话或邮件的方式进行询问，也是进一步让 HR 对你加深印象的过程，如果没有被选上，也要表达感谢，表现出专业性
电话或邮箱联系不上	投递完简历后，要保证电话的畅通，并且勤关注邮箱，不错过面试机会

有些单位在招聘的时候会使用某个求职网站的平台，要求求职者用标准简历的格式提交简历。对于系统提出的问题，我们要站在 HR 的角度思考，好好回答。如果是非常心仪的工作，建议大家更加主动，尽量与招聘的 HR 取得联系，获取更多机会。

3. 寻找工作机会

对于这个问题，以往我们会倾向从求职者的角度来考虑：多方关注，目标是获取的招聘信息越多越好。但其实寻找工作机会是一个双向选择的过程，用人单位总是希望通过发布工作机会招到合适的人选，而求职者也总是期待着通过这个机会找到适合的工作单位，所以，这个过程的关键词应该是"合适"而不是"更多"，是"匹配"而不是"最佳"。而因为过程的不确定性，用人单位倾向于广泛撒网，海量发布；求职者倾向于寻求最多机会，广泛投递，但双方都会觉得差强人意。

（1）寻找合适和匹配。

寻找合适和匹配机会的关键就是对自己和工作要求的理解清晰明确，可这也是最难的部分。你可以从用人单位的招聘顺序来窥探一二，据介绍，用人单位在决定发布招聘广告之前，往往会先从内部招聘开始，因为老板更容易相信他亲眼所见的能力表现；其次，再通过熟人推荐的方式来选拔，熟人的眼光通常更值得信任；然后是专业人士的眼光，比如通过猎头和职业介绍机构；最后才是发布招聘信息，越高职位的招聘顺序越是如此。大学生招聘的流程受此影响较小，但是我们也能看到踪迹，比如：如果有师兄师姐入职某单位，这个单位就更容易招聘这个学校或者专业的学生。用人单位总是期待合适的人选，而不是最优的人选。

从求职者的角度，很多学生可能会认为在当前的就业形势下，谈合适和匹配显得太过奢侈，能有去处就不错。可是即便在紧张的就业形势下，我们也不是完全被动的。现实并不是那些更能寻求到海量信息的人更容易成功，而是那些更了解自己优势，更愿意不断寻求自己与用人单位"合适和匹配"的人更容易找到工作，也更容易对工作满意。就业能力的研究表明，在同等的社会资本和人力资本下，职业认同越明确，适应性越强的人就业力越强。以下是一些主动寻求自己与就业机会"合适和匹配"的建议。

① 发现职位中"职位描述"与自己优势的匹配。

招聘信息中的"职位描述"往往是硬性的指标，代表了雇主选择的范围和侧重点，很可能也是雇主筛选简历的关键词。主动把这些信息与自己的优势相联系，匹配程度越高，成功的机会也就越大。修改自己的简历，使之包含这些关键词也是非常有利的策略，例如：图 10-4 "新媒体运营"一职的职位描述中提到了"大专及以上学历，熟练应用办公软件""主持经验""文案功底"等关键词。平时多注意招聘广告中经常被提及的条件和职位，上一些找工作的论坛和网站，能够帮助你决定你的求职信和简历中应该侧重写什么，能够提高投简历的成功率。

> **新媒体运营**
>
> 📄 职位描述
>
> 岗位职责：
> 1. 运营管理公司的微信、微博等新媒体运营。
> 2. 负责公司社群粉丝的运营及维护。
>
> 任职要求：
> 1. 熟悉微博、微信运营，有一定的文案功底。
> 2. 良好的服务意识和表达沟通能力。
> 3. 形象举止大方，应变能力强，能够主动掌握话题走向，有活动主持经验优先。
> 4. 知识面广，思维活跃，工作积极主动。
> 5. 大专及以上学历，熟练应用办公软件。

图 10-4 职位描述举例

② 主动联系中发现机会。

有的时候我们会觉得自己的条件并不完全契合雇主的要求，只要你觉得自己有能力做好，或者非常有兴趣，你也可以试着通过电话或者邮件联系负责人，进一步陈述自己的兴趣和优势，获得更特殊的印象或机会。

③ 最后决定时的选择依据。

在网络论坛里经常能看到网友提问，自己获得了两个 offer，到底该选哪一个，这个时候下面的回答往往各有支持。就业是一个双向选择，最后的就业意向确定的时候，能够帮你做决定的依据，并不是别人眼中的最优，而是你对"合适与匹配"的判断。做出这种判断也更能预测你在工作中的满意度和效果。

武广对陈胜和李斯两位同学的建议也是如此，并不是只有面试才能锻炼自己，锻炼是从修改一份简历开始的，投哪家，投什么样的简历才能增加被通知面试的机会，如果真感兴趣这个工作，如何争取等，这些都是学问。否则按照网上的模板投简历，随便选择招自己专业的公司就投简历，只能是石沉大海，心生焦虑。当陈胜和李斯开始浏览招聘信息，才真正感受到就业市场对自己专业的需求形势不容乐观，但是武广的建议，也给了他们一剂定心丸，认真而有针对性地准备自己的求职材料。

（2）拓宽就业渠道。

练习 10-2　就业信息获取渠道头脑风暴

请你抽出时间和不同的人群讨论你可以通过哪种渠道获得有效的就业信息。

（1）去就业论坛浏览相关的问题，或者提问，获取网友的回答。

（2）和自己的父母讨论，他们对就业途径有哪些经验或建议。

（3）和自己的辅导员一起讨论，对此他们的经验和分享是什么。

（4）去就业指导中心，与专业老师一起讨论对你最有帮助的渠道。

（5）与自己专业的导师讨论，寻求他们对就业方向，就业信息的建议。

（6）和自己的师兄师姐讨论，寻求他们的建议。

（7）和自己的同学一起头脑风暴，大家对靠谱途径的分享是什么？

整合这些信息，然后给这些渠道进行排序，离你最近的经验是什么？哪些比较远？

如果你试着做上面的练习，就不难发现，我们并不是单枪匹马地找工作，有很多的资源和社会支持可以帮助我们缩小范围或者直接提供就业机会，帮助我们降低搜索成本，提高匹配效率。常见的渠道包括以下几种。

① 学校就业中心。

学校就业中心一般掌握着最准确的就业政策，也能提供最适合本校学生的就业机会，而且还能对你提供有针对性的评估和支持，最值得推荐。

② 院系辅导员和老师、校友。

在就业能力影响因素中的人力资本中，最重要的就是专业的能力，自己专业的辅导员、老师或者校友最能了解本专业的就业信息和就业领域，他们的经验很有价值。

③ 其他社会关系。

家人、朋友，不管是强社会关系还是弱社会关系，都可能为我们提供宝贵的经验或机会，好好利用这些资源能帮助我们事半功倍。

④ 网络，特别是社交媒体的资源。

各种专业的人才网，往往具有海量的信息，提供机会的同时也需要加以甄别。一些专业的论坛，社交媒体的公众号，往往会推送相关的信息，关注它们能帮助我们及时获取信息。

⑤ 招聘会。

社会上组织的现场招聘会，特别是针对大学生的校园招聘会，直接提供了一个与用人单位面对面的机会，比较便捷有效。但是如果是社会上的招聘，可能还需要买票进入，需要谨防急于求成，中人圈套。随着网络特别是社交媒体的普及，越来越多的单位放弃招聘会的形式，而更加注重网络招聘的形式。

还有一些非常规的创新渠道值得我们关注。

① 提前实习、电话联系或者亲自拜访。

一般单位有用人需求到广泛发布信息会有一个周期，如果有自己向往已久的单位，提前实习、直接电话联系或者亲自拜访，表达愿望，既可以节省时间，又可以尽快获得确切信息，但是要注意如果明确表示拒绝来访的单位，就不要贸然前往，否则容易引起对方反感。

② 参加比赛或者电视节目。

现在有很多针对大学生的求职比赛或者电视节目，比赛获胜或者节目中表现好可能直接获得某个公司的 offer。比如之前很火的《职来职往》和《非你莫属》节目都在搭建大学生与老板面对面的平台，在整个比赛或者节目录制中对大学生来说也是一种展示和锻炼，就算没有求职成功也可以查漏补缺获得经验，或者获得电视节目之外的关注。

③ 网络创新形式求职。

我们都在谈获得工作机会的信息，仿佛我们是搜索方，而用人单位是发布方，其实在这个互动过程中，随着网络特别是自媒体的普及，我们也可以转换思路，变成主动的信息发布方。比如：求职论坛不仅是求职者来看，需求方也会看，发布高质量的自我介绍的帖子，制作视频简历，发布自己的作品来寻求工作机会，在直播平台上做直播等，也可能会引起关注。

当然，还可能有更多的创新方式，有待大家去发现。

（3）整理就业信息。

我们收集了很多就业信息后，需要对此加以整理，同时还需要收集和整理与工作有关的经验材料，这些都是重要的资源，能够帮助你向雇主推销自己。因此，特别建议大家制作专门的文件袋，收集保存重要的相关资料，并保持更新。具体的内容建议包括如下部分。

① 简历；

② 成绩单；

③ 荣誉证书或获奖证书；

④ 资格考试证书；

⑤ 实习证明和实习报告；

⑥ 参与的研究证明、论文报告等；

⑦ 参加的会议或培训证明；

⑧ 你所设计、组织或参与过的社团活动资料；

⑨ 你的作品或设计；

⑩ 你的毕业论文；

⑪ 你的推荐人和推荐信；

⑫ 你的技能和目标陈述。

这些整理过程，能够帮助你梳理自己的优势和与雇主要求的匹配关系，让你在求职活动中掌握主动权。

4. 把握面试机会

面试是求职者和用人单位通过面对面的交流，来完成职业双向选择的过程，在整个招聘过程中是重要的，也可能是决定性的环节。某大学2016年对毕业生的调查显示，毕业生平均在整个毕业季发出30.57份简历，获得9.21个面试邀请，但是两项数据的标准差都非常大。学校、专业间的差异可能更大，可能有人要投更多的简历才能获得一个面试机会。因此，很多学生都非常重视面试环节，愿意花费时间和精力购置崭新的职业装备，购买车票到心仪单位所在的城市去参加面试，期待自己能够在选择的过程中获得优势和主动权。

（1）面试的形式和目的。

对招聘方来说，希望通过面试能全方位考核了解这个人，对他是否适合这份工作，是否能够和现有团队进行很好的配合有一个快速的判断，所以具有很大的灵活性，是对一个人的专业能力、综合素质、应变能力的综合考量。而对应聘方来说，参加面试就是要最大限度地展示自己，希望在短时间里给对方留下好印象，获得招聘方的青睐。面试成为双方的心理战场，招聘方设置层层关卡，希望找到最合适人选；应聘方见招拆招，希望增加求职成功的砝码。下面我们就为大家总结一下不同面试的情况（表10-3）。

表 10-3　面试面面观

类型	考核目标	内容和过程	应对之道
笔试	文字处理能力、专业知识、逻辑思维能力等	专业笔试、外语笔试、行政能力测试	1. 平时积累 2. 公务员考试题目复习 3. 针对用人单位有侧重地复习专业和外语知识 4. 熟悉考试环境
心理测试	心理素质、抗压耐挫力等	人格测试、测谎仪、其他心理测试	尽量诚实接纳自己，自信（人格问卷和测谎仪等方法一般结果比较稳定，很难假装）

续表

类型	考核目标	内容和过程	应对之道
电话或视频面试	前期筛选面试对象，考察表达能力、逻辑思维能力和核实基本情况	预约时间、了解基本信息、简单沟通	1. 和面试的重视程度一样 2. 在安静不受打扰的空间接受面试
群体面试	团体表现力、压力处理能力、态度、个性修养、表达能力	小组面试	1. 根据其他人的回答来调整自己的发言 2. 突出个性
无领导小组讨论	领导力、合作能力、表达能力、角色意识、创新能力等	给出题目，由参加面试的人临时组成的小组来讨论得出一致意见	1. 积极参与 2. 清晰自己的角色定位 3. 表达清楚 4. 注重自己个性与合作的平衡
面谈	综合素质、性格特征、专业能力、表达能力、应变能力等	模式化面谈，问题化面谈或非引导式面谈	1. 对用人单位和面试官有所了解 2. 积极主动 3. 提前准备自我介绍和可能问到的问题
特殊测试	考察某个特定方面的能力，比如外语口语、处理文件、解决某个领域问题等综合能力	文件筐测试，外语口语测试，即兴演讲，操作测试等	1. 针对特定内容的特殊准备，比如口语自我介绍，了解应聘工作的实际工作内容和工作领域 2. 不在你准备范围不用慌张，相信自己，自我鼓励

　　可见，不同的面试形式考察的重点不同，在面试中影响结果的因素也很多，但是归根结底面试是对话过程，你能与面试官进行良性的沟通，营造一个好的对话体验更重要，而不只是回答问题而已。

（2）模拟面试。

提高面试沟通技巧的关键就是悉心准备，练习、练习、再练习，在找工作的毕业生中一直流传着这样的说法："千万不要把你的第一次——处女面（试），留给你最心仪的单位。"

在 2017 年央视推出的纪录片《毕业了》中，拿到很多大公司 offer 的张同学，被大家称为"面霸"，他胸有成竹地说："参加多了就懂得面试中的套路了，一次要回答你最大的失败是什么，并不能把落脚点放在失败上，而是要用面对失败的反例来说明自己的优势，比如说我最大的失败就是大一辩论会中被队友打爆了，一句话都说不出来，后来我总结自己的问题是知识面不够宽泛，于是我大量阅读，修双学位，并向那些辩论好的同学学习，最后在大二的辩论赛中，我赢了队友和当时的对手……"

我们的故事不一定和张同学一样，可反败为胜的经验一定不少，能否在面试中表达出来则取决于练习的力量。不管是社团选拔时的面试，求学期间的实习面试，找朋友做的模拟练习，生涯规划课堂中的练习，还是毕业时去就业中心预约的模拟面试都是不错的练习机会。

推荐视频：央视《新闻调查》栏目 2017 年 2 月 18 日播出的《毕业了》，记录了毕业生求职季的故事。访问路径：http://tv.cntv.cn/video/C10435/b479cd90bfee4100a1bcfc781754971f

"百问不如一练"，练习的直接经验能给我们带来鲜活的心理体验，你明明告诉自己这是模拟面试，但是真的上场开始时，还是会体会到心跳加快、手心冒汗。正是这样的心理体验帮我们积累了宝贵的经验，帮助我们在实际面试中表现得更好，展示出超过对手的优势。鲍里斯（Boris）提出雇主希望了解你的五件事，在面试前特别建议你做好准备：

- 你为什么到这来？
- 你可以为我们做些什么？
- 你是什么样的人？
- 你和别人有什么不一样？

- 我们能请得起你吗？

回答好这些问题，需要你对自己有比较清晰的了解，对面试中高频出现的问题做一些准备，比如自我介绍，简历中涉及的经历和故事，自己的优缺点等，这样不仅能梳理自己，还能缓解面试的压力。知乎、百度问答等网络资源中对此方面有非常丰富的资源，供你参考。你在面试中的首要任务就是不断发现雇主正在寻找的是哪种员工，并且不断地向之靠拢，所以需要广泛收集雇主的资料，及时总结。

（3）面试全过程。

获得面试邀请对所有学生来说都是一件兴奋加紧张的事情，兴奋的是自己之前的努力得到认可，紧张接下来的表现是否还能获得下一轮的机会，或者直接拿下工作机会。

① 焦虑管理。

不管是在面试前还是面试中，焦虑都是正常的，适度的紧张会让你保持兴奋的状态，获得更好的表现。面试中的焦虑可以通过悉心准备加以调节，面试中的紧张，可以对自己进行心理暗示："我现在的紧张是兴奋，意味着我的状态很好"，同时尽量熟悉环境，努力把注意力从自己身上转移到面试本身上去。

② 印象管理。

面试是对一个人的综合考虑，而且面对陌生的面试官，在几分钟里展示自己的优势，需要我们进行有效的印象管理，利用第一印象的心理作用，尽量给面试官留下好的印象。具体包括：穿着得体，提前到达，带齐所有的求职材料，遵守职场礼仪，表现合群易相处等。这些能向雇主传达你对面试的重视和充分准备。

③ 把问答变成交流。

武广分享给舍友的面试经验总结里都强调了一个观点：面试不是问答，而是交流，拥有一个顺畅的交流体验可能更加重要。

面试并不是等着面试官提问，而我们把自己从各大面试经验资源中背熟的答案说出来，面试的本质是一场交流，能够促进沟通的有效策略就是不断考虑对方的需要。

> **练习10-3 面试策略分析**
>
> 李斯和陈胜同时获得了某外企助理职位的面试机会,请分析他们的自我介绍有什么不同,会分别取得什么效果。
>
> 李斯在自我介绍的时候就说:"我叫李斯,来自外国语大学中文系,有较好的文字表达能力,我从毕业师兄那里知道贵公司,我对贵公司关注已久,知道你们有很多国际合作业务,而我的英语很好,专业过8级,口语也不错,去年暑假的时候在学校做一个考察团的随团翻译兼助理工作,在2周的时间里带着外方去到了10个地方,工作得到了外方的认可……"
>
> 陈胜的自我介绍是:"我叫陈胜,是外国语大学英语系大四的学生,今年22岁,湖北人,我的学习成绩一直在班级名列前茅,辅修了旅游管理,还考取了导游证,我喜欢打篮球……"

在自我介绍的环节,准备是否充分、贴合对方的需要非常重要。李斯的自我介绍很容易把面试官的注意力吸引到自己擅长的领域,而陈胜的介绍中规中矩,反而无法预测面试官会从哪里发问。

把面试当作交流,要求我们转变视角,考虑对方听到我们的表达后的感受和反应,根据当时的情境和面试官的兴趣,灵活地安排自己讲话的侧重点和内容,而不是从自己的视角出发。

④ 处理困难情境。

在面试过程,就算你的准备非常充分,也不可能预测到所有的面试问题,这意味着很可能你会遇到难以应付的困难情境,例如:在你刚开始介绍时打断你的话,直接发问;问你非常专业的问题;问你没有答案的问题;问你隐私性问题;甚至没有问题等。看似这些问题哪一个都不好回答,考察的就是灵活机变。解决这些问题的策略在于提高灵活性,就是要找到你过往应对类似情况的经验:回忆一下小的时候,你有没有过趁爸妈不在偷看电视,另一只耳朵时刻关注他们走路的声音;或者回答不出老师的问题,灵机一动地想出一个幽默的答案的瞬间等。这些时刻都蕴藏着你的应变能力,在面试中,良好的应变能力,能够帮助我们更好地应对这些困难情境，除此之外，准备充分和对自己优势和不足的充分了解都是解决这些难题的资源。在大学期间，多尝试新鲜的事物，挑战自己，也是锻炼应变能力的有效途径。

⑤ 感谢回复。

面试结束并不是完结，我们要尽量通过邮件或其他方式对面试官、与你交谈的人，甚至是同时面试的对手表达感谢。同时写信给推荐你，或为你提供工作消息的联络人等相关人员表示感谢。一封真诚的感谢信，也是印象管理的一部分。就算你的申请被拒绝，但是练习可能带来新的工作机会。

⑥ 总结经验。

某大学对毕业生的调查显示，一般情况下，学生找工作会花费4.66个月，平均收到2.6个录用通知。这是个不短的时间，每一次投递简历，面试交谈都在为下一次积累经验，所以本次的表现只是一次尝试，成功或失败的经验都需要我们不断地总结反思，提升自己。整个毕业找工作的阶段其实都是一个自我训练和自我调整的过程，核心目标就是自我鼓励。研究发现，职业决策自我效能在社会支持和求职行为间起到部分中介作用（赵延昇，周汝，2015）。

在每次面试中可以问问自己：

- 我本次的表现如何？
- 面试官的反应如何？
- 面试中有什么出乎意料的问题的吗？
- 我漏掉了哪些地方，可能会符合面试官的需要的？
- 我的紧张程度如何？
- 我下一次可以怎样改进？

同时我们也非常建议你邀请好朋友、师长一起帮你总结反思，这样能获得其他人的视角和支持，这些经验都是宝贵的财富。

（三）做出就业选择

李斯认真研究了武广给的经验宝典，经过笔试、面试、二面、最终面，获得了某银行总行的offer，他非常开心，同学、老师也对李斯的表现竖大拇指。同时他的研究生入学考试成绩也出来了，他考得很好，而且报考的是本校本专业，被录取的机会非常大。李斯陷入了纠结，到底如何选择呢？

1. 做出最后的选择

像李斯一样，有一些毕业生经历了焦虑的求职面试，最后获得了权利翻转的机会，处于关系中相对强势的一方。做一个最好的抉择就成了我们迫切关注的问题。

（1）协商。

一般而言，雇主会给候选人一到两周的时间来考虑接受或者拒绝录用机会。很早就接到录用机会的毕业生，还是会犹豫，担心失去将来可能会有的更好的工作机会，这都是正常的。所以对双方来说，协商的时间都是必要的。我们可以利用这个时间，仔细考虑自己的真实想法，继续寻找其他的工作机会，同时和雇主协商入职工作和待遇。协商是一个相互沟通的过程，在就业面前，既不要妄自菲薄，也不要过于谦卑，协商，是保障自己就业权利的关键。但是因为雇主的差异非常大，有些政府机关、事业单位的薪金和待遇是固定的，可能很少有协商的空间；有些企业，特别是新兴企业，虽说对大学生的薪资水平有着一个相对的标准，但是协商的空间很大，不同的学历、学校层次、学生能力的认可可能代表着不同的薪资待遇。

① 薪水。对很多毕业生来说，最看重的就是薪水，但是直接谈钱却是学生的弱项。尤其现在很多针对大学生的校园招聘，一般都是按岗位而不是按人来制定薪水标准的。所以，协商的关键是了解你所从事的岗位的薪水范畴，给出范围中较高的数字，而不是想当然直接说出一个数字，或者直接接受最低数字。了解你自己，以及了解能协商的范围和可能性非常重要。

② 其他条件。比如其他福利待遇、签约时间、入职时间、股权、工作地点、培训和晋升机会、休假等，都需要加以了解，并且讨论协商的可能。对大学生来说，选择某个工作机会，就意味着你要在相对长的时间在这家单位工作，所以，起薪并不是你考虑该工作机会的所有原因，

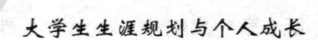

其他方面也是需要你考虑的重点。

（2）等待其他机会。

对很多学生来说，需要广泛地获取求职机会，在没有签订合同之前，同时有多个工作意向是非常现实的考量。对雇主来说，也非常了解这个现状，所以同时有两个或以上的就业机会，同时与多个单位讨论你的工作状况并不意外。诚实告知你的考虑，也可能增加你的身价；毕竟雇主也都希望选择你是正确的。刻意隐瞒，甚至说谎，可能带来反作用。但是要了解诚实告知的目的和时机，权衡利弊。

（3）确认你的工作。

就像李斯一样，到了做出最后选择的时候，还是要回到自己的身上，需要思考对你来说怎样才是一个好工作，探索你真正看中的因素是什么。汉弗莱等人所做的元分析抽取了求职者认为好工作需要考察的因素。

① 自主性——在工作中完成任务和活动的自由度。

② 技能多样性——在完成工作时，多种技能得以发挥的程度。

③ 任务一致性——个体完成一个完整项目的程度。

④ 任务重要性——工作对他人生活的影响程度。

⑤ 来自工作的反馈——对于你的工作表现，能够提供给你的信息程度。

⑥ 社会支持——工作提供的从上司或同事处得到协助和建议的机会的程度。

⑦ 外部交流——你能与其他人进行交流，并在具体的工作任务方面获得指导和反馈的程度。

⑧ 报酬——工作能提供的薪金酬劳的满意程度。

⑨ 意义感——在工作中你可以追求自己认为重要的目标的程度。

这个研究拓展了我们对"什么是一个好工作"的理解，对待选择归根结底要回归到价值观的选择上，社会上流传的"活少钱多离家近"只是戏称，只有你才能判断什么对你来说是最重要的。

2. 签订合同

在做出选择后，就需要进入最重要的签约的流程。大多数学生在签约时还是学生身份，无法直接签订劳动合同，所以一般签约指的是签订协议，分为三方协议、offer、正式合同三种，三种形式的签约有不同的法律效力，需要我们了解清楚。

（1）三方协议。

三方协议即《高校毕业生就业协议书》，是明确毕业生、用人单位和学校在毕业生就业工作中权利和义务的书面表现形式。由学校、毕业生本人和用人单位三方盖章，能解决应届毕业生户籍、身份、档案、保险、公积金等一系列派遣问题，三方协议到正式报到签订正式合同时自行终止。一般来说，一个毕业生只有一份三方协议，而且加上了学校一方的约束，违约的话可能会影响你的二次派遣，关系较为重大。

（2）offer。

offer，也就是毕业生与用人单位两方签订的就业协议，一般这种形式在外企中比较常见，另外就是那些不给解决户口的单位，通常也会跟你签署一个这样的offer，然后等你正式工作后，再签署劳动合同。这种协议不涉及学校派遣的事宜，对你和单位的约束力都不大，但是并不是可以随便违约，如果协议中规定了违约约定还是要付违约金的，就算没有相应的条款，也会损害你的个人信誉，需要郑重对待。

（3）劳动合同。

一般要到你正式入职后，与用人单位签订正式的劳动合同，会对工作职责，权利义务，合同年限和违约责任等内容进行约定，具有更高的法律效力。

签订合同会有相关的政策规定，特别是涉及落户、派遣和档案管理等方面的内容，也可能会受到政策的变动的影响，需要每个学生加以重视，具体需要到学校的就业中心进行详细的咨询。

（4）毁约。

前面李斯面临的是就业还是深造的选择，有些学生可能是不同的工作机会的选择，可能在协商阶段反悔，也可能在签订了协议后，甚至是签订了三方协议后毁约。这是个伦理两难的选择，我们都认为毕业生理应诚信地接受工作，但是现实的情况是毕业生可能因为意外的家庭因素、更好的工作机会等其他因素而毁约。毁约是有成本的，对每个个体来说，可能要付出一定数量的违约金和诚信成本；对每个用人单位来说，学生毁约也让他们的招聘成本受损；对学校来说，学生的毁约可能会损害学校之后毕业生的信誉，影响学校的声誉。

三、入职适应与职业伦理

武广的单位希望他能提前入职，就这样他带着忐忑的心情到了新单位，可是负责联络的同事只是做了简单的沟通和讲解，剩下他一个人坐在临时给他腾出来的工位上继续忐忑："我该做点什么呢？我该问问谁呢？"

（一）入职适应

1. 从学生到职场

如果你面临武广的情况，你会怎么办？真正进入职场工作是整个求职毕业季的结束，也是新生活的开始。对很多学生来说是从游泳池直接到大海，会感到冲击，体会到焦虑和不知所措，关键在于我们是否有准备以及接下来如何行动。

（1）大学与职场的不同。

佛罗里达大学管理学教授丹尼尔·费德曼（Daniel Federman）认为，大学生即将踏入的世界和离开的世界截然不同，以下是他的分析和观察（表10-4）。

表10-4　大学环境与工作环境

工作文化	校园文化
1. 更固定的时间安排	1. 弹性的时间安排
2. 你不能缺勤	2. 你可以逃课
3. 得到的反馈既无规律又很少	3. 得到的反馈既规律又具体
4. 没有暑假，节假日也少	4. 充足的假期和自由的节假日
5. 很少有问题的正确答案	5. 问题总有正确答案
6. 任务模糊、不清楚	6. 教学大纲提供明确的任务
7. 根据团队表现进行评估	7. 分数上的个人竞争
8. 工作循环周期更长，持续数月或数年	8. 工作循环周期短，每学期有固定的周数
9. 奖励通常以主观标准和个人判断为基础	9. 奖励以客观标准和优点为基础

续表

你的老板	你的教授
1. 通常对讨论不感兴趣	1. 鼓励讨论
2. 分派紧急任务,交付周期很短	2. 规定完成任务的交付时间
3. 有时很独断,并不总是很公平	3. 被期待是公平的
4. 以结果(利益)为导向	4. 以知识为导向
学习过程	学习过程
1. 具体的问题解决和决策制定	1. 抽象性、理论性的原则
2. 以工作中的临时性时间和具体、真实的生活为基础	2. 正规的、结构性的和象征性的学习
3. 社会化、共享型的学习	3. 个人化的学习

你可能还记得,我们用盒饭和自助餐的比喻来表示高中学习和大学学习的不同,而表10-4中展现的从学生到职场的差别显然要远远大于高中到大学的转变。我们面临的不是熟悉有保护的校园,而是真实的成人世界:评价体系更加模糊,人际关系也更加复杂,关键是对犯错或做不好的容忍程度更低。在学校,老师都非常愿意你知错能改,做不好继续努力,还是好学生,而职场的规则是"错就是错",你可能需要为错误或不足负更大的责任。这些需要我们更加主动地调整自己与工作世界的关系,利用好时间,把握好自己,积极行动。

(2)有关新工作的事实。

回想从高中到大学到实习单位,我们进入一个新的环境,往往最担心两个方面,一个是人际关系——有没有人喜欢我;另一个就是自我评价——我能不能胜任在这里的工作或生活。有研究者发现,假如学生能意识到今后的工作情境中将要面对怎样的困难,将来会顺畅很多。

① 你可能对工作单位的实质工作了解不足,不知道具体如何开展工作,遇到和武广第一天类似的难题。

② 你可能会在工作的最初几个月花费更多时间在工作上。

③ 你会普遍高估从上司那里获得反馈的数量,以及绩效评估的频率。实际情况是你可能更加需要自我评估和自我鼓励。

④ 你可能比较难适应工作组织的政策和文化,不能正确领会同事和上司的意图和用意。

⑤ 性骚扰问题。

(3) 做好准备。

面试过了等 4 月考试就能去新公司上班了,好烦啊!想混吃等死,想到以后就很害怕,不想面对,想逃避。

这条某学生在网络上发的状态,是否也和你的状态相似?面对未知,我们非常愿意准备更多,好让自己更有掌控感,但是如果真正的了解要等到入职之后,所以心中不免回避,干脆"早知道还不如不知道好"。这都是正常的反应。

"做好准备"不仅仅意味着在行动上做好准备,了解尽可能多的信息,同时还包括在心理上做好准备,寻找资源和找到解决之道。当我们一一对应地看前面提到的困难,可以发现,其实我们还是有很多的资源和经验可以应对,比如像武广一样,在面对"不知道具体如何开展工作"的困难。请回忆一下你第一次进入大学宿舍的场景你是如何打破尴尬的?你是如何发现谁可能更容易接近?你就会发现有些经验可以借鉴,如果搜寻你的朋友圈,你一定会发现有人可以对这个部分给你提供很好的建议。

或许做好准备的核心就是要转变一种观念,把"我无能为力"变成"我愿意尝试",更积极地面对才能带来更多的行动,也就实质性降低了焦虑和挫败,提高我们的适应力。

2. 积极行动

积极适应职场生活,我们将从组织、同事包括老板以及个人生活方面给你一些具体的建议,你可以从中选择对你更容易的部分开始行动起来,当获得更多积极的反馈,我们的适应表现就会更好。

(1) 组织。

组织是指人们为了实现特定目标相互依赖、彼此协作而形成的机构或团体。进入职场就是指进入某一个组织开始工作,从与组织关系的角度讲,新员工适应就是指在组织中找到一个位置,促进组织的继续发展。对个人来说,适应就是了解组织的文化、了解组织的运作过程、找到自己与组织的结合方式。

武广在面试的时候就对这家企业"快节奏"的文化有一些耳闻,公司非常强调效率和效果。入职后他更加深了这种感觉,那就是大家都很投入,快节奏地开展自己的工作,对待新人的期待就是尽快独当一面,所以大家好像没有发现他的不知所措。如果武广要适应组织的文化,就要尽快忽略自己的窘迫,快马加鞭地跟上大家的脚步,主动问,主动承担。

我国正处于变革的时代,组织的规模和形式也在不断的变化中,以往我们以为无法改变的某些组织规则,也在变得更加友好和灵活。特别是一些创业型的组织更是以员工为本,致力于发展友好的组织文化。当然有多少种组织就有多少种文化,我们要对组织的目标、文化比较敏感,调整自己的状态与之匹配。能够在一个组织中如鱼得水也是与组织文化契合的结果,这需要我们把握好自己与所服务组织的各种关系。

① 经济关系:组织期待员工在工作上更加投入,付出一定的经济报酬。比如:有的组织文化强调自愿加班,有的强调按时完成工作,加班是能力不足的表现,你需要根据具体的情况加以衡量。

② 社会关系:指组织参与员工生活的程度。有的组织像一个大家庭,对员工的各项生活给予支持和协助;有的则会保持距离,只是对你的工作提供报酬,其他一概不干涉。

③ 心理关系:指员工与组织对彼此的心理期待,也称作心理契约。虽然这种期待可能是隐性的,但对员工的行为起到很大的影响。心理契约决定了整个企业的工作氛围和绩效。

④ 法律关系:就是签订的劳动合同保障。有些组织各种条款均有章可循,有些组织则不太规范。

⑤ 伦理关系:指组织和员工之间互相尊重的程度,表现在组织是否维护员工的利益,不损害员工的利益,员工是否自觉维护组织的权益,不侵害组织的利益。良好的伦理关系决定了组织与员工之间的信任程度。

组织是人的关系的综合。对组织适应和了解的过程,就是不断理解、认同组织文化的过程,也是我们发现寻找自己对组织的作用,获得成就感和归属感的过程。

(2)同事(包括老板)。

与同事成为盟友是我们适应工作的核心内容。在求职过程中我们往往采用了印象管理的策略,那么真正入职后,要和同事保持一个什么样的关系呢?与老板如何相处?

对待同事关系:不同人可能有不同的选择,有人可能希望与同事保持一定的距离,仅仅是工作关系,有人可能希望与同事的距离更近一些,成为亲密的朋友。不同的选择都可以找到不同的支撑观点,我们做何选择可能与自己的个性、同事的个性和组织文化都有关系。但是不管你选择建立更亲密还是更有距离的关系,都需要注意到我们一般会对工作状态的同事关系有所期待,例如:完成自己的工作,不让自己的工作给同事添麻烦;更有合作性,友好而不是攻击型等。所以,做一个有能力的人是保持良好同事关系的基础。同时,不可否认的是同事关系存在竞争和监督的一面,还可能出现职场性骚扰的问题,这种问题可能导致职场仇恨和敌对情绪的滋生,不利于组织的发展,也不利于我们个人的健康。

对待与老板的关系:在中国的文化背景下,老板会被认为是权威,而我们对权威的方式往往是尊重且敬而远之的,有很多与同事成为朋友的讨论,较少会出现与老板成为朋友的问题,如果有人与老板走得特别近,还会被其他同事议论。其实老板是我们工作最重要的评价者,我们一开始就应该让老板成为你生涯发展的盟友。为了使老板满意,你应该及时高效地完成工作,做好实际工作,态度积极。要给自己建立一个保守机密和忠于职守的好名声。加强沟通是非常有必要的,但是沟通是要建立在事实和实际问题的基础上的,如果只是抱怨和表达情绪,可能起到反作用。

(3)个人生活。

在个人生活方面,很多学生毕业就职后,并不是马上组建家庭或者和家人一起生活,安排好单身生活也是重要的适应内容。很多学生刚毕业的时候对单身生活还是非常向往的，能够想几点睡就几点睡，下班后的时间想做什么就做什么。但是很快就会发现，事情并不那么简单，安排好个人生活并不容易。租房子、做饭、管理财务、购置服装、贷款储蓄等问题看似都是小事，却很容易让那个刚毕业的学生手忙脚乱。以下是一些可能发生的状况的建议。

- 你可能要在最初的时间花费更多的时间在工作上，休息的时间可能很少。
- 你可能需要参加一些工作伙伴的社交活动，帮助自己尽快地融入集体。
- 你可能需要量入为出，管理好个人财务。
- 你可能更需要安排好闲暇的时间，照顾好自己。
- 你可能需要学会自我鼓励和自我肯定，找到自己的资源和朋友，在最初的适应阶段，支持自己。

（二）职业伦理与职业精神

中国人民大学"中国大学生就业问题研究"课题组曾经对北京、广州、上海等地的600家用人单位做过调查，结果发现："敬业精神"在用人单位最看重的指标中列第二位，在用人单位认为大学生最欠缺的指标中高居第一。麦可思研究院发布的《就业蓝皮书：2016年中国大学生就业报告》显示：38%的2015届大学毕业生，在工作半年内离职。在所有离职的90后中，近九成离职者是主动辞职。

这两组数据都表达了一种倾向，大学生的职业伦理的缺失。事实如何？对大学生来说，在最难就业季好不容易找到的工作机会，为什么要轻易地放弃，背后的伦理考量是什么？

1. 伦理与职业伦理

（1）跳槽背后。

根据盖洛普咨询公司2013年的"全球职场环境调研报告"，在世界范围内只有13%的员工是敬业的，63%的员工对工作漠不关心，最后剩下24%的员工完全不敬业，对现有的工作和组织消极懈怠，并把这种态度传播给他人。"职业发展机会""认同"和"组织名声"是敬业度的关键驱动因素。由于生涯发展和晋升机会的限制，员工可能会在现有组织之外寻求新的职业发展平台。

或许，把离职简单归结为大学生吃不了苦，没有职业精神，不遵守职场伦理等原因就过于简单了。我国处于快速发展的阶段，不诚信的问题并不是大学生群体独有的问题。在就业调查中，仅有9%的毕业生抗拒加班，超过半数的90后愿意为事业牺牲生活，却非常在乎是否获得公平的对待。虽然大家的说法很像段子："我们可以玩命加班，但是你得付得起匹配我工作强度的钱。我上班就是为了钱，你非得和我谈理想，我最大的理想是不用上班。"

或许跳槽包括对大环境的不满，背后恰恰是对伦理道德、社会秩序的渴望。社会系统也在不断地自我更新，更有诚信更守职业伦理的企业，也获得更多人才的青睐；更遵守职业伦理的人才，更受诚信企业的认可。

（2）伦理的定义。

何谓伦理？伦理是用来处理人与人、人与自然之间关系所应该遵守的道德原则和道德规范。伦理是人际角色关系中互动行为的规范。职业伦理就是在职业活动中应该遵循的行为准则和规范。西方的伦理观里强调了权利和责任，设计了较严格的法律来进行约束，而东方的伦理往往强调推己及人，从内在良心的角度出发，讨论普遍道德对人的约束。

职场伦理是现代社会的产物，涉及经营者、员工与顾客三方。健全的职场伦理一般要求员工要尽心尽力完成工作，创造企业利润，要求经营者要为社会提供最好的产品，承担社会责任。职场伦理是一种相互关心、互助合作的关系。

作为员工个体，遵守职场伦理就是要做到忠诚、敬业和注意人际关系三个部分。

① 维护机构（单位）的良好形象：你的言行代表团队，要谨慎维护机构的形象，维护好公共关系。

② 遵守规范、服从领导：尊重领导的职权，主动做事。

③ 多尊重及请教前辈：放低身段，让别人愿意提醒及指导我们。

④ 乐于配合及协助同事：不嫉妒同事，不孤芳自赏，不推卸责任。

⑤ 懂得自我检讨及认错：失败或犯错并不可耻，能够自我反省并承担责任，才能求取进步。

而从机构和经营者的角度来谈，职业伦理就是主动维护员工和客户的权益，合法经营，不恶意中伤，相互支持的组织文化和伦理观，是对员工更有吸引力的组织，也是维持行业声誉的基础。

（3）伦理的目的。

伦理强调了规范，会给我们束缚。但是仔细思考一下"伦理是制造麻烦，还是解决麻烦的"这一问题，就不难发现，伦理的规范为信任提供了基础。伦理有以下目的。

① 提供规范：伦理规范了一般的行为，样板给我们提供了样例。

② 提供指导：伦理对困难情境下如何做决策提供了依据和具体的指导。

③ 提供保护：伦理最大的意义在于提供保护，员工守伦理保护了公司的利益不受损失；公司守伦理保护了股东和客户的利益，特别是相关行业的声誉；而行业守伦理则保护了社会信任的基础。

④ 提供信任：诚信是相互的，建立了信任的关系，才有后续的支持和发展，强调伦理也是在强调建立一种互信的价值观。

2. 伦理与职业精神

村嶋老人现年85岁，老人烹饪白饭一煮就是50多年，而且坚持古法煮制，1963年，他在大阪开了一间大众食堂，这间食堂外观不起眼，菜色寻常，却常年排大长队。大家都冲着能品尝一口由村嶋亲自煮出来的白米饭而来，他被日本国民喻为"煮饭仙人"。

"煮饭仙人"反映了一种"匠人精神"，就是对工作执着、对所做的事情和生产的产品精益求精、精雕细琢的精神。匠人不一定指传统手工艺人，却一心想把事情做到尽可能的好，这正契合了我们所倡导的职业精神，比如敬业、诚信、尽责。

（1）敬业。

敬业，对自己职业、事业的敬畏，背后是对自己职业的热爱和投入，是找到自己内心的平静。一个爱岗敬业的人，是从内心里认可自己的工作，不仅是为了更多的收入，而是为了更大的社会价值在工作，工作的时候内心有一种使命感。召唤自己投入、想办法解决难题、做出成绩。在这个快节奏焦虑的时代，真正的敬业，是允许我们慢下来，追求自己的使命和事业，带着使命感，投入地工作，获得更大的成就感和价值感。

（2）诚信。

巴菲特说他招人的三个条件：诚信、才智、工作干劲。如果没有诚信，其他两条毫无用处。诚信的特质包括以下几点。

① 小事不能马虎：不因小事而说谎或欺骗。

② 看得很明白：为了做正确的决定，情愿放慢，多考虑。

③ 自己搞砸的自己扛：不论好坏消息都不能隐瞒，要承认失败，愿意认错，并改善补救。

④ 创立信任文化：需要清楚公司的原则，以及知道不遵守会有什么处分。

⑤ 守信承诺：说到做到、值得信赖。

⑥ 关心更大的利益：关心你的公司，产品与服务，工作伙伴。

⑦ 诚实且谦逊：无须宣告自己的诚实，只要付诸行动。

⑧ 时刻不能松懈：以身作则，随时觉得自己的言行被人注意。

⑨ 雇佣诚信：要雇佣正直敢言，有个人诚信的人。

⑩ 坚持全局：用时间来证明自己始终如一。

（3）尽责。

一个人的职业精神还包括对你的工作本身、工作过程和工作结果负责任。负责任并不是你一个人做所有的事，大家在大学期间都有过参加小组合作完成作业的经验，那些愿意对自己的部分负责，投入认真的同学往往会受到大家的欢迎，而那些凑合敷衍，总是推脱责任的同学会受到大家的冷落。职场更是如此，负责做好自己的工作，正是专业性和职业性的展现。

3. 不同职业的伦理

不同的行业都有各自的伦理要求，而且某些行业对伦理的要求更高一些，伦理更是关系到行业存亡的关键。中国政法大学的许身健教授在一次采访中提到了职业（专业）的含义：什么叫职业？"profession"有一个"PRO"，"PRO"是"宣示"的意思，职业是人道主义的一种行业。哪些行业应该属于职业（profession）？比如法律人、教师、医生及神职人员等。上述几个行业有一些共性特点，也就是说它们都有公共性，信奉公共服务的精神追求，是执着于促进公共福祉的群体，都特别强调专业伦理。如果医生没有医德，老师没有师德，难以想象我们的社会和生活会变成怎样，所以这些领域的人做了有违伦理道德的事情，我们更不能接受。

（1）心理咨询师的伦理守则。

心理咨询师也是一个对专业伦理较高的职业。在国外想获得一个心理咨询师的执照，往往需要经过严格的专业学习，培训考核，并且需要每年获得伦理培训的学分才能继续持证。中国从2003年开始开放心理咨询师认证考核制度，但是并未非常严格，2006年，中国心理学会，临床与咨询心理学专业机构与专业人员制订了中国第一个相关的伦理守则，目前也是唯一一个。其伦理守则的总则如下。

善行：心理师工作目的是使寻求专业服务者从其提供的专业服务中获益。心理师应保障寻求专业服务者的权利，努力使其得到适当的服务并避免伤害。

责任：心理师在工作中应保持其专业服务的最高水准，对自己的行为承担责任。认清自己专业的、伦理及法律的责任，维护专业信誉。

诚信：心理师在临床实践活动、研究和教学工作中，应努力保持其行为的诚实性和真实性。

公正：心理师应公平、公正地对待自己的专业工作及其他人员。心理师应采取谨慎的态度防止自己潜在的偏见、能力局限、技术的限制等导致的不适当行为。

尊重：心理师应尊重每一个人，尊重个人的隐私权、保密性和自我决定的权利。

守则中对专业关系隐私权与保密性、职业责任、心理测量与评估、教学、培训和督导、研究和发表、伦理问题处理等内容进行了规范。

(2) 法律专业工作的伦理要求。

许身健教授在采访中痛批了律师行业的不职业行为，他认为律师执业具有一定的商业性，但是需要强调的是，律师的商业性是从属性的，处于第二位。司法考试中每年都会有司法职业道德的内容，律师行业协会对有违伦理的律师行为进行调查和处理。职业伦理是职业人员的立业之本。

扩展阅读 10-3 如果你成为——王涌在中国政法大学 2011 届研究生毕业典礼上的致辞

如果你成为一名商人，请不要花天酒地，声色犬马，不要一掷千金，巴结权贵。你一定要把钱财捐给母校，因为母校的民主法治教育事业正缺少资金。否则，母校的败落将是法治的败落，当你在江湖中身中暗箭，蒙冤入狱时，母校将无力援手相救。

如果你成为一名法官，请你千万不要被双规，不要在校友贪官录上再增加新的名单，母校的心脏无法承受，母校也无意在这一项目上与红歌飘飘的西南政法决一高低。

如果你成为一名律师，请以你的追求和行动重新定义律师的概念，律师是法治社会的助产士，而不是权力政治的分赃者。请你一定执着坚韧，不畏强权，因为未来的国家领袖一定从你们中间产生。

如果你成为一名学者，请不要为虚名浮利所困，那是一条浪费生命、背离真理的歧路。中国从来不缺少教授，只缺少思想家，从来不缺少官员，只缺少教育家。

体恤民生之疾苦，静听时代之深流，方可成就最高最真之学问。

如果你精通法律，却无思想，你精通法律，却无良知，你精通法律，却无灵魂，你精通法律，却无担当，而以学者之名，收获名利，所谓学者，不过是一群"喝酒不再赊账的孔乙己"而已，那不应是你的理想。

如果你成为一名政治家，你一定要为民请命，用你的心灵和生命，而不是眼泪和言辞；你一定要有命世之雄才、决断之宏魄，而不是谨小慎微，瞻前顾后，得过且过，因为你身肩重任，你无权耽搁中华民族在千年沧桑轮回中的历史机缘。

资料来源：中国政法大学 2011 届研究生毕业致辞，http://blog.renren.com/share/220994327/7595576561

伦理不应成为曲高和寡的泛泛之谈，而应成为每个人维持遵守的底线和要求。我们都身于飞速发展、快速变革的时代洪流中，我们无法做出改变世界的惊人之举，而只能做好问心无愧的自己，在夜深人静中能够心安入睡。

四、毕业季的个人成长

身处毕业阶段的毕业生总是行色匆匆，仿佛时间总是过得很快，你是否在这个过程中留意到自己的状态？又是否关照自己的内心成长？在尘埃落定的时候，我们就邀请大家通过不同的镜头来看看自己的变化与成长。

（一）广角镜头下的毕业生

广角镜头也称全景镜头，它能够拍摄出事情的全貌，广阔的背景一览无余。透过广角镜头看毕业生，你能想到什么场景？

1. 最难就业季

可能第一个被广角镜头捕捉到的就是每年高校毕业生的数量，年年都是史上"最难就业季"。这个是摆在每个毕业生面前的客观背景，让全社会为之侧目，政府出台了各种政策，希望能够引导大学生实现就业，或许理想不理想就不那么重要了。这种情况下，有压力是正常的。

或许我们能做的第一步，就是正视压力事实，试图装鸵鸟回避压力的行动都是无效的。同时，还有最重要的一点是，2017 年这 795 万毕业生和你一样共享压力，虽然学生的情况千差万别，有靠家里人就能找到工作的，有自身是学霸的，有是实习达人的，有是考试达人的等，但是和你差不多情况的学生也决不会少，外在的压力也差不多。我们能做的就是准备好自己，调动自己的资源开始行动。

2. 人去屋空

如果你在休息时间去到学生宿舍，很容易找到哪个是毕业生的宿舍，人去舍空，可能还不算整洁。大家都在努力着，行动着，而且各自都有不同的目标和方向。或许你还没有想清楚，但是不管做的是什么，做点什么会让自己心安。在最难毕业季的广角照片里，一定有你忙碌且努力的身影。

3. 竞技场

第二个收录进广角镜头的可能是招聘会现场。黑压压的人头，每个招聘摊位前都排了长队，让人压抑。人们或口感舌燥，或眉头紧锁，或神采奕奕，都在热烈地渴望让自己的简历被 HR 多看一眼，能够与 HR 多说一句。

4. 毕业照

就业季是一个季节性的阶段，我们要完成就业和毕业两大任务，不管工作找的如何，毕业照的那一刹那都必不可少。所有人不再按照不同的标准比较、分类，而是聚在一起，尽力做出最美的表情，留下照片的纪念。对所有的人来说，这份纪念必不可少。

（二）长焦镜头下的我和你

如果说广角镜头看的是全景，长焦镜头下表现的就是细节，是活生生的毕业生生活。那状态绝不是不在其中的人们以为的一种情绪，而是五味杂陈，有血有肉。

1. 丰富多彩

如果你正在经历毕业生的阶段，或者身边有毕业生的朋友，很容易就会发现，他们的生活很丰富，甚至还有些精彩。可能是我们开篇案例中的宿舍聚餐，可能是接到面试通知的焦虑加兴奋，可能是毕业就分手的苦涩流泪，也可能是写论文的通宵达旦等。就业、毕业是摆在每个毕业生人生路上的一个挑战，但是到了真正面对的时候，压力让我们紧张的同时，也激发了我们想出应对压力的各种方法，细细品味，你就会发现毕业季的各种情绪也见证了我们努力生活的样子。我们在聚餐闲聊中舒缓了压力；接到面试通知的焦虑让我们再次检查求职材料，好好准备；分手的伤感让我们珍惜彼此的情谊，通宵达旦的写作让我们找到自信，原来我可以……

2. 自我支持

请你想象一下，把长焦镜头再推进，推到你自己身上，会捕捉到什么镜头？是躺在床上的辗转反侧，还是面试结束后坐在小面馆里填饱肚子的身影？这是一段我们密集地遇到各种评价、竞争、挑战的时间，也是我们和自己最贴近的时间。你是愿意做自己的差评师，还是忠诚伙伴？对我们的个人成长来说，如果学会自我支持，就等于给自己找到一个长久有效的资源，可能是这段时间最有价值的发现。

练习10-4　自我支持

（1）请回忆你对自己最满意的一个时刻，或者能量满满的状态：可以是长相，可以是能力，可以是一段经历，你会想起什么，把它写下来。

_____

（2）请闭上眼睛，体会想到它的感觉，会是什么？

_____

（3）请带着这个感觉，用这个状态对现在的自己写一段鼓励的话。

_____

3. 相互支持

把镜头聚焦到两个人和几个人的时候，我们会发现，越是临近毕业，大家就越珍惜彼此的相聚，武广的班级到最后一个月的时间，已经聚了好几次了。分离让大家更加珍惜彼此，我们就这样相互支持走到毕业，同学成了我们人生中最可靠的资源之一。

（三）回放镜头下的变化像

武广学校的毕业典礼上，播放了每个班级的成长记录视频。在离别的情绪中，看着视频中大家一个个从大一新生走到毕业生的样子，回忆涌上心头,很多学生都流下了眼泪。一个个视频,一张张照片忠实地记录着我们的青春和变化,回放给我们看的过程中,最明显的就是变化。

1. 蜕变

毕业视频里,最让人惊叹的就是蜕变,大一时青涩的模样,到了大四的时候,会变成怎样?估计很多人都难以想到自己竟然发生了这样的变化。毕业季是一个蜕变的时期,面对、走过人生中的重大挑战,我们已不是当时稚气未脱的自己,而变得更加成熟、现实和有能力。请你做练习10-5的对话练习,从不同的时空和自己对话,相信会有非常不一样的感觉。

练习10-5 穿越时空的对话

今天是你毕业的日子,你可以邀请过去和未来的自己来见证这一时刻,你会选择多大的自己,请把他们两个的年龄写下来。

你最希望过去的你和未来的你见证现在你的什么?

过去的你如果见到今天的你,最可能和你说什么?

未来的你见到今天的你,最可能说的话又是什么?

和他们在一起,带着他们给你的话,你有哪些发现?

人的生命总是处于一种起伏连绵、峰谷交接的状态。那些高扬与低回的点,也许有其他的定义方式。我们当下的压力,在未来的自己面前变得就是一个瞬间;我们当下的纠结,在过去自己和未来自己的视角里又会变了不同的样貌。不同的自己在时间的镜头下相遇,让我们有机会从不同的视角来看自己,获得新的认知。

2. 跨越

如果我们把回放的视频只放在找工作的这段时间里,你会用什么词来形容自己和周围的同学发生的变化,成熟?现实?诚然,这个阶段是身份转变的关键时期,也可能是变化最多的阶段,从学生到社会人,从青年进入成人社会,跨出校门走向世界。提到跨越,会给人一种尽快度过的感觉,早日跨出去,就如同早日找到工作,早安心。其实这个阶段本身就是我们人生阶段中的一个重要内容。从生涯规划的角度来看,相当于执行检验的阶段,如果符合预期就继续,如果出现问题就重新规划。我们在与外界世界,特别是职业世界的互动中获得真实的反馈,在这个过程中,我们对自己的理解越来越多,认识也越来越深刻,不知不觉地为未来做好了准备。

> **扩展阅读 10-4　你以为的职业失败可能只是一次试错**
>
> 　　职场成功、人生成功的发展模式成为大家竭力探索的密匙。但成功之前,我们可能经历过大量"职场不如意",甚至"生涯失败"。人一生中大部分的美好时光和职业相伴,而人的生命总是处于一种起伏连绵、峰谷交接的状态。那些高扬与低回的点,也许有其他的定义方式。你所认为的"职业失败"也许只是一次试错。
>
> 　　我懂得了转身,不行就换一种方式。
>
> 　　薛维(某律所实习律师):你知道高校有种"就业困难"学生吗?我就是。我是法律系的学渣,毕业那年,到 6 月还没有拿到 offer。那阵子已经没什么课了,总是听说一个又一个同学找到工作了,要不就是谁考上了研究生,或通过了司法考试。一天天过去,我的压力越来越大,大家都能感受到我的压力,和我说话都比较小心,所以,我尽量不在宿舍,我去找其他系的朋友,去打游戏。后来为了散心,我去了另一个城市找高中同学玩,他陪我逛街散心,结果意外地碰到他一个在律师事务所工作的朋友,大家一起吃饭、唱歌,结果我就找到了现在的工作。
>
> 　　现在回头看,我特别相信那个词,绝处逢生。在所有人都觉得你

没有希望的时候，机会可能就在不远的地方看着你。不过经历了那一段，我变得有勇气了，人生就是这样。成功是一个节点，在成功之前你经历的都是失败。失败也许才是常态，而成功却是意外收获。所以，我现在的心态特别平和，遇到什么不如意的事也不那么介意了。

而且，我懂得了转身，不行就换一个方式，这让我发现人生处处有惊喜。所以到现在我特别感谢那段绝望的经历，没有它就没有现在快乐、平和的我。

资料来源：林欣，高艳. 你以为的职业失败可能只是一次试错[N/OL]. 中国青年报. [2017-03-24]. http://zqb.cyol.com/html/2017-03/24/nw.D110000zgqnb_20170324_1-07.htm.

从个人成长的角度看毕业季，它是一个了解自己的过程，我们的喜怒哀乐，压力努力都是在表达着不同层面的自己，努力获得成功认可固然好，遭遇失败后"懂得转身，不行就换一种方式"何尝不是一种积极的人生态度，了解自己是一生的故事和修行，请对自己保持耐心。

思考

1. 假设你是大一的时候看本章的内容和毕业的时候看到本章会有什么不同？
2. 请做一个调查，了解你毕业年度的毕业生总数，预想可能的就业前景如何。
3. 结合自己的经验谈谈，你是如何选择就业还是升学深造的，理由是什么？
4. 尝试写一份自己的简历，反思哪些部分可以加强提高。
5. 和同学一起做一次模拟面试，分析过程中自己的优势和不足，并制订提高计划。
6. 谈谈如何在求职过程中使用自我支持的策略。

参考文献

[1] 应届毕业生网. 2016年北京地区高校毕业生就业质量年度报告[EB/OL]. [2017-01-06]. http://gw.yjbys.com/baogao/100583.html.

[2] 中国教育在线. 2016年中国大学生就业报告[EB/OL]. http://www.eol.cn/html/c/16dxsjybg/index.shtml.

[3] 大学生创业网官网微博公众号. 既然选择了创业,就拼尽全力![EB/OL]. [2016-06-23]. http://weibo.com/p/1001603945616056148318.

[4] Gallup 中国. 2013全球职场环境报告[EB/OL]. http://www.gallup.com/zh-hans-cn/178676/2013-全球职场环境报告.aspx.

[5] 新京报. 2017届高校毕业生预计795万人[N/OL]. [2016-12-01]. http://epaper.bjnews.com.cn/html/2016-12/01/content_662418.htm?div=-1.

[6] 李承宗. 伦理学视野下的我国金融市场建设研究[J]. 财经理论与实践, 2008, 29(5): 125-128.

[7] 李彦龙. 关于印发《2016—2017年度西部计划实施方案》的通知[N/OL]. 中国青年网, (2016-05-05) [2016-05-10]. http://xibu.youth.cn/zhcwj/tzyfw/201605/t20160510_7976516.htm.

[8] 理查德·尼尔森·鲍利斯. 你的降落伞是什么颜色[M]. 刘宁, 译. 北京: 中信出版社, 2010.

[9] 罗伯特·C. 里尔登, 等. 职业生涯发展与规划[M]. 侯志瑾, 等, 译. 3版. 北京: 人民大学出版社, 2010.

[10] 牛格正, 王智弘. 助人专业伦理[M]. 台北: 心灵工坊文化事业股份有限公司, 2008.

[11] 乔志宏, 王爽, 谢冰清, 王祯. 大学生就业能力的结构及其对就业结果的影响[J]. 心理发展与教育, 2011, 27(3): 274-281.

[12] 乔志宏, 张凯. "大学生职业发展与就业指导"课程建设问题探析[J]. 北京教育(德育), 2010(Z1): 60-64.

[13] 任江林. 大学生敬业精神的培养和弘扬[J]. 人才开发, 2006(1): 32-34.

[14] 山东大学. 关于发布《山东大学2016届毕业生就业质量报告》的公告[EB/OL]. [2016-12-30]. http://www.job.sdu.edu.cn/info/1021/2024.htm.

[15] 申欣旺, 许身健. 没有职业伦理, 律师就如同裸奔[N/OL]. 新京报, [2013-

12-07]. http://epaper.bjnews.com.cn/html/2013-12/07/content_482518.htm?div=-1.

[16] 王淑俐. 生涯发展与规划——为职涯发展做准备［M］. 台北：扬智文化事业股份有限公司，2013.

[17] 赵延昇，周汝. 大学毕业生社会支持与求职行为的关系研究——基于职业决策自我效能、主动性人格和社会资本的作用机制［J］. 北京航空航天大学学报（社会科学版），2015，28（5）：63-70.

[18] 知乎话题. 如何做一份优秀的简历？［EB/OL］. https://www.zhihu.com/question/19766230? sort=created&page=1.

[19] 中国心理学会临床与咨询工作伦理守则［EB/OL］.［2016-10-04］. http://www.chinacpb.org/a/lunlizhuanlan/lunlishouze/2016/0613/95.html.

[20] 钟古兰，杨开. 大学生职业生涯发展与规划［M］. 上海：华东师范大学出版社，2008.

[21] Fugate, M., Kinicki, A. J., Ashforth, B. E.. Employability: A Psycho-social Construct, Its Dimensions, and Applications［J］. Journal of Vocational Behavior，2004，65（1）：14-38.

推荐阅读

韦德曼. 记住你是谁：15位哈佛教授震撼心灵的人生故事［M］. 赵丹，译. 北京：商务印书馆，2006.

哈佛商学院有个优良传统——每位教授在课程结束前的最后一堂课都要讲述自己的人生故事，作为送给学生们的特别礼物。《记住你是谁：15位哈佛教授震撼心灵的人生故事》就是这些特别"礼物"的集成。

推荐电影：《穿普拉达的女王》

《穿普拉达的女王》讲述了女主角作为新人，遇到了恶魔一样的上司，努力成为优秀员工的过程，但是当好机会唾手可得时，她看清楚了自己的价值观，选择了离开。你也许会遇到像恶魔一样的boss，怎么办呢？不妨学一学这部片子里的女主角。如果你喜欢这份工作，那么好好干，拼命展现自己，以博得上司的青睐；如果不再喜欢了，那么何不潇洒地炒老板的鱿鱼呢？

第十一章　起跑
——从大学生到创业者

　　学金融专业的张俊是从大山深处走出来的大学生，他的创业实践，是从网络上组织同学团购家乡特产开始的，到现在他和几个志同道合的老乡一起经营着一家淘宝小店。一路走来，开始被家人和朋友称为"不务正业"，后来挣到了第一桶金，过程中经历了多次凑不到货款、老乡退出等危机，现在实现小有盈利，让张俊很是感慨。张俊非常珍惜他创业的这段经历，他正在和小伙伴们一起试图把家乡的山货业务做大做强，目前他正在和大家一起热烈讨论研究经营方案，试图参加创业大赛，获得更大的发展。

　　张俊没有像自己的同学一样去考研究生或者去金融机构就业，而是走了一条少有人走的创业之路，正在上大学的你，是否也有过创业的念头？2017年初，《中国青年报》刊登的由中国人民大学发布的《2016中国大学生创业报告》显示，我国近九成大学生考虑过创业，但是只有近三成大学生有创业经历。或许这个"九成考虑，三成实践"的数字表达了当前大学生创业面临的机遇和挑战。具体到你个人身上，你是考虑过创业的那九成，还是完全没有考虑过？你是属于实践过的三成，还是改了别的路？是否考虑，是否实践，是否坚持，这一系列选择背后，是对自己的了解，对生活方式的探索和追求。为了帮助大家更好地了解自己，了解创业，本章从创业的背景、实践，以及心理的准备和调整等方面提供更多的支持。

一、少有人走的路

（一）创意、创新与创业

创意、创新和创业是三个既相互联系，又有所区别的概念，提到创业，大家可能会想到高风险高回报，让你望而却步。但是其实我们在生活中一直有创意和创新，比如有的学生上课时想睡觉，在眼镜片上画眼睛，瞒天过海，这个就是搞笑又有趣的创意，而把这个点子做成产品，应用到同学聚会等场合中，就是一个创新性的产品，而专门成立机构或公司把这个产品推广、销售就是创业。所以，创业的内核就是创新和创意，能够发现有新的不同的解决方案，并且创造价值；而持续性的创新正是创业发展的基础。

1. 创意与创造力

创意是创出新意，是新且有用想法的产生，能使新想法变成现实的过程。有了创意，我们的生活就有解决问题的智慧（黄天中，2015）。创造性思考就是创意在生活中的应用，有创造性的人擅长短时间内就某一问题想出多种解决方法，具有洞察力，好奇心，热情，开放。著名的创造力研究者特瑞莎·阿玛拜尔（Teresa M. Amabile，2008）总结了三条创造力的条件。

（1）专业知识。

你头脑中储存的必要知识越丰富，就越容易将他们以有用的方式整合起来。

（2）创造性思维。

注重思维的灵活性、联系性和想象力。主动追求新想法，发现相关信息之间的联系，具有洞察力。一般来说，创造性思考过程经过五个阶段：准备，努力思考，孕育，顿悟和评估。

（3）内在动机。

对任务本身痴迷或者热情要比外在的奖励重要得多。更多的热情也可以让注意力集中，获得更多的心流（flow）体验。

创造力的关键就是给思维松绑，保持专注，信息超载则会降低创造力。阿玛拜尔花了十多年时间研究 238 个人的工作习惯，收集了总共 12000 条日记。她发现，注意力集中与创造力是相关的。如果允许人们集中于某件事一段时间而且不被干扰，那么人们更可能有创造力。从创造性思维过程来看，人们往往注重顿悟的结果，而没有注意到之前的孕育阶段，看似在做一些无关紧要的事情，而实际上是在为顿悟做准备。创业者进行创造性思考，才能对市场环境和时代趋势迅速反应，才能洞察创业的机会和风险。

2. 创新就是生产力

创新是以提出有别于常规或常人的见解为导向，利用现有的知识和事物，在特定的环境中，本着理想化需要或为满足社会需求而改进或创造新的事物、方法、元素、路径、环境，并能获得一定有益效果的行为（杨远锋，2011）。任何工作、任何领域都可以创新，只有创新才有生命力，只有创新才能体现特色，创新是变革的原动力。

当我们回顾历史，不难发现人类社会的进化史就是不断创新的过程，从低级到高级、从简单到复杂、从原始到现代，每一次文明的进步都是创新，创新就是发展。

一个企业的发展更是离不了创新，利用新的想法带动变革，不断整合各种信息、资源、机会和技术，创新就转化成了生产力，有了生产力也就有了活力。不仅如此，对一个国家来说，创新就是竞争力。

对我们个人来说，创新就是给新想法和新思路更多的空间和机会，是敢于尝试的勇气，更重要的是给失败更多的允许。否则每天做重复的事情，虽然安全但是无聊。勇敢迈出创新脚步的我们，更需要的是当我们失败时可以从头再来。拥抱创新就意味着和失败做朋友，不知不觉中，我们在创新、失败、再创新的循环往复中也增长了想象力、灵活性、耐心和韧性。

3. 创业精神

创业是创立基业、开创事业的意思，创业是创新的实践性应用。创业是一个个体寻求机会进行价值创造的过程，在这一过程中，个体并不考虑当前所控制的资源（薛艺，2017）。从这个意义上看，创业是一种生活方式，也是一种精神，满足了我们内心深处的需要。心理学家在走上创业之路的人们身上发现了一些共性：他们通常都追求雇主组织之外的自主性、拥有较高的成就需求、内控性人格、对模糊状态比较能容忍、高风险偏好、拥有企业家性的自我概念（Brockhaus，1982）。一般来说，创业精神包括以下几个方面。

（1）决心。

决心是首要的创业精神。只要有了创业的意愿，并下定决心去创业才有可能成功。虽然触发决心的因素可能是生存需要，也可能是成就事业、自我实现的渴望，但当决心促进了行动，创业才有可能。

（2）勇于承担风险。

创业是一场冒险的游戏，机会和风险并存。我们要充分认识创业过程中的风险，要有强大的心理承受能力，要具备风险评估的能力，对可能遇到的困难有一定的预估，制订相应的预案，才能提高创业的成功率。

（3）坚忍不拔。

创业就是要信念坚定，意志顽强，不可动摇。一位有过创业经历的大学生认为，大学生创业不伟大，也不卑微，只是一种体验。一些人总是想搞清楚什么是创业、该如何创业，期望把创业的学问研究透再去创业，最后是一直没有创业。很多大学生创业，真正挽起袖子来干时，靠的还是那股子韧劲儿。真正看中了某个点，坚持下去，做出来就获得了成就感，就算失败也是一种体验、一个过程。

（4）注重积累。

创业中的"创"字，暗含了一个从无到有、从小到大的积累过程。李剑波用他的创业经验告诉你：你的创业方向离不开你决定创业那一刻之前的人生积累，尤其是你的职业生涯的积累，切记闭门创业（知乎，2014）。

（5）自信心。

自信心是一个创业者必备的素质，只有相信自己、热爱自己的产品才能说服优秀的团队加盟，才能忍受挫折，坚持下去。相信自己首先要认识自己，了解自己身上的闪光点，并且利用这种优势，发挥出最大的价值。

（6）关注价值。

与企业中的员工相比，创业者更关注价值的创造。这不仅仅指利润的最大化，也包括对社会生活的改变等。创业就是创造价值的过程。最近很火的共享单车摩拜创始人胡玮炜认为，她更重视"让自行车回归城市"这件事本身，这种社会价值是推动她实现创业梦想的原动力。

扩展阅读11-1　摩拜单车美女创始人胡玮炜

胡玮炜非常感性，但也许正是这样感性的人，才能喊出"骑行改变城市"这样性感的口号。她说："一个城市如果适合自行车骑行的话，它的幸福指数一定是非常高的。因为首先它应该有自行车道，然后有绿树，因为如果没有绿树夏天会非常热。空气也应该良好，这样人们才愿意去骑行。我们是坐等有一天能够变成这样，还是说每一个人可以付出一点力量，让这样的事情发生？"

无论是在上海还是在北京，胡玮炜都买过属于自己的自行车，但总是不到一个月她就放弃了：要么就是被偷了，要么就是她真的觉得在城市里面骑其实是非常不方便的。

"我希望我像一个机器猫一样，当我想要一辆自行车的时候，我就能从口袋里掏出一辆自行车骑走。因为在大城市里面，可能我无数次从地铁站出来，在高峰期的时候根本打不到车。我可能会坐一辆黑摩的，但是非常危险。那个时候我就特别希望有一辆自行车。"这是胡玮炜2014年的时候做梦都在想的事情。

有一天，她跟一群工业设计师和一些投资人坐在一起聊天的时候，当时她的天使投资人突然说了一句话："哎，你有没有想过我们做共享单车呢？用手机扫描开锁那种"。胡玮炜很激动，"我当时就立刻被击中了，所以我当时就说我要做这个，我们可以做这个。"最初，胡玮炜没想过会由她来领导这个项目，但身边的那些工业设计师后来就不断地在论证说这个有多难：会被偷走，不知道应该布在什么地方……反正各种各样的问题提出来，他们就退出了。最后只有胡玮炜

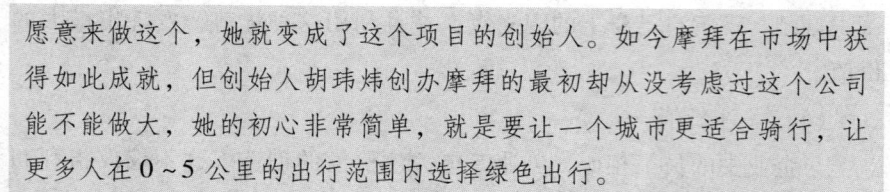

愿意来做这个，她就变成了这个项目的创始人。如今摩拜在市场中获得如此成就，但创始人胡玮炜创办摩拜的最初却从没考虑过这个公司能不能做大，她的初心非常简单，就是要让一个城市更适合骑行，让更多人在0～5公里的出行范围内选择绿色出行。

资料来源：http://www.p5w.net/weyt/201612/t20161226_1678004.htm

（二）大学生创业的机遇

1. 外部条件之时代声音

2015年，李克强总理在政府工作报告提出"大众创业，万众创新"（简称"双创"）的号召。创业对一个国家的发展意义重大，总理提到创业"既可以扩大就业、增加居民收入，又有利于促进社会纵向流动和公平正义"。不仅如此，总理在论及创业创新文化时强调要"让人们在创造财富的过程中，更好地实现精神追求和自身价值"，当前，整个国家所倡导的创业文化不仅仅是创造财富，而是希望人们在投身创业过程中获得个人价值的实现。

当前，大众创业成为一种时代的声音，意味着求新求变，开拓创新，已经上升到我们国家发展层面的要求，这释放出一个非常强有力的信号，国家一直在出台各种配套的具体措施，鼓励个人对创业的投入和参与。这些大背景信息，身为大学生的你是否了解？你是否切身感受社会对大学生创业的支持和鼓励？

在国家"双创"政策的引导下，社会各方对大学生创业实践的支持力度不断加强，吸引了像张俊一样的大学生们投身到创业的活动中去，在创业活动中实现自己的人生价值，甚至获得安身立命的机会。《2016年中国大学生创业报告》显示，大学生创业意向高涨：89.8%的在校大学生曾考虑过创业，18.2%的学生更是有强烈的创业意向。有12万名大学生正在创业或曾有过创业经历，占调查总人数的28%。

更值得一提的是，此次报告还显示我国大学生创业主要是"机会型创业"，并非因就业困难和生存压力所迫，近六成人认为创业动机在于"追求自由的工作和生活方式"和"个人理想的实现"。创业并不是找不到工作不得已而为的行动，而是选择自己"当老板"，开辟新的道路，实现自己的梦想，发挥自己更大的价值。

特别是互联网的飞速发展，给大学生创业提供了更便捷的途径，大学生创业达人频频出现在各大媒体上，各种创业大赛举办得如火如荼。早在1998年，戴尔计算机公司CEO在厦门大学演讲时就提到当今大学生有更多的机会：知识在企业中的分量越来越重，资金的需求相对减少；交易成本下降，特别是互联网的出现；信息资源越来越透明和易于分享，使得硬件阻力变少。现在更是如此，目前两个大学生创业中的佼佼者都在互联网行业创业：饿了么外卖平台的张旭豪创业时是上海交通大学的硕士，戴威在获得了北京大学光华管理学院硕士学位不久成为ofo小黄车的创始人。

2. 外部条件之优惠政策

对大学生来说，最直接的支持就是各级政府出台的相应的优惠政策，包括政策、资金、税收、贷款等各项措施。以下就以北京市大学生创业优惠政策为例，介绍一下优惠政策的具体内容。

（1）大学毕业生在毕业后两年内自主创业，到创业实体所在地的工商部门办理营业执照，注册资金（本）在50万元以下的，允许分期到位，首期到位资金不低于注册资本的10%（出资额不低于3万元），一年内实缴注册资本追加到50%以上，余款可在三年内分期到位。

（2）大学毕业生新办咨询业、信息业、技术服务业的企业或经营单位，经税务部门批准，免征企业所得税两年；新办从事交通运输、邮电通信的企业或经营单位，经税务部门批准，第一年免征企业所得税，第二年减半征收企业所得税；新办从事公用事业、商业、物资业、对外贸易业、旅游业、物流业、仓储业、居民服务业、饮食业、教育文化事业、卫生事业的企业或经营单位，经税务部门批准，免征企业所得税一年。

（3）各国有商业银行、股份制银行、城市商业银行和有条件的城市信用社要为自主创业的毕业生提供小额贷款，并简化程序，提供开户和结算便利，贷款额度在2万元左右。贷款期限最长为两年，到期确定需延长的，可申请延期一次。贷款利息按照中国人民银行公布的贷款利率确定,担保最高限额为担保基金的 5 倍,期限与贷款期限相同。

(4)创业政策,政府人事行政部门所属的人才中介服务机构,免费为自主创业毕业生保管人事档案(包括代办社保、职称、档案工资等有关手续)两年;提供免费查询人才、劳动力供求信息,免费发布招聘广告等服务;适当减免参加人才集市或人才劳务交流活动收费;优惠为创办企业的员工提供一次培训、测评服务。国家税务总局也发布了《"大众创业 万众创新"税收优惠政策指引》。截至 2017 年 3 月,国家针对创业创新的主要环节和关键领域陆续推出了 77 项税收优惠政策,为"双创之树"提供了一系列"养料",助其成长壮大。

练习 11-1　调研探索

(1)请组成一个小组,了解你所在的城市对大学生创业提供哪些支持。
　　_____

(2)假设你们要选择创业,可能会要经历什么程序?
　　_____

(3)请逐条对照一下程序与自己创业的关系。
　　_____

(4)和小组成员讨论对自己最有益的政策是什么。
　　_____

---

3. 内部条件之弹性学制

对大学生创业来说,需要面临学业和创业兼顾的现实问题,2017 年 2 月,教育部颁布了新修订的《普通高等学校学生管理规定》(以下简称《规定》)。新《规定》从四个方面为学生创新创业提供制度支持。

一是规定新生可以申请保留入学资格开展创新创业实践,入学后也可以申请休学开展创业。

二是规定参加创新创业等活动以及发表论文、获得专利授权等与专业学习、学业要求相关的经历、成果,可以折算为学分,计入学业成绩，鼓励学校建立创新创业档案、设置创新创业学分，加强学生的创新创业教育。

三是对休学创业的学生，可以单独规定最长学习年限，并简化休学批准程序，突出对学生创新思维、创业精神和创新创业实践能力的培养。

四是规定创新实践、休学创业的学生，经个人申请学校批准可以转入相关专业学习，降低学生创业的机会成本，让学生在自主创业方面有更大的选择空间。

高校建立弹性学制，允许在校学生休学创业真正落实到制度规定层面，这样为有志于早日创业的学生免去了后顾之忧。学生休学创业，进可以为事业拼搏奋斗，退可以回校继续学业，日后再择他业。允许在校学生创业，既可以有效缓解就业压力，又可以促进学生理论联系实践，满足学生对教育选择个性化、多样化需求。

4. 内部条件之创业教育

早在2010年，教育部就颁布了《关于大力推进高等学校创新创业教育和大学生自主创业工作的意见》，被认为是第一个推进创新创业教育的全局性文件。文件中对课程体系建设、师资队伍建设、创业实践活动、建立创业基地、加强帮扶措施等方面提出了核心意见。那么，近些年创业教育的实施情况如何呢？《2016年北京地区高校毕业生就业质量年度报告》中对创业教育和创业服务的知晓和参与程度进行了调查，包括了创业课程、创业类社团、创业讲座、创业计划大赛、参观创业企业、与创业者交流、参与创业企业的实习项目7类，其中参与度最高的是创业讲座，有34.5%的受调查学生表示参与过，最低的是"参与创业企业实习项目"，只有15.9%的学生表示参加过。这些数字如果对比前面调查中九成大学生有创业的想法的数字，参与度实在不高。但是目前这种情况正在积极改善中，各高校也在积极拓展其他渠道，促进学生参与创业活动，提升学生的创新创业教育，很多高校已经把创业教育纳入人才培养全过程。创业教育不仅能给学生提供知识和信息，更重要的是能帮助学生了解创业的全过程，获得宝贵的创业实践经验。

本章开篇中的张俊正是在大三时选修了学校的创新创业课程，才想到把临时组织同学团购家乡山货的小实践，开成淘宝店的。最近他和几个同学一起撰写创业计划书，并在老师的鼓励和指导下，准备参加学校的创新创业大赛。

> **扩展阅读 11-2　某创业教育公司的创业活动周活动设计**
>
> 整个创业活动设计成闯关游戏的形式，共设有 12 个关卡，学生通过创业体验活动的形式，了解创业的全过程。
>
> 1. 创业思维——思维游戏话创新
> 2. 对号入座——创业者类型
> 3. 呼朋唤友——组建创业团队
> 4. 百炼成钢——创业你真的准备好了吗？
> 5. 顺序过关——新公司注册流程
> 6. 营销大师——销售对策
> 7. 动物世界——简历创业团队图腾
> 8. 拼图游戏——商业计划书
> 9. 竞争与合作
> 10. 股权非游戏
> 11. 时间胶囊
> 12. 一杯咖啡活动

（三）创业的挑战

麦可思《2016 年中国大学生就业报告》显示，大学生毕业即创业比例连续 5 年上升，从 2011 届的 1.6% 上升到 2015 届的 3.0%。但是毕业半年后自主创业的应届本科毕业生，三年后超过半数的人退出创业。创业的政策和支持归根结底一直在致力于打通社会、学校等外部因素，具体到你作为一个大学生个体，是否选择创业，还是面临很多挑战。

1. 个人因素

（1）风险意识薄、抗压能力弱。

创业作为一种积极、主动的行为，很多大学生在创业之初凭着一腔热情,就开始了创业工作,觉得创业是一件很酷的事情,觉得开咖啡馆或者蛋糕店是一件很浪漫的事情,就选择投入创业,但是完全没有做风险评估,对创业的艰难、市场的残酷、创业的复杂性和困难性没有足够的认识,没有做好积极的防范措施,结果遇到挫折,就一蹶不振。甚至借了高利贷,拆了东墙补西墙,不仅给个人,给自己的家庭也造成了很大的压力和损失。

(2) 准备不足。

很多人因为想到某个点子,或者想创业,甚至对现状不满就开始了创业。知乎上有一个热门的提问,有大学生问:"对专业不感兴趣,觉得没有前途,想退学创业。"但是创业不是那么简单的事情,好的成功项目,创业者之前都在相关行业或者相关方面有过很扎实的积累,有技术上的,运营上的,知识上的,人脉上的和管理上的,等等。很多不错的年轻创业者,之前在大学往往就做过小网站,小生意或独立开发者。对自己和创业项目,特别是竞争对手有充分的调研,才能在创业时走得扎实。

(3) 经验不足。

很多大学生属于初次创业,对于有关经营公司的知识技能,如财务、营销和管理等的了解可能只停留在理论阶段,对于公司运营更是缺乏实战经验。受自身经验少、资金不足等条件限制,大学生普遍比较青睐投资少、见效快、技术含量比较低的行业,但是这类行业普遍市场前景不佳、生命力不强(方芳,2017),比如外卖、食品店等项目,围绕着解决学生的生活展开,虽然有所创新,但是盈利模式不明显。

(4) 团队不稳定。

大学生创业的团队往往是自己的同学,团队往往是靠感情建立,而不是基于契约,随着创业企业的成长,这种重感情轻契约的工作关系,会逐渐暴露出矛盾和问题来,如果没有妥善解决,最终只能导致团队的解散。有研究者对大学生创业团队不同阶段的特征进行研究发现:在想法期,校内创业环境能够激发团队的创业激情,但激情会影响到其理性评估创业的想法,而使命导向的成就型创业动机的团队成功的可能性更大;在启动期,团队特别容易忽略原创技术等要素的重要性;在成长期，机构内部要素，即团队文化、管理能力等因素对于创业结果影响比资金等要素的影响更重要；在成熟期，高校创业团队容易受毕业、融资和机会等因素的影响（陈键等，2017）。

2. 家庭因素

对中国大学生来说，如果想创业，最容易受到影响的外在因素就是家庭。但是在中国现实的环境下，家长普遍希望孩子有个稳定的工作，能够顺利地工作、结婚、成家立业。如果一个学生想要在大学中创业，或者毕业选择不就业而创业，很难立刻获得家长的支持。通过对有过创业经验的大学生的调查发现，来自父母从事商业工作家庭的学生占多数，这正说明，父母对创业的态度对孩子做出创业选择有巨大影响。

此外，对学生来说，最初的项目启动资金往往来自自己的父母支持，美国创业界通常称第一笔资金的来源为"3F"，家人（Family），朋友（Friends）和傻子（Fool）。当然傻子是一种戏称，这更说明了来自家庭的因素既可能成为你创业的一个助理，第一桶金的支援者，也可能是你创业的一大阻力。

练习 11-2　争取父母的支持

如果你决定创业，你打算如何说服你的父母？
_____

评估一下效果如何？
_____

你计划沟通几次来说服自己的父母支持？
_____

你有替代方案吗？
_____

---

3. 社会配套因素

（1）政策实施因素。

从政策出台到真正落实需要一个过程。尽管各级各类机构对大学生创业的支持越来越多，也越来越具体，但是从大学生创业的实际感受上来说,可能还并未感受到切实的帮助。正如前文有关创业教育参与程度的调查结果显示,参与各种创业教育的学生数量非常有限,高校对创业教育的推进力度远远不够。很受推崇的创业比赛或创业技能大赛,在实际操作中也有一些不尽如人意的地方,比如:为了鼓励更多的项目参与,每个项目的支持力度就很少了;一些比赛缺少真正有创业经验的专业评审,以至于评审只注重临场发挥,而忽视实际操作和项目价值;真正高水平比赛的数量有限等。其他一些有关创业公司税收、场地、注册等方面的落实,因为涉及多个部门,落实起来并不容易,很多学生因为没有相关方面的经验,可能要跑很多地方,跑很多趟,也可能漏掉关键环节。

> **扩展阅读 11-3　银行不予贷款,大学生创业受挫**
>
> 　　在当今商事制度改革以及市政府关于扶持大学生创业等一系列利好政策的频频推动下,1991 年出生的大学毕业生陆某于 2015 年 5 月成立了一家贸易公司,认缴资金 20 万元,主要是做食品添加剂等相关贸易业务。"对不起,陆先生,由于你的公司目前处于失信状态,不符合申请公司贷款的条件,请前往当地市场监管局整改!""系统显示,你公司没有依法报送年报,所以被列入经营异常名录了,根据国家 38 个部门联合签署的《失信企业协同监管和联合惩戒合作备忘录》,被列异的企业会在银行贷款、招投标、政府采购、荣誉评定等方面受到限制,失信企业将遭遇'一处失信,处处受限'的窘境。"原来刚刚创业的陆某收到了提交年报的短信,本以为是小事,却差点变成大事。在专业人员的指导下,他尽快补报年报,并下载《移出经营异常名录申请表》,到属地市场监管所申请移出才算渡过此劫。
>
> 　　资料来源:http://mp.weixin.qq.com/s?__biz=MzAwNTUxNzAwNQ==&mid=2656118341&idx=5&sn=a0f013054cbf1071ae8d4b3ff05ecd44&chksm=80befde7b7c974f1463f5331973ef09b860b2638043c8e1107ef30c15453f6abffb4a9a92db9#rd

(2) 融资困难。

张俊本来淘宝店的生意还可以,但是规模小,竞争对手多,如何打造核心竞争力、扩大规模、提高影响力是他最近一直在考虑的事情。但是钱从哪来？在参加创业比赛认识的师兄给他提供了风险投资的建议，他开始考虑融资试试。

到底该如何找钱，要不要融资，该怎么融资呢？这对很多大学生来说都是现实的困难，研究发现，融资难是大学生创业环境中最突出的问题之一。《2016年中国大学生就业报告》指出，2015年毕业的大学生自主创业资金主要依靠父母、亲友投资或借贷和个人积蓄，比例约为78%，来自商业性风险投资、政府资助的比例均较小，还不到5%。一般来说，大学生创业融资共有以下几个渠道，但是不同的融资渠道各有利弊（邱丽，2017）（表11-1）。

表11-1 大学生创业融资渠道分析

融资渠道	优点	缺点
亲情融资	筹措资金速度快、风险小、成本低	自筹资金有限
政策基金	较容易获得、成本低、无须信用担保	规模小、程序严格、竞争激烈
合伙融资	优势互补	易产生矛盾
金融机构贷款	利率低、有补贴	门槛高
风险投资	筹资快、渠道多	风险大，实现增值目标后可能因为风险控制而退出
天使基金	操作简单、筹资快、门槛低	投资人与创业者的股权分配易产生摩擦

对大学生创业者来说，除了家人和亲人是不要回报的，其他投资的目的希望看到你的事业盈利，分享利益。这些投资的性质决定了融资并不容易。特别是金融机构和政策基金的落实上存在一些现实的问题，我们要对自己的项目非常了解和有信心，并多方尝试。

（3）谨防诈骗风险。

《中国青年报》2014年3月3日报道"桂林多个创业团队上当，损失数百万元货款"，桂林多个创业团队因为轻信在学校开实体手机店，看起来挺有实力的合伙人，做手机销售创业，但是这个合伙人最后未履行的货款金额达270余万元。因为这些大学生创业者当时签订了不完善合同，或者在交易时根本没有签订书面合同，交货时的凭证也保存得不够详细完整，使得调查取证更加困难，维权困难。

资料来源：http://zqb.cyol.com/html/2014-03/03/nw.D110000zgqnb_20140303_1-09.htm

2015年9月至10月，共青团广西区委的调查发现，近五成（49.74%）的受访大学生创业者对合同诈骗及形式不清楚，还有近三成受访者表示会一次性与"好朋友或信得过"的合作伙伴签订大额合同。这表明在创业过程中，由于识别诈骗能力不足，很多创业大学生可能会面临大概率的风险和权益受损。大学生创业环境本身并不完善，缺乏有效的资金保障机制和创业保险，创业扶持政策与大学创业的现实需求差距较大，创业政策与创业者的实际期望相距甚远，创业救援与风险熔断措施缺失，这些都导致大学生创业被骗的新闻时有发生。全国学生资助管理中心发布2017年第4号预警，提醒广大在校大学生务必要谨慎参与校园"微商"，切莫陷入传销陷阱，不要被所谓"方便省事""快速致富""利润丰厚"等诱惑。

以往的创新创业宣传中存在一个误区：往往只讲成功的项目和故事，很少讲失败的案例。"饿了么"和"ofo"两家行业独角兽企业的创业者都是大学生，这会让很多大学生对创业的想象过于美好简单，而忽视了背后的艰辛和风险。

练习11-3 你是准备直进还是放弃？

大学生创业是一个机遇与挑战并存的事业，不知道你读到现在的感受如何，你是想继续前进，还是直接放弃？接下来邀请你把你的感受和理性一起考虑，做一个自我分析。

（1）拿出一张纸来，折叠再折叠，变成四格。

第一格写上"感受"，列出你对读到现在部分的感受如何；

第二格写上"优势"，列出如果你想继续创业对你来说可能的优势是什么；

第三格写上"挑战"，列出对你来说会有哪些的挑战，风险是什么；

第四格写上"资源",列出你可以利用的资源有哪些?包括支持、政策、团队、项目等。

(2) 完成这四格表后,你有哪些发现?

_____

(3) 请找到朋友一起讨论,帮你澄清你的选择。

_____

选择大学期间就创业,还是怀揣梦想,在渴望的领域中累积工作经验再创业,其实更多的是个人的选择。《2017年中国大学生就业报告》表明,大学生自主创业存活率需关注,创业效果应从长评价。下一节,我们帮助大家探索自我,完成创业问题的自我核查。

二、创业自我核查

创业者和创业爱好者最大的区别就在于,一个在做实事,一个在说空话。

——网友

(一) 我为什么要创业

网友的话生动地描述了创业者和创业爱好者的区别——是否行动。是否行动背后的动力是什么?你的创业初衷又是什么是每一个创业者需要问自己的第一个问题。

1. 相信创业神话

媒体对创业成功的报道往往会介绍,某创业者融了上亿元的资金,把企业做到多大多强。仿佛给人们一种错觉,创业就能挣很多钱,但著名的苹果公司老板乔布斯提到,他发现很少有人因为挣钱的初衷而把事业做成功的。神化和挣钱的梦想可能会瞬间点燃你的创业激情,但是如果你是在神化和利益的驱动下而投入到创业的大潮中,那激情很可能会快速消失,因为创业是充满冒险和挑战的事情。金钱驱动的创业初衷,很容易在创业初期就遭受打击,或者陷入被骗的危险的境地。

2. 现实没意思而创业

在第一节里我们提到有大学生因为不喜欢自己的专业，对现实迷茫而想创业，仿佛创业是当前压力的解药。本来不喜欢自己的专业是学习动力和对未来迷茫的问题，但是直接创业很可能没有解决原有的问题，又制造了新的问题。但是不能否认，创业也是一种探索，或许有的学生在学业上不顺利，而在创业中找到自己的热情、投入和位置。但解决了现实烦恼的不是创业，而是探索。

3. 想获得创业的体验

有的人是想获得名片上 CEO 的标签，有的人是想获得管理一个团队的经验，有的人是想感受一下挑战不可能的处境，有的人是想获得履历表上的一笔说明，有的人可能仅仅是因为喜欢创业和挑战的生活方式而创业。如果你的初衷是体验派，可能在面对挑战时激发强大的斗志，而在解决难题后失去兴趣。对体验派来说，创业可能需要不断地制造新鲜的挑战，从长远来看，这些体验是否能迁移到你真正想要做的事情上才是关键。

4. 创业是创新工作的延伸

对有些人来说，所谓"开公司创业"，只是他/她很喜欢、很投入做前面的事情之后的一个自然而然的结果。乔布斯最初并未想制造个人电脑，而是想做出来自己用，但是朋友不断的邀约，让他们觉得这可能是帮朋友最好的方式，试生产了 100 台，于是有了苹果公司。抱有这样初衷的人，是因为我想做事情而创业，而不是宣称我要创业了，租场地，立个招牌，招人，再去想创什么业。

练习 11-4 你的创业初衷

（1）前面我们列出了一些创业的初衷，请你反思你的创业初衷，创业最吸引你的部分是什么？

_____

（2）这种初衷，到底会让你在创业的道路上走得更远，还是浅尝辄止？

_____

(3) 如果你希望在创业的路上走得更远，你还需要哪些支持？
_____

(4) 如果你只是试一试，并未想深入参与，那这份试的心情，会给你带来什么收获？你又打算把这些收获用在什么地方？
_____

不管对你来说，创业的理由到底是什么，你所面对的事情也许都是一样的：你可能会遇到纠结、胆怯、恐惧或者退缩的时候，而这个时候想想你的初心，你为什么会创业，或许就有新的理解和收获。

（二）我适合创业吗？

研究者一直致力于区分创业者异于常人的部分，发现什么样特质的人更适合创业。米顿（Mitton，1989）把创业者定义为喜欢冒险的人，他认为，创业者倾向于寻找并管理具有未知性的情境，正因为他们能够避免风险，因此常常准备着去接受风险。他还认为，创业者乐于从事不确定的未知的事情，具有较强的模糊性容忍特质，因此模糊性容忍也被看作创业心理特质中的另一个因素。

根据研究结果，如果我们可以给创业者一个素描，一个成功创业者一般有以下表现。

1. 走路带风——高成就动机

创业者往往不甘人后，成就动机高，他们追求成功，不害怕失败，有竞争意识，敢为天下先，走路也会不由自主地加快脚步。

2. 把握主动权——内控倾向

创业者往往不希望把自己和公司的命运拱手让人，他们相信自己，同时认为解决问题的关键是事在人为。

3. 勇于挑战——风险承担倾向

创业者做事情一般勇于接受挑战，敢于承担风险，做事情不拖泥带水，不瞻前顾后，倾向于试一试，不轻易认输。

4. 忍耐——不确定性容忍程度高

阿里巴巴的马云曾有一句名言，对忍耐有着非常贴近的描述："今天很残酷，明天更残酷，后天很美好，但是绝大多数人死在明天晚上，看不到后天的太阳！"创业者往往要忍受常人不愿忍受，不能忍受的痛苦、憋闷、焦虑甚至是屈辱，才能锻炼出宠辱不惊的"定力"。

5. 不走寻常路——创新意识

一个优秀的创业者，善于发现生活中的困境，也善于尝试不同的解决方案，比起标准答案他们更愿意探索不同的思路，能够敏锐地发现问题和商机。

6. 行动派——行动力

创业者所有的品质中最核心的就是有行动力。真正落实才是创业，把想法转化为产品，才有实效。这也是我们前面提到的创业者与创业爱好者最大的区别。

7. 一直在成长——善于学习

创业就是在实践中学习的过程，一个创业者一直在试图让自己和公司保持成长，不断学习和总结，学会管理自己的情绪，锻炼沟通能力，提升自身的领导能力，这些收获无论未来走入职场还是再次创业，都将是最宝贵的财富。

知乎的联合创始人黄继新认为，创业最重要的四个前提是：思考力、行动力、心气和时机。对于创业项目，你要比其他人都想得多，想得透彻；要设法把想法变成产品，得设法找到志同道合的同伴，设法不断地优化产品；不怕输，不服软；还得要时机合适，否则市场没起来，你就会从先驱变成先烈。

练习 11-5　你是否适合创业

（1）创业就像过山车，你是否做好准备上车？上车之前，根据我们前面所提到的 7 项素描，请你给自己的每一项打分，最高分为 10 分，最低分为 0 分。为什么？

_____

(2) 把每项的分数加起来,你的分数有多高,是否符合你对自己的期待?

　　(三) 我了解创业吗?

　　对很多大学生来说,创业是理想很丰满,但是现实很骨感。对创业来说只有一腔热情是远远不够的,我们需要踏实实践,了解创业的基本流程和基本类型。

　　1. 创业的基本流程

　　(1) 发现商机。

　　找到市场中的机会是创业的起点。而大学生创业往往会被认为格局小,有人做过一个总结,各大媒体的大学生创业故事做一个汇编,就能找出一个共同点:都是卖吃的。对大学生来说,人生经验有限,创业项目的选择往往会局限在校园的领域中,网络游戏代练、送外卖、代取快递、开咖啡馆、开蛋糕店等。这些项目的门槛普遍较低,竞争激烈,想要脱颖而出并不容易。所以发现商机的关键是跳出格局和生活经验的限制,从留意身边小事,关心时代发展和未来趋势上下功夫。

　　(2) 市场调研。

　　你需要确认你发现的商机是否为真的商机,最好的办法就是进行市场调研,了解社会的需求,消费者的规模,消费层次,未来发展趋势,技术支持,还有你所发现的商业模式,是否有竞争对手?而他们的经营中发现什么问题是非常重要的参考。

　　(3) 风险评估。

　　不能因为创业必然有风险就对风险不管不顾,创业早期,就需要创业项目进行风险评估,包括机会成本评估,市场风险评估,资源风险评估,资金风险评估和环境风险评估等。

　　(4) 组织团队。

　　创业不是一个人的事,关键是你能影响一些人和你一起创业,组成核心创业团队。一般来说,核心创业团队不宜人数过多,重要的是彼此理念一致,合作顺利。而在这个过程中就需要考虑建立团队契约和股权分配等问题。

(5)撰写创业计划。

撰写计划书本身就是一个理清创业思路的过程,企划书考察了一个创业者的企划能力。

(6)获得启动资金。

不管你的启动资金是自己打工兼职挣的,还是家人支持,或者参加创业大赛获得了启动基金,还是有投资人加入的融资,资金都是保证项目能够实施的关键环节。

(7)实施创业。

通过计划书的梳理,尝试把创业项目做出来,也就完成了创业初期的工作,但是创业才刚刚开始,你需要把大量的精力和时间都放在提高客户体验,提高产品质量和竞争力,以及提高自身素质和团队素质上。

2. 创业的基本类型

(1)互联网创业。

互联网的发展已经进入深化阶段,电子商务、移动支付、物联网、人工智能等,互联网一直引领着创业的潮流,比如百度、腾讯、阿里巴巴等。这个领域中已经有一些非常优秀和成熟的巨头企业,但同时也一直有行业中的独角兽杀出重围。

(2)个人工作室。

同样因为网络的发展,让在家工作、为自己工作成为可能,一些希望有自由的时间和空间的创业者,会选择这种形式。一般这类创业者都是有某些技术的专业人员,比如网络作家、漫画家、设计师、企划人员等。这类创业者本人就是最核心的技术和资源。

(3)网店。

有调查显示,像张俊一样开网店或微店的学生占到20%。开一个网店不需要租金、管理费,而且时间灵活,是很多学生创业的首选。但是要做好一个网店,也需要完成全部的步骤,做好前期调研,了解自己的核心优势，对货源、客源、广告等进行细致地分析和考量。

（4）小生意。

一些行业的门槛较低，需要的启动资金少，也是大学生容易实施的创业类型。比如餐饮行业、技术服务、中介服务等。但是低门槛也就意味着竞争对手非常多，如果选择这个类型的项目进行创业，需要细致地考察和思考：为什么你开的这个花店、咖啡店、蛋糕店就能盈利？你和竞争对手相比的优势是什么？

（5）特许加盟。

你还可以在市场上精心选择一个市场、知名度、前景等各方面相对优越的品牌产品，选择加盟。这样总部会提供系统的培训和指导，保证货源，降低成本，有稳定的客户群，共担风险。

这五种类型远远没有穷尽所有的创业类型，对于你该选择什么样的创业项目，则需要你综合考虑个人、环境等多种因素，但是广泛地了解，进行相关的学习，对每个创业者来说都意义重大。

三、创业实践

创业是一个具体的行动，再多的前期调查和拍脑袋也不能替代实际的创业实践，对有志于创业的学生来说，参与创业课程、参加创新大赛、找有经验的前辈寻求建议、模拟创业和创业才能获得更多的实感和第一手经验，及时总结这些经验，才能让创业之路走得长远。

（一）确定创业方向

选择一个创业项目是创业的开始。什么样的创业项目可以称得上是好的项目？从哪里选择好的创业项目呢？

1. 解决一个实际问题中发现创业项目

究竟该选择什么项目来作为自己创业的项目，对很多有志于此的大学生来说都是一个需要好好思考的问题。一个好的项目就是要对一个棘手的问题，提供有效的解决方案。而棘手的问题就是需要，不管你是发现了别人没发现的需求，还是对很多人已经发现的需求提出新的解决方案都可能是一个不错的创新项目。

马赛尔（Marcela）和杰西卡（Jessica）是两个来自哈佛大学的女生，她们创业的点子来自她们混乱的公寓，她们成立了一个家政公司"Hello Alfred"，连接需要固定收入的劳动者和用户，从中收取服务费。

家政公司并不是新需求，所以她们公司之所以成功，就是她们区别于其他物流和服务公司的解决方案：Hello Alfred 优化了服务生的标准路线，使得每个人都可以更高效完成任务。"一个送奶工会到你的家门口然后也会到每一个家门口取走你的空奶瓶。"Alfred 还结合数据算法理论，根据客户的喜好为他们定制专属于自己的贴心服务。给传统的家政服务加上了互联网和智能化的技术散发了新的活力。

在当前互联网创业热的背后，通过互联网解决与生活密切相关的需要产生了很多知名的创新项目，受到资本的追捧，比如网约车和最近火爆的共享单车项目，都是用新技术解决生活中的切实需求。创业其实要求我们从做生活的有心人开始，多观察，多思考，多实践。

央视网 2017 年 5 月 21 日报道：北京航空航天大学研究生王娜娜，清华大学研究生黄爽，历时两年，为失语者群体研究出一款直接将手语转化成语音的翻译臂环。应用后，可以实现失语者与普通人的流利对话。他们也凭借这个项目获得了联合国和国内互联网公司共同主办的某创新大赛的一等奖。

推荐视频："研究生发明翻译臂环"，看王娜娜等人是如何想到这个发明的？访问路径：https://v.qq.com/x/cover/11b5jwz2fc7ubug/r05051nt4yd.html

2. 从经验积累中选择项目

我们可以对某个创业项目进行 SWOT 分析，判断前景和风险后再做选择。但是其实对一个人来说，你不可能选一个完全不熟悉的领域创业，所以你的创业方向离不开之前的积累，对大学生来说，就是以往的生活经验、实习经验和研究经验。张俊之所以选择开一个卖山货的网店，是因为他本身非常喜欢吃这些，离开家乡越发想念，于是组织了多次成功的团购，才让他有了信心开始创业的，而且张俊本身就是学金融的，对数字非常敏感，每次团购活动都组织的非常好，财务清楚，这些都为他后面的创业提供了宝贵的经验。
- 你在创业之前就应该写文章,写代码,画图,写了很多很多,废掉很多很多。
- 你在创业之前就应该组织了很多活动,跟人合作,组织团队,做了很多很多,失败了很多很多。
- 你在创业之前就应该挣过钱,帮人干活也好,拉小广告也好,挣过100元胜过融资100万元。
- 你在创业之前就应该自己动手折腾所做的手艺,折腾过很多很多的爱好,失败了很多很多。
- 你在创业之前就应该极喜欢思考和怀疑自己,思考和批判了很多,自己迷茫,却不放弃探索。

经验有成功有失败,但是充分挖掘这些经验,你就会发现宝贵的资源和机会,之后再进行创业就是一件顺理成章的事情。

当然你也可以选择连锁加盟、参与到现有的创业公司等形式来开始你的创业之路。

(二) 调研与评估

不管是选择什么项目进行创业,我们都非常建议你,对这个项目的前景进行过调研,对创业风险、竞争对手有过了解和评估。具体来说,你可能要问自己以下五个核心问题。

1. 你的目标用户群体

你准备提供的产品或者服务,服务的目标群体是谁?解决了用户的什么需求?这种需求的频率是高还是低?比如:张俊选择了卖山货,那么他的用户就是从儿童到老年人,只要牙齿还算坚固就可以,而核心用户群是青年人、上班族、注重营养的家长。坚果和山货满足了用户营养丰富的需求,而且作为零食可以满足心理愉悦和社交的需要。坚果虽不是每天必需品,但还是相对高频的产品。

2. 市场需求

需要考虑产品的市场需求是否足够大,如果需求非常少,那么可能限制创业的规模,如果需求非常大,就需要特别考虑市场的准入门槛和是否饱和等因素。在考察市场需求的时候，不仅要看当前的市场需求，还需要考虑相对长远的需求变化情况。比如 iPod 在推出初期，很少人会相信人们愿意用它去下载音乐，iPod 的出现改变甚至创造了人们对音乐播放器分享、社交性的需要。

3. 你的竞争对手

你的产品、服务和商业模式会动谁的奶酪？你的潜在敌人，到底块头有多大？竞争对手的情况如何？这决定了你创业会遇到多大的阻力，也决定了你最终能走多远。不仅如此，与竞争对手交流，了解对手的情况，也可以帮助我们制订更合理的战略计划。以张俊经营的山货网店来说，竞争对手是山货坚果网店，特别是同平台同一产地的网店有哪些，他们的产品定价如何，库存情况、营销的状况如何，对手的计划如何，相比而言，我的优势有哪些。

4. 你的产品是否容易复制

张俊有一位东北的舍友王勇在自己学校门口摆摊卖烤冷面，当时学校门口的小吃街上并没有这一产品，所以他的小吃车一下子就火了。一到晚上，他的摊位前总是排着长队。但是好景不长，不到一个月的时间，同一条街上就出现了三四家买烤冷面的小吃车，有的甚至还同时搭售其他小吃，王勇小摊的人越来越少，最后只好关门大吉。

从王勇小吃车的兴衰不难发现，他的产品和销售模式是非常容易复制的，随着竞争对手跟进，创业就会受到很大的影响。团购平台出现时，非常受欢迎，线下的需求通过线上就能很快满足，消费者发现通过团购平台买的东西都会有很大的折扣，同时，商家虽然让了一些利润，但是客流量大大提升。但是好景不长，很快更多类似的团购网站进入，投资资本也大规模进入，很多平台倒闭关门。不管是产品还是盈利模式，如果太容易被复制，会引来大量的竞争者，从而失去了创业发展壮大的机会。

5. 盈利模式

简单说，盈利模式就是你如何赚到钱，或者你的技术非常先进，解决了难题，那么靠技术就可以吸引资本投资，具有较大的经济价值；或者是你的商业模式比较先进，有好的成本控制、资产核算，盈利模式清晰。对大多数人的创业而言，盈利模式往往是商业模式的成功，作为创始人，你在创业开始阶段，就需要考虑盈利的问题，知道如何才能实现盈利，如何保证公司的可持续发展。

（三）组建团队

创业是一个复杂的工程，在当前的商业环境里，单枪匹马闯天下已经非常困难了。找到彼此信任，并肩作战的搭档，能促进资源整合，增加创业的成功率。

1. 该和什么人合作

对很多大学生来说，创业团队成员往往是熟人或者同学，大家因为共同的价值观和梦想走到一起，靠着彼此的信任和热情一路走下去。但是你和团队之间的关系和能力，决定了你们能走多远。对大学生创业团队来说，毕业就是一个对团队的重大考验，成员可能会产生不同的想法，而对很多轻资产的公司，如果人出现了问题，很容易给团队造成很大冲击甚至直接解散。怎样才是一个好的团队呢？《西游记》中的唐僧师徒可能给我们提供团队合作的范例。师徒四人彼此性格不同，分工也不同，一个好的团队，需要有想法的人成为领导者，同样需要有冲劲的人冲锋陷阵，需要有懂沟通技巧的人能够成为团队的黏合剂，也需要有干脏活和累活的人。在这个团队中把每个成员的能力都发挥出来，劲往一起使，彼此支持合作，自然能迎来团队的成功。

2. 团队架构

对一般的创业团队来说，核心成员大多是 3~5 人，一般不超过 5 个人，核心的成员构成了共同创业者。而对初创者来说，最初往往是因为梦想和信任工作，在创业最初期，很可能因为哥们义气导致先干活，后分钱，而这种形式为之后的利益分配埋下了隐患，因为利益分配不均而造成分崩离析的团队并不少见。所以，亲兄弟也要明算账，某网站上有网友提出建议：初创团队一般采用三人架构，CEO 应控股或拥有不低于40%的股份，建议初始 CEO 或团队领导者的股份不低于 66%，以符合《公司法》中股东决策三分之二多数的要求。平均分配股权的做法并不可取，可能造成股权过于分散，或者导致战略分歧和政策难以执行。

3. 学业和创业的平衡

对大学生创业者来说，学业和创业的平衡永远是影响团队投入和稳定的重要因素。如果核心团队不能保证对创业的投入，可能无法带领团队走得更远。随着2017年新的学生管理规定中增加了弹性学制的内容，相信创业和学业的矛盾会有一定的改善。但是目前而言，在学业和创业之间如何选择，是每个人个性化的选择，都需要具体分析。

（四）撰写计划书

选定创业目标，团队架构搭好，不管是否参加比赛或者融资，你都需要做一份创业计划书，来对公司进行企划梳理。好的计划书不仅可以帮助团队在创业比赛中获奖，也是寻求投资人投资时的重要材料。一般来说，好的创业计划书包含以下七个方面（知乎，2014）。

1. 投资亮点

用尽量精练的语言介绍你们项目的亮点，可以从技术、产品、团队、商业模式、竞争优势等方面突出重点。

2. 公司或项目介绍

主要包括项目简述、团队介绍、产品与技术、资质与专利、同类对比等细项。

3. 简单的行业分析

不是百度出来的数字，而是要介绍和你相关的行业数字，解释三个问题：你做的市场有多大？有多少先行者？你的实力如何？

4. 竞争优势介绍

根据项目状况，具体地从产品、团队、市场或别的角度出发阐述公司与竞争对手的差异。

5. 发展战略

含阶段性目标和为了实现目标的具体策略。制订三年内的规划，至少也是一年的行动方案。

6. 财务预测

未来三年的财务预测，包括：主营业务收入预测，主营业务毛利预测，公司净利预测这几项指标，也可包含产品用户数增长趋势等关键绩效指标（KPI）的预测。

7. 融资要求和用途

介绍需求的资金数目和具体用途。

张俊正在为参加创业大赛准备计划书，其间团队成员一起调研、走访、讨论到半夜，还把计划书交给指导老师提意见、修改，认真准备的过程让他深有感触。

撰写计划书是对创业者企划能力的一项重要考验，创业书本身也是一个重要的媒介，帮助我们获得反馈或者投资。比如：你可以通过参赛来获得评委的反馈，通过融资获得投资人的意见，不同的视角和经验都是创业的财富。

（五）实操阶段

创业计划书只是一个计划和方案，你的创业项目到底如何，需要接受实践的检验。但是对很多大学生创业项目来说，真正走到实施阶段，进而融资扩大规模并不多，更多的人只是完成了创业准备，并没有进入到实际操作阶段，但是这个也帮助大家积累着宝贵的经验。按照项目的推进程度，我们把实操分为以下四种。

1. 创业实践活动

创业实践活动也是实际进行的创业活动，它与真正创业的区别就是，创业实践活动的目的并不一定是获得创业成功和盈利，而是帮助学生获得创业的实践经验，为今后真正的创业积累经验，比如大学生创业教育课程的期末作业一般多采用创业实践活动的形式。创业实践活动，一般会有指导教师进行风险管控和成本支持，比如某学校组织的创业实践活动包括开一个淘宝店，完成进货、产品上架、营销、物流、客服的全过程；或者是组织一次跳蚤市场，请同学们售卖自己选择的创业产品。这样的实践活动，环境相对宽松，但是也帮助大家积累了宝贵的实战经验。

2. 参赛

每年参加创新创业的项目上万，很多的项目书可能并不具备较高的商业价值，但是对这些学生来说，参加创业大赛可以培养商业感觉，理解基本的商业逻辑，学习如何把自己的产品转换为商业价值。

张俊和团队一起参加了创业大赛，也获得了第二名的好成绩。他们在开心的同时，也进行了总结反思，并准备进一步参加全国赛，这次比赛的经验，让他们体验到客户导向、结果导向的重要性。做设计问卷、市场调研，和不同的人打交道，虽有挫折，却也培养了大家的自信心。最重要的是，团队在这次大赛过程中得到了锻炼和磨合，形成了较高的凝聚力和创业认同。这些观念、体验都是他们继续进步的基础。

3. 项目运营

从项目书到真正把项目做起来，从注册公司、开业再到卖出第一个产品，通过有效的运营不断把公司做大、做强，这个过程非常不易。你需要给公司起名，注册公司，办理工商、税务手续，选择办公地点（店面），如果选择的是提供产品的创业，运营要包括招人、进货、加工、生产、销售；如果是提供服务的创业，包括准备、包装、营销、销售等环节，每一个环节都需要创业者亲力亲为，不断地解决问题，促进项目的有效推进。

某网友在《我为什么不支持大学生向父母借款创业？》一文中，描述了自己创业的心路历程。在一次和朋友聊天过程中点了便当，他选定加盟池上便当作为自己的创业方向，找兄弟组建了创业团队，从自己父母那里得到了启动基金，他详细描述了自己选择店铺，去总部学习，加盟费，物色员工，装修，采购，成本控制，送餐，受侵，发工资，处理与员工之间的纠纷，计算利润率，付房租，最后关门的全过程，记录了运营一个店的辛苦的历程。

资料改编自：https://www.zhihu.com/question/41476888/answer/98459284

理想和现实的差异，是很多大学生创业者在创业过程中最直接的感受，面对失败调整自己，也是项目运营过程中的必修课。不断地反思，不断地调整，不断回到自己的初心，才能走得更远。

4. 融资

对创业者来说，促进公司发展，上市交易，成为一个成熟的公司是最终极理想。但是融资困难也是大学生创业中很大的矛盾困难。很多创业者都在不断地根据投资人的偏好修改自己的商业计划书，以求获得投资。

而投资人大部分希望获得股权回报，投资人投入的资金和资源越多，占股需求就越高。一般来说，投资人介入一个创业公司投资的时间节点不同，作业也不同。

（1）天使投资：一般出现在企业的初创期，公司可能还没有成熟的商业计划，很多事情都在摸索中，天使投资人就可能会介入，不仅会帮助创业公司获得启动基金，还能帮助创业者寻找方向，提供指导，提供资源和渠道。

（2）风险投资（VC）：一般出现在公司发展中早期，公司已经有了比较成熟的商业计划，经营模式，甚至已经初见盈利的端倪。这个时候VC的介入可以提升公司价值，获得资本市场的认可，为后续的融资奠定基础。

（3）私募股权投资（PE）：一般是公司筹备上市，公司发展成熟期，PE的出现，帮助公司完成IPO（首次公开募股）所需的重组架构，提供必要的资金和运作。

对很多大学生创业项目来说，如果能在项目初期就获得天使投资的支持，是分量很重的认可，也意味着项目有着较好的前景。不过公司是否要融资，特别是在初期就走融资的道路，还要看项目自身的需要，切不可为了融资而打乱了公司自身发展的节奏。饿了么的创始人张旭豪提醒大学生创业者们不要舍本逐末，他认为，融资的关键在于你的业务有成长，资本基本上都是锦上添花，很难有雪中送炭。你发展不够好，最终会被抛弃；如果你不擅长跟人打交道，不了解融资的流程，可以让专业的人帮你做，而应该把更多的精力放在业务上，把你的用户体验做扎实，这样自然而然会获得融资。

四、创业加减法

目前大学生创业还面临着种种困难和限制，尤其是在整个毕业生群体中，创业绝对算得上小众的选择，但是调查显示，有90%的大学生有创业的想法，这或许表明了一种态度，那就是开创事业的雄心。创业教育的目的，不是尽快培养出更多的大学生老板，而是培养创新创造、负责开拓的精神和素质，有了这种创新素质的人不管走上何种工作岗位，都将发挥发动机的作用，推动自己、企业甚至是国家的进步。具体到我们每个大学生个体身上，创业不仅是一个创举，更是一场心理革命，需要我们不断做加法，快速行动，不断成熟进化；也需要我们不断反思，做减法，回到初心，面对失败，享受创业的过程。

（一）加法——心理进化

1. 行动超越完美

2017年，Facebook的CEO扎克伯格在哈佛大学毕业典礼中说道："没有人从一开始就知道如何做，想法并不会在最初就完全成型。只有当你工作时才变得逐渐清晰，你只需要做的就是开始。如果我必须在开始（Facebook）之前就了解清楚如何连接人的想法，那么我就不会启动Facebook了。"

虽说开始创业可能源于一个创新的想法，但是这个想法要多完备了才开始创业呢？扎克伯格的话可能给你一些启发，你要做的只是开始行动，而等着更完美的想法，更有利的条件成熟却很可能无法开始。

（1）创业与后悔。

在当前大众创业的背景下，好像有很多机会，实则有很多挑战。资金匮乏，经验不足，市场险恶，创业文化不健全，可是如果要等到条件成熟了才开始你的创业，最大的可能性，就是后悔。对于短期的事情来说，大部分的后悔是"做得了某事而后悔"，但在长期后悔中，大部分都是"不做的后悔"。所以对于要不要尝试新的想法，要不要做出创业的举动，我们要把衡量的时间区间拉长，要问自己如果我现在不做这个选择，我十年后会不会后悔？如果答案是会，那么就开始吧，尽管不成熟,尽管充满挑战。

(2) 创业伴随焦虑。

有个咨询师遇到一个创业的来访者,他们公司并不缺钱,运行良好,但是老总却总是为融资焦虑失眠,一旦公司发展降速,就着急上火,就会觉得钱不够,赶紧找钱,反而失去了焦点。这背后是老总"总是不够"的信念驱使着他不能放松(薛艺,2017)。

不管你的创业是否和这个老总处于同样的发展阶段,你都可能和他一样面对着急上火的焦虑情绪。没有开始前为要不要创业焦虑,坚定创业想法后为创业方向焦虑,选定创业方向后为搭建团队焦虑等,可能正因为创业的高风险性,也使得很多创业者直面高焦虑。有调查显示,创业者的心理健康和压力情况不容乐观,面对焦虑和负面情绪是每一个创业者必须学会的能力。你可以根据第九章压力和情绪管理的方法,自我觉察、自我调节和自我关爱。产品上市有时间节点,创业却是一场马拉松。既然要和焦虑为伴,我们可能需要学会用可持续发展的心态来看待变化和挑战,觉察自己的焦虑程度,学习与它的相处之道。

练习 11-6　创业路上与焦虑做朋友

请觉察一下,你在什么时候最能体会到焦虑的存在?

_____

焦虑降临时,你做些什么最可能降低它的负面影响?谁能帮上忙?

_____

如果焦虑是朋友,它的出现是为了提醒你,帮助你,你觉得它在提醒什么,希望在什么地方帮到你?

_____

(3) 给自己容错的空间。

"做好产品,需要情怀,而企业的长期生存,依靠的是功利主义"。一位85后连续创业者提到情怀与行动的关系:"我对所有开发的产品都有很深的情怀，但同时，做任何的产品决策都必须基于量化的数据。追求匠人精神和完美主义不一定意味着长时间度打磨一款产品而让产品迟迟不能出炉，而是应该缩小功能集，最优化核心功能集，然后以MVP的形式（Minimum Viable Product，'最小化可行产品'）发布并且跟随着市场反馈来调优产品。"

资料改编自：http://xian.qq.com/a/20160802/038339.htm

想法和行动之间的关系，不是先后的关系，而是相互促进的关系，当产品出现，想法也跟着进化，而进化后的想法又促进产品的进化。"最小化可行产品"的解读不仅对创业的你有帮助，对不创业的其他人也很有参考价值。允许错误的出现，也给了成熟和进化以空间，容错的社会孕育创新，容错的个体则能迎来更大的成长。

2. 快速学习

创业和创新的本质是好奇心，是不断尝试新的思路解决问题。能够虚心求教和在实践中学习，并且快速做出反应是创业者要加持的第二项能力。

（1）保持开放。

你是否还记得自己三岁时对世界的认知？是否记得自己当年提出的不切实际的问题？虽然那个时候我们对世界的理解很有限，但是充满好奇。创业的过程就是重拾好奇心的过程。整个过程中，我们要保持开放。既包括开放学习的心态，向有经验的前辈学习，向竞争对手学习，向市场学习等，也包括对结果开放，从实践的过程学习。

（2）从反馈中学习。

相信大家多年做学生的经验会让你明白，学习最快的方式就是获得及时有效的反馈，从反馈中学习。中学时代的错题本是我们考试得高分的法宝，电脑游戏的过关和再来一次的提示是在游戏的世界里乐此不疲的启动器。创业的进步和成功，需要我们对反馈极其敏感。客户的反馈是我们更新产品的基础，员工的反馈是公司管理调整的依据，竞争对手和市场的反馈是策略制定的参考。你是否欢迎反馈，寻求反馈，愿意从反馈中学习，决定了这场创业之路可以走多远。

（3）调整进化。

成熟公司和创业公司的区别之一就是调整的阻力不同，对成熟公司来说极容易患上大企业病，政策推行受阻，产品更新变慢，变得保守，而创业公司的优势就是船小好调头，快速地做出反应，不断调整和优化产品和服务。这也是已经有很多行业巨头的领域，创业公司还有机会的原因之一。不断把握用户需要，不断与时俱进，小步快跑，有韧性，甚至做好连续创业的准备，是一个创业者必备的素质。

3. 增加心理弹性

奇虎360科技有限公司董事长兼CEO周鸿祎认为，创业像游戏里面的练级打怪一样，有很多选择和挑战，每往上走一步，就要有一个自我的提升，很多公司都死在这个升级的路上。他在上学期间，曾经两次创业失败，毕业后先加入别的公司学习创业。所以，他建议想创业的大学生们，在进入游戏之前，需要先找一个练习场，先从一些成功的公司和成功的创业者那里汲取营养。

（1）从逆境中恢复。

心理学界用心理弹性（resilience）的概念表达人的心理功能及其发展并未受到严重压力/逆境的损伤性影响的心理发展现象（Werner, 1993），在压力情境下，高心理弹性的人能更好地调试自我从而适应环境，产生焦虑的可能性更小。如巨人集团的总裁史玉柱，在巨人集团倒闭后再次东山再起的事例展现了心理弹性的强大力量。

心理弹性是一种个性品质，有一定的个体差异，但同时它更是一种能力，能够通过后天学习而提高。创业是一个高风险、高挑战的选择，挫折和挑战几乎不可避免，而心理弹性可以帮助我们降低影响，尽快恢复，甚至从中学习和成长。

（2）增加保护因素。

环境险恶，是否一定意味着难以发展？心理学家帕纳斯（Parnas et al., 1993）在丹麦进行的一项历时27年的追踪研究发现，生活于母亲罹患精神分裂家庭的儿童，青少年中期至中年这段时间里，一半以上没有心理疾患。塞德布拉德（Cederblad, 1996）在瑞典南部对经历3个及其以上逆境指标的儿童从8岁时开始追踪，发现这些追踪对象中年时四分之三的人身心发展良好。

这些暴露在高风险成长环境下的儿童，并没有变得异常而是表现出心理弹性，正是因为他们拥有一些保护因素，包括内部的保护因素，即个体内部能帮助其克服逆境并能积极发展的特质性因素，如自信、积极的自我评价、自我效能和成就期望以及积极乐观的生活态度等；还包括外部保护性因素，主要是良好的家庭环境和社会氛围。

从过程和发展的角度来看，心理弹性是一个人主动调整适应环境的过程，在过程中取得风险因素和保护因素的动态平衡。也就是说，外界风险是否对我们的心理构成打击取决于我们拥有的保护因素。反观我们自己，在你的成长过程中，是否有这些保护因素存在呢？你对自己有更现实的理解，自我效能感高，更多地采用以问题为中心的方式来解决问题，而不是以情绪为中心，对生活环境中的支持因素和资源敏感，遇到挑战后愿意主动寻求支持和帮助。这些行为和努力都将成为创业路上的保护因素，帮助我们在压力挑战来临时，灵活应对，保存实力，顺势而为。

而作为保护因素的外因，家庭和社会也需要提供更多的支持而不是指责，来帮助创业者发展出心理弹性。雷军曾经提到创新背后是很高的风险，他认为对整个社会来说，鼓励创新就是要容忍创新所带来的后果，只有存在一个容忍失败的大环境，整个中国的社会才能向前推进。作为大学生创业者的外部因素，家长、学校和社会，确实需要倡导一个更容忍失败的氛围，只有这样才能切实降低创业者的外部压力，才能促进更多的人敢于投入创新创业的事业中去。

（3）重整旗鼓。

当压力、逆境出现，我们原本身心平衡的状态就会被打破，与此同时，调动诸多的保护性因素与之相抵抗以维持自身与环境的重新平衡。这就是心理弹性会出现的根本动力，心理弹性也是在这个互动过程中不断增强的，达到更高的整合状态。当然，如果压力过大或调整无效时会出现下列三种情况：一是恢复到初始平衡状态，失去了成长的机会；二是更低水平的平衡，个体被迫放弃生活中原有的动力、希望或者动机；三是失衡状态（功能紊乱），这时个体会出现如物质滥用、破坏行为或其他不健康的方式来应对压力，这就是库弗（Kumpfer, 1999）提到的心理弹性框架理论。可见，心理弹性的发展是否能随着压力而提升，不仅取决于压力大小，还需要我们更主动地努力，用积极的方式来应对挑战，勇于面对自己，给自己重整旗鼓的空间。所有心态的调整都是一个学习过程，改变就像架桥，最初很难，但是桥架好了之后，就会变得很容易。

（二）减法——不忘初心

创业就意味着要过一种高投入的生活，创业者活在创业的过程中，忙于解决一个又一个难题，很容易就被问题裹挟，忘了开始创业的目的。创业者的个人成长正在于夜深人静，喧嚣散去，能够反观自己的内心，不断回应自己的使命和召唤。

1. 回到创业的起点

新闻报道中创业开始的故事总是很有戏剧性：几个伙伴挤在宿舍里对某个事情表达不满，突然有一个人说，为什么我们不做呢？于是一个伟大的创业行动开始了。但是真实的情况可能没有这么戏剧化，比如张俊的创业起点，并没有想着改造世界，带领乡亲致富，而是自己对家乡口味的怀念。

不管创业的初衷是否伟大，刚开始创业的时候创业者的状态却很类似。充满梦想、饱含热情、不知疲倦的投入、亲力亲为、精益求精等，这些正是创业过程中最珍贵的体验和能量的来源。正在创业路上的你，是否还熟悉这种感觉？是否还能经常性地回顾并体验到这种感受？这里包含了创业的初心，回到初心的过程，就是最贴近我们原始动力的过程，可能最开始并不明确，但是不断的回顾让我们越来越清晰你为之努力的目的和你创业的初心。

扎克伯格在 2017 年哈佛大学毕业演讲中提到，Facebook 在发展过程中遇到有好多次被收购的机会，几乎所有人都劝他卖掉公司，但是他却没有，当时他并不清楚为什么坚持，不断怀疑是不是自己错了。但是不断的回顾和探索让他开始明白,这背后有更高目标——连接更多的人的目标的召唤。

当你在创业中遇到挫折或者全新的发展机遇时,初心能帮助你找回能量,同时帮助你明确方向。

2. 从失败中寻找经验

在全民创业的队伍中,最没有经验的就是大学生创业者,他们可能要比有经验的创业者面对更多的失败,虽然制订了计划书,参加了创业大赛,但是没几个能走到真正创业的环节,半年后就放弃的比例也更大。这些客观的数据表达了一种绝望的情绪,但是这些数据只说明了事情的一面,事情还有另一面,失败率高的另一面一定是收获。对没有经验的大学生创业者来说,失败最大的得到恰恰也是非常宝贵的经验。有人做过测算,如果说一个人在某个方向上,首次创业的成功率只有30%,那么他在这个领域里连续做两次的成功率就会提高到51%。

所有,因为没有经验造成的失败,这失败中也蕴藏着宝贵的经验。对你来说,要做的就是直面失败,发现并善用这宝贵的经验,从头再来,这正是年轻大学生创业者们的优势。创业是一种生活方式,自然不急在一时。如果暂时因为生活所限、条件不具备或经验不足而导致了创业失败,如果创业真的是你的梦想,你想走得更长远,你要做的就是保留梦想,积累经验,寻找机会再次开始。

> **扩展阅读 11-4　"猎手"韦杰教你如何秀出自己的魅力**
>
> 如今,国内宅男规模日益庞大,甚至成为一种社会现象。65%的"剩男"承认是宅男,在这些"宅男"自己看来,他们"剩下"的原因主要是:没途径认识异性、不懂如何追求、没勇气谈恋爱、工作忙等。与异性搭讪这种源自生活的日常技巧,竟成了这些宅男们难以跨越的难题。于是,"教人搭讪"的培训应运而生,被誉为"广州搭讪第一人"的"猎手",为解决宅男面对的种种问题,创立了搭讪培训班,至今已经营四年之久。三天的授课、半年的实战、终身的分享会,在这里,宅男们学到了搭讪、约会乃至恋爱方面的技巧。

"猎手"是广西梧州人。2005年，他在老家辞去了医生的工作来到广州，在一家网络公司做文字编辑，但他很快就发现，自己竟变成了一名IT宅男，突然感觉有些压抑。2007—2008年这段时间，他在淘宝上开了家搭讪"把妹"书店，现在举办培训班超过百期，上千名学员成功恋爱。

资料来源：http：//news.sina.com.cn/c/2013-04-07/071926749215.shtml

思考

1. 请自我评估一下，你的创业期望有多少，推动你选择创业或者不选择的原因是什么，运用平衡单或者SWOT分析法进行自我探索。

2. 请做一个调查，了解你周围人对创业的看法，试从外界环境、自身特点等多个角度，谈谈你的分析和解读。

3. 制作你的创业计划书。

4. 寻找机会完成一次完整的创业体验，谈谈你的感受和发现。

5. 创业中创新的点子更重要，还是行动更重要，谈谈你的感受。

6. 在创业过程中如何做到风险控制？

7. 一个创业者应该具备怎样的心理素质，谈谈你的看法。

参考文献

[1] 应届毕业生网. 2016年北京地区高校毕业生就业质量年度报告 [EB/OL]. [2017-01-06]. http：//gw.yjbys.com/baogao/100583.html.

[2] 品才. 2017年北京创业优惠政策 [EB/OL]. [2017-02-09]. http：//www.pincai.com/article/1050464.htm.

[3] 陈键，杨梦，杨力超. 大学生创业团队特征与创业结果研究 [J]. 青年探索, 2017（1）：22-28.

[4] 知乎用户. 浅谈大学生创业与融资实务 [EB/OL]. https：//www.zhihu.com/question/23751472/answer/25785836.

[5] 学霸猫. 创业经验 [EB/OL]. https：//www.zhihu.com/question/41476888/answer/91438946.

[6] 国家税务总局. 打造政策"一本通"拓宽优惠覆盖面 [EB/OL]. [2017-04-26]. http：//www.chinatax.gov.cn/n810219/n810724/c2576753/content.html.

[7] 方芳. 新常态下大学生创业创新教育工作面临的困境与思维调适 [J]. 教育与职业, 2017 (1)：75-79.

[8] 黄天中. 生涯体验——生涯发展与规划 [M]. 3版. 北京：高等教育出版社, 2015.

[9] 教育部. 关于大力推进高等学校创新创业教育和大学生自主创业工作的意见 [EB/OL]. (2010-05-04) [2010-05-13]. http：//www.moe.edu.cn/publicfiles/business/htmlfiles/moe/info_list/201105/xxgk_120174.html.

[10] 刘旭. 调查称非985大学生创业愿望更强烈 并非因生存压力 [N/OL]. 中国青年报. [2017-01-01]. http：//news.cyol.com/content/2017-01/01/content_15154527.htm.

[11] 知乎. 有哪些经验是真正对大学生创业者有帮助的？[EB/OL]. https：//www.zhihu.com/question/41476888/answer/98459284.

[12] 邱丽. 大学生创业融资现状分析 [J]. 金融经济：理论版, 2017 (2)：178-179.

[13] 人民网. 新版"大学生管理规定"颁布 将健全休学创业的弹性学制 [EB/OL]. [2017-02-16]. http：//edu.people.com.cn/n1/2017/0216/c367001-29085928.html.

[14] 王林, 陈姿妃. 大学生创业"被坑"为何维权艰难 [N/OL]. 中国青年报. [2016-01-31]. http：//news.cyol.com/content/2016-01/29/content_12136095.htm.

[15] 夏翠翠. 大学心理健康教育 [M]. 北京：人民邮电出版社, 2013.

[16] 薛艺. 创业是一场心理革命 [M]. 北京：北京大学出版社, 2017.

[17] 杨远峰. 创新号的发明与应用 [A] //中国思维科学研究论文选2011年专辑, 2012.

[18] 赵婀娜, 侯文晓. 2017年中国大学生就业报告：就业率稳定 满意度上升 [N/OL]. 人民网. [2017-06-13]. http：//edu.people.com.cn/n1/2017/0613/c1053-29336215.html.

[19] 知乎. 创业时, 我们在知乎聊什么？[M]. 北京：中信出版社, 2014.

[20] Amabile, T. M.. Social Psychology of Creativity：A Consensual Assessment Tech-

nique [J]. Journal of Personality & Social Psychology, 1982, 43 (5): 997-1013.

[21] Brockhaus, R. H.. The Psychology of the Entrepreneur [M] //In C. Kent, D. Sexton, & H. H. Vesper (Eds.), Encyclopedia of Entrepreneurship (pp. 39-57). Englewood Cliffs, NJ: Prentice Hall, 1982.

[22] Cederblad, M.. The Children of the Lundby Study as Adults: A Aalutogenic Perspective [J]. European Child & Adolescent Psychiatry, 1996, 5 (1): 38-43.

[23] Kumpfer, K. L.. Factors and Processes Contributing to Resilience [M] // Resilience and Development. Springer US, 2002: 179-224.

[24] Mitton, D. G.. The Compleat Entrepreneur [J]. Entrepreneurship: Theory & Practice, 1989, 13 (3): 9-19.

[25] Parnas, J., et al.. Lifetime DSM-III-R Diagnostic Outcomes in the Offspring of Schizophrenic Mothers. Results from the Copenhagen High-Risk Study [J]. Archives of General Psychiatry, 1993, 50 (9): 707-714.

[26] Werner, E. E.. Risk, Resilience, and Recovery: Perspectives from the Kauai Longitudinal Study [J]. Development & Psychopathology, 1993, 5 (4): 503-515.

推荐阅读

知乎. 创业时，我们在知乎聊什么？[M]. 北京：中信出版社，2014.

本书总结了500万名知友在知乎网站上讨论的创业问题，融合了知乎三年创业问答的精华，展现了最强大互联网创业群体真实分享创业路上的荣耀与隐忧，是一本关于梦想、创新、如何引爆流行并赢得尊重的青年创业手册。

推荐电影：《中国合伙人》

2013年上映，该片讲述"土鳖"成东青、"海龟"孟晓骏和"愤青"王阳从20世纪80年代到21世纪，大时代下三个年轻人从学生年代相遇、相识，共同创办英语培训学校，最终实现"中国式梦想"的故事。

第五篇

成长篇

引导案例

　　转眼张静已经要大四毕业了，回头看自己大一时懵懵懂懂不知道生涯规划到底是什么的样子，真是有点恍如隔世。在这四年里，她经历了迷茫、上进、挫败、重拾信心的过程，回头看，都成了珍贵的回忆，代表着她的成长。

　　现在是时候和张静回顾自己的成长了。本篇会和你一起探讨如何对这些经验进行思考与整合，包括一个章节：第十二章，带领你探讨成长的快与慢，鼓励你用思考和行动丈量你与世界的关系。

第十二章　耕耘与平衡
——生涯成长快与慢

时钟走到十年后，相信你和我一样好奇，书中提到的同学们过得如何？我们与他们在大学生涯中相遇又分开，十年后他们是否变了模样？学英语的张萌学了经济学的双学位，现在在国际贸易公司做英语翻译；同样学英语有点害羞的李慧在毕业后回到家乡的一所中学做了英语老师，带着学生参加全国英语竞赛又回到自己的母校；内向且纠结是否要改变的张斌并没有变得更外向，而是凭着憨厚真诚乐观的性格成为一个靠谱的员工和父亲；当时想退学重考的张乐并没有退学，但是现在从事的工作确实与自己的本科专业相差甚远；张虎在一家知名的互联网公司从事技术开发工作，成为一个典型的IT精英……

十年的时间中，就算当时自己的纠结再强烈，也大都已经有了答案，换个时间的视角来看当时的自己，你会做何感想？是会感谢当时的自己，还是有些后悔？生命就像洪流，不断地向我们提出问题，但是不管你是否解答，答得如何，时间都在继续向前流淌。大学的时间，与一个人整个生涯相比还是非常短暂的，这一章，我们邀请你跨越时间，从生命的角度来思考自己的生涯发展，和你一起探讨成长的速度，到底什么是快，什么是慢；探讨成长的方向，反思我们成长过程中的里程碑；探讨如何面对成长的限制，了解我们真实生活的系统，思考中国文化下的生涯发展之路。

一、成长的速度和方向

6月的高考，总是牵动家长和考生的心，2017年共有940万名考生参加高考，虽然说每年的预计录取率已经超过80%，但是要想考一个好成绩，上一个好学校并不容易，所以"千军万马过独木桥"还是悬在很多家长和考生心中的警铃，鞭策着我们更努力一些，跑得更快一点。

（一）预备，开跑——成长的速度

有位今年刚上大一的网友请一位作家推荐关于写作的书籍，说自己打算开始写作。但是当这位作家推荐了一些书单给他，却万万没想到他会这样回复："这些书你都看过吗？确定对写作有用吗？不要看了白费时间呀。"作家无奈耸耸肩，告诉他："没有什么白费不白费的，你只有自己看了才知道。"

我们身处这样一个快速发展的时代，好像每个人都很焦虑，生怕自己走慢了，落后了，以至于特别怕走弯路，怕付出了得不到收获。前面章节中我们的主人翁也是一样，比如：思考要不要退学重考的张乐，被自己老乡提供的信息慌了神的张力，在纠结要不要找兼职的佳慧等。大家都希望尽快做出一个让自己不后悔的选择，仿佛只要有问题都是成功之路上的障碍，需要赶快扫除。

但是有哪里不对劲？大学四年你要跑多快？你跑这么快要赶着到哪里去？

"大家都在奔跑，好像在参加一场比赛，我不跑就要落后了。"正是这种不甘落后的焦虑，催促着我们加快速度。但是请你和我一起先停下来思考一下。

1. 人生真的是一场比赛吗？

早期生涯规划概念普及的时候提到一个口号："规划越早越好"，这让很多学生开始有了生涯规划的意识，但是同时这样的提法也可能强化了比赛的氛围。对那些"不够早"，还没有找到自己人生方向的学生来说，这可能是意味着落后和压力。这个时候人生就像马拉松的想法可能会暂时安慰我们。但是仔细想想，这实际上在说："你在人生的前半程落后了,后半程要抓紧时间赶回来",难以让我们真正放松。对生涯规划来说,人生不是马拉松比赛,它根本就不是比赛。因为每个人想去的地方并不一样,在这半程和你竞争的对手,到了下半程可能完全去了另外一条路。所以你要跑去哪里?

推荐视频:"人生不是马拉松",反思我们到底比赛的是什么?访问路径:http://v.youku.com/v_show/id_XMjUwOTY1MDEyNA==.html?spm=a2h0k.8191407.0.0&from=s1.8-1-1.2

2. 就算是比赛,比的是速度吗?

作为选手上场的我们,突然发现参加的竟然不是比赛,估计大家还是会心有不甘。可就算人生是一场比赛的话,比赛的规则也一定不是比谁更快到终点,因为人生的终点就是死亡,是我们每个人最终都会到达,但都希望尽量晚到达的地方。那我们不比速度,比的是什么?

或许应该是如果有一天你从生命的终点回望,觉得自己过上了你渴望的人生。它不一定是比别人优越,比别人更富有,甚至也不一定是比别人更快乐,但是有一种感觉从内而生,那就是我度过了我想要的人生,我在我的人生中活出了自己。

(二) 跑向哪里?——成长的地图

没有地图,人生只能凭着手上的梦想。

——刘若英《给十五岁的自己》

我们不停奔跑,渴望过上自己想要的人生,但是心中不免惶恐,究竟怎样才能到达那里,到底有没有地图?著名生涯规划大师,社会建构论的代表人物马克·萨维卡斯认为,每个个体的生命意义都属于他自己,生涯之路没有固定的路线,却有一个大致的主题,有个肩负的使命和任务去完成(吴沙,2017)。我们能从探索过往的生活故事中发现蕴含着的生命主题,并且建构属于自己的意义,这些意义会指引我们,通过行动实现生涯的发展或改变。或许路线图就蕴藏在过往的生活故事中。

1. 什么是我生命中最关心和最看重的?

回答"究竟要过一个什么样的人生"的问题,只能从内心寻找答案。我们都是怎么过生活的,做出了哪些选择?如果有时光穿越机,可以召唤不同时期的你对话,你最想知道的人生答案是什么?

推荐视频:"人生的穿越",用穿越剧的形式展示了人们真正在乎的生活到底是什么。访问路径:https://v.qq.com/x/page/f0107sdywso.html

希望你的人生理想不像视频里讲的只是"中彩票和看到柯南大结局",希望你的梦想是那种躺在床上,真正觉得做不后悔的事情。下面请和我一起完成练习12-1中的叙事练习,一起探索自己的生命主题。

> **练习12-1 生涯叙事练习**
>
> (1) 你在生活中,最为敬佩的楷模是谁?他们最打动你的地方在哪里?他们有没有共同点呢?
>
> _____
>
> (2) 最喜欢的杂志、电视节目或网站是什么?你被吸引的理由是什么?
>
> _____
>
> (3) 最喜欢的书或电影是什么?对你的未来有什么启发?
>
> _____
>
> (4) 最喜欢的座右铭是什么?也就是你对自己的建议是什么?
>
> _____
>
> (5) 你的早期经验有哪些?当时的感觉是什么,你有什么发现?
>
> _____
>
> (6) 综合这些内容,你发现其中有哪些联系,反映了什么主题?
>
> _____

梦想不会自己突然而至,马斯洛曾说过:"知道自己想要什么并非正常的现象,而是一种罕见并且困难的心理成就。"在海量的生活事件中,发现内心的声音并不容易,当我们真的与自己的生命主题相遇,还可能并不相信,或者听到其他声音告诉我们"太不靠谱了,别折腾了,差不多得了"。发现自己的使命,需要我们不断地探索和明晰,有的时候甚至需要推翻当前的发现，重新再来，这一切都是建立在踏实的生活经验上的。这并不容易，毕竟很多人只是生存式地活着，不加思考地被生活裹挟着过活，过忠于使命的生活，虽不轻松却很值得。

台湾前任辅导与咨商学会理事长王智弘教授，是早期推动台湾心理师立法的前辈之一，他这样看待自己的使命："我的名字叫智弘，就是弘扬智慧的意思，奔走相告，传道授业大概就是我的使命吧，虽累却不苦。"

2. 把生涯主题具体化

每个人都有不同的节奏，相信自己的声音，践行内心的声音，需要我们建构自己与社会资源的关系，不断在自己的生活中寻找和创造最能实现使命的具体条件，在现有的成长机会下，做出最符合自己内心的选择。为了达成十年后的愿景，你需要连接一些资源。对目标和资源越清楚，就越能带出实现的意图。美国咨询心理学教授，斯宾塞·奈尔斯（Spencer Niles）提出以行动为导向、以希望为中心的生涯干预策略，鼓励人们把自己的生涯愿景和生涯行动链接起来。

毕业后回家乡做英语老师的李慧，在刚回去的几年里过得很迷茫，希望把自己在外面世界看到的精彩分享给学生，拓展他们的视野，利用休息的时间辅导学生学英语，却不被家长和同事理解。她并没有放弃，一方面不断利用母校的资源，收集了很多英语竞赛和学习的资料；另一方面求助在出版社的同学资源，为学校建起了英语图书角；她带着学生排英语剧，备战英语演讲比赛，这些努力让她在十年后带队回母校参加全国比赛。

练习12-2　生涯主题连连看

（1）请拿出一张纸，在纸中心的位置画一个圆，在圆里写上自己的生涯愿景，可以是清楚的职业目标，也可以是大概的职业方向。

（2）请思考从事这样的职业，让你真正享受的是什么，它让你满足的地方是什么？写在圆的外圈。

(3) 请把这个纸从中间对折,然后再展开,在折痕的左侧,画一些远近大小的圆圈,在圆圈里面写下从事这样的职业,你喜欢使用什么样的技能?反思能够帮助你实现生涯愿景的内在特质或独特资源还有哪些?写完后用线把它们和中心的生涯愿景连起来,用粗细表示对实现愿景的重要程度。

(4) 在折痕的右侧,同样画一些远近大小的圆圈,在里面写下从事这样的职业,你拥有的外部资源有哪些?同样用线连起来,粗一些的线表示更容易获取,细一些的线表示目前还不太容易得到这些资源。

(5) 画完后和小组的同学分享一下你的感受。

这个连连看的活动,是否能促进你开始属于你的探索和行动?我们拥有的内在资源和外在资源都不是一成不变的,你会在今后不断地实践和尝试的过程中不断有新的发现和积累。

(三) 标记——成长的里程碑

美易现在是一名优秀的心理咨询师,她分享自己也是从最初的惶恐焦虑的新手状态走过来的,遇到过很多棘手的案例。但当时自己的督导师说给自己的一句话让她受益匪浅:"成为一名优秀的咨询师,一定会遇到大概十几二十个很困难的情境,比如危机的个案,比如同性恋的个案,比如和你价值观很不一样的个案等,但是这些都是很珍贵的工作经验,是咨询师成长过程中的里程碑,你现在就如此……"

1. 是挑战也是里程碑

练习 12-3 成长中的里程碑

(1) 如果今天是十年后的你站在这里,回顾你的成长过程,他/她最会为你骄傲的事情是什么?请至少写下三个。

(2) 请和你在第三章完成的练习"撰写我的成就故事"一起思考，你发现有什么共同点？

在一个人成长过程中，一定会遇到许多让你当时觉得窘迫、尴尬、自卑或伤心的挑战。比如：大一时参加社团面试，多次被拒；第一次英语考试，发现自己的水平只能垫底；第一次做公开演讲结果发现自己说的语无伦次等。当时的你是如何应对的？

美国人诺埃尔·蒂奇（Noel Tichy）提出一个舒适区的理论（图12-1）。最里面一圈就是"舒适区"，对我们来说是没有难度或者习以为常的事情，处于舒适的心理状态；中间一圈是"拉伸区"，对自己来说有一定挑战，我们会感到不适，但是不至于太难受；最外面一圈是"恐慌区"，指那些超出自己能力范围太多的事情或知识，我们心理感觉会严重不适，可能导致崩溃以致放弃学习。

图 12-1 舒适区理论

当时的窘迫正是不断跨出自己舒适区的尝试，那些我们认真面对不适和挑战的时刻，成了日后回顾时最值得骄傲的瞬间，是成长的里程碑。当我们跨出舒适区的时候，就在拉伸区留下一块里程碑，标志着我们朝梦想走了一步。一段时间后，拉伸区也会慢慢变为舒适区，舒适区越变越大，而一部分的恐慌区也会相应变成拉伸区。

但是如果一不小心跨入恐慌区怎么办？可能溺水的应对方案会有一

定的参考价值。当发生溺水时，不管你是否会游泳，第一步就是不要心慌意乱，一定要保持头脑清醒。当自己的主心骨回归，就有了应对的能力，就有机会帮助我们调整回到伸展区，度过压力爆棚的阶段。

2. 大学四年重要的里程碑

丝蕴在大学毕业的时候，收拾自己看过的所有书籍，发现垒了两摞，比自己的身高还高。

你的大学四年用什么来标记？里程碑是一个重要的隐喻，它超越了高速公路的里程标记的本意，标记着你和梦想之间所走的每一步。时间一直在流淌，正是这或大或小的里程碑，忠实记录着我们的生活足迹。下面你可以跟着这些从生涯发展的角度总结的发展任务，来寻找和标记自己的成长里程碑。

> **练习 12-4 大学生涯标记活动**
>
> 请对照下面三个时期，在自己的大学四年时光里标记属于自己的里程碑。
>
> （1）生涯适应期。
>
> 大学一年级，学生经历了从梦想到实际的过程，这个阶段的主要任务是"适应"，注重培养学生对大学的认识和未来职业的设想。具体任务如下。
>
> ● 学习方面
>
> ① 了解专业发展（包括如何利用资源去查找有关自己专业的信息）；
>
> ② 改变学习策略（制订学习计划和时间管理）；
>
> ③ 学习使用学校资源；
>
> ④ 社团工作（发展与人交往和团队合作能力）。
>
> ● 个人成长方面
>
> ⑤ 探索个人兴趣和价值观（发展自己的兴趣，同时避免在众多兴趣中迷茫）；
>
> ⑥ 自我适应（包括适应现在的生活，克服自卑情绪，正确定位、培养自理自立能力）。

(2) 生涯探索期。

大学二、三年级，学生对自己的专业和兴趣更加了解，开始进行职业的探索，此阶段的主要任务是"尝试"，注重职业生涯的实践。具体任务如下。

- 专业发展方面

① 专业学习（着重基本能力的培养）；

② 职业了解（职业发展需要什么样的能力）；

③ 辅修/选修/转系（衡量自己的兴趣和能力做出选择）；

④ 职业目标确定与规划（探索工作或进修的实际要求，并与自己的兴趣特点相匹配）；

⑤ 缩小与职业目标差距（展开与职业发展相关的实践）；

⑥ 兼职（注重选择的质量与金钱管理）。

- 个人成长方面

⑦ 进一步了解自我兴趣和价值观；

⑧ 发展与职业生涯相关的能力（注重在活动或兼职中自己能力的发展，特别是负责任、团队合作、时间概念等可迁移能力）；

⑨ 培养创新意识和同理心（在工作中发现自己的独特价值，关怀自己并能从他人的角度考虑问题，发展对他人的信任以及亲密关系）。

(3) 生涯决定期。

大学四年级，不管你是选择工作、创业、考研还是出国深造，都要在此刻做出一个决定，经过前面的二、三年级探索定位的阶段，这个阶段学生要走过从尝试到实战的历程，因此这个阶段的发展任务就是"做决定"。要求学生能够根据自己的需求以及社会的形势作出最适合自己的生涯决定，但是这次生涯决定是人生中众多决定中的一次，重要但不唯一。具体任务如下。

- 生涯决定方面

① 求职技巧（收集/使用信息，写简历，着装礼仪，面试准备，面试后行为）；

② 了解相关信息（相关的职业信息和考研信息）；

③ 不同地方/行业/学校/专业可能的发展前景/利弊;
④ 职业选择（理性选择并对选择负责）;
⑤ 考研过程中的准备（包括知识、心理和考试的准备）;
⑥ 创业的尝试和准备（包括创业意识、创业规划书）。
- 个人成长方面
⑦ 理解工作或深造对恋爱关系和生活的影响（学习处理事业与爱情的关系，考虑到自己多种生涯角色的平衡）;
⑧ 适应工作（提高工作能力，适应工作时间）;
⑨ 规划以后发展（分析此次生涯决定对下次规划的影响，再次进行自我探索、工作探索，为下一次生涯选择做准备）。

你不只要从学习、专业或职业等外在方面标记自己的成长，更重要的是还需要往自己内心看，从个人内在中看到成长。

二、成长的限制和资源

到底决定我们成功的是我们自己还是环境?

很多学生在探索职业兴趣的时候会觉得很兴奋，发现自己原来有这么多可能的发展方向，在规划职业路径的时候也经常会对形势做乐观的估计，但是到了大三的决策期、大四的求职季，面对就业形势可能会深受打击，开始怀疑自己的意愿到底还重要不重要，我们如何形成职业兴趣，如何做出职业选择，如何保持工作绩效是一个动态的过程，是"个人-行为-环境"交互作用的结果。

（一）环境因素的影响

1. 社会认知职业理论

近年来，生涯规划理论研究领域里大热的社会认知职业理论（Social Cognitive Career Theory, SCCT），特别重视社会因素的影响，尝试用"个人-行动-环境"的互动来看待整个生涯规划的全过程（图12-2）。一个人的学习经验会受到个人特点和社会背景的交互影响，例如：父母受教育程度高的家庭，也更愿意在子女教育上多投入。在职业目标确定和职业行为选择的过程中，社会、经济因素起到直接（实线）或间接（虚线）的影响。

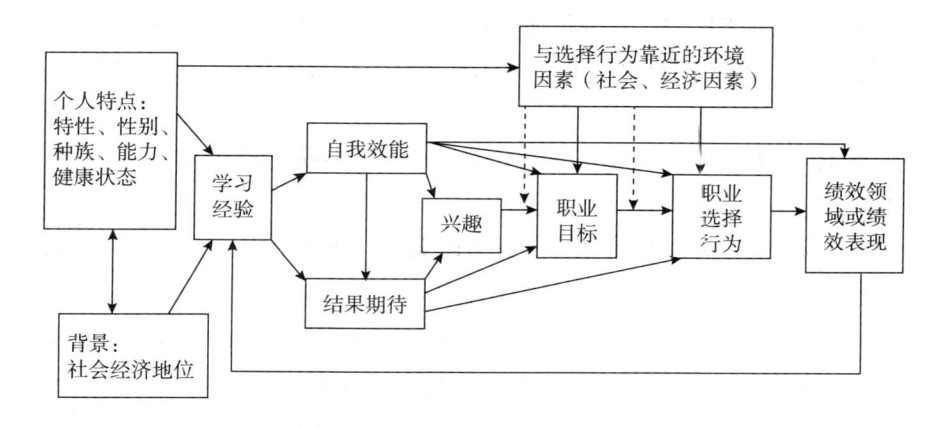

图 12-2 社会认知职业理论（刘艳杰，姚莹颖，2015）

职业选择和发展是一个复杂的系统工程，不仅涉及心理变量，还涉及社会、经济方面的变量。个体与环境的关系是动态变化的，而其中最重要和最核心的是个体发展的主观能动性。社会认知职业理论综合考虑了各种因素，很大程度上接近了真实的生活，让我们从一个相对开放的角度来系统看待生涯发展中的不确定性。

2. 是限制也是资源

对一个正在尝试对自己进行生涯规划的个体来说，社会因素对我们来说既是限制也是资源。

如果从限制的角度来看，图 12-2 中环境因素像一个大帽子盖在我们整个生涯规划的过程中，环境确实影响了个人的选择，甚至影响了一代人的选择。比如在新中国成立后，做工人是很光荣的职业；改革开放后，下海经商成了潮流；不包分配之后，找个铁饭碗成了很多人的理想职业，而现在社会不断地发展和进步，出现了很多更多元、更个性的职业选择。所以从某种意义上来说，我们的生涯规划和职业选择不能超越时代限制，这些是我们生活的大系统，除此之外，我们还生活在自己的学校、家庭、同学、朋友等各个小系统中。

系统同时为我们提供了尽可能丰富的资源和机会。如果从资源的视角看，你所处的学校、你的家庭、你的同学和朋友、你的城市等，也会为你的生涯提供助力。关键是你能否能够识别出来，并且加以利用，最终落实到行动中。"行动"也是SCCT理论里提到的在"个人"和"环境"中三个重要变量之一，我们拥有的主观条件和客观环境都是在动态变化的，只有我们更开放，更勇于学习，并且不断地踏实行动，才更有可能抓住成长的机会。

李敏通过中专保送上了一所普通的大学，上大学之前从来没有系统学过数学和英语。当她在大二考过英语六级的时候，大家都很吃惊，更让大家没料到的是多年后她可以在美国一所大学教《教育评价》（用到英语和统计）。她的好朋友知道她的努力。她是如此珍惜这个保送机会，每天早晨6点出门，晚上10点回宿舍，学习英语和数学……

（二）时间的影响

大学生生涯规划还有一个重要的系统因素，就是时间。不管你有没有想好，到了大四或研究生毕业，你都需要离开学校，做出一个选择。所以大学的倒计时像是盖在我们发展自己、做出人生选择的另一顶帽子，有些学生在大一的时候认为自己还小，想多享受享受离开父母管束的自由，到了大三惊讶地发现，原来自己自由的进度条，已经所剩无几了。时间在你的生涯规划过程中，到底扮演了怎样的角色？

1. 时间为规划提供评估角度

对很多大学生来说，大学一般采用两学期制，整个四年会划分为8个学期，每个学期一般会有18~20周的时间，每个学期之间会有1~2个月的假期。一些国内的大学也会采用三学期制，会在暑期或春季设计一个小学期，给学生发展兴趣和社会实践的机会。这是每个学生都熟悉的学期制的节奏，它的设计可能是为了提高学习效率，帮助学生更好地掌握知识。你是否想过学生时代学期制的模式会对你产生什么影响？

（1）紧松紧的生活。

晓明今年大三，他发现自己总是在开学初给自己立很多的志向，踏踏实实地上自习，但是很快就放松了要求，都不知道自习室的大门换了，但是一到期末，无须多言，立刻与自习室成为朋友，开启学霸模式，挑灯夜战。

很多人不喜欢这种"紧松紧"的生活节奏，大家会调侃自己"间歇性凌云壮志，持续性混吃等死"，透露出一丝无奈和不满。而仔细观察就会发现，"凌云壮志"的时间往往和学期的开始、结束高度重合。

（2）更短的时间反馈机制。

不管是二学期制还是三学期制，学生时代的生活节奏与工作后的职场节奏不太一样。对一般的职场工作者来说，他们的周期是按照年度计算的，只有法定节假日会放假，到了年终再进行总结，平时的休假也是灵活的带薪休假模式。

反观大学学期制带点强迫性的时间安排，客观上也给学生提供了更短的反馈周期，你可以在半年的时间就看到自己行动的效果，以便于根据结果调整计划。较短周期就能获得反馈的经验是很宝贵的，它更有利于我们设定一个个短期目标，而去尝试它，如果发现问题也可以及时调整。另外，对于长期目标来说，短的反馈周期，也更有利于我们思考自己现在在哪里，和目标还有多远。

2. 时间为成长提供空间

（1）非匀速的空间。

虽然大学四年分成了不同的学期，但是并不意味着每个人的生涯发展轨迹一定是匀速的。对一些学生来说，可能会经历一定时间的蛰伏期或爆发期。比如有的学生会在大一、大二的时候并不知道自己要什么，过着好像蛰伏的生活，但是到了大三开始投入在自己感兴趣的领域学习，最后的发展也很好；有的学生则在一入学就在学生会、社团活动中找到自己的热情，忙忙碌碌，但是到了大三时回归学业。

时间的有限性让我们有了紧迫感，希望自己每天都有"看得见"的进步，但是对很多人来说，匀速成长是不现实的，你立志健身减肥，结果1周后就不能坚持了。接纳自己的蛰伏期，相信自己一定会有爆发期，努力在蛰伏期多做些尝试和行动，可能会有意想不到的收获和成长。

(2) 非"正确"的空间。

毛娴最近很焦虑,她给自己订了完美的发展规划,她非常喜欢自己的专业,希望毕业能够出国深造,为此她计划 5 月把托福的成绩提高到理想分数,6 月申请一个有名的专业实践项目,然后好好期末复习考试,保持一个好的学分绩点,7 月开始进入到项目实习。但是她担心如果她这次托福考不到理想分数,6 月还需要再考一次,这样就会和后面的计划冲突,于是压力山大。

对一些学生来说,可能和毛娴一样,期待自己一直能处于"正确"的轨道上,周末和朋友看球而不是上自习时就会自责,觉得自己又没有学习,好像只有上课、复习、考试才是正确的轨道,所以他们总是很焦虑,给自己订的计划都是紧卡着时间节点。可是什么才是正确,谁又能保证自己一直处于正确的轨道呢?保持开放、宽松的外在环境和内心环境,才是促进创新的氛围。有时候做浪费时间的事情,可能与发展自己的机会不期而遇。时间在提醒我们把握时间的同时,更提醒着我们过自己真正想过的人生。

(三) 自我的影响

所有成长中的原动力正是我们自己,自我是每个人成长的最大资源,但是同时可能也是最大的阻碍。

1. 自我效能感

SCCT 理论中核心的概念就是自我效能感,最早是由著名心理学家班杜拉提出,他对自我效能感的定义是"人们对自身能否利用所拥有的技能去完成某项工作行为的自信程度"。这种对自身能力的期望会产生一种动力,让人们更容易进行激活这种自信的行动。例如:儿童感到上课注意听讲就会获得他所希望取得的好成绩,他不一定会认真听课,但是当他同时能感觉到有能力听懂教师所讲的内容时,就会认真听课。

自我效能感高的人对自己的期望值高,更愿意显示成绩,乐于迎接应急情况的挑战。而自我效能感低的人则容易畏缩不前,更可能情绪化地处理问题,容易受到惧怕、恐慌和羞涩的干扰,难以发挥自己的水平。班杜拉指出，人的自我效能感是可以学习的能力，如何才能做一个自我效能感高的人呢？

（1）个人自身行为的成败经验（direct experiences）。

一般来说，成功经验会提高效能期望，反复的失败会降低效能期望，同时受个体归因方式的影响。回顾自己的成功经验，并且不断地练习自我强化可以帮助我们提高自我效能感。

（2）替代经验（vicarious experiences）或模仿。

当和自己情况类似的人获得了成功，对我们的鼓励作用很大。所以提高你的自我效能感，可以给自己树立一个榜样。

（3）言语劝说（verbal persuasion）。

鼓舞人心的演讲，过来人的人生经验对我们来说都是宝贵的成长机会。你要做的是多给自己听到这样的声音，而不是固守着自己的小天地。

（4）情绪唤醒（emotion arise）。

班杜拉在"去敏感性"的研究中发现，高水平的唤醒，比如紧张使成绩降低而影响自我效能。我们在放松的时候更能有好的表现，也更期待成功。

（5）情境条件（situational conditions）。

不同的环境提供给人们的信息是大不一样的。例如：当一个人进入陌生而又易引起焦虑的情境中时，其自我效能感水平与强度就会降低。选择更包容、更接纳的外在成长环境，为自己创造更自我接纳的内在环境，更容易提高对自己的自我效能感。

2. 自我设限

外界系统给我们的成长设立了限制，但是也提供了机会，而如果因此带来自我的怀疑和自我设限，则会更直接限制自己的成长。在外界设限时，如果我们的自我效能感高，并且持续行动，对成长抱有更大的开放态度，就更容易获得成长；但是如果是我们内心中对自我的悲观看法，像自我设限的跳蚤一样，停止行动，就可能失去成长的机会。

自我设限，往往是一种"我不行"的看法，如果是某个方面的自

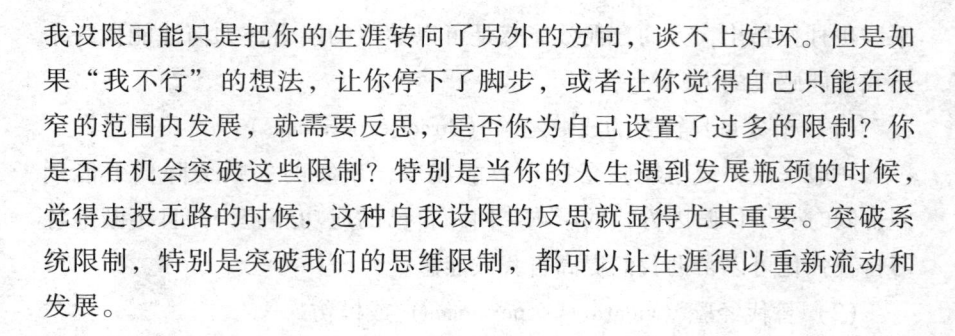

我设限可能只是把你的生涯转向了另外的方向，谈不上好坏。但是如果"我不行"的想法，让你停下了脚步，或者让你觉得自己只能在很窄的范围内发展，就需要反思，是否你为自己设置了过多的限制？你是否有机会突破这些限制？特别是当你的人生遇到发展瓶颈的时候，觉得走投无路的时候，这种自我设限的反思就显得尤其重要。突破系统限制，特别是突破我们的思维限制，都可以让生涯得以重新流动和发展。

三、与自己和解

（一）顺应天命

著名网球运动员李娜在接受采访时谈到对网球的感受："也不能算爱，只是不可抛弃……我们被父母选择走上了这条路……现在只有这一条路，我们一定要走得更好。"

1. 中国人的命与运

（1）命定与运气。

台湾地区生涯心理学家金树人先生探讨了华人的生涯发展规律，发现中国人的生涯发展一直是放在大环境的框架内发展的，考虑生涯发展不能脱离和自己息息相关的成长环境。这种"顺从天意，顺应命运"的状态透露着一股无可奈何的味道。但什么是命，什么是运呢？台湾地区人类学家李亦园对于"命和运"的看法是："一部分中国人相信，个人的命是由自己的生辰八字所决定，每个人都有其特殊的命；不但人有命，世界也有它的命，世界的命如果和某个人的命形成和谐的关系，个人就会有好运气。如果两者的关系不和谐，个人就会有歹运。"

（2）注定与自定。

台湾地区著名的临床心理学家柯永河进一步把个人之命细分为"注定之命"与"自定之命"。前者与生俱来，包含着生辰八字、性别、外貌、体质、父母、家庭等，是我们不能抗拒改变的部分，时时刻刻都紧跟着我们。后者是后天获得的，包含社会地位、英语、性格、尝试、专长、技能及各种习惯。尽管有的人"注定之命"一样,但是不见得现有同样的社会地位和成就,注定和自定到底哪个更重要呢?

柯永河认为,个人的命和环境的命相匹配,必须依靠两个条件:一是个人必须有环境所需要的条件或"命";二是个人必须要有和环境的命相配合的意愿。个人是否有好运,要看个人是否有计划性地经常进修、学习储存许多当时环境所需要的条件或命,以及个人有没有意愿用自己的条件去配合环境。而缺乏有用条件又不愿意与环境相配合者,永远不会遇到好运。

这种命运的解读,和生涯特质因素理论中强调个性特质与环境相匹配有着内在一致性,只有相匹配的选择才会产生良好的生涯适应。命运中确有束缚的一面,也有很大的空间,给我们创造自己的"自定之命",比如李娜的努力自定让她成为世界冠军。2017年热播的印度电影《摔跤吧!爸爸》的主人公(吉塔)也展现出在注定之命(爸爸强迫她们练摔跤)之外的自定之命(想赢,我可以创造印度女孩的命运)。

2. 寻找天命和使命

(1) 接纳生命的限制。

听天由命,表面上看是接受先天之命,但并不是代表个人再也无所作为,也可以是说聆听内心的声音,寻找属于自己的天命和使命。每个人的生涯是有限的,我们能做出的生涯选择也是有限的,接纳了这种有限性,就是不再抱怨为什么我没有生在富足的家庭,不再抱怨为什么我不是生得绝色美貌,而是接纳自己的处境和限制,转而探索自己可以选择的使命。

男奇从小患有脊柱侧弯,戴矫具八年,19岁做矫正手术,后来的生活已经几乎可以不受影响,但是她在每天晚上躺在床上,明显侧凸的左背隐隐疼痛,还让她感受到它的存在。她说这就像一个提醒:提醒生命无常,提醒肉身脆弱,提醒珍惜生活。与脊柱侧弯的相处让她深深地体会到"没有完全的疗愈,只有完全的臣服"。

(2) 回应使命的召唤。

臣服听起来仿佛透着无奈,但是非常有力量,接纳了生活的有限性，与这些限制友好相处，才能腾出心理空间，找到和回应使命的召唤。

> **练习 12-5　回顾个人使命宣言**
> （1）请回顾第一章练习 1-5 的个人使命宣言活动，带着更多新知识的你，是否有什么新的发现？
> _____
> （2）如果再让你重新撰写，你会怎么调整自己的使命宣言？
> _____
> （3）你会在生活中如何实践和实现自己的使命宣言？
> _____

3. 活出生涯韧性

生活给了你一手烂牌，你要做的是尽量打好它。

（1）韧性与弹性。

李娜和吉塔的故事，正说明了"被规划的人生不一定就失败"。当一时无法选择时，只有把唯一安排的做到更好，才有成功的机会，这一点在生涯专家金树人先生眼中正是华人不同于西方的部分，这些成功人士展现了"适应生存的韧性"。生涯韧性是一种乐观、适应的态度，也是完成自定之命的一个很重要的个体因素。直面生活中的失望，并不放弃对生活的热爱和向往，这正是"祸兮福所倚，福兮祸所伏"的辩证思想所倡导的智慧。

苏东坡的人格中就含有大量的达观品质和辩证思想。他做官几经沉浮，同时也非常善于化解精神压力，苦中作乐。留下了大量的诗歌、字画，还开发了很多美味佳肴。苏东坡的一生可用一副对联来概括：上联是"烦但不闲着"，下联是"痛并快乐着"，横批是"苦日子好过"。这些精神财富，才是人们世代敬仰他的本质所在（岳晓东，2005）。

（2）生涯适应力。

顺应天命的过程，正是适应环境的过程，萨维卡斯（Savickas，

1997）把这种个体应对社会变化和保持与环境和谐的心理资源称为生涯适应力。面对可以预测的任务，尽力去准备，并为不可预测的改变留出空间，就是生涯适应。萨维卡斯（2005）认为，生涯适应力包括四个维度：生涯关注，关注未来的可能变化，帮助我们合理地计划未来；生涯好奇，对自己和职业保持好奇，不断地探索；生涯控制，能够拥有选择未来的权力，做出职业选择；生涯自信，直面生涯过程中的困难，接纳不可以改变的部分，同时努力克服困难，实现职业理想。既看到系统的限制，又对改变保持开放，正是适应的核心所在。

（二）顺势而为

古之人，得志，泽加于民；不得志，修身见于世。穷则独善其身，达则兼济天下。

——《孟子·尽心上》

1. 了解趋势

当我们的生涯遇到困顿，面对转型时，接受先天之命，同时也在预防和准备，期待扭转命运。而扭转命运的关键是对趋势和形式的把握，势就是趋向，是方向，指导着我们的选择和行动。鲜果网创始人梁公军把势分为大势、中势和小势三种，了解不同的趋势，才能帮助我们做出更好的选择。

（1）大势。

大势是国家政策，是时代特征，也是社会经济发展规律。了解整个国家鼓励发展什么，限制什么，对个人的生涯选择都有莫大的关系，选对了方向，可能事半功倍。

（2）中势。

中势指市场机会，现在市场流行什么，人们喜欢什么，不喜欢什么，都可能是你的方向，特别是创业的方向。比如：新东方之所以成为教育培训机构的领先者，正是赶上了全国性的英语热和出国潮。

（3）小势。

小势就是个人的能力、性格和特长。了解小势也就是了解自己。选择能够发挥所长的方向做规划，才能最大限度地持久投入。

顺势而为要不断地探索自己与职业的结合点，只有不断地投入修炼自己，不断地了解形势，借助外界的力量，才能实现自己的使命和梦想。

2. 把握机遇

（1）偶然论。

不管是精心规划的"最佳路径"，还是"被"规划的无奈之选，最后决定我们从事什么职业的选择，会有机遇的影响。米切尔等人（Mitchell et al., 1999）提出的偶然论认为，个体所拥有的主观条件和所面临的客观现实是一个动态的过程，个人职业选择被偶发事件或某一个机遇所左右的可能性很大，个体应该在进行生涯规划的过程中保持开放性，在行动的过程中逐步检验自己的梦想，灵活地审视和处置生涯发展过程中的偶发事件，并勇于在偶发（机遇）事件中学习和成长。他鼓励人们用行动创造有益于个体生涯发展的偶然因素，尝试新行为，发展新兴趣，挑战旧观念，并把偶然事件整合进自己的生涯规划中，以开放的态度接受生涯发展过程中的不确定性和弹性。

（2）把握机遇的条件。

机会本身是不确定的，有运气的成分，我们不可能一直守株待兔，什么都不做地等着机会来敲门。那又该如何把握这偶然的机会呢？

① 了解形势。各种形势所至之处，蕴藏了更多的机会。

② 与人交流。不断拓展我们的人脉关系，通过与不同领域的人交流，获得更多的信息，也更能拓展思路，发现机会。

③ 修炼自己。最终决定我们能否把握机会的重要因素，是我们自己的能力和意愿，你是否愿意不断地探索自己，投入学习；你是否愿意了解自己的优势，提高自己的能力。

把握机会本身是一个开放的态度，让我们从精准控制、"最佳选择"的单一视角中跳出来，开始看到更多的可能性，拓展了生涯选择的范围。但选择一多，我们也容易迷失，所以说，把握机遇对我们的自控力、决策力以及和自己相处的能力提出了更高的挑战。

（三）独特与平凡

静静一直觉得自己不够自信，一心想发现自己的独特优势，她相信：每个人都有属于自己的独特之处，只是你还没有找到。但是她很努力地寻找了，结果却没什么像样的发现。她忍不住和自己的好朋友绝望地说："难道我就是注定平凡了？"

1. 与平凡和解

我们一直被教育要发现自己的独特之处，这让我们努力探索，奋发图强。但是真正独特的人物并不常见，我们一次次地努力，却发现很难到达那里。尤其是在写简历的时候，更是备受打击，不得不面对现实——我很平凡。

（1）从平凡出发。

相比平凡，独特和成绩更容易被认可，想获得那份认可，我们可能会把自己想象得非常强大，让自己感觉到我很不平凡，但其实心中也在隐隐觉得自己并没有那么高大，一直惶惶然怕被别人发现自己原来很渺小。其实平凡和渺小，本来就是事实，甚至可能太过真实，直接被沦为背景，在我们对自己的了解上，在我们与别人的接触中都不容易发现。不过，你可以通过观察，清楚地分辨出接纳平凡和忽略平凡的人有什么不同：忽略平凡的人看似非常忙碌，光鲜亮丽，但是好像并不能享受自己的生活；而接受平凡的人也可能同样忙碌，但是他会在忙完之后，奖励自己好好看一场电影。

从平凡出发，是过一种踏实的生活，我接纳了自己确实是普通人，会伤心会痛苦，有喜又有悲。

从平凡出发，是愿意放下了纠结，承认自己犯错，勇于承担责任，并寻求改变。

从平凡出发，会活得轻松一点，在继续发现独特的路上，走得更加稳健。

（2）学习并存。

当我们雄心爆棚的时候，或者慌乱孤单的时候，常常会习惯性地把部分自己压抑下去，但是不知道什么时候，这些希望忘记的部分又会变成你不喜欢的情绪冒出来，让你不知所措。因为压抑和遗忘实际上在阻断生命的流动，推开了真实的自己，必不能内心平衡。美国催眠心理学家吉列根提出一个"并存"的概念,帮助我们面对内在冲突的自己。台湾地区心理学家黄士钧发展了一个并存的练习,帮助我们整合内在喜欢与不接纳的自己。

首先,看到自己的限制,让漂浮的情绪落地。

其次,也看到自己的资源。

同时看到限制和资源,内心就不用花费能量去压制或管控,而是腾出心理能量去迎接挑战。并存的练习帮助我们看到生命的全景,我们不等于困境,我们不等于挣扎,生命还有更多的美好与资源,等着在需要的时候连接上。

> **练习 12-6　自我并存练习**
>
> 例如:因为被同学排挤而难受的学生,可以进行这样的内在对话。
>
> - 是的,我着急想讨好,挽回;
> - 是的,同时我也伤心、生气;
> - 是的,想讨好、挽回的是我,伤心、生气的也是我;
> - 这两个都是我,而我比这两个还多更多。
>
> 请找出自身生活中的一个担心,把它写下来。
>
> _____
>
> 同时寻找与这个担心相对应的另一部分想法,同样写下来。
>
> _____
>
> 用"是的,……是我;是的,……也是我,这两个都是我,而我比这两个还多更多"的句子练习。
>
> _____
>
> 请先说给自己,再找一个伙伴彼此练习,分享感受。
>
> _____

2. 找回自信

在你的人生经历中,什么时候最需要找回自信?可能是你要迎接挑战时，指望自信来引领自己冲锋陷阵；也可能是遇到挫折，需要自信来撑住自己不要一蹶不振等。自信是我们的资源补给站，帮助我们充电后继续前行。下面的练习可以帮助我们找回自信。

（1）品味美好时光。

我们的文化比较强调反省而内敛，我们很习惯在批评声中停止探索，规范自己的行为。这样好像在帮助我们成长，但是高评价风险的环境会抑制我们表现出真实水平。反而成功才是成功之母。有错就改，但是真正促进我们敢于展现自己，表现越来越好的是低评价的环境，有爱的环境，能够帮助我们看到自己优势和美好的氛围。在我们的成长经历中，一定都有让自己挫败的时刻，也有觉得自己很棒的时刻，所以找回自信的第一步就是，把目光从负能量的地方移开，转向感觉到爱与支持的地方，他人的赞美，增长了我们的自信。你可以随身携带对你重要的人物，说过的鼓励你的话，当感觉到自己可能被负能量包围的时候，打开读一读，重新找回自己的状态。别忘了在自己努力挣扎的成长过程中，不断积累一个个美好时光。

练习 12 - 7　视框移动

（1）说一个你感觉到自己被爱、被关心、被认可的正向经验，尽量清楚地描述当时的情境。

_____

（2）谈谈这个经验带给你的感受。

_____

（3）闭上眼睛，把这个好的经验尽量清楚的记在心里。

_____

扩展阅读 12 - 1　成功是成功之母

2017 年 7 月 13 日，《科学》杂志刊登了浙江大学胡海岚团队的研究成果。这是人们首次对影响社会竞争的大脑前额叶皮层实现控制，也是第一次发现"胜利者效应"（The Winner Effect）的神经生物学基础。大脑内的中缝背侧丘脑—前额叶皮层这一神经环路介导"胜利者效应",刺激大脑内侧前额叶的神经活动可显著增加小鼠与其他小鼠争斗获胜的机会,提高它们在社会竞争中的地位。胡海岚研究组曾于2011年在《科学》杂志发表文章,提出钻管测试能体现小鼠的社会等级关系,即两只小鼠在一根管子里狭路相逢时,地位低的小鼠将后退为地位高的小鼠让路。当研究人员利用药物降低这些小鼠的前额叶皮层活动,他们观察到小鼠在钻管测试中的推挤行为显著减少,社会等级地位降低。反之,利用光遗传学方法刺激前额叶皮层,将使小鼠在钻管测试中主动地进行更多的推挤,使原先低等级小鼠战胜高等级对手,实现"逆袭",而且能从一种行为学范式迁移到其他行为。

胡海岚研究组指出,这一发现为研究社会行为相关的疾病提供了治疗思路,并且为在竞赛中提高选手成绩的行为训练策略提供了理论依据。比如:拳王泰森曾经锒铛入狱,出狱后重新摘得拳王桂冠并非易事。因此,他的经纪人为他安排了两场与实力较弱对手的对抗赛。在赢得这两场比赛后不久,泰森又战胜了实力强悍的对手,重获拳王称号。

资料来源:http://tech.sina.com.cn/d/f/2017-07-16/doc-ifyiakwa4214207.shtml

(2)为他人创造美好。

别人对我们的见证,不断丰富着我们的自信经验,甚至成为帮助自己在逆境中坚持和改变的坚实力量。同样地,我们对他人的真诚赞美,真心微笑,也在为我们和他人之间创造了一个美好的时刻,人与人之间真诚的相遇增加了彼此的自信和感动。

哈克一岁的小女儿毛毛经历了人生第一次发烧、吃药。太太抱着小女儿要喂药,小女儿哇哇叫,大力扭动着身体说:"不要吃药,不要吃药!"大女儿从客厅走过来,牵起了妹妹的手,说:"毛毛,你吃药,吃完药姐姐帮你拍拍手喔!"神奇的是,毛毛竟然乖乖地安静地吃药了。牵着妹妹的手,大女儿创造了她三岁生命的小美丽(黄士钧，2012）。

(3) 给生活加点料。

自信不仅仅来源于他人的肯定，更重要的是深深扎根在我们心底的，我们在用心活出的自己的故事，这些属于自己的真实经验，是自信坚实的基础。让自己更喜欢自己，让自己拥有自信的是我们努力地做着自己真正想做的事情。你可能最需要问自己的问题是：做什么事情能够让我们更喜欢自己？如果现在的生活中可以添加一个小小的改变，你会做点什么，给生活加点料？比如：如果你喜欢北京老城区的历史，就趁周末，骑上车子，来一次胡同探秘，亲手触摸上百年的砖墙。这些事情，不必很大，但是经验累积起来就会有魔力，原来我可以掌控我的生活，原来我有能力做我喜欢的事情，原来我可以的。

生涯规划绝对不是以找到一个工作为终点，而是不断与我们自己的个人成长相呼应的过程，我们需要不断地回到自己的内心，同时又不断从自己的小天地里走出来，了解外面的世界，在心理现实和客观现实中穿梭，不断明确自己心中真正想要实现的梦想，清楚我的梦想能为整个社会做些什么，并且在真实的生活中活出自己内心渴望的样子。这个过程不是一个简单的过程，但是我们渴望通过本书鼓励你用思考和行动，不断丈量你与世界的关系，活出让自己无悔的生涯。

思考

1. 请回顾全书的内容，谈谈你对生涯规划与个人成长关系的理解。
2. 结合你和周围同学的例子，谈谈你对文化对生涯规划影响的看法。
3. 谈谈你对顺势而为的理解，在你成长的过程中，借了什么势？
4. 以你的经验，怎么理解环境给你提供的机会和限制？
5. 按照书中的练习，谈谈你是如何不断提高自己的自信的。

参考文献

[1] 高山川，孙时进. 社会认知职业理论：研究进展及应用 [J]. 心理科学，2005，

(5): 1263-1265.

[2] 黄士钧. 做自己还是做罐头[M]. 台北：方智出版社, 2012.

[3] 金树人. 生涯咨商与辅导[M]. 台北：台湾东华书局, 2011.

[4] 金树人. 如是深戏——观·谘商·美学[M]. 台北：张老师文化事业股份有限公司, 2014.

[5] 柯永河. 心理治疗与卫生：我在晤谈椅上四十年[M]. 台北：张老师文化事业股份有限公司, 1993.

[6] 刘艳杰, 姚莹颖. 社会认知职业理论对职业发展课程的启示[J]. 高教发展与评估, 2015（1）: 91-97.

[7] 倪男奇. 脊柱侧弯带给我的生命功课[EB/OL].[2016-01-22]. https://mp. weixin. qq. com/s? __biz = MzAxODE0MDgyMQ = = &mid = 402948016&idx = 1&sn = 5301214134f995a4ea9d89527d91f658&scene = 2&srcid = 01223NfHDcpyVCVfITXs8nv4&from = timeline#rd.

[8] 吴沙. 遇见生涯大师[M]. 北京：北京大学出版社, 2017.

[9] 岳晓东. "不可救药"的乐天派——苏东坡[J]. 山西老年, 2008（3）: 55-55.

[10] 知乎. 创业时, 我们在知乎聊什么?[M]. 北京：中信出版社, 2014.

[11] 宗敏. 浅析根据生涯发展阶段开展大学生心理健康教育的新思路[M]//赵进军. 外交学院2009年科学周论文集. 北京：世界知识出版社, 2010: 704-712.

[12] Mitchell, K. E., et al.. Planned Happenstance: Constructiing Unexpeccted Career Opportunities[J]. Journal of Counseling and Development, 1999（77）: 115-124.

[13] Savickas, M. L.. The Theory and Practice of Career Construction[M]//In S. D., Brown & R. W., Lent (Eds.), Career Development and Counseling: Putting Theory and Research to Work, 2005: 42-70.

[14] Savickas, M. L.. Career Adaptability: An integrative Construct for Life-span, Life-space theory[J]. Career Development Quarterly, 1997, 45（3）: 247-259.

推荐阅读

吴沙. 遇见生涯大师[M]. 北京：北京大学出版社, 2017.

对生涯的困惑, 对人生道路选择的迷茫, 几乎是每个人都会遇到的。作者通过讲故事的形式, 以"我"对生涯的困惑、改变及发展为主线, 按照在改变过程中遭遇问题的先后顺序, 分别与帕森斯、霍兰德、克朗伯兹、伦特、彼得森、舒伯等15位生涯大师对话。

推荐电影：《摔跤吧！爸爸》

    马哈维亚·辛格·珀尕是印度国家摔跤冠军，却因生活所迫放弃摔跤。他希望儿子可以帮他完成梦想——为印度赢得世界级金牌。不料命运捉弄让他生了四个女儿，偶然的机会他开始教女儿摔跤，努力使女儿变成世界级的摔跤手，在印度这个女性地位低下的国度里，女人从事摔跤行业是一件非常"出格"的事情，女儿们从不接受到登上最高领奖台的经历，为我们展现了丰富的内涵。

附录一 生涯发展学者访谈录

乔志宏，教授，博士生导师，北京师范大学心理学院分党委书记，研究方向：管理心理学，职业生涯发展。

【笔者】：从您的个人经验来看，您自己是如何确定"这个就是我的方向"的呢？做这个工作会有什么感觉？

【乔】：我有很多方向，有学术的，有负责的工作的，有好几个头绪，不能说全部，但大部分都还比较认同。最重要的感觉就是做这个工作就是觉得有意义，有价值。你会累，但是你不觉得心理上会疲惫和低落沮丧。

【笔者】：我知道您是做生涯规划方向的研究，您是如何在很多的研究取向当中选中这个作为您的研究取向的，或者有什么样的机缘，是个什么样的过程？

【乔】：其实人的方向都是在你有限的可能中做一个最适合的选择，你很难说在人类的所有研究方向里面去搞一个最最理想的，那是一种理想模型。我当年是学物理的，因为觉得物理太难了，后来一直留校做行政工作，但是好像觉得缺少效能感，就想换一个能够有一些专业工作的方向，后来机缘巧合，1999年香港中文大学林孟萍老师到师大办了一个课程班，初步接触到比较专业的心理咨询方向，这实际上是我职业生涯转向的起点，然后在这个班里面接触到梁湘明老师讲的事业辅导，当时就觉得很有意思，也没有做太多的深入学习。硕士毕业论文也没有做跟这个有关的事情，当时学校那个主管学生工作的副书记吴志功知道后，说："你干吗要搞一个跟你自己的工作毫不相关的事呢？"他这句话我到现在都还记得。我觉得这是很有智慧的一句话，你现在听起来很简单，但是对于迷茫中的这个人来讲，它就是一个非常重要的指引，就是让你去学会怎么样做决定。后来我读博士第一次做比较重要的决定，决定研究大学生的就业能力的方向，这是 2002 年、2003 年的事，这期间又有一些机缘，2004 年的时候，教育部全国大学生就业指导中心成立，翻译教材，找我第一次上了大学生职业发展课程，就从那儿之后，又有参与教育部的一些课程项目，就慢慢走到现在。

【笔者】：我注意您提到好几次"机缘"一词，在现行的大学生职业生涯规划课程中不太提及，您怎么看这个机缘在大学生就业，或者生涯规划过程中的作用？

【乔】：现在这个课程的课程教学要求，更多是从美国早期的这个来的，研究这个课程结构，目前不能再反映今天的生涯发展的特点了，所以现在这两年我们正在设计新的课程，考虑的就是 SCCT（社会认知生涯理论）的框架。在那个框架里面的偶然事件，就是机遇，甚至危机都会被关注，如何去识别机遇，把握机遇，然后进行创造机遇，都是职业发展的一个关键。

【笔者】：这个新的调整里边有什么新的变化吗？

【乔】：从今天职业发展的规律特征来讲，我们其实没有办法去控制长期的事业发展，后面的影响因素太多，你需要根据事实做调整，所以不要再去做长远的目标设定，你需要做的更多的不是去寻找，而是在当下实践。我们的大学生，他之前的生命体验太单一，而大学里面相对来讲比较自由，要让他们充分、积极地去享受这种自由，而不是限制他们。所以生涯老师，更需要做的就是引领"我"看到丰富自由环境中的资源。大学里面课程要丰富，要让一个人在一个校园里面有多元的可能，他才可以追随内在的这种能量，这种指向，然后去发展自己。同时老师要给他一个鼓励，摆脱一些外在的束缚，比如价值观的压抑，摆脱一些焦虑和恐惧，让他们有勇气有胆量去走自己的道路，所以我觉得生涯规划应该叫生涯发展，要促进学生的生涯发展，让他们为自己找一条路，而不是按照别人的目标，按照别人的状况给自己规定一条路。

【笔者】：实际上，在大学校园里会有两类学生，简单来划分，一种是比较按部就班的，选择职业方向的一类学生，还有一种，就是走一条少有人走路的学生，您对这两类学生分别有什么样的建议和希望？

【乔】：我觉得这两类是从别人角度来看的，我们应该让学生更回归到自己的视角来看待个人发展。因为每个职业都有每个职业的价值和它的魅力，它存在于这个世界上，它就有它的价值和吸引人的地方。所以走大众都走的路也好，还是走你个人特别个性化也好，对你个人来讲其实是无所谓的，你只要能够认清楚，这是你的道路就可以了。其实别人走什么路，跟你没什么关系，你就算走你的一条路，你只能走一条。对很多人来说，因为他没有过走自己路的经验，没有这个自信心才会在意大家都在干吗，所以要鼓励大家。因为大学里面，如果不能有一点个人的自主性的话，那以后就更困难了。

【笔者】：在您的眼中，什么样的学生或者他做出什么样的行为可以判定或者评估它叫作一个生涯规划成功的样子。

【乔】：我们不叫生涯规划成功，叫生涯发展较好，就是他有比较清晰的方向。我是做研究，还是去做教学，还是去做应用，做管理等，他目前对特定的事物有热情，然后有比较确定的兴趣偏好，有持续的努力，只要是有这种状态，他自然会发展出在这个方向上的短期目标，甚至长期目标。我觉得这就是好的。

附录二 就业中心老师访谈录

王渝，教育学硕士，外交学院学生处就业中心主任，从事就业指导工作12年；

王瑞敏，教育学博士，北京师范大学心理学院分团委书记，从事学生工作（含就业指导）10年。

【笔者】：从就业老师的角度出发，您觉得什么样的学生更受职业市场的青睐？

【王渝】：有几点比较明显，第一是比较主动的同学，愿意主动和别人建立一种联系，愿意沟通，愿意主动解决问题。第二是风格上比较认真负责的同学，这一点，无论在学校，还是走出学校之后都能够受到肯定。第三呢是比较有想法，有朝气，有活力的同学，能够给用人单位展现出年轻人该有的想法和创造力。举个例子，曾经有一名毕业生，是学生会副主席，工作能力相当强，当时有个用人单位在学校有一场宣讲会，来的人比预想的多很多，场面有些混乱，但是当时就业中心的老师还没来，他就主动帮助用人单位和教管组联系换了一个中等的教室，这个行为特别受到用人单位的肯定，直接拍板说要他。

【瑞敏】：比较主动，对自我认知比较清楚，踏实肯干，情商比较高的同学。他们和人互动的时候让别人感觉舒服，另外综合素质比较高，比如说组织协调能力。像学生干部，他们的成绩也不错，最后的就业去向就会好一些，这样的例子挺多的。但是也有一类同学，一开始表现比较平平，没有担任什么职务，学习也一般，最后他工作结果也不错。比如有个同学就是这样，我和他细聊了之后，发现他对自己有比较清晰的

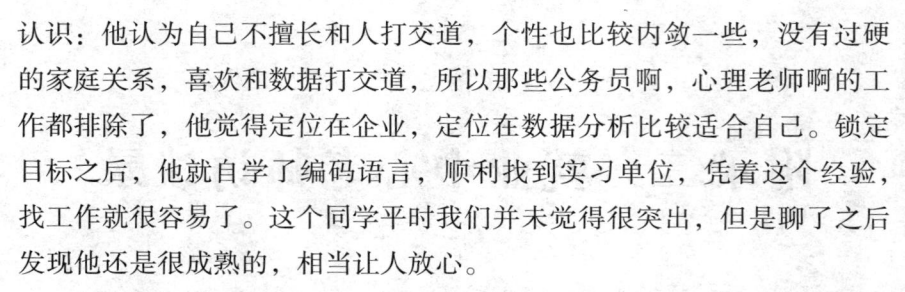

认识：他认为自己不擅长和人打交道，个性也比较内敛一些，没有过硬的家庭关系，喜欢和数据打交道，所以那些公务员啊，心理老师啊的工作都排除了，他觉得定位在企业，定位在数据分析比较适合自己。锁定目标之后，他就自学了编码语言，顺利找到实习单位，凭着这个经验，找工作就很容易了。这个同学平时我们并未觉得很突出，但是聊了之后发现他还是很成熟的，相当让人放心。

【笔者】：作为就业中心老师个人，您最欣赏学生做出什么样的生涯规划？

【王渝】：不同的同学经历不一样，有的同学一上大学，甚至上大学前就有明确的规划，更多的同学是上大学后慢慢摸索、尝试出来的。我比较欣赏的不见得是他有明确的生涯规划，而是他能够在了解自己的基础上，愿意去做一些尝试，然后定一个方向和目标，朝着这个方向去努力。

【瑞敏】：对我们心理学院的学生来说，心理学专业涉及的面很广，不确定性很大，所以我非常建议大家每个阶段都树立一个暂时的目标，可以再调整，否则如果没有目标就不知道劲儿往哪个方向使。目标的选择是根据个人的情况定的，你要知道自己要做些什么样的探索，如何努力，如果努力后发现目标不适合你，可以再确定一个目标，再探索。尤其是大一、大二的时候做这样的探索很重要。

【笔者】：从您的经验看，就业有困难的同学，困难在哪里？该对他们提供怎样的帮助才有效？

【王渝】：有困难的同学主要是态度方面，表现得比较封闭，这点难以改变，其次是能力，比如工作的能力，或者一些技能，像简历、面试，这些都能比较清楚地展示出他是否能清楚地认识他自己，他的能力。举个例子，有一个同学，在校期间因为和父母的关系比较紧张，虽然和同学老师的关系没问题，但是非常自我封闭，当他毕业的时候打算考研不找工作，当时他来找我咨询就业去向的问题。我发现他的成绩没问题，表面看也没有问题，但是你能明显感觉这个人比较僵化。也不是说他不能找到工作，而是说他自己就没有想过把自己放在一个市场上去尝试，我觉得他想考研是想继续自我封闭。对这样有困难的同学，可能需要帮助他们在低年级的时候加强自己主动沟通的意识，同时帮助他们认识自己，能够早点厘清自己与家庭的关系。但是不管是心理学还是就业指导，对封闭的同学来说起到的作用还是有限的。

【瑞敏】：那些没目标、没动力、没行动，这样的三无人员是最困难的。最难工作的就是主动性不强的同学，就算我们提供再多的资源，他自己不去用，内部动机弱也很难发挥作用。比如有的同学对专业不认同，自己总是别别扭扭的，也不想解决，内耗比较大。有同学一开始发现专业和自己的期待不一样，但是到了大三、大四才上到一些和自己过去期待相关的课程。所以，心理学对他来说就像鸡肋，又不满意又不舍得放弃。还有一种是个人心智成熟度的问题，他容易抱怨外界，不愿从自身找原因和改变，觉得自己被困住了，看不到自己可以做些什么。实际中对这些同学确实很困难，外界做很多，他内在不改变确实很难。

【笔者】：从您的角度出发，大学生什么时候做生涯规划比较好，为什么？

【王渝】：从校友的分享来看，我觉得这是一个不确定的答复，有两种观点，一种是从大一开始有明确的规划，大四实现了自己的目标，比如说有一个学生来外交学院就希望进外交部工作，但是她大二参加外交部遴选失利了，之后她并没有放弃目标而是继续努力，大四时再次以专业第一考入外交部。她的观点就是每个人的时间是有限的，所以一定要有明确的目标。还有一种观点，或者很多同学对自己的认识并不清楚，目标也不是很明确，所以大学期间采用的是走一走看一看，甚至到了大四了才知道自己要干什么，但是这种也可能有一个很好的结果。所以从什么时候做生涯规划最好，还是不确定。

【瑞敏】：一入学就要做生涯教育，一开始的路走正了，就奠定一个好的基础，后面就很容易了。我会感觉大一这一年下来，对他大学的影响是很重大的，因为一学期或者一年会有一个考试成绩出来，根据这个他会对自己有一个定位，这对他影响很大。还有一个是习惯养成的问题，比如作息习惯、学习态度，怎么看待学业与社团的关系，整个人生的态度等，所以基本上在大一就定型了。

附录三　大学生访谈录

A，大三，女，英语专业，爱好艺术，想从事与艺术相关的工作；
B，大二，女，语言专业，无明确的规划。

【笔者】：你觉得生涯规划对你来说有用吗？为什么？

【A】：有用的。尽早地确定自己的（大）方向很必要，有进一步的规划更好，最少也要知道自己一定不会去做什么吧。

【B】：没有什么用，因为目前还是对未来很迷茫，总之还是要先把手头的事情做好，这样才有充分的余地去思考我究竟要什么。

【笔者】：你觉得周围的同学主动进行生涯规划的多吗？请说说你的观察。

【A】：不太多，大家属于很迷茫的状态。学习非常刻苦努力，但是对于未来的职业生涯基本上是处在一个远处观望的状态，毕竟照目前中国社会的现况和人们的价值观来看，职业生涯好像基本依着钱和地位走，一要有安全感，二要有面子，也不怪大家不敢进行什么生涯规划。

【B】：好像不是很多，因为本身大家就因为学习和娱乐生活比较充实，再加上总觉得自己还尚未到需要考虑生涯规划这类东西的年级，周围的人大多数是沉醉在自己的世界，然后在学业紧张的时候看书、背课文，不紧张的时候打游戏、刷电视剧。

【笔者】：目前你是否明确了你的职业方向，如果有，请描述一下，是一个怎样的过程，当时发生了什么？

【A】：我想要从事艺术、时尚、文化产业方面的工作。理想工作是时装记者，或者摄影师。对于个性比较强的人来说，职业方向可能真的要迁就于性格。确定这个方向第一是出于我天生对文艺信息的热爱和敏感度,第二是因为在与周围同学相处和上课的过程中,我能够非常清楚自己无法融入什么行业,比如政治工作、金融,都是我比较无法忍受的,既无法发挥自己的优势,又会让余生过得很不开心。我去 Lens 杂志(人文、摄影类杂志)做过实习生,给国内艺术家的展览做过文字翻译,同时感到了幸福和成就感。

【B】:目前的目标是参加遴选(职业选拔考试),至于该做的准备就是能做的都尽量做好,至于考得上与否,可以等到结果出来再安排新的计划。

【笔者】:怎么样就叫找到职业方向,那是一种什么感觉?

【A】:找到职业方向是一个充分了解自己的过程。首先知道自己不适合什么。我主要从两个方面确定我的职业方向,一是热爱,二是能力。我觉得我热爱艺术、时装、建筑、我热爱美的东西,我就愿意用我的一生去和有关美的事物和产业发生联系,我贡献自己的价值,并且能够让一些人因为我的工作而生活得更好;能力是另一个重要的考量,很多人的天赋和爱好是不重叠的,但我很幸运,我所爱的就是我能最大限度地发挥自己潜力和能力的领域,就算我挤破脑袋去做投行,我也会不到两天就被开除。很重要的一点是,要大概清楚自己想过什么样的人生。不可能什么都得到,所以一旦知道自己想要什么了,就不要去看别人在做什么了,每个人都一样,都是第一次活,所以没什么参考价值的。

【B】:如果现在我就很明确地知道我想要从事什么样的工作,并且最好年收入在多少到多少元,以及周末能够过的如何等,对这些有很清晰的一个想象,并且根据这样的设想,来制定出未来两年的目标,这可能就属于找到职业方向。

【笔者】:你有没有面临过职业方向或职位选择的纠结?是否有变化呢?发生了什么变化?

【A】:确定职业方向当然非常纠结,毕竟理想和现实之间的撕扯几乎是每一个当代年轻人都要经历的。之前一心想要学艺术,感觉人生没有其他意义。但是后来看到一些结合商业的文化产业运营方式，觉得可取，首先要养得起自己吧，我还是会坚持我的方向，但是会结合自己的专业，尽可能拥有一些难得的综合素质，这样更有竞争力，并不非要硬着头皮去做艺术家。

【B】：有啊，上大学之前我还一直想着当一个医生，最好是外科医生，因为本来我是可以选择出国留学的。后来对医生这个行业在国人心中的地位和一些社会现状有点了解，我觉得我可能面对不了这样的压力，也不能让我的家人因为这个职业产生许多不必要的担心。后来就希望找一个跟专业对口的工作。比如翻译类等，或者找不到合适的工作可以读研究生再改一个专业，也有一种再看看国内就业形势和机遇的心理，所以大方向一直没有确定下来。

【笔者】：你的大学生活在校期间，你发现了自己本来就拥有哪些职业能力？

【A】：我不是那种智商超高只要努力就可以学好一切的人，我是一个兴趣导向的学习者。我对艺术、哲学、音乐、文化领域的感知力和创造力都要比别人更强，在和同学尝试交流的过程中会直接出现断层（因为毕竟我们学校没有这个专业的学生）。可能在非艺术专业学校学习的好处也就是这个吧，能保持我的敏锐程度。

【B】：我并不知道具体怎样的能力叫职业能力，反正至少可以明确的是，自己未来的职业跟语言有关，我有自信不会讨厌自己的专业，并且能够保持一定的热情去不断学习和进步，因为我还是比较喜欢学习语言。

【笔者】：你觉得当你大一、大二、大三、大四的时候分别需要怎样的生涯规划帮助？

【A】：与各种职业产生真正的接触。实习，甚至聊天的经历都可以起到点石成金的作用。关在学校里上课永远不知道外面在发生什么，你到底喜欢什么。大一我觉得是一个放空寻找的作用，首先需要老师的一些鼓励吧，帮助树立正确的人生观价值观，不是那种精英主义的价值观。大二、大三最重要的还是拥有接触的途径，充分了解，尽量抹除一切对该行业的不切实际的想象。大四充分实践，积累经验，或者准备继续进修，择校上也需要老师的一些指导。

【B】：大一的时候有各种的接触和尝试，大二的时候能够有一个确定的方向去努力，大三的时候有一个清楚的对自我和对目标的认识和一个对于备选目标的安排，大四的时候进可以接近自己的目标，退可以继续准备实行当初的 plan B。这样的话就会更有效率和不怕失败。